市域社会治理现代化：理论建构与实践向度

SHIYU SHEHUI ZHILI XIANDAIHUA

LILUN JIANGOU YU SHIJIAN XIANGDU

陈成文 / 著

中国社会出版社

国家一级出版社 · 全国百佳图书出版单位

北京 · BEIJING

图书在版编目（CIP）数据

市域社会治理现代化 ：理论建构与实践向度 / 陈成文著 . -- 北京 ：中国社会出版社 ，2024. 12. -- ISBN 978-7-5087-7119-9

Ⅰ . D63

中国国家版本馆 CIP 数据核字第 2024WF7044 号

市域社会治理现代化：理论建构与实践向度

责任编辑：张　迟
责任校对：刘延庆
装帧设计：时　捷
出版发行：中国社会出版社
（北京市西城区二龙路甲 33 号　邮编 100032）
印刷装订：北京九州迅驰传媒文化有限公司
版　　次：2024 年 12 月第 1 版
印　　次：2024 年 12 月第 1 次印刷
开　　本：185mm × 260mm　1/16
字　　数：450 千字
印　　张：19.75
定　　价：60.00 元

摘　要

加快推进市域治理现代化，是推进中国式社会治理现代化的关键一环。2022 年 10 月，党的二十大报告指出：“加快推进市域社会治理现代化，提高市域社会治理能力。”2024 年 7 月，党的二十届三中全会决定再次强调，要“提高市域社会治理能力”。因此，积极探索新时代市域社会治理现代化的规律和实践路径，乃是推进中国式现代化实践中的一个亟待解决的重大现实课题。

在社会转型时期，市域社会矛盾不断激发，市域各种社会问题日益凸显。我国原有的管理理念、方法、体系、能力以及机制在面对社会矛盾激发时，不仅往往产生应对“滞后”，而且还会产生应对“失灵”。这是因为，原有的社会管理体制未能适应当前的社会治理局面，这就必然导致行政运行的“内部消耗”效应与“事倍功半”效应。2013 年 11 月，党的十八届三中全会指出：“全面深化改革的总目标是完善和发展中国特色社会主义制度，推进国家治理体系和治理能力现代化。”这充分反映了国家从顶层设计上消除行政运行的“内部消耗”效应与“事倍功半”效应的智慧与决心。然而，面对日趋激化的社会矛盾，消除“内部消耗”效应与“事倍功半”效应的起点与落脚点都在基层社会，而基层社会治理中的“碎片化”困境又使基层社会治理难以达到预期目标。市域社会治理现代化是中观层面上的集成式、统筹式的治理模式。这一模式有利于破解社会治理从顶层设计过渡到基层实践的难题。因此，开展新时代市域社会治理现代化研究，具有极其重要的理论与实践意义。从理论意义来说，新时代市域社会治理弥合了原有的国家宏观治理框架与基层社会治理框架之间的衔接问题，不仅构建了市域社会治理现代化研究全新的理论框架，而且可以检视西方的法团主义理论、合作治理理论、信息社会理论在推进中国特色市域社会治理现代化中的适用性。这就有助于拓展社会治理研究的理论视域，丰富应用社会学的理论宝库。从实践意义来说，本研究在实证研究的基础上构建了推进市域社会治理现代化理念践行、体系建设、能力建设、运行机制建设方案，并提供了推进市域社会治理现代化的国内外经验范本。这就有助于提供开展市域社会治理现代化试点的参照方案，从而有助于推进市域社会治理现代化的实践进程。

本研究主要围绕“理论建构”和“实践向度”两个角度展开。在“理论建构”方面，主要是揭示市域社会治理的社会学意义和行动逻辑，确定市域社会治理现代化的理论基础和理论框架。在“实践向度”方面，主要是构建推进市域社会治理现代化的理念践行、体系建设、能力建设和机制建设方案，提供推进市域社会治理现代化的国内外经验范本。

开展市域社会治理现代化研究的根本目的在于：在理论层面上构建起市域社会治理现代化的理论基础和理论框架，在实践层面上构建起推进市域社会治理现代化的理念践行、体系建设、能力建设和机制建设方案。从研究方法来看，要构建起市域社会治理现代化的理论基础和理论框架，就必须开展文献研究；而要构建起推进市域社会治理现代化的理念践行、体系建设、能力建设和机制建设方案，就必须扎根于市域社会治理的各种“现实场域”，开展实证研究。本研究在实证方法方面主要采用焦点小组访谈法、个案研究法等质性研究方法。本研究主要运用了 15 个社区案例。

市域社会治理由主体、客体、理念、体系、能力和机制六大要素构成。从社会学的视野来看，市域社会治理是治理理论在中国制度和中国情景下的一种创新与发展，它是社会治理的“中国模式”，具有本土性、时代性和空间特定性 3 个基本特征。“本土性”是指市域社会治理的“中国特色”和“本土印迹”。市域社会治理是一种在中国语境下形成的，符合中国国情的，独具中国特色的本土社会治理模式。“时代性”是指市域社会治理的新时代特征。市域社会治理旨在回应新时代社会背景下的社会问题和社会风险。“空间特定性”是指市域社会治理的空间特征。市域社会治理以地市范围（包括设区的直辖市、副省级市、地级市和不设区的地级市）为治理空间。

当前我国市域社会治理的参与主体正从单一向多元转变，其主体结构关系呈现出党组织“转译链接”政权组织、群团组织、经济组织、社会组织和自治组织的多元复杂形态。从行动者网络理论的视角来看，在市域社会治理中，党组织、政权组织、群团组织、经济组织、社会组织、自治组织等行动主体通过“转译链接”所呈现的动态过程就是市域社会治理的主体结构关系。在这一主体结构关系中，不同参与主体所嵌入的结构位置不同，因而扮演着不同的角色，发挥着不同的作用，表现出不同的特征、行为及结果。各参与主体在结构中的位置及其所形成的关系模式决定了它们在市域社会治理中的不同行动逻辑。通过这种主体结构关系可以发现，在市域社会治理中，党组织的行动逻辑是意识形态机制，政权组织的行动逻辑是权力机制，群团组织的行动逻辑是协商机制，经济组织的行动逻辑是交换机制，社会组织的行动逻辑是自组织机制，自治组织的行动逻辑是认同机制。从不同行动主体的行动逻辑来看，能否打造真正意义上的“共建共治共享”的市域社会治理格局，关键在于治理思维能否从“主客体关系”转向“主体间性关系”。

科学构建市域社会治理现代化的基本理论框架，是有效推进市域社会治理现代化的理论前提。市域社会治理现代化的基本理论框架应该是基本理念、内容体系和能力体系的统一体。从理念建构来看，推进市域社会治理现代化，必须树立“铸魂”“民本”“协同”“融合”“服务”“创新”六大理念；从内容体系来看，推进市域社会治理现代化，必须坚持党建引领，自治、德治、法治、心治和智治“五治融合”；从能力体系来看，推进市域社会治理现代化，必须加强“五个提升”的能力建设，即提升风险防控能力、提升群众工作能力、提升破解难题能力、提升舆论导控能力与提升资源整合能力。

理念决定着市域社会治理现代化的成效乃至成败。要推进市域社会治理现代化，就必须加强理念建设，践行“铸魂”“民本”“协同”“融合”“服务”“创新”六大理念。要践行“铸魂”理念，就必须坚持党对市域社会治理的领导地位，必须依靠文化自信坚定市域社会治理的理想信念，必须完善市域社会治理“铸魂”理念培训考核体系，必须搭建市域社会治理“铸魂”理念智慧服务平台，必须借助媒介力量扩大“铸魂”理念影响力。要践行“民本”理念，就必须增强市域社会治理主体的“民本”意识，实现“民本”理念与智能化的融合，构建“民本化”的工作机制。要践行“协同”理念，就必须坚持党对市域社会多元治理主体的领导地位，明确多元主体参与市域社会治理的职能定位，完善多元主体参与市域社会治理的法治体系，建立多元主体参与市域社会治理的培训体系，搭建多元主体参与市域社会治理的智慧服务体系。要践行“融合”理念，就必须注重党政力量的融合、治理主体的融合、治理体系的融合和治理方式的融合。要践行“服务”理念，就必须寓管理于服务，创新服务理念；转变服务供给模式，实现协同服务；健全特殊人群服务机制，提升服务专业化水平；加强社会心理服务体系建设，塑造良好社会心态。要践行“创新”理念，就必须做到格局创新、手段创新和工具创新。

体系建设是推进市域社会治理现代化的目标导向。它关系到推进市域社会治理现代化的能力建设和运行机制建设。要推进市域社会治理现代化，就必须加强“一建五治”的体系建设，即指在党建引领下，加强自治、德治、法治、心治与智治建设。坚持党建引领，就是要坚持党组织在社会治理中发挥领导作用，党员在社会治理中发挥模范带头作用和凝聚人心作用。加强自治建设，就是要厘清政府、市场和社会的边界，发展基层自治能力，发展社会组织。加强德治建设，就是要提高公民道德修养，推进家庭美德建设，加强社会公德教育以及完善职业道德规范。加强法治建设，就是要推进科学立法和民主立法，依法推进行政改革和提升行政职能，加强执法队伍建设，构建良好的法治社会环境。加强心治建设，就是要从目标上实现由关注个体心理健康到关注国民社会心态的转变，从内容上实现由聚焦于心理障碍与疾患到多元化心治的转变，从手段上实现由传统经验主义工作方式到现代智能化大数据治理手段的转变，从主体上实现由零散的个体化服务到规范的组织化服务的转变。加强智治建设，就是要加快市域社会治理理念创新，以及加快市域社会治理的智能化平台建设。

能力建设是推进市域社会治理现代化的着力点。它直接关系到推进市域社会治理现代化的实效性问题。要推进市域社会治理现代化，就必须加强“五个提升”的能力建设，即提升风险防控能力、提升群众工作能力、提升破解难题能力、提升舆论导控能力与提升资源整合能力。要提升风险防控能力，就必须强化风险认知意识，落实风险的建构工作；强化风险责任意识，落实风险问责机制；提升舆论导控能力，完善网络预防机制；推行普法宣传教育，提升法治建设水平。要提升群众工作能力，就必须强化治理为民的服务理念，运用与时俱进的工作方法，打造优质专业的工作队伍，建立机制健全的制度保障。要提升破解难题能力，就必须丰富市域社会治理现代化理论内涵，构建多元主体协同参与的治理格局，聚焦市域社会治理重难点问题，发挥大数据技术的助推力量。要提升舆论导控能力，就必须坚持“化险为机”，切实提高新媒体网络优势运用能力；秉持“内容为王”，逐步提升新媒体品牌创新规划能力；捕捉“热点议题”，全面提高新媒体话题设置引导能力；坚持“圈粉为本”，着力增强新媒体“引关圈粉”战斗能力。要提升资源整合能力，就必须优化市域社会治理资源整合的组织架构，优化市域社会治理资源整合的运行机制，优化市域社会治理资源整合的文化环境。

市域社会治理现代化不仅是加强理念创新、体系建设与能力建设的过程，而且必须加强运行机制建设。要推进市域社会治理现代化，就必须加强“五个健全”的运行机制建设，即健全价值引导、政策促进、法治保障、社会参与和责任分担五大机制。要健全价值引导机制，就必须着力巩固党的全面领导地位，积极践行社会主义核心价值观，努力加强思想政治工作。要健全政策促进机制，就必须优化市场培育导向的政策体系，建立技术联动导向的政策体系，健全人才激励导向的政策体系。要健全法治保障机制，就必须建立健全社会治理的法律法规，积极树立社会治理的法治化思维，全面构建习近平新时代中国特色社会主义的法治社会。要健全社会参与机制，就必须树立正确的政社思想认知，完善社会组织监管制度，注重社会组织能力建设和多渠道资源支持。要健全责任分担机制，就必须科学划定治理主体权责关系，科学构建政府责任考核体系，积极增强公民责任主体意识。

关键词：市域社会治理；市域社会治理现代化；理论建构；实践向度

目　录

第四章

市域社会治理现代化的理论框架

第五章

推进市域社会治理现代化的理念践行

第六章

推进市域社会治理现代化的体系建设

第七章

推进市域社会治理现代化的能力建设

第八章

推进市域社会治理现代化的运行机制建设

第一章　导　论

一、问题的提出

当前我国正处于社会发展的转型期、经济发展的换挡期及文化进步的调整期，社会结构、经济结构及文化发展架构等都发生了深刻的变化。这是对传统经济结构、社会关系和文化心理的极大挑战，原有单一、相对稳定固化的社会模式经过一系列的震荡、分化和组合之后，社会的方方面面都呈现出多样性、差异性和复杂性等特点，甚至出现社会失衡现象。在快速的变革过程中，因经济利益不断调整、社会格局的剧烈变化及文化心理的冲突，导致社会矛盾和利益冲突因利益调整未能妥善解决而不断激化，引发群体性突发事件，给社会和谐与稳定带来了巨大压力。[①] 在这种历史背景下，如何实现“社会管理”向“社会治理”的转型，已显得尤为紧迫和重要。

2013 年 11 月，党的十八届三中全会将“推进国家治理体系和治理能力现代化”作为全面深化改革的总目标之一，并指出：“创新社会治理，必须着眼于维护最广大人民根本利益，最大限度增加和谐因素，增强社会发展活力，提高社会治理水平，全面推进平安中国建设，维护国家安全，确保人民安居乐业、社会安定有序。”这是党的正式文件中第一次提出“社会治理”的概念，标志着我们党执政理念的新变化。2015 年 10 月，党的十八届五中全会提出：“加强和创新社会治理，推进社会治理精细化，构建全民共建共享的社会治理格局。”2017 年 10 月，党的十九大报告指出：“加强社会治理制度建设，完善党委领导、政府负责、社会协同、公众参与、法治保障的社会治理体制，提高社会治理社会化、法治化、智能化、专业化水平……加强社区治理体系建设，推动社会治理重心向基层下移，发挥社会组织作用，实现政府治理和社会调节、居民自治良性互动。”可见，推进社会治理体系与能力

① 陈冬仿．社会转型中基层社会矛盾的成因与化解途径［J］．湖南科技学院学报，2015，36（1）：88-90.

现代化，已经提上了党中央的重要议事日程。

“市域社会治理”是时任中央政法委秘书长陈一新于2018年6月4日在延安干部学院全国新任地市级党委政法委书记培训示范班开班式上首次提出的一个概念。陈一新认为：“市域社会治理是国家治理在市域范围的具体实施，是国家治理的重要基石。它在整个国家治理体系中扮演着承上启下的枢纽角色。市域层面具有较为完备的社会治理体系，具有解决社会治理中重大矛盾问题的资源和能力，是将风险隐患化解在萌芽、解决在基层的最直接、最有效力的治理层级，处于推进基层治理现代化的前线位置。市域社会治理关乎顶层设计落实落地，关乎市域社会和谐稳定和国家长治久安。”可见，加快推进市域治理现代化，是推进基层社会治理现代化的关键一环。2018年11月12日，时任中共中央政治局委员、中央政法委书记郭声琨在纪念毛泽东同志批示学习推广“枫桥经验”55周年暨习近平总书记指示坚持发展“枫桥经验”15周年大会上指出：“要在全国东、中、西部选择一批城市，开展市域社会治理现代化试点，创造可复制、可推广的经验。要开展市域社会治理创新交流，以中央政法委创办的地市党委政法委工作创新交流会为平台，总结推广各地体制机制政策创新成果。”2022年10月，党的二十大报告指出：“加快推进市域社会治理现代化，提高市域社会治理能力。”2024年7月，党的二十届三中全会报告再次强调，要“提高市域社会治理能力”。因此，积极探索新时代市域社会治理现代化的规律和实践路径，乃是推进中国式现代化实践中的一个亟待解决的重大现实课题。

二、文献综述

（一）国外研究综述

国外治理理论中的“治理”一词是一个舶来品，来源于古希腊文（kybenan）与拉丁文（kybernets），[①] 研究兴起于20世纪八九十年代的西方社会，[②] 并逐渐开始出现在政治学、公共行政学、经济学、社会学、法学等诸多学科之中，[③] 然而，学术界关于治理的定义依然还有许多争论，尚未达成共识，但目前全球治理委员

① 翁士洪，顾丽梅．治理理论：一种调适的新制度主义理论［J］．南京社会科学，2013（7）：49-56.

② 田凯．治理理论中的政府作用研究：基于国外文献的分析［J］．中国行政管理，2016（12）：118-124.

③ 田凯，黄金．国外治理理论研究：进程与争鸣［J］．政治学研究，2015（6）：47-58.

会给出的治理定义最具权威性和代表性，获得了社会各界的肯定和认可，其定义为“治理是各种公共的或私人的个人和机构管理其共同事务的诸多方式的总和”[①②]。为了更好地了解国外的治理制度和治理模式，笔者主要通过梳理英、法、德、美、日和新加坡6个国家的市域社会治理模式方式，来较好地学习借鉴发达国家的治理经验，从而有力地推进我国市域社会治理现代化的建设进程。

1. 关于英国市域社会治理的研究

梳理相关文献后发现，英国对于不同领域的治理问题采取不同的治理方式。自19世纪以来，工业化的迅速发展给英国整个国家带来了严重的环境污染问题。蔡岚认为，在20世纪90年代以前，英国的空气治理主要实行“先污染，后治理”的模式，但是这种治理模式并未产生实际的效果，90年代以后，英国中央政府便提出了“整体式”空气污染治理的理念，除了从宏观上提出改善全国空气质量的目标，规划审查和评估全国范围内空气质量的步骤，划分空气质量管理区域，并辅以各种政策文件进行指导帮助，还从微观上对地方政府治理环境污染提出了具体指导，主要体现在以下3个层面：一是对地方政府治理空气污染的战略指导；二是对地方政府治理空气污染的政策指导；三是对地方政府治理空气污染的技术支持。[③] 而从整体性治理的兴起过程来看，翁士洪认为，早在18世纪，英国就在城市人口管理中出现了收集、整理和分析的新方法，特别是1854年英国的《诺斯科特·屈威廉报告》为跨功能协调提供了理论基础，更为1990年Andrew Dunsire提出的整体性治理（holistic governance）概念提供了政策支撑。其实，英国的整体性治理起初只对政府治理产生了明显的影响，后来才被逐渐应用到社会各领域。然而，在整体与合作和信息时代背景下，它有效应对了新公共管理带来的碎片化、空心化政府等一系列问题。[④] 整体性治理是一个仍在发展的概念，它包含了协同治理、水平化管理、跨部门协作等概念，尽管如此，仍然能够从不同表述中看出它们的共同特征，因而英国学者Peter J. Laugharne认为整体性治理的探索现在可能已准备就绪，与20世纪末的“新公共管理”和“再造政府”给社会带来的变革相类似，它也是21世纪政府改革的

① 全球治理委员会．我们的全球伙伴关系［R］．牛津大学出版社，1995：1-3.

② 俞可平．治理和善治：一种新的政治分析框架［J］．南京社会科学，2001（9）：40-44.

③ 蔡岚．空气污染整体治理：英国实践及借鉴［J］．华中师范大学学报（人文社会科学版），2014（2）：21-28.

④ 翁士洪．整体性治理模式的兴起：整体性治理在英国政府治理中的理论与实践［J］．上海行政学院学报，2010（2）：51-58.

最鲜明特征。①

2. 关于法国市域社会治理的研究

世界银行在1998年首次提出“治理危机”一词，不仅拉开了全球治理改革的序幕，也因此推进了法国进行地方分权改革的步伐。此次改革不仅改变了中央与地方的关系，也直接推动了法国地方治理体系的变革。从地方治理的演变过程出发，吴自斌认为，相较于欧洲其他国家，法国是一个具有浓厚国家主义色彩的国家，因而在推进地方治理变迁中遇到了很大的阻力，直到法国第五共和国时期，外部环境的深刻变化和国内政治环境的变化发展，才有力地促进了法国地方治理的变革，最终逐步形成了政府、市场、公民和社会协作的法国现代地方治理模式。② 而从地方政府、企业与社会之间的互动关系来看，郁建兴、楼苏萍认为，随着全球化的发展，市场竞争的激烈，人们开始认识到地方政府在竞争中的有限性，才逐渐关注到企业在地方治理中的重要作用，因而开始重新审视企业地位，最终在法国的地方治理结构中形成了最具法国特色的公私合作的两种形式，即成立混合经济体与发展特许经营；而在法国地方政府与第三组织的合作中，“格勒诺布尔”模式是其合作的典型模式，这一模式证实了公民在地方层面的参与可以提高公共政策的质量，并为未来新的治理理念的形成奠定了相应基础。③ 而在区域性治理方面，法国同样具有自身特色的治理方式。从具体内容来看，李宜强认为，法国的城市合同治理方式是指中央政府、地方政府以及各种社会组织，在平等磋商的基础上，共同研究促进区域发展与地方项目建设的政策、计划，以达到加快落后地区发展、帮扶弱势社会群体的目的；④ 而从主要目的来看，李宜强认为，城市合同治理方式正是法国为扭转经济增长缓慢、失业率居高不下、社会治安急剧下降等不利局面而在各地大力推行的。⑤

3. 关于德国市域社会治理的研究

与其他欧洲国家相比，德国的治理变革具有自身独特之处，主要与它自身的政

① Peter J. Laugharne. Towards Holistic Governance (Book Review) [J]. Democratization, 2004 (3): 164.

② 吴自斌. 法国地方治理的变迁及其启示 [J]. 江苏社会科学, 2010 (4): 122-129.

③ 胡苏云, 肖黎春. 近20年来法国地方治理体系变革与新治理结构 [J]. 学术研究, 2006 (1): 78-83.

④ 李宜强. 城市合同: 法国区域治理的经验与启示 [J]. 城市问题, 2012 (7): 84-87.

⑤ 同④.

治制度的变革发展息息相关。单从政治制度来看，Peter A. H. 和 David W. S. 认为德国在政治经济方面属于具有根深蒂固的协调式资本主义传统的国家；[①] 而从政府体系方面来看，Arend Lijpharts 认为德国属于具有典型共识民主制特征的政府体系。[②] 从治理的基本特征来看，德特勒夫・萨克认为属于联邦制-单一制的德国特征不仅体现在法院地位重要，以及向代理机构和行政机关委托任务与日俱增，而且尤其体现在合作联邦制中，治理的行政基础即行政组织的权限主要在联邦州。[③] 作为国家治理的重要内容，关于政府部门的廉政治理同样不可忽视。其实，德国在廉政治理上也形成了比较成熟的治理体系，而且成效也相当显著。对此，徐菁亿认为德国的廉政治理主要有以下特征：一是坚持多中心主体的综合治理机制；二是充分利用新闻媒体的监督作用；三是重视腐败预防工作；四是公务员管理制度具有全面性和可操作性；五是高度重视青少年廉洁文化教育。[④]

4. 关于美国市域社会治理的研究

美国是现代民主政治的发源地，其政治制度一直是比较政治学的研究重点。然而，美国的城市治理有其自身独特的变革发展过程。在美国，州和地方政府与民众之间的联系一直要比联邦政府更为密切。姚传明认为，正基于这一关系，使得州和地方政府在应对一些重要的、具有挑战性的政策议题上发挥着越来越重要的作用，导致它们关于大城市区的治理模式引起了美国学者的关注，对此，形成了两种截然不同的观点：一种观点认为大城市区“权威分割”的治理模式是杂乱无章的、反常的、低效率的，并主张进行改革，力争实现“一个大城市区、一个一体化的政府结构”；另一种观点认为以奥斯特罗姆夫妇为代表的一批制度分析者却认为美国大城市区地方政府的格局，犹如 19 世纪 30 年代托克维尔的观察：表面上的混乱却隐藏着内部运行的高度有序。[⑤] 然而，随着城市化的高度发展，美国自 1970 年以来逐渐出现了“逆城市化”的现象，这给城市治理带来了新的挑战。对此，谢菲研究发现，部分美国学者认为随着大都市区规模的不断发展，应建立一个统一的大都市区

① Peter A. Hall/David W. Soskice，Varieties of capitalism：The institutional foundations of comparative advantage，Oxford [M]. Oxford University Press，2009.

② Arend Lijpharts，of Democracy. Government Forms and Performance in Thirty-Six Countries. New Haven [M]. London：Yale University Press，2012.

③ [德] 德特勒夫・萨克，郑启南译. 德国国家治理模式的变迁：从合作联邦制的协商到单一灵活的等级制 [J]. 德国研究，2017 (3)：26-39+133.

④ 徐菁亿. 德国的廉政治理及其启示 [J]. 中国行政管理，2019 (1)：158-159.

⑤ 姚传明. 美国大城市区的治理：多中心体制与一体化改革 [J]. 新视野，2010 (2)：87-90.

政府，经过充分研究后，他发现统一的大都市区政府无疑在解决社会问题、社会经济资源的有效利用和分配上有突出优势，但是这种模式对满足不同群体的公共服务就可能出现“大而无效”“规模不经济”的结果。①

5. 关于日本市域社会治理的研究

作为成熟的资本主义发达国家，日本既具有与其他发达国家的共同特征，又具有东方现代化国家的独特特点，因而其优良的社会治理最具特色和启发意义。一方面，从日本社会治理的基本优势来看，王彩波认为，日本的优良社会治理得益于完善的基础设施和相对较高的社会公平两大优势，而为了做到相对较高的社会公平，日本政府在经济高速增长时期，着力控制社会两极分化，力图采用相关政策举措来促进社会的公平正义。② 另一方面，从社会治理发展历程来看，陈承新认为，“公民社会”与地方自治在推进日本社会治理改革中发挥着独特作用，它们始终在社会治理发展过程中属于相互促进、相互依赖的关系，这主要在于，日本“公民社会”是在地方自治改革的推进下才不断受到关注的，同时，日本地方自治面临的挑战又需要与“公民社会”携手应对。③ 在社会参与程度上，胡澎认为，非营利组织参与社会治理是日本社会治理近些年来出现的新特征之一，它不仅构成了社会治理的重要参与力量，而且在参与法律和制度建设、满足社会需求、维护和增进公共利益、协调和理顺社会利益关系、化解社会矛盾、激发社会活力、促进社会良性运行等方面发挥了重要作用，有效弥补了政府和市场服务的不足。④

6. 关于新加坡市域社会治理的研究

作为城市国家的新加坡，一直以优良的现代城市治理著称。韦如梅认为新加坡的城市治理之所以相当完善，主要在于公民的广泛参与，甚至于在政府的各个组成部门中都有公民真实的、无处不在的参与，因而，其治理经验主要体现在：一是建管分离，权界分明；二是完善机制，有效沟通；三是重视法制，严格执法；四是队伍高质，参与广泛。⑤ 众所周知，新加坡在社会治理方面取得了重大成功，然而，它的所有成就并非偶然获得，而是在积极倡导以法律为核心基础、以法治促社会和

① 谢菲．美国大都市区的治理模式［J］．城市问题，2008（6）：92-95.

② 王彩波．优良的社会治理与相对的平等：日本经验的再思考［J］．东北亚论坛，2010（6）：61-66.

③ 陈承新．日本社会治理管窥［J］．国外社会科学，2012（2）：70-75.

④ 胡澎．日本非营利组织参与社会治理的路径与实践［J］．日本学刊，2015（3）：140-158.

⑤ 韦如梅．城市治理中的公民参与：新加坡经验的中国借鉴［J］．湖北社会科学，2014（8）：51-54.

谐的过程中实现的。在廖健看来，新加坡社会治理法治化模式的成功施行，主要得益于：一是党和国家领导的严格自律、率先垂范与敢抓敢管；二是人民行动党高超的执政智慧、亲民务实的人本情怀以及优秀的执政绩效；三是高效廉洁并且具有高度法治意识的公务员队伍；四是富有成效的公民教育和深入人心的共同价值观。① 从具体的社区治理来看，王新松重点研究了该国的国家法团主义。新加坡在国家层面建立基层组织的联合团体，给予其合法性以及经费支持，联合团体则通过一系列制度对基层组织成员进行管理，因而国家意志和政策通过联合团体及其成员在社区实现，社区需求通过基层组织及其联合团体传递到国家，有效地实现了国家与基层组织的良性互动，并且也因此稳定了国家与社会的关系。②

（二）国内研究综述

2013 年 11 月，党的十八届三中全会首次提出“社会治理”，并因此确立了“全面深化改革的总目标是推进国家治理体系和治理能力现代化”，这对于我国社会主义现代化事业具有重大且深远的理论意义和现实意义。2017 年 10 月，党的十九大进一步提出了“加强社会治理制度建设，完善党委领导、政府负责、社会协同、公众参与、法治保障的社会治理体制，提高社会治理社会化、法治化、智能化、专业化水平”。可见，社会治理现代化是中国特色社会主义进入新时代社会所提出的新命题，而该命题与经济、社会以及科技发展相适应，契合我国社会发展的新趋势。然而，对于城市社会治理而言，它是对社会治理在一定区域范围内的具体性治理。对此，2018 年 6 月 4 日，中央政法委秘书长陈一新在延安干部学院全国新任地市级党委政法委书记培训示范班开班式上提出“新时代市域社会治理现代化”的重要概念。③ 然而，在正式提出这一重要概念之前，我国学术界主要集中于研究城市社会治理。因此，笔者主要从城市社会治理和市域社会治理现代化两个维度来梳理市域社会治理现代化的研究文献，以期对已有研究有更深的了解和认识。

1. 关于城市社会治理的研究

治理理论的兴起和发展使其逐渐成为我国社会治理的价值理念和理论依据，直

---

① 廖健．法治视阈下新加坡社会治理模式及启示［J］．理论视野，2015（4）：70-73.

② 王新松．国家法团主义：新加坡基层组织与社区治理的理论启示［J］．清华大学学报（哲学社会科学版），2015（2）：48-58+187-188.

③ 杨安．大数据与市域社会治理现代化：厦门实践与探索［J］．经济，2018（Z2）：102-107.

到2013年党中央正式提出“社会治理”的概念，我国学术界对城市社会治理才兴起了研究高潮。关于城市社会治理的概念，不同的学者基于不同的研究视角也有不同的定义。胡苏云、肖黎春认为其有两层含义：“一是一种城市地域空间治理的概念，为了谋求城市经济、社会、生态等方面的可持续发展，对城市中的资本、土地、劳动力、技术、信息、知识等生产要素进行整合，实现整体地域的协调发展；二是一种公共管理的概念，城市治理必须基于主体间利益博弈均衡的诉求，进行关键因子的制度创新和长效机制建设，以建立治理的多元化和利益均衡机制。”① 而西方学者亨德里克斯却认为，城市社会治理是指通过制度设计使政府部门与非政府部门正确有效地处理城市问题。从本质属性来看，姜晓萍、董家鸣认为，城市社会治理的本质属性就是在“以人民为中心的发展思想”指导下，以实现城市居民美好生活为目标，发挥多元主体的作用，针对城市生活中的社会问题，完善公共服务，化解社会矛盾，促进社会公平，推动城市社会有序和谐发展。② 可见，城市社会治理有丰富的理论内涵，符合我国社会发展的时代属性和政策方向。

（1）以群体特征为基础的城市社会治理

随着经济全球化的逐渐深入，不同国家和区域间的人口流动速度也随之加快，加之我国市场经济的逐渐成熟，使城市出现了丰富多样的职业类型，导致城市变得更加纷繁复杂，增加了城市社会治理的难度和复杂度。目前，城市社会治理开展范围主要集中在城市社区，主要提供便民服务、公共卫生、安老助残、社区治安、流动人口以及计划生育等公共服务，从实际受益对象来看，主要是一些离退休人员和没有固定职业的社会人员。为此，刘少杰认为根据党的十八届三中全会提出的“最大限度增加和谐因素，增强社会发展活力，提高社会治理水平”的重大战略任务，城市社会治理的工作范围不应当局限于离退休人员和社会闲散人员，因为社会发展的活力和促进社会和谐的主要因素都不在离退休人员和社会闲散人员之中，而在从事各种职业的职业群体之中，所以，把职业群体的社会活动纳入社会治理的范围，突破了把社会治理的对象仅仅局限于社区中非职业群体的狭隘视野，不仅使社会治理面对了社会的主体群体，而且找到了进入社会中心地带、摆脱社会治理边缘化困

① 胡苏云，肖黎春．特大城市社会治理创新：城市功能疏解的视角［J］．城市发展研究，2016（12）：43-49.

② 姜晓萍，董家鸣．城市社会治理的三维理论认知：底色、特色与亮色［J］．中国行政管理，2019（5）：60-66.

境的途径。[①] 除了要拓宽城市社会治理的客体，姜晓萍、董家鸣还提出应积极促进治理主体的多元化，即由单一中心转向多中心。[②] 对此，童潇认为，应积极引导并促进由青年发起并成立的青年社会组织参与城市社会治理，这是因为，青年群体具有强大的创新发展活力，其在推进城市社会治理现代化上具有越来越重要的作用，形成了丰富多样的参与领域，自筹与外引兼具的资金来源，较积极并且热情的参与态度，特别是上海以区县及社区为中心的活动场域，共青团在参与中发挥出了枢纽和引领作用。[③] 概括来说，城市社会治理的具体内容是对城市范围内的人、事、物进行有效治理，而社会阶层结构是社会结构的最主要表现形式，主要利用职业作为具体指标来完成对各种群体的社会分层。从研究改革开放以来上海城乡社会阶层结构的转型特征出发，仇立平提出了上海城市的社会治理应该是政府主导下的多元治理模式，即在城市中心城区逐步发展以社会组织为主，单位、社区协同治理为辅的治理格局，其中，上海郊区就在政府引导和社会组织指导下，逐步形成底层社区自我组织、自我管理的治理模式。[④] 同时，吕方、田毅鹏认为，随着“单位制”的解体，我国已由同质城市社会单元化结构走向了异质城市社会单元化结构，城市中的各种社会风险也不断出现，因而“后单位时代”城市治理的主要内容在于通过体制机制的改革和组织载体的建设，实现社会团结再造、“结社”民情培育以及新公共性格局构建的三重目标；[⑤] 而李强、葛天任却认为，由于“单位制”的解体，社区作为组成社会的基础，在空间结构、利益关系和治理架构等方面逐渐呈现了一种碎片化的状态，基于此，只有在政策导向上回归社区本位，对社区治理体制进行相应的创新，才能更好地激发社会活力，促进社会的深度融合。[⑥]

（2）以城市类型为特征的城市社会治理

2014 年国务院发布的《关于调整城市规模划分标准的通知》规定：城区常住人口 100 万以上 500 万以下的城市为大城市；城区常住人口 500 万以上 1000 万以下的

① 刘少杰．面向职业群体的城市社会治理创新［J］．江苏社会科学，2015（2）：78-84.

② 姜晓萍，董家鸣．城市社会治理的三维理论认知：底色、特色与亮色［J］．中国行政管理，2019（5）：60-66.

③ 童潇．青年社会组织参与城市社会治理：演进、特征与推进路径［J］．中国青年研究，2015（8）：31-36.

④ 仇立平．上海社会阶层结构转型及其对城市社会治理的启示［J］．国家行政学院学报，2014（4）：45-51.

⑤ 吕方，田毅鹏．“后单位时代”的城市社会治理［J］．新视野，2015（1）：47-53.

⑥ 李强，葛天任．社区的碎片化：Y 市社区建设与城市社会治理的实证研究［J］．学术界，2013（12）：45-50+306.

城市为特大城市；城区常住人口1000万以上的城市为超大城市。面对大城市由于人口过多所带来的环境污染、交通拥堵、秩序混乱等一系列“大城市病”，我国学术界针对不同的城市类型提出了差别化的城市社会治理策略。对于一般类型的大城市，以河南省的城市为研究对象，周金恋、何阳晨发现河南省的城市社会治理在城市公共服务、社会参与、社会公平、社会信任、社会保障、社会冲突和法治意识等方面，与城市居民的要求和社会期望还有较大差距，由此提出了未来推进城市社会治理现代化的过程中应对明确治理主体法律地位、提高公共服务质量、完善公民参与机制、推进社会法治化等方面加以重视。① 对于特大城市，不同学者由于研究角度的不同而提出了不同的城市社会治理的方式方法。目前，特大城市的社会治理都普遍存在治理事务繁多且事关重大的问题，基于此，范逢春和李祥、孙淑秋都提出要构建整体性治理的理论框架，以有效弥补特大城市社会治理的“碎片化”缺陷。这种“碎片化”缺陷主要体现在：一味地投入更多的精力与资源去治理那些突出问题，而较少关注那些与政绩关系不大、见效慢的领域，这样很容易产生公共资源的不合理配置，导致城市社会治理的过程中出现“碎片化”状态。②③ 与其他学者所不同的是，李伟东从反思当前城市社会治理的基本条件、基本目标及运行机制出发，特别关注特大城市社会治理中治道转变的观念差异、完善治理的多元主体条件、达成治理的社会基础、治理机制建立的长效考虑等方面，基于此，他认为探讨社会治理的政策含义在于提高社会综合管理的效率水平。④ 而张锋、罗翔则以上海市作为实证案例，以对上海社会治理评估的实践和瓶颈短板进行梳理，并围绕特大城市社会治理的主体能力、体制机制、过程监督、治理绩效、公众满意度等，构建起符合特大城市社会治理的评估体系和应用机制。⑤ 但是，对于城市社会治理中所面对的瓶颈短板，陶希东则认为未来我国特大城市应该遵循科学发展观，重构“科学-民主型”治理模式。⑥ 而对于超大城市，其人口数量非常庞大、人员流动非常频繁、社会事务异

① 周金恋，何阳晨．河南省城市社会治理现状及其对策分析［J］．河南社会科学，2015（12）：54-57.

② 范逢春．特大城市社会治理机制创新研究：基于整体性治理的维度［J］．云南社会科学，2014（6）：146-151.

③ 李祥，孙淑秋．从碎片化到整体性：我国特大城市社会治理现代化之路［J］．湖北社会科学，2018（1）：59-66.

④ 李伟东．特大城市社会治理反思［J］．北京社会科学，2014（11）：12-18.

⑤ 张锋，罗翔．特大城市社会治理评估体系构建研究：以上海为例［J］．城市发展研究，2018（9）：42-47.

⑥ 陶希东．中国特大城市社会治理模式及机制重建策略［J］．社会科学，2010（11）：78-86.

常复杂、公共安全十分突出、基层管控特别困难，因而与一般城市治理有诸多不同之处，基于此，李永海以北京市的党建引领为例，尝试在推进“疏解整治促提升”专项治理中，把党建工作的政治优势转化为城市治理的有用资源，并通过“七个转化”有效落实了专项治理行动的各项要求，充分发挥了党建体系对超大城市治理的政治引领作用。① 而在赵孟营看来，超大城市在政府与公众之间关系、公共事务、公共舆论3个方面体现了超前意义的独特性，因而只有从系统、综合、整体的视角出发研究其治理定位和治理逻辑，才能有效解决超大城市发展所面临的难题，具体措施上须建设超大城市的公共权力体系、超大城市的公共政策供给体系、超大城市的公共服务体系三大现代化建设体系。②

（3）以制度内容为方向的城市社会治理

要积极推进城市社会治理现代化，离不开对社会治理的制度内容进行创新。目前，我国学术界对城市社会治理进行了多方面研究。以梳理制度变迁三大主流理论中制度的产生和存续问题为起点，付建军着力构建起了一个理解城市社会治理创新制度的分析框架，对已有研究进行了有益补充：一是对制度化的界定更符合社会治理创新领域的经验事实；二是将行动者、制度环境、权力关系和时间等变量统合在同一个分析单位之上，从而为观察城市社会治理创新的制度化提供了一个动态、多阶段分析视角；三是分析框架的操作化因素主要来自组织场域内部，因此更强调制度化的内生性因素。③ 随着城市流动人口的增加和城市复杂度的上升，吴越菲认为现代性的演进改变了人们对于城市的理解和想象，由此带来了与“稳定取向”完全不同的“变动取向”城市观，引发了从地域性治理到流动性治理是不是一种替代式的治理革新的疑问。因此，城市社会治理中应当考虑并主动纳入流动性治理的逻辑，从而形成更具有治理效能的复合治理模式。④ 同样地，陈建领提出应在系统梳理和认真研究一系列相关理论论述与理论模型的基础上，总结改革开放以来我国社会发展中社会治理的历程，并从中国社会实际出发，努力探索一条以需求导向为主线，

---

① 李永海．区域协调发展中的超大城市治理：以党建引领北京疏解提升工作为例［J］．甘肃社会科学，2018（5）：160-166.

② 赵孟营．超大城市治理：国家治理的新时代转向［J］．中国特色社会主义研究，2018（4）：63-68.

③ 付建军．城市社会治理创新的制度化研究［J］．上海交通大学学报（哲学社会科学版），2019（2）：50-59.

④ 吴越菲．地域性治理还是流动性治理？城市社会治理的论争及其超越［J］．华东师范大学学报（哲学社会科学版），2017（6）：51-60+170.

政府主导、社会自治与多元合作相结合，以制度规范为重点的创新思路，从而构建起现代城市社会治理模型。① 除了丰富和完善制度内容，也有学者采取“逆行政化”改革的方式来创新城市社会治理的行政逻辑，其中，彭勃正是从“逆行政化”改革出发，发现基层政治主体在创新中的主导地位在一定程度上压抑了治理逻辑的有效释放，导致逆行政化创新仍然没有跳出行政逻辑的牢笼，城市治理依然是行政化治理。因此，他认为应从政策驱动、社会介入和项目运作3个角度突破当前“逆行政化”创新改革的困境。②

2. 关于市域社会治理现代化的研究

自中央政法委秘书长陈一新提出“市域社会治理现代化”的重要概念以来，我国一些学者就开始了相关研究。首先，关于“市域社会治理现代化”的概念，不同学者在不同的视角下的定义也略显不同。以提升社会治理的能力为视角，姜方炳认为“市域社会治理现代化”应该是以设区的城市为基本治理单位，以城区为重点、覆盖农村、城乡联动，充分发挥市级层面主导作用，在市域范围内统筹谋划和实施的社会治理。③ 而以创新社会治理的路径研究为视角，戴大新、魏建慧认为，市域社会治理是指以地级市的行政区域为范围，依靠党委政府、社会组织、企事业单位及个人等主体，创新社会治理机制，对辖区内的人民、事务、组织等进行管理和服务的总和或过程。④ 而关于市域社会治理的制度内容，陈一新对其进行了较为具体的阐述，主要有三大方面：一是市域社会治理的理念现代化，包括树立目标导向、树立政治导向、树立民本导向、树立效果导向；二是市域社会治理的体系现代化，包括优化市域社会治理的政治体系、自治体系、法治体系和德治体系；三是市域社会治理的能力现代化，包括提高统筹谋划能力、提高群众工作能力、提高政法改革能力、提高创新驱动能力、提高破解难题能力、提高依法打击能力和提高舆论导控能力。⑤⑥ 其次，作为刚提出的新概念，要完全理解其理论内涵及内容并不容易，

---

① 陈建领．现代城市社会治理模型构建理论方法研究［J］．经济与管理研究，2015（12）：109-112.

② 彭勃．从行政逻辑到治理逻辑：城市社会治理的“逆行政化”改革［J］．社会科学，2015（5）：18-26.

③ 姜方炳．理解“市域社会治理现代化”的三个着力点［J］．杭州（周刊），2019（19）：36-37.

④ 戴大新，魏建慧．市域社会治理现代化路径研究：以绍兴市为例［J］．江南论坛，2019（5）：10-12.

⑤ 陈一新．新时代市域社会治理理念体系能力现代化［J］．社会治理，2018（8）：5-14.

⑥ 陈一新．推进新时代市域社会治理现代化［J］．公民与法（综合版），2018（8）：3-6.

对此，姜方炳认为，要深刻理解和把握“市域社会治理现代化”这一概念的内涵，关键在于对“市域”的理解，即主要从以下 3 个方面加以把握：一是市域社会治理的治理单位主要以设区的城市为载体；二是市域社会治理强调市级层面的“主导者”角色定位；三是市域社会治理突出“以城区为重点”的空间治理取向。① 而要加快推进市域社会治理现代化，韩冬梅指出，面对体制转轨、社会转型、利益多元、矛盾凸显的新形势，推进市域社会治理现代化，实现国家治理现代化目标，更加离不开法治的力量、法治的保障，这就要求，首先需构建科学全面的市域社会治理法治保障体系，即科学完备的市域社会治理法治规则保障体系、严格公正的市域社会治理法治实施保障体系、崇法向善的市域社会治理法治文化保障体系、优质高效的市域社会治理法治服务保障体系和强劲有力的市域社会治理法治推进保障体系。② 再次，为了解市域社会治理现代化的实践效果，部分学者采用实地研究的方式来进行。在理解和推进市域社会治理现代化上，厦门市具有比较超前的意识，率先将大数据与信息化应用到了城市社会治理中，因而杨安以市域社会治理现代化的“厦门模式”为研究基础，剖析出实践中所存在的具体问题，进而提出要推进市域社会治理现代化，必须树立正确的政治导向、以先进的信息化基础设施为支撑条件、开展相关研讨和学习培训以及加强与完善大数据在市域社会治理现代化中的积极运用等方面。③ 与此相似，正处于全面建成小康社会以及提升治理能力和治理水平的关键时期的绍兴市，也进行了市域社会治理现代化的探索实践。戴大新、魏建慧则专门对该市市域社会治理中存在的问题进行了探究，并据此提出了提升党组织统筹、依法办事、文化引领、矛盾纠纷预防化解和工作推进保障五大能力，从而积极推进市域社会治理现代化。④ 为了落实国家关于推进治理体系和治理能力现代化的战略目标，作为苏南现代化建设示范区的核心城市，南京市也积极推进市域社会治理体系和治理能力现代化的进程，并取得诸多成效，对此，甘文华认为这些成效主要体现在：一是向社会放权，消除了社会化治理体系落差；二是“三社联动”，丰富了社会治理主体；三是加强网格化管理，提高了城市治理水平；四是创设标准，提升了城市治理能力。基于取得的这些成效，南京市的市域社会治理现代化也因此向前迈

① 姜方炳．理解“市域社会治理现代化”的三个着力点［J］．杭州（周刊），2019（19）：36-37.
② 韩冬梅．加快构建市域社会治理法治化保障体系［J］．唯实，2019（4）：16-19.
③ 杨安．大数据与市域社会治理现代化：厦门实践与探索［J］．经济，2018（Z2）：102-107.
④ 戴大新，魏建慧．市域社会治理现代化路径研究：以绍兴市为例［J］．江南论坛，2019（5）：10-12.

进了一大步。[①] 最后，从福州市的市域网格化治理的角度出发，王赣闽认为，市域社会治理作为国家社会治理的基本组成部分，对整个社会和谐有序发展具有举足轻重的作用，但面对当前城市的新常态，政府与社会高度统一的传统治理模式已不再适用，此时，网格化治理的出现和发展正是迎合民众多元化公共服务需求的必然结果，也是解决市域社会治理过程中棘手问题的创新探索，特别是福州市网格化治理在长时间的摸索和实践中取得了较好的成效，形成了一套地方特色的治理模式，这就将市域社会治理现代化推向了新高度，也给市域网格化治理带来了新挑战。[②]

（三）研究述评

通过梳理相关文献发现，城市社会治理的研究相对较为丰富，总的来说，不管是在研究视角上还是在研究内容上，都比较多样全面。而从知网搜索有关城市社会治理的文献来看，其研究的高峰期是在近 5 年内。由此可见，城市社会治理的研究虽然已有七八年的历史，但是，相比其他方面的研究，还未引起学术界的足够重视，学者们的研究热情并不十分高涨，导致其研究还存有不足之处，主要体现在一是已有文献的研究深度还不够。目前，大多数文献是以城市社会治理的某一个或几个方面为切入点，进而阐述城市社会治理的现状、问题，最后针对这些问题提出相应的对策，这就导致其研究的理论基础和理论深度比较单薄。二是已有文献的研究广度还较为狭窄。就已有研究来说，城市社会治理的研究都是在遵循普遍性原理的基础上进行的，导致其明显缺乏一定的针对性研究，特别是针对特大城市和超大城市的城市社会治理研究，然而，在当前“城市化”的社会大背景下，城市社会治理的难度和复杂度都集中在特大城市和超大城市中，导致当前的研究对特大城市和超大城市社会治理的指导作用较微弱，结果就是大多数研究普遍缺乏相应的实用性。三是已有文献的研究方法较为单一。综观相关文献，基本上是采用定性研究方法，至多列举一些数据来进一步阐述笔者的观点。可见，城市社会治理方面的研究基本上尚未采用数理统计方法来证明其在具体应用时的可靠性、适用性及其可能效果。四是已有文献的理论支撑尚显不足。从现有研究来看，城市社会治理的理论基础主要是 20 世纪 90 年代在西方兴起的治理理论，理论基础较为单薄，无法足够支撑其研究

---

① 甘文华 . 优化南京市域治理体系新方略研究［J］. 中共南京市委党校学报，2015（1）：108-112.

② 王赣闽 . 社会治理视角下市域网格化治理的实践与探索：以福建省福州市为例［J］. 福建江夏学院学报，2019（2）：76-83.

的全面性、科学性和充分性，导致研究结论在对策上作用微弱，或者说，研究结论难以有较强的说服力和实践效果，最终导致了大多研究成果缺乏实际意义，很难有效指导和应用到具体城市社会治理问题的解决上。综上可知，城市社会治理的研究方面还存在许多问题，因此，在未来城市社会治理研究中，我国学者应积极拓宽研究的广度和深度，并重视研究方法的丰富性，增强理论研究，提升其在城市社会治理问题上的指导作用，以最大程度增强研究的实用性。而关于市域社会治理现代化的研究，目前我国还少有这方面的相关文献，然而，当前已有研究尚且停留在对"市域社会治理现代化"的概念及其具体内容的阐述上。到目前为止，陈一新所写的两篇文章在市域社会现代化的研究中最具代表性和权威性，对未来的研究具有重要指导意义。也就是说，目前关于市域社会治理现代化的研究还十分少，这与该概念刚被提出来有关。未来应积极加大对市域社会治理现代化的研究，这是因为，随着我国科技的发展以及城市化进程的快速推进，导致我国普遍存在"大城市病"的问题，迫切需要市域社会治理现代化方面的研究指导，来为我国城市治理问题的解决提供良策。

三、研究意义

市域社会治理现代化是一个全新的重大现实课题。在社会转型时期，市域社会矛盾不断激发，市域各种社会问题日益凸显。我国原有的管理理念、方法、体系、能力以及机制在面对社会矛盾激发时，不仅往往产生应对"滞后"，而且还会产生应对"失灵"。这是因为，原有的社会管理体制未能适应当前的社会治理局面，这就必然导致行政运行的"内部消耗"效应与"事倍功半"效应。2013 年 11 月，党的十八届三中全会指出："全面深化改革的总目标是完善和发展中国特色社会主义制度，推进国家治理体系和治理能力现代化。"这充分反映了国家从顶层设计上消除行政运行的"内部消耗"效应与"事倍功半"效应的智慧与决心。然而，面对日趋激化的社会矛盾，消除"内部消耗"效应与"事倍功半"效应的起点与落脚点都在基层社会，而基层社会治理中的"碎片化"困境又使基层社会治理难以达到预期目标。市域社会治理现代化是中观层面上的集成式、统筹式的治理模式。这一模式有利于破解社会治理从顶层设计过渡到基层实践的难题。因此，开展新时代市域社会治理现代化研究，具有极其重要的理论与实践意义。

从理论意义来说，新时代市域社会治理弥合了原有的国家宏观治理框架与基层社会治理框架之间的衔接问题，不仅构建了市域社会治理现代化研究全新的理论框架，而且可以检视西方的法团主义理论、合作治理理论、信息社会理论在推进中国特色市域社会治理现代化中的适用性。这就有助于拓展社会治理研究的理论视域，丰富应用社会学的理论宝库。

从实践意义来说，本研究在实证研究的基础上构建了推进市域社会治理现代化在理念践行、体系建设、能力建设、运行机制等方面的对策方案，并提供了推进市域社会治理现代化的国内外经验范本。这就有助于提供开展市域社会治理现代化试点的参照方案，从而有助于推进市域社会治理现代化的实践进程。

四、研究思路

本研究主要从“理论建构”和“实践向度”两个角度展开。在“理论建构”方面，主要是揭示市域社会治理的社会学意义和行动逻辑，确定市域社会治理现代化的理论基础和理论框架。“理论建构”部分主要包括第二章、第三章、第四章和第五章。在“实践向度”方面，主要是构建推进市域社会治理现代化的理念践行、体系建设、能力建设和机制建设方案，提供推进市域社会治理现代化的国内外经验范本。“实践向度”部分主要包括第六章、第七章、第八章。

五、研究方法

开展市域社会治理现代化研究的根本目的在于：在理论层面上构建起市域社会治理现代化的理论基础和理论框架，在实践层面上构建起推进市域社会治理现代化的理念践行、体系建设、能力建设和机制建设方案。从研究方法来看，要构建起市域社会治理现代化的理论基础和理论框架，就必须开展文献研究；而要构建起推进市域社会治理现代化的理念践行、体系建设、能力建设和机制建设方案，就必须扎根于市域社会治理的各种“现实场域”，开展实证研究。本研究在实证方法方面主要采用文献研究法、焦点小组访谈法、个案研究法等质性研究方法。

1. 文献研究法

本研究方法主要是梳理市域社会治理现代化方面的相关文献，并且阐述国外的市域社会治理的基本经验。文献研究法主要指收集、鉴别、整理文献，并通过对文献的研究形成对事实的科学认识的方法。本研究主要通过收集文献数据材料，梳理美国、英国、法国、德国、日本、新加坡等国家在市域社会治理方面的研究文献，并对这些国家的市域社会治理的基本经验进行了归纳总结；同时也从城市社会治理以及市域社会治理现代化两个方面对国内文献进行梳理，总结市域社会治理已取得的研究进展与成果，阐明市域社会治理研究的不足以及需要突破的方向。

2. 焦点小组访谈法

本研究主要通过集体访谈，聚焦问题的方式，分别从村（居）委会、乡镇（街道）、县（区）、市级层面上组织焦点讨论。由于本研究获得了江西省委政法委的大力支持，因而选取了景德镇市、萍乡市、赣州市等 11 个地市作为调查区域。首先，在市级层面与各市委政法委的工作人员就市域社会治理现代化中的理念践行、体系建设、能力建设和运行机制建设等问题进行访谈讨论；其次，在这些市选取 2~3 个县（区）、5~6 个乡镇（街道），组织政法系统工作人员就理念践行、体系建设、能力建设和运行机制建设等问题进行访谈讨论；最后，在这些市选取 10~12 个村（居）委会进行实地走访，组织村（居）委会工作人员就理念践行、体系建设、能力建设和运行机制建设等问题进行访谈讨论。因此，本研究较好地把握了各地市在理念践行、体系建设、能力建设和运行机制建设等方面的认知与需求。

3. 个案研究法

本研究主要运用个案研究法获取推进市域社会治理现代化的理念建设、体系建设、能力建设以及运行机制建设等方面的第一手资料。个案研究法主要选择一个或几个场景为对象，系统地收集数据和资料，进行深入的研究，用以探讨某一现象在实际生活环境下的状况。案例研究的素材可以包括 5 种形式，即文件、档案、访谈、直接观察与参与观察。本研究在个案研究法中主要选取文件、档案、直接观察等形式，具体表现在：通过收集政府有关社会治理的各种文件、有关社会治理的经验总结归档材料、有关基层的社会治理实际面貌（包括物质与精神面貌），总结市域社会治理过程中的经验与不足，提炼市域社会治理现代化在理念践行、体系建设、能力建设和运行机制建设等方面的经验范本。本研究主要运用了 15 个社区案例。

第二章　社会学视野中的市域社会治理

市域社会治理既不等同于基层社会治理，也不等同于城市社会治理。科学界定市域社会治理的内涵与外延，是本研究的基础和前提。本章主要探讨市域社会治理的构成要素、本质属性及其社会学意义。

一、研究背景

自 2018 年 6 月 4 日，陈一新提出“市域社会治理”这一概念后，受到各界广泛关注。这一概念的提出不仅是对当前我国社会治理实践经验的一次提升，也是对当前社会治理中亟须解决的重要问题的回应，更是对我国国家治理和社会治理体系的一次创新。自 2013 年中国共产党的十八届三中全会第一次在党的正式文件中提出“社会治理”概念，并将“推进国家治理体系和治理能力现代化”作为全面深化改革的重要目标以来，[①] 我国社会治理取得长足进步，“治理型”的社会治理逐步形成并不断发展，[②] 治理体系不断完善，治理能力系统提升，中国特色社会主义的社会治理经验日趋丰富。但与此同时，一些复杂的、特殊的、重大的治理问题亟须解决，如因社会的快速流动及人口的空间集聚而带来的社会公共安全与社会治安风险问题，因社会结构变迁和社会转型而带来的社会冲突风险和个体适应的心理问题，因互联网信息技术和网络空间发展而带来的网络违法犯罪和网络群体性事件问题等。目前社会治理体系和机制还存在一些挑战和问题，如基层社会治理的“碎片化”[③]、社会组织发展的“丛林化”[④]、社会治理客体的“棘手化”[⑤]、基层治理中“国家在场”

---

① 邵学光，刘娟．从“社会管理”到“社会治理”：浅谈中国共产党执政理念的新变化［J］．学术论坛，2014（2）：44-47.

② 朱涛．新中国 70 年社会治理变迁与基本经验［J］．北京工业大学学报（社会科学版），2019（4）：11-17.

③ 刘爽．基层社会治理面临哪些突出难题［J］．人民论坛，2017（2）：70-71.

④ 韩升，高健．现代社会治理需要警惕社会组织发展的丛林化［J］．东南学术，2019（1）：23-31.

⑤ 陈亮．走向网络化治理：转型时期中国社会治理的复合困境及破解之道：基于“理念—主体—客体—介体”的系统分析视角［J］．内蒙古社会科学（汉文版），2017（3）：21-28.

的“弱化”①，以及在大数据时代下社会治理所面临的“协作困境与信息孤岛、技术理性与制度滞后、技术风险与治理危机”② 等困境。市域社会治理的提出正是对这些挑战和问题的回应。它具体是指以设区的市为地域范围，依靠党委政府、社会组织、企事业单位及个人等主体，创新社会治理机制，对辖区内的人民、事务、组织等进行管理和服务的总和或过程。③ 相对于以县域为主要范围的基层社会治理，市域社会治理具有更强的整合性、协调性和综合性的特点，在应对和解决新型社会问题和社会矛盾时具有县域社会治理无法比拟的优势。相对于城市社会治理，市域社会治理具有明显的社会功能的指向性、治理问题的全域性和治理面向的整体性特点，它更强调在国家治理体系中的枢纽性功能的发挥，更强调以地级市为范围对全域性问题的关注，更强调以整体性的视野来考察市域内社会治理问题间的关联。与以往的基层社会治理相比较，它更关注“各自为政、条块分割、烟囱林立、信息孤岛、对外封闭”④ 等问题的破解，试图通过市级层面的中层设计和规范指导，协调力量和统筹资源，实现共建共治共享的社会治理格局。

市域社会治理是在中国情景和中国语境下对当前社会治理机制的一次创新，这一概念一经提出，就受到了各方广泛关注，尤其是体现在实践领域，如浙江杭州市、宁波市、湖州市、绍兴市，安徽合肥市、芜湖市，江苏南京市、徐州市、常州市，福建福州市、厦门市，山东济南市、威海市和贵州贵阳市等地都进行了积极探索，形成了以大数据推进智慧城市建设的“厦门模式”、富有杭州地方特色的“六和塔”工作体系以及贵阳市的“撤街扩社”实践等。与实践领域相比，学术领域对市域社会治理的关注明显滞后，其研究更多侧重于概念界定和经验提炼上，鲜有研究从其本质属性、构成要素、行动逻辑等层面作出理论性的阐释和框架性的理解。但是，这并不能说明在研究层面市域社会治理的提出缺乏理论基础，反而有很多研究都涉及这一问题。整体性治理就是对以发挥枢纽性作用而提出的市域社会治理的一种呼

① 陶秀丽．“国家在场”的社会治理：理念反思与现实观照［J］．学习与实践，2019（9）：112-117. 需要注意的是，此处的“弱化”并非全面的“弱化”，是指在当前进行社会治理实践中，尤其是基层社会治理实践的过程中“国家在场”的优势没有引起足够重视，“党委领导和政府负责”的体制作用还未完全发挥。

② 王振兴，韩伊静，李云新．大数据背景下社会治理现代化：解读、困境与路径［J］．电子政务，2019（4）：84-92.

③ 戴大新，魏建慧．市域社会治理现代化路径研究：以绍兴市为例［J］．江南论坛，2019（5）：10-12.

④ 杨安．大数据与市域社会治理现代化：厦门实践与探索［J］．经济，2018（Z2）：102-107.

唤。张必春、许宝君认为整体性治理与基层社会治理具有很强的耦合性，是破解碎片化问题的一剂良药，其实质在于跨界合作，内跨“部门”之界，外跨“政社”之界。① 韩兆柱、杨洋指出，整体性治理理论是对新公共管理主义所带来的治理困境的一种回应，主张用整合、协调和网络化的方法解决治理的“碎片化”问题。② 李胜持同样观点，他认为新公共管理带来的“碎片化”“空心化”政府等一系列治理问题，正是整体性治理所要解决的。③ 李德也直接指出，克服在基层社会治理过程中的“碎片化”现象及其弊端，需要从整体上推动基层社会治理运行机制建设。④ 而这正是市域社会治理所强调的，基层社会治理中的地市层级政府的统筹整合与协调主导作用不可忽视，也就是说，政府“越位”不行，但“缺位”更不行，政府的“缺位”会导致基层治理的“碎片化”困境，唯有将自上而下的层级的制度“势能”⑤ 转化为社会治理的“动能”，才有可能实现政府与社会有效共治的局面。因此，市域社会治理在这一背景下提出，具有很强的理论意义和实践意义。

尽管如此，对市域社会治理的直接研究还较少，还未形成系统的实践模式或理论体系，难以对我国社会治理实践提供有效指导。在社会学视野下，一个概念或者一项实践要形成一种模式或者一种理论，就必须有研究者对其进行系统的分析和科学的建构，使之成为学科体系中人们公认的“范式”。作为在中国社会治理实践语境下形成的市域社会治理要想进一步发展，必须在社会学视野上对其内涵与外延、本质与要素、行动逻辑与理论体系进行深入研究，并进行合理性的知识构建，以形成社会治理上的“中国话语”和“本土理论”。

二、市域社会治理的构成要素

清晰的概念是透彻分析理论的基础。⑥ 在社会学视野下理解市域社会治理的概

---

① 张必春，许宝君．整体性治理：基层社会治理的方向和路径：兼析湖北省武汉市武昌区基层治理［J］．河南大学学报（社会科学版），2018（6）：62-68.

② 韩兆柱，杨洋．整体性治理理论研究及应用［J］．教学与研究，2013（6）：80-86.

③ 李胜．超大城市突发环境事件管理碎片化及整体性治理研究［J］．中国人口·资源与环境，2017（12）：88-96.

④ 李德．从“碎片化”到“整体性”：创新我国基层社会治理运行机制研究［J］．吉林大学社会科学学报，2016（5）：90-99.

⑤ 刘晓亮．新时代中国特色社会主义国家治理的四重逻辑［J］．湖南师范大学社会科学学报，2019（1）：51-56.

⑥ 青觉，徐欣顺．中华民族共同体意识：概念内涵、要素分析与实践逻辑［J］．民族研究，2018（6）：1-14.

念，必须对其进行要素分析。作为一种偏正结构类的概念，市域社会治理的中心词在“社会治理”，“市域”则是它的限定词。因此，要理解市域社会治理的概念及其构成要素，需要把握“社会治理”及其相关概念。

（一）与市域社会治理相关概念的构成要素

一般来讲，市域是指城市行政管辖的全部地域，它是一个空间范围的概念，但包含了丰富的社会学意义，既包括市域范围内的地理景观，更包括了主动性的空间生产。市域社会治理中“市域”既是一种空间范围的描述，也是一种层级的描述，从我国的行政层级来看，地市级在国家治理体系中处于承上启下的位置，对共建共治共享的社会治理格局的实现具有重要的枢纽性意义。顶层设计和基层实践在此交会，制度势能也在此逐渐转化为社会治理的动能，社会治理的市级协调和统筹已经成为当前社会治理的需要。与市域社会治理相关的概念包括全球治理、国家治理、社会治理、城市社会治理、基层社会治理和县域社会治理等，要探析市域社会治理的构成要素，可以先从相关概念的构成要素分析开始。

俞可平认为，全球治理的要素有 5 个，即价值、规制、主体、客体和结果，① 刘勇和王怀信也从这 5 个构成要素对全球治理进行了讨论。② 这 5 个要素就是对“为什么治理？”“如何治理？”“谁治理？”“治理什么？”“治理得怎样？”这 5 个问题的回答。他们也一致认为，全球治理是一个有机体，对于构成要素的讨论必须放在有机体的概念下，不能人为地割裂开来。国家治理体系被认为是一种规范社会权力运行和维护公共秩序的一系列制度和程序，③ 如果从体系的构成来看，它包括政府治理、市场治理和社会治理，但如果从构成要素来看的话，同样涉及 3 个基本问题，谁治理、如何治理和治理得怎样，即治理主体、治理机制和治理工具。④ 杨述明认为，社会治理体系由组织体系、制度体系、运行体系、评价体系和保障体系构成，其中组织体系是主体，制度体系是依据，运行体系是路径，评价体系是标准，保障体系是支撑。⑤ 这一分析更多的是从组织行为学出发，把社会治理体系当作一种社会网络进行分析。杨宜勇则从顶层设计出发，认为社会治理现代化应构建　个

① 俞可平．论国家治理现代化［M］．北京：社会科学文献出版社，2015：33.
② 刘勇，王怀信．全球治理的构成要素评析［J］．学术论坛，2017（4）：125-130.
③ 俞可平．推进国家治理体系和治理能力现代化［J］．前线，2014（1）：5-8.
④ 俞可平．论国家治理现代化［M］．北京：社会科学文献出版社，2015：3.
⑤ 杨述明．现代社会治理体系的五种基本构成［J］．江汉论坛，2015（2）：57-63.

由“理念—体系—机制—能力”组成的整体性理论和政策框架。[①] 也有学者在社会学视角下认识社会治理的概念，认为要准确把握这一概念，就必须从“主体、客体、目标和手段”出发。[②] 本研究持同样观点，认为认识一个概念需要从其本质特征开始，从体系和内容进行分析固然能够逐步厘清概念，但无法认识概念的本质意涵。

结合以上分析，本研究将市域社会治理的构成要素划分为“主体、客体、理念、体系、能力和机制”6个部分，即回答“谁来进行市域社会治理？”“市域社会治理的对象是谁？”“在进行市域社会治理中遵循何种理念？”“在进行市域社会治理中建构何种体系？”“进行市域社会治理需要何种能力？”“进行市域社会治理中必备何种机制？”，其中主体和客体要素的互动以及主体间互动和客体间的互织，构成了市域社会治理的行动逻辑。正因如此，本研究的后面会分别从市域社会治理的行动逻辑、理念建设、体系建设、能力建设和运行机制建设来论述市域社会治理现代化。

（二）市域社会治理的构成要素分析

市域社会治理由主体、客体、理念、体系、能力和机制六大要素构成。其中治理主体要素也被称为行动者要素，它呈现出多元化特征，既包括基层党组织、基层政权组织，也包括经济组织、社会组织、群团组织，还包括公民大众。在社会治理的市域范围内，这些行动者在一定程度上是明确的，每个行动者都掌握着一定的资源，同时也必然在现代流动性社会中通过某种互动进行资源的交换，这种交换依赖于一种网络，也即行动网络，我们也可以直接将其称为“社会治理行动网络”。可以说，市域社会治理社会化就是在这种行动网络的优化上提出的，即要“通过充分发挥各级党委的领导核心作用，在市域范围内形成有效整合社会各方资源、动员社会各方力量参与的共建共治共享的社会治理格局”。[③] 在市域社会治理中的主体合作以及合作行动网络的形成是进行有效治理的核心议题，在此尤其要注意的是，市域社会治理强调更大范围的合作，更多层级的合作以及面向市域问题的整体性合作。治理客体要素也被称为治理对象要素，社会治理的客体就是由于社会变迁、发展和

---

① 杨宜勇．全面开启中国社会治理现代化新征程［J］．人民论坛·学术前沿，2018（3）：56-66.

② 陈成文，赵杏梓．社会治理：一个概念的社会学考评及其意义［J］．湖南师范大学社会科学学报，2014（5）：11-18.

③ 姜方炳．理解“市域社会治理现代化”的三个着力点［J］．杭州（周刊），2019（19）：36-37.

转型所带来的各种社会性问题，这些问题被刘祖云归纳为两个方面，一方面是人与人之间协调的问题，即被市场化破坏的“社会植被”；另一方面是人与自然之间协调的问题，即被工业化破坏的“自然植被”①。市域社会治理的对象与国家治理、基层社会治理的对象不同，其对象呈现出复杂性、综合性和特殊性的特征，经常是社区层面甚至县域层面难以应对的治理问题，或者是国家治理难以有效完全触及的问题，如前文提到的社会公共安全与社会治安风险问题、社会冲突风险和个体适应的心理问题、网络违法犯罪和网络群体性事件问题等，陈一新将其总结为“以解决市域内影响国家安全、社会安定、人民安宁的突出问题”。当然，市域社会治理的问题也具有动态性的特点，随着社会的不断发展，市域社会治理的客体也随之变化。它也具有关联性的特征，问题不是孤立的，更多的是联系并交织在一起的。市域社会治理系统化所强调的“统筹把握社会治理各项任务的整体关联性”② 就是针对这一特征而提出的，这就要求在市域社会治理框架下去治理社会务必注意治理对象的关联性，采取“整体式治理”的方式进行治理行动。当前，社会治理社会化经常被重点强调和广泛关注，③ 与此同时，“治理客体”经常被“悬置”起来，正如杨超所言，“过于强调治理主体的合作关系而贬低单项管理”，会造成治理滥用的局面。他提出“关系性社会治理”的概念，试图构建一种超越主体间关系，也囊括对象间的，以及主体与对象间的三维空间的分析图式，以破解当前“去治理对象”的倾向。④ 本研究也持相似观点，因此在后面章节的论述中，将主体和客体要素放在一章来讲，并以“行动者网络理论”的视角来分析市域社会治理的行动逻辑。

理念要素是市域社会治理的关键要素，治理理念是治理行动的先导，社会治理的创新首先要从理念创新开始。习近平总书记曾指出：“治理和管理一字之差，体现的是系统治理、依法治理、源头治理、综合施策。”⑤ 这一描述就是对治理理念的集中概括，市域社会治理是在新时代背景下提出的，其理念必须以习近平新时代中

---

① 刘祖云．社会转型与社会管理创新：一个新的分析视角［J］．晋阳学刊，2013（5）：29-35.

② 陈一新．新时代市域社会治理理念体系能力现代化［J］．社会治理，2018（8）：5-14.

③ 吴晓林．“社会治理社会化”论纲：超越技术逻辑的政治发展战略［J］．行政论坛，2018（6）：38-45.

④ 杨超．迈向关系性社会治理：一个元框架的构建［J］．华东理工大学学报（社会科学版），2019（1）：32-39.

⑤ 两会受权发布：《习近平在参加上海代表团审议时强调推进中国上海自由贸易试验区建设，加强和创新特大城市社会治理》，新华社，2014年3月5日．

国特色社会主义思想为指导，以回应我国治理中的现实问题为导向，破除理念障碍，推进治理进程。理念滞后往往是基层社会治理创新的最大阻碍，当前治理实践中面临着“价值理念碎片化”[①]“利益诉求多元化”“传统治理网络弱化”[②]等问题和挑战，急需社会治理理念创新。可以说，市域社会治理的提出本身就是对原有社会治理理念的一次创新，它更强调治理中的“政府在场”，更强调“整体式治理”，更强调治理对象的关联性。具体来看，市域社会治理的理念可以从“铸魂、民本、协同、融合、服务和创新”等方面入手。值得注意的是，理念要指导行动，要回应问题，更要与时俱进，市域社会治理的理念建设将是未来一段时间的重要理论课题。体系要素是市域社会治理的重要内容，市域社会治理体系就是在党委领导下政府和社会共建共治共享的制度体系，包括一整套紧密相连、衔接协调的体制机制和制度安排。[③]结合当前研究，我们提出要推进市域社会治理现代化，就必须加强“一建五治”的体系建设，即在党建引领下，加强自治、德治、法治、心治、智治建设。其中，党建引领是市域社会治理现代化的方向保证，自治建设是市域社会治理现代化的内生动力，德治建设是市域社会治理现代化的价值基础，法治建设是市域社会治理现代化的规范保障，心治建设是市域社会治理现代化的心态支撑，智治是市域社会治理现代化的科技支撑。此外，协同高效的市域政治体系建设也是市域社会治理体系建设的重要内容。[④]

能力要素是市域社会治理的重要保证，它一般是指构成市域社会治理能力整体的诸多因素和条件，如具有治理能力的专业人员、现代智慧技术体系和共享治理平台等。能力建设已经成为推进市域社会治理现代化的重要着力点，打造市域治理智能化和专业化[⑤]已经成为社会治理创新的重要任务。和基层社会治理不同，市域社会治理更强调政府作为治理一元的能力，更强调政府以市域为范围统筹协调力量、资源和信息的能力，更强调政府以市域为纽带的共建共治共享平台的搭建能力。当

---

① 陈亮．走向网络化治理：转型时期中国社会治理的复合困境及破解之道：基于“理念—主体—客体—介体”的系统分析视角［J］．内蒙古社会科学（汉文版），2017（3）：21-28.

② 宁德鹏．用社会主义核心价值观引领社会治理理念创新［J］．中国行政管理，2019（4）：151-153.

③ 陈一新．新时代市域社会治理理念体系能力现代化［J］．社会治理，2018（8）：5-14.

④ 张康之．论时间资源稀缺化对社会治理的挑战［J］．行政论坛，2019（3）：31-37. 张康之指出，20世纪后期，时间资源稀缺化开始变得越来越紧张，并对社会治理构成挑战，需要耗费时间的民主政治却没有开发社会时间的能力，而且也没有其他的技术和有效的社会安排去为民主政治开发出足够的社会时间，因此，他认为只有实现了政治的转型，整个社会治理模式的重构才能成为可能。

⑤ 陈一新．新时代市域社会治理理念体系能力现代化［J］．社会治理，2018（8）：5-14.

前，我国在市域社会治理能力建设中还存在一些短板，如“应对智能社会的能力不足”① “预防和化解社会矛盾控制社会风险的能力不足”② “协同网络运行能力的不足”③ 等，其极大地影响了市域社会治理的成效。市域社会治理的能力建设归根结底是市级层面社会治理人才的能力建设，如对大数据、云计算、物联网等现代技术的运用，对法治、德治、心治、自治方法的掌握，本研究具体将市域社会治理的能力建设细分为：风险防控能力、群众工作能力、破解难题能力、舆论导控能力、资源整合能力和信息处置能力。

机制要素具体是指运行机制要素，它是市域社会治理的制度保障，直接关乎着市域社会治理的行动计划能否落地，其实质在于“让社会治理体制向具体的社会治理活动转化”④。市域社会治理的运行机制要素，就是引导和规范市域社会治理中各要素的各项活动的基本准则和相关制度。进行运行机制构建和优化成为市域社会治理的重要内容。目前，讨论最多的是治理主体共治机制，如学者们提出了构建“点线成面”的社会治理联动机制⑤、重构“三社联动”机制⑥、“迈向社会广泛多层次协商对话”机制⑦以及建构“复合社会治理中的多维联动机制”⑧ 等。而围绕其他要素的机制讨论则相对较少，但也形成了一定的研究成果。在客体要素上，有学者提出当前治理机制出现了“事前预防机制”的转向，这一转向可以有效弥补事后倒逼机制的缺陷，实现源头治理的目的；⑨ 在理念要素上，有学者认为通过建构包括

① 杨述明．论现代政府治理能力与智能社会的相适性：社会治理智能化视角 [J]．理论月刊，2019 (3)：79-85.

② 张向达，姜洋．政府社会治理创新能力：定位、问题与对策 [J]．学校党建与思想教育，2018 (2)：14-17.

③ 刘波，方奕华，盖小静．社会治理创新对地方政府治理能力的新要求：基于困境儿童救助网络的实证研究 [J]．中国行政管理，2018 (6)：53-60.

④ 严强，王心．社会治理机制的实质、设计与运用 [J]．江苏行政学院学报，2015 (3)：100-105.

⑤ 于秀琴，葛喜艳，吴波，孟霞光．“点线成面”的社会治理联动机制研究 [J]．当代世界与社会主义，2014 (1)：192-195.

⑥ 徐选国，徐永祥．基层社会治理中的“三社联动”：内涵、机制及其实践逻辑：基于深圳市 H 社区的探索 [J]．社会科学，2016 (7)：87-96.

⑦ 韩志明，顾盼．从“不讲道理”到“协商对话”：社会治理机制的转型 [J]．理论与改革，2016 (5)：63-68.

⑧ 骆郁廷，唐丽敏．核心价值观的社会治理作用及其实现机制 [J]．思想政治教育研究，2017 (2)：1-4.

⑨ 朱力，邵燕．社会治理机制的新转向：从事后倒逼到事前预防 [J]．社会科学研究，2017 (4)：93-98.

“决策、协调、实施、评估、反馈和调节” 6 个环节的机制，来促进社会主义核心价值观在社会治理中的作用；[①] 在体系要素上，有学者提出要构建新时代“三治融合”乡村治理体系的实践机制；[②] 在能力要素上，有学者从“制度整合能力、差异辅助能力、协同共振能力、预见发展能力”讨论了贫困治理能力的生成机制。[③] 可以看出，机制建构已经成为社会治理现代化的必要内容，高效的、可持续的运行机制，是市域社会治理顺利推进的制度保障。但与此同时，针对市域社会治理机制的讨论还很少，这将是未来研究讨论的一个重要方向。

质言之，从市域社会治理的 6 个要素来看，它们分别有各自的特征但又互相联系，对这些特征和关系的理解有助于我们更好地把握市域社会治理的概念。如果把市域社会治理看作一个系统的话，那各个要素就是其子系统，共同构成了一个有机体，任何一个要素脱离了有机体的存在，都会失去其在整体性中的存在价值。同样，一个要素的变化也会影响到整个有机体的运行。

三、市域社会治理的本质属性

处于“战略机遇期”和“矛盾凸显期”[④] 交织并存的今天，越来越需要通过不断改革和创新去迎接机遇和挑战。新型社会矛盾和社会风险的不断产生，增加了社会治理的难度，社会治理的现代化势必会推动社会治理形态的变化和社会治理模式的创新，市域社会治理逐渐成为社会治理创新的重要方式。然而，随着市域社会治理在实践领域的蓬勃发展，其理论研究却相对滞后，尤其是对市域社会治理本质属性的讨论很少。本质属性是认识一种事物，尤其是一种新生事物最为重要的着手点，对市域社会治理本质属性的讨论有利于我们更加清楚地认识其本质意涵，以区别于其他社会治理形式。因此，在市域社会治理应对新型社会矛盾和社会风险日益凸显的同时，有必要对其本质属性进行深入研讨。

（一）从“基层社会治理”到“市域社会治理”

要了解一个概念需要从其历史脉络出发，市域社会治理正是在我国社会治理现

① 骆郁廷，唐丽敏．核心价值观的社会治理作用及其实现机制［J］．思想政治教育研究，2017（2）：1-4.

② 张明皓．新时代“三治融合”乡村治理体系的理论逻辑与实践机制［J］．西北农林科技大学学报（社会科学版），2019（5）：17-24.

③ 杨婷．元治理视阈下贫困治理能力生成机制研究［J］．贵州社会科学，2018（11）：143-148.

④ 谢海军，谢启华．改革开放 40 年中国社会矛盾治理的系统性创新及经验启示［J］．理论探讨，2019（2）：12-17.

代化的推进过程中提出的，它是在检验当前基层社会治理的实践基础上，对当前社会治理模式的创新。因此，要探究和明晰市域社会治理的本质意涵，首先就要对基层社会治理的概念及实践进行梳理。基层社会治理是一个从单一主体建构到多元主体建构的过程，从20世纪80年代开始，我国由原有的“单一主体建构”的基层社会管理逐渐向“多元主体建构”的基层社会治理转变。党的十六届四中全会提出“建立健全党委领导、政府负责、社会协同、公众参与的社会管理格局”。党的十八届五中全会提出“加强和创新社会治理，推进社会治理精细化，构建全民共建共享的社会治理格局”，这些都是基层社会治理多元主体建构的集中反映。① 当前我们已经形成了“党委领导、政府负责、社会协同、公众参与、法治保障的社会治理体制”，为实现国家治理和社会治理的良性互动提供了重要条件。基层社会治理所强调的“多元主体的联动、资源下沉和源头治理、综合治理和共建共享”已经成为社会治理的重要形式。然而，随着社会结构的不断变迁和社会发展的不断转型，新型社会问题和社会风险不断产生，加之风险的传导性和流动性不断增强，涉及的相关利益群体更多、利益诉求更杂、影响范围更广，着眼于基层的社会治理模式的局限性越发凸显，缺乏市域层级的整体统筹和协调已经成为基层社会治理推进的主要瓶颈。正如俞可平所言：“治理是一个上下互动的管理过程，它主要通过合作、协商、伙伴关系、确立认同和共同的目标等方式实施对公共事务的管理。”② 理想状态是，基层治理是国家治理与社会治理的交会点，顶层设计与基层实践的落地点，上下互动在基层治理中得以实现；但现实是，当前以及将来的一些复杂的社会问题和新型的社会风险很难在以县域为主的基层社会治理中实现。因此，需要从更高层级即市级层面对当前的基层社会治理模式进行再设计与再创新，以凸显“国家在场”③ 和“政府在场”④ 的重要性。

市域社会治理是基层社会治理的再创新，它更加强调基层社会治理在市域层面的统筹与协调，要理解市域社会治理，必须抓住“市域”二字来着重分析。从字面

---

① 柯尊清．城市基层社会治理的社会建构研究［J］．学术探索，2016（6）：47-51.

② 俞可平．论国家治理现代化［M］．北京：社会科学文献出版社，2015：25.

③ 陶秀丽．“国家在场”的社会治理：理念反思与现实观照［J］．学习与实践，2019（9）：112-117. 陶秀丽认为，在我国现阶段“强政府、弱社会”特征明显，社会组织和民间自治组织作为治理主体发展不足、社会参与意识不强、社会自治能力有限的情况下，应该突出和充分利用我国当前社会治理中“国家在场”优势，探索“国家在场”的合理方式。本研究认为，市域社会治理就是“国家在场”的一种合理方式，能够促进国家治理和社会治理良性互动。

④ 吴新叶．农村基层公共空间中的政府在场：以基层的政治性与社会性为视角［J］．武汉大学学报（哲学社会科学版），2008（1）：56-61.

表述上看，市域社会治理是一个偏正结构，市域是修饰词，社会治理是中心语，这两个词的结合体现的是国家在推进社会治理现代化过程中，要“实现在‘市域’范围内的落实”①。从行政层级关系来看，地市级处于国家、省顶层设计与区县级基层实践的中间位置，上要领会国家、省级政策执行上级政策，下要指导区县级实践推进上级政策，扮演着承上启下的角色，即相对于基层社会治理，市域社会治理定位更高，在强化国家和政府在推进社会治理中的作用上更为明显。从空间范围来看，市域社会治理关注的是“市域”空间范围内的治理问题，对这类问题的应对往往超出了县域范围，现有的基层社会治理方式也就难以解决，此时就需要更广的“市域”范围的合作，即相对于基层社会治理，市域社会治理定位更广，就是要实现市域范围内各治理主体的共建共治共享。从治理客体来看，市域社会治理更关注现代社会快速发展和转型中的“新型社会矛盾风险”，这类风险和矛盾传导性强、流动性快、影响性大，往往在短时间内波及县级范围以外的地区，应对这类问题必须依靠层级更高的市级进行统筹布局、整体协调以及综合治理，即相对于县域社会治理，市域社会治理关注的问题更加复杂。从治理技术来看，治理能力的现代化已经成为社会治理现代化的重要内容，云计算、大数据、物联网等现代化的信息技术被广泛地运用于社会治理中，信息的共建共享成为社会治理的重要基础，而在这些技术的运用上，县域政府经常有心无力，需要地市级政府整体协调推进，换言之，相比于县域社会治理，市域社会治理有助于加速实现治理能力的现代化。从功能作用来看，市域社会治理更强调枢纽性作用的发挥，它“在市域范围内为国家治理体系提供了顶层设计与基层实战之间承上启下的枢纽，事关顶层设计落实落地，事关市域社会和谐稳定，事关党和国家长治久安”。②③ 也就是说，较于县域社会治理，市域社会治理的功能更强，作用更大。总之，从“基层社会治理”到“市域社会治理”，是我国社会治理方式的创新，是对新时代社会治理问题的回应，有助于丰富我国社会治理理论以及促进我国社会治理的现代化。

（二）理解市域社会治理本质属性的三个维度

概念的内涵是指对象所具有的本质属性和特有属性的综和，其中本质属性一般是对事物有决定性意义的特有属性，考察市域社会治理概念意涵不仅要从一般属性

① 姜方炳．理解“市域社会治理现代化”的三个着力点［J］．杭州（周刊），2019（19）：36-37.

② 陈一新．推进新时代市域社会治理现代化［N］．人民日报，2018-07-17（007）.

③ 杨安．大数据与市域社会治理现代化：厦门实践与探索［J］．经济，2018（Z2）：102-107.

出发，更要考察其本质属性。我们可以先从相关概念的本质属性谈起。陈成文等从社会学视野出发，考察了社会治理的本质属性，认为其本质属性在于“行动性、合作性、协调性和动态性”，即社会治理是一种合作性、协调性、动态性的社会行动。① 唐皇凤认为，国家治理体系现代化的本质属性在于有效性与合法性，其中有效性是指政治系统的有效性，即政治系统满足社会期待功能的程度，它是工具性的。合法性是指人们认同并坚持当前的政治系统是最适宜制度的一种信仰，它是评价性的。国家治理体系现代化之首要前提就在于不断提升国家治理的有效性和实现政治的合法性。② 姜晓萍、董家鸣认为，城市社会治理的本质属性在于对“城市居民美好生活”的追求，特有属性在于城市各主体间的“互动共生”，时代属性则为“以人民为中心”的发展理念。③ 田玉麒对协同治理的本质属性作了讨论，认为协同治理是“确立了治理主体行动方式背景性约束条件的制度形式，是规范治理主体互动模式的关系结构，是多元主体共同参与的开放性决策过程”④。梁宇认为新时代的“社会治理”是一个中国特色的概念，中国特色社会治理的理论底色是马克思主义及其中国化的政治理论。⑤ 从以上相关概念的本质属性梳理不难得出，理解一个概念必须将其放在它产生的时空背景中分析，尤其是要区分一般属性和本质属性的不同指向。可以这样理解，以上所阐释的社会治理的本质属性，就构成了市域社会治理的一般属性。市域社会治理是在中国社会治理现代化实践的时空背景下产生的，与城市社会治理不同，它具有明显的中国特色和本土印记，唯有将其放在新时代的时空背景下才能理解其本质属性。正如陈一新所言，要坚定不移走中国特色社会主义社会治理之路，打造具有中国特色、时代特征、市域特点的社会治理模式。⑥ 因此，本研究认为，市域社会治理的本质属性可以从本土性、时代性和空间特定性 3 个维度来理解。

“本土性”是指市域社会治理的“中国特色”和“本土印迹”。市域社会治理

---

① 陈成文，赵杏梓．社会治理：一个概念的社会学考评及其意义［J］．湖南师范大学社会科学学报，2014（5）：11-18.

② 唐皇凤．中国国家治理体系现代化的路径选择［J］．福建论坛（人文社会科学版），2014（2）：20-26.

③ 姜晓萍，董家鸣．城市社会治理的三维理论认知：底色、特色与亮色［J］．中国行政管理，2019（5）：60-66.

④ 田玉麒．制度形式、关系结构与决策过程：协同治理的本质属性论析［J］．社会科学战线，2018（1）：260-264.

⑤ 梁宇．新时代中国特色社会治理内涵的四重向度［J］．东南学术，2019（2）：9-16.

⑥ 陈一新．新时代市域社会治理理念体系能力现代化［J］．社会治理，2018（8）：5-14.

是一种在中国语境下形成的具有“中国特色”和“本土印迹”的社会治理模式。“本土性”特征可以从以下两个方面来理解。一是市域社会治理是中国特色的社会治理模式，是马克思主义及其中国化的治理理论表现。与西方民主政治不同，市域社会治理模式可以促进国家治理和社会治理的有效对接，发挥基层社会治理中“国家在场”和“政府在场”的重要作用，以消解“时间资源稀缺化”对治理效果的影响。① 也就是说，市域社会治理模式充分体现了“把党的领导和我国社会主义制度优势转化为社会治理优势”② 的意涵，也充分彰显了中国特色社会主义社会治理的优势。二是市域社会治理是中国本土社会治理实践探索的成果，与产生于西方的城市社会治理模式不同，市域社会治理更强调治理的全市域性特征，它囊括了城乡融合发展中的新型治理问题；它更强调治理主体中的市域层级作用的发挥，以消解治理中“条块分割”所带来的消极影响。

“时代性”是指市域社会治理的新时代特征。市域社会治理旨在回应新时代社会背景下的社会问题和社会风险。“时代性”也可以从两个方面来理解。一是市域社会治理是在新时代的历史方位下提出的，新时代我国社会主要矛盾已经转化为“人民日益增长的美好生活需要和不平衡不充分的发展之间的矛盾”，对美好生活需要的满足是市域社会治理追求的终极目标，“以人民为中心”是市域社会治理的指导理念，在地市层面解决社会问题，化解社会矛盾，预防社会风险，推动社会有序和谐发展是市域社会治理的根本任务。二是市域社会治理是在信息化时代背景中提出的，它是社会治理对“云计算、物联网、大数据”等信息技术和智能化社会的回应，通过更高层级地市的统筹协调以打破县域层级信息技术应用的壁垒和弥补县域层级信息能力的不足，“打破信息既有的领域边界，建构起一个流动和开放的社会，实现信息资源在全社会的共享”③，为达到社会善治提供信息平台基础。

“空间特定性”是指市域社会治理的空间特征。市域社会治理以地市范围（包括设区的直辖市、副省级市、地级市和不设区的地级市）为治理空间。市域社会治理应该着力于市域层级力量的协调、市域范围资源的整合、市域空间问题的关注和市域层面平台的搭建，以地市层级的治理优势，尤其是“地方立法权优势和资源统

① 张康之. 论时间资源稀缺化对社会治理的挑战［J］. 行政论坛，2019（3）：31-37.

② 习近平. 坚持走中国特色社会主义社会治理之路 确保人民安居乐业社会安定有序［N］. 人民日报，2017-09-20（001）.

③ 张康之. 打破社会治理中的信息资源垄断［J］. 行政论坛，2013（4）：1-7.

筹协调优势”[①] 来推动社会治理现代化的发展。

四、科学界定“市域社会治理”概念的社会学意义

市域社会治理是治理理论在中国制度和中国情景下的一种创新与发展，它具有中国特色和本土印记，具有时代性和空间特定性，是社会治理的“中国模式”，是中国国家治理体系中的重要内容。从社会学视野出发，科学界定“市域社会治理”的概念具有非常重要的理论和现实意义。

（一）有助于正确认识市域社会治理与城市社会治理的关系

从社会学视野下理解“市域社会治理”的概念，有助于我们正确认识市域社会治理与城市社会治理的关系。一般来讲，城市社会治理相对于农村社会治理而言，它应对的是20世纪70年代左右工业化、城市化进程中所带来的城市问题，是对传统以科层制为主要形式的城市管理模式的反思与发展，它是“基于当代的治理理念和思维模式，将治理的基本理论和观点渗透到城市政府行政革新和城市社会公共事务有效管理的各个环节和全部过程中去”[②]。市域社会治理与城市社会治理一样，都是当代治理理念下的社会治理模式的创新，都具有社会治理的本质属性，即“行动性、合作性、协调性和动态性”，这些属性构成了它们的一般属性。但是，从二者的构成要素来看，却有着根本的不同。第一，主体要素不同。城市社会治理强调的是城市内的多元主体，不包括乡村，而市域社会治理强调的市域范围内的多元主体，包括城乡在内的所有治理主体，更为重要的是，市域社会治理更强调地市层级政府的枢纽性作用的发挥。第二，客体要素不同。城市社会治理面对的是20世纪70年代“经济全球化、急剧的市场竞争、资本的快速流动、不断分化的利益群体、紧张的公共财政等城市现状”[③] 所衍生的城市问题，而市域社会治理是在中国进入新时代历史方位，为回应新型社会问题和社会风险，着眼于人民对美好生活需要的满足而提出来的。第三，理念要素不同。城市社会治理的理念具有普遍性特征，而市域社会治理理念是在中国情景下形成的，前者更强调治理理念在城市中的运用，而后者除了强调社会治理理念在市域范围内的应用，更强调“市域”层级在基层社会治理中的枢纽性作用的发挥，以实现治理力量、治理资源、治理技术、治理体系在基

---

① 姜方炳．理解“市域社会治理现代化”的三个着力点［J］．杭州（周刊），2019（19）：36-37.

② 王枫云．当代城市社会治理的世界理念与善治内涵［J］．上海城市管理，2011（5）：37-41.

③ 王佃利．城市管理转型与城市治理分析框架［J］．中国行政管理，2006（12）：97-101.

层社会治理中的“融合”，进而实现共建共治共享的社会治理格局。第四，体系要素不同。城市社会治理是以在全球化、工业化、城市化发展过程中的城市问题为治理对象，每一个国家都有一套适合于本国城市问题的治理方式，各个国家的城市社会治理体系都不尽相同。而市域社会治理是在我国的社会治理情境中，逐渐形成了“一建五治”的体系。第五，能力要素不同。尽管二者都强调对治理技术，尤其是对信息化、智能化、自动化技术的运用，但是市域社会治理更强调的是从地市层级入手，提高社会治理人才的专业化水平，搭建智能化的治理信息共享平台。第六，机制要素不同。相对于城市社会治理追求的多元共治，市域社会治理更强调地市级层面的统筹协调，从健全价值导向、政策促进、法治保障、社会参与和责任保障机制出发，推进市域社会治理现代化。

（二）有助于科学确定市域社会治理现代化的基本理论框架

在社会学视野下分析市域社会治理的内涵，尤其是对其构成要素和本质属性的讨论，有助于科学确定市域社会治理现代化的基本理论框架。“社会治理现代化是社会治理体系不断优化、治理能力不断提升以适应社会发展的过程，要求理念、价值、制度相互融合和促进。”① 相应地，市域社会治理现代化就是对市域社会治理构成要素的不断优化，其基本理论框架包括 4 个方面。一是市域社会治理理念现代化，理念建设是市域社会治理的关键，它决定着市域社会治理现代化的方向，市域社会治理要以习近平新时代中国特色社会主义思想为指导，通过将社会主义核心价值观融入市域社会治理，将“以人民为中心”的“民本”理念融入市域社会治理，将治理主体间协同理念融入市域社会治理，将行动者之间功能的融合理念融入市域社会治理，将治理为民的服务理念融入市域社会治理，将坚持不懈的创新理念融入市域社会治理，系统、整体、科学地推进市域社会治理理念的现代化。二是市域社会治理体系现代化，体系建设是推进市域社会治理现代化的目标导向，它关系到市域社会治理现代化的能力建设和运行机制建设。在体系建设中，要确保党建引领在市域社会治理体系现代化中的核心地位，不断优化“德治、法治、心治与自治”体系，不断强化法治建设在市域社会治理现代化中的规范保障性作用，不断巩固德治建设在市域社会治理现代化中的价值引导性作用，不断加强心治建设在市域社会治理现代化中的心态支撑性作用，不断加强自治建设在市域社会治理现代化中的动力支持性作用。三是市域社会治理能力现代化。能力建设是实现市域社会治理现代化的重

① 杨宜勇．全面开启中国社会治理现代化新征程［J］．人民论坛·学术前沿，2018（3）：56-66.

要保证，补齐能力“短板”已经成为市域社会治理现代化中的重要任务和关键瓶颈，它不仅要求加强市域社会治理人才的能力建设，而且要求建立一支专业化的市域社会治理队伍，还要求打造一个适宜当前网络化社会的治理平台。也就是说，我们要善于学习新技术，引进新设备，构筑新平台，为打造共建共治共享的社会治理格局提供人才支撑、技术支撑和载体支撑。四是市域社会治理机制现代化，运行机制建设是推进市域社会治理现代化的制度保障，治理功能是否充分发挥，治理效果能否完全达到，运行机制是其重要影响因素，市域社会治理机制现代化就是要着力构建市域层级统筹协调的工作布局，在“横向上构建共治同心圆，在纵向上打造善治指挥链”[①]，消除“条块分割”的负面影响，形成具有功力、富有活力、回应有力的市域社会治理机制。质言之，市域社会治理现代化的基本理论框架的完善程度反映市域社会治理现代化的整体水平，为此，我们要从理念现代化、体系现代化、能力现代化和机制现代化入手，建立健全一套系统、合法、有效的市域社会治理框架，进而实现市域社会治理现代化。

（三）有助于科学构建市域社会治理现代化的实践推进方案

市域社会治理是在新时代历史方位下提出的一种本土性的社会治理模式，是在回应新型社会问题和社会风险，是在社会治理现代化的实践中产生的，它的提出势必会影响人们思维方式乃至具体的治理模式，必然会丰富中国特色社会主义社会治理理论，也会对社会治理实践产生重要的推动作用。在社会学视野下对市域社会治理的内涵和外延、属性与要素进行界定和讨论，对科学构建市域社会治理现代化的实践推进方案具有重要的理论指导意义。

第一，革新社会治理理念，助力实践推进方案构建。市域社会治理强调的是通过地市层级的枢纽性作用的发挥，促进国家治理和社会治理的交融，强调“国家在场”的治理优势，强调治理对象的关联性，强调“整体式治理”，充分发挥社会主义制度优势，“走出西方治理范式的误区”[②]，打造符合中国国情、具有中国特色的社会治理模式。这一理念的革新，必然对市域社会治理现代化的实践推进方案的科学构建起到重要的理论指导意义。

第二，优化社会治理体系，助力实践推进方案构建。市域社会治理强调“一建

---

① 陈一新．加快推进社会治理现代化［N］．人民日报，2019-05-21（013）．

② 陈跃，李娜．国家治理研究的理论范式、认知误区及发展进路［J］．河南师范大学学报（哲学社会科学版），2018（5）：15-20．

五治”，强化党建引领作用，强化自治、德治、法治、心治与智治。同时，提出要建立协调高效的市域政治体系，发挥地市层级政府在社会治理体系中的“主导者”的角色作用，形成市-区（县、市）-乡镇（街道）权责明晰、高效联动、上下贯通、运转灵活，党委、政府、社会、公众等多方主体合作共治的社会治理新体系。[①]这种新体系既着眼于社会的协同、公众的参与，更强调党委的引导和政府的主导，市级层面党政部门的统筹协调性作用被高度重视，国家治理与社会治理，尤其是基层社会治理的优势在市级层面汇聚。这一体系的优化，必然有助于市域社会治理现代化的实践推进方案的科学构建。

第三，提升社会治理能力，助力实践推进方案构建。治理能力是治理水平的重要反映，市域社会治理能力建设着眼于市域治理的智能化和专业化发展，积极吸纳新型技术和专业人才，在市域层面统筹社会资源、协调社会力量、共享社会信息，打造治理平台，尤其是着眼于打造市级层面的信息共享平台。而“社会治理在本质上是行政组织与其他行动主体在信息沟通、交换的基础上达成集体行动的过程”[②]。市级层面的信息共享平台的打造，有利于治理信息的收集和加工，为市域社会治理现代化的实践推进方案的科学构建提供了重要的信息基础。

第四，创新社会治理机制，助力实践推进方案构建。一般认为，治理机制是市域社会治理的制度保障，直接关系到推进市域社会治理的行动计划的落地问题。但是，市域社会治理现代化的实践推进方案的构建，本身就是一个多方参与、共谋共建的过程，就是对治理客体作出及时、准确、有效反应的过程，也是将治理能力转化为推进方案的过程，它更强调机制的整合、融合与创新，无不体现社会治理机制在方案构建中的重要性地位。因此，市域社会治理机制的创新，不仅关系到治理行动计划的落地问题，而且直接影响到治理推进方案的构建，机制创新理应成为构建市域社会治理现代化的实践推进方案重点考虑的内容。

---

① 姜方炳．理解“市域社会治理现代化”的三个着力点［J］．杭州（周刊），2019（19）：36-37.

② 张峰，孔繁斌．信息空间视角下的社会治理模式创新［J］．学海，2016（6）：12-17.

第三章　市域社会治理的行动逻辑

当前我国市域社会治理的参与主体正从单一向多元转变，其主体结构关系呈现出党组织“转译链接”政权组织、群团组织、经济组织、社会组织和自治组织的多元复杂形态。这种多元复杂形态的基本特征在于，党组织总揽全局，协调、整合政权组织、群团组织、经济组织、社会组织、自治组织等多方力量，打造多方共同参与的市域社会治理体系。在市域社会治理的主体结构关系中，不同参与主体所嵌入的结构位置不同，因而扮演着不同的角色，发挥着不同的作用，表现出不同的特征、行为及结果。各参与主体在结构中的位置及其所形成的关系模式决定了它们在市域社会治理中的不同行动逻辑。

一、问题意识

市域社会治理是国家治理在市域范围的具体实施，是国家治理的重要基石。市域层面具有较为完备的社会治理体系，具有解决社会治理中重大矛盾问题的资源和能力，是将风险隐患化解在萌芽、解决在基层的最直接、最有效的治理层级，处于推进基层治理现代化的前线位置。市域社会治理做得怎么样，事关顶层设计落实落地，事关市域社会和谐稳定，事关党和国家长治久安。① 市域社会治理中的“市域”主要指“设区的市”，包括直辖市、副省级市和地级市。市域层面具有更强的行政司法权能、资源调配能力，能够更好地对社会治理进行全面规划设计、组织实施和应对处置。正因如此，2018 年 11 月 12 日，在浙江绍兴市召开的纪念毛泽东同志批示学习推广“枫桥经验”55 周年暨习近平总书记指示坚持发展“枫桥经验”15 周年大会明确强调：“要深入推进市域治理创新，更好发挥社会治理整体带动作用。要把推动市域社会治理现代化作为战略抓手，科学规划、大胆实践，以一市一地的社会治理现代化，带动提高基层社会治理的整体水平。”党和政府出台的一系列政策均表明，在社会治理的新时代，市域社会治理肩负着新的历史使命。要打造“共

① 陈一新．推进新时代市域社会治理现代化［N］．人民日报，2018-07-17（007）．

建共治共享”的社会治理格局，就必须夯实市域社会治理。

在主体结构的研究方面，国外学术界认为，社会治理将多个组织层面的部门、机构和个人联系起来，其中关键人物提供领导、信任、愿景和意义；① 社会治理网络的特点是信任和相互调整；② 良好的社会治理意味着各个部门（公共、私人、志愿、社区）之间的凝聚力，并依赖于支持合作的结构和流程的发展。这种结构和过程隐含着有效的领导和包容性参与。③ 在国内的相关研究中，有学者基于元治理理论对地方社会治理的主体结构及多元主体角色定位进行研究后指出，在基层社会治理中，地方政府充当元治理者角色，社会组织充当协调者角色，公民充当践行者角色。④ 有学者指出，“共建共治共享”是新时代中国社会治理的立足点，而“主体结构”是社会治理的基础性要件。⑤ 也有学者认为，社会治理的主体结构是由党委、政府、社会组织和居民四大治理主体构成的一种线性关系和制度安排。⑥ 还有学者认为，我国社会治理要构建的是一种“一主多元”式治理结构，并认为“一主”与“多元”之间更多的是要进行平行式的沟通。⑦ 另有学者从党政组织、居民委员会、基层社团、业主组织和物业服务企业 5 个方面探讨分析了当代中国城市基层社会治理的主体结构变迁。⑧

在社会治理的行动研究方面，国外学术界将“目的/战略行动”（teleological/strategic action）、“规范性管制行动”（normatively regulated action）、“戏剧行动”（dramaturgical action）以及交往行为作为协作治理的组成部分；⑨ 指出行为者之间的

---

① Folke C, Hahn, T., Olsson P, et al. Adaptive governance of social - ecological systems [J]. Annu. Rev. Environ. Resour., 2005 (30): 441-473.

② Rhodes, R. A. W.. The new governance: governing without government [J]. Political studies, 1996, 44 (4): 652-667.

③ Stewart, M.. Collaboration in multi-actor governance [M] //Urban Governance and Democracy. Routledge, 2004: 159-177.

④ 李睿莹，张希．元治理视角下地方政府社会治理主体结构及多元主体角色定位研究［J］．领导科学，2019（4）：32-35.

⑤ 魏崇辉．新时代乡村社会治理主体结构的基本逻辑与梗阻突破研究［J］．广西民族大学学报（哲学社会科学版），2018，40（5）：66-70.

⑥ 曾维和，贺连辉．社会治理体制创新：主体结构及其运行机制［J］．理论探索，2015（5）：82-87.

⑦ 王道勇．加快形成“一主多元”式社会治理主体结构［J］．科学社会主义，2014（2）：25.

⑧ 唐忠新．当代中国城市基层社会治理主体结构变迁：以天津市滨海新区为例［J］．中国特色社会主义研究，2013（5）：100-104.

⑨ Phelps, N. A., Tewdwr-Jones, M.. Scratching the surface of collaborative and associative governance: identifying the diversity of social action in institutional capacity building [J]. Environment and planning A, 2000, 32 (1): 111-130.

可靠关系有助于他们在网络中实施具体的行动，并认为社会资本是支持行动者之间进行资源交换的桥梁。① 国内社会治理研究表明，社会治理的行动主体是一个具有广泛性、多元性的主体集合。② 这些行动主体有其各自的行动逻辑，体现不同的实践样态。有学者对基层社会治理中各行动主体的行动逻辑进行反思后指出，当前，基层社会治理各参与主体间呈现出一种“集体失联”的状态，沟通与互动欠缺、积极性与有效性不够，“碎片化”困境成为基层社会治理实现善治的瓶颈。③ 有学者认为，我国基层社会治理正面临着个体化困境，人际关系疏离、个人与国家之间的联结弱化等问题导致社会协调难度加大。④ 还有学者在考量参与基层社会治理不同行动主体之间的互动关系后发现，基层社区存在居民之间、居民与物业之间、居民与居委会、党总支等主体间的张力与矛盾。⑤ 另有学者指出，基层社区治理所蕴含的多重治理逻辑既来源于地方行政治理结构中“条”“块”等制度生产主体，也来自在转型时期新型政社关系视域下社区的应对策略和自主性发展。⑥ 通过文献梳理可以发现，当前国内有关社会治理行动的研究主要集中在以下两个方面：一是行动主体及其特征的研究。现代社会治理强调行动主体的多元化、参与性，治理的双向性，在协商合作基础上共同解决问题。⑦ 社会治理最大的特点是赋予不同主体平等地位，注重多元主体参与及其行动网络建构，强调致力于社会问题解决过程中平等协商、碰撞、对话、商量等形式的重要性。⑧ 有学者认为，社会治理的权力和资源分散于多中心行动主体之中。⑨ 也有学者发现，由于权力责任关系的变化，参与社会治理的各个行动主体之间存在明显的权力依赖。⑩ 还有学者从治理主体特征分析了基层

---

① Fürst, D., Schubert, H., Rudolph, A., et al., Regional actor networks between social capital and regional governance [J]. Connections, 2001, 24 (1): 42-67.

② 糜皛，沈荣华．开创新时代社会治理新格局［J］．理论探讨，2018，204（5）：48-53.

③ 冯志峰，万华颖．“元治理”理论视阈下的基层社会治理［J］．东方论坛，2019（2）：81-92.

④ 姚翼源，张诚．基层社会协同治理机制与路径研究：以合肥市蜀山区为例［J］．当代经济管理，2017，39（8）：27-32.

⑤ 徐选国．社会理性与城市基层治理社会化的视角转换：基于上海梅村的“三社联动”实践［J］．社会建设，2017，4（6）：5-15.

⑥ 郎晓波．“进社区”：混合治理空间中的条块关系与行动逻辑：基于浙江H市的基层社会治理改革［J］．甘肃行政学院学报，2016（4）：62-71+127-128.

⑦ 荣婷，刘锐．基于舆情的社会治理刍议［J］．重庆社会科学，2018（6）：43-49.

⑧ 王玖姣．一个重要的社会治理视角：协商民主［J］．河北科技大学学报（社会科学版），2015（2）.

⑨ 杨涛．从自主自治到复合共治的逻辑演变［J］．黑龙江社会科学，2013（1）：29-34.

⑩ 于显洋，蔡斯敏．多元合作何以实现：现代社会治理下的行业协会行动机制［J］．哈尔滨工业大学学报（社会科学版），2015，17（2）：2+50-54.

社会多元协同治理思路的社会基础、内在机制和治理成效。① 二是制度与社会治理行动的研究。社会治理中各行动主体在持续博弈中实现利益的均衡必须以制度规范为保障，对行政强权和市场霸权的干扰需要有制度制衡，对治理主体的体制改革与结构调整需要制度创新。② 有学者指出，社会治理应当实现从制度导向向行动导向的转变，这种转变也意味着社会治理从规则依赖向寻求道德支持的转型。③ 也有学者认为，就现实的社会治理过程来看，由于社会治理主体的多元化，因此行动与制度之间的逻辑关系被重置。④ 还有学者着重于制度-行动的关系问题，从社会治理的角度探讨了中国社会保障制度的进行路径。⑤

上述有关社会治理行动的研究极富启发性，为我们创新市域社会治理提供了有益的参考。但是从总体上看，国内相关研究还存在诸多不足。一些研究在探讨社会治理主体结构时只强调政府在其中的核心地位，忽略了党组织这一扮演着领导者角色的行动主体。还有研究未作任何区别地将党组织和政府结合在一起作为参与主体，忽略了党组织与政府在社会治理行动中的地位和角色的差异性。此外，大多数研究只是从静态的角度对社会治理的主体结构进行了相关分析和探讨，而忽视了社会治理主体因行动性所表现出的动态关系。有研究虽然在一定程度上探讨了社会治理主体结构中所表现的动态关系，但认为这种关系是一种简单的线性关系，忽略了多主体之间关系的复杂性。还有研究对社会治理中参与主体的概括和分类不够科学，甚至忽略了一些重要的参与主体。总体来看，已有文献中聚焦社会治理主体结构关系的研究较为罕见。这些不足使我们无法科学认识参与主体在社会治理实践中所呈现出的行动逻辑，容易导致理论与实践的脱节，难以回应现实需求。据此，本章的问题意识包括以下几个相互衔接的方面：市域社会治理的主体结构关系是如何形成的？这种结构关系体现了什么样的行动逻辑？这些问题也依次构成了本章的主要论述框架。

---

① 张树旺，李伟，王郅强．论中国情境下基层社会多元协同治理的实现路径：基于广东佛山市三水区白坭案例的研究［J］．公共管理学报，2016，13（2）：119-127+158-159.

② 何平立．冲突、困境、反思：社区治理基本主体与公民社会构建［J］．上海大学学报（社会科学版），2009，16（4）：20-31.

③ 张康之．论社会治理模式的转变：从制度到行动［J］．探索，2019（3）：113-121.

④ 向玉琼．从制度主义转向行动主义的社会治理：读张康之教授《公共行政的行动主义》［J］．北京行政学院学报，2015（5）：58-68.

⑤ 王春光．制度-行动：社会治理视角下的中国社会保障建设［J］．探索与争鸣，2015（6）：12-17.

二、市域社会治理的主体结构关系：一个行动者网络理论的分析视角

由法国社会学家拉图尔等人创立的“行动者网络理论”（Actor-Network Theory，ANT）旨在消除主客二元对立。其基本观点认为，在行动网络中无论是人还是物，都是行动者；行动者并非不产生任何差异的仅处于被动地位的中介者；行动者由于具有行动能力，会造成网络中各种条件和信息发生转化（转译）。根据行动者网络理论的基本观点，在网络环境中，组织、技术物品、观念体系等非生命体都是行动者，其行动能力源于人类赋予了它们“生机”，使得它们在各类机体相互作用时能够呈现出行动能力。① 因此，组织、技术物品、观念体系相应地被称为社会机体、人工机体和精神机体。根据行动者网络理论，每个行动者都是网络的节点，唯一的区别就是与其他节点的联系（connection）的多少，但重要程度和网络地位都是平等的。在行动者网络中，每个行动者都是制度与规则体系的承载者，他们扮演各种角色，通过其在网络中的位置来维护自身利益与目标。②

行动者网络理论等基本观点为分析市域社会治理的主体结构关系提供了一种全新的解释性框架。按照行动者网络理论，在由多元行动者所构成的市域社会治理“行动者网络结构”中，党组织、政权组织、经济组织、社会组织、群团组织、自治组织以及社区居民等行动者都是网络结构上的节点。这些节点之间并非传统的管控关系，而是平等、共在、信任与互惠的行动者关系。③ 社会治理所推崇的多元合作的过程即多元行动主体“转译”服务目标、形成合作网络的动态过程，这与行动者网络理论的基本内涵具有内在一致性。在市域社会治理中，各行动主体通过“转译链接”形成的动态过程所呈现的即市域社会治理的主体结构关系见图3-1。

（一）市域社会治理行动者网络中的行动者

市域社会治理行动者网络中的行动者主要包括党组织、政权组织、经济组织、社会组织、群团组织、自治组织和社区居民。在本研究中，党组织指中国共产党；政权组织指由行政部门所构成的政府；经济组织指那些以营利为目的的经营性组织，包括企业、专业合作社等经济性实体；自治组织指城市社区委员会；群团组织指那

---

① 王前，陈佳．“行动者网络理论”的机体哲学解读［J］．东北大学学报（社会科学版），2019，21（1）：1-7.

② 杨华锋．协同治理的行动者结构及其动力机制［J］．学海，2014（5）：35-39.

③ 刘柯．论环境治理中区域行动者网络的建构［J］．理论与改革，2019（3）：159-171.

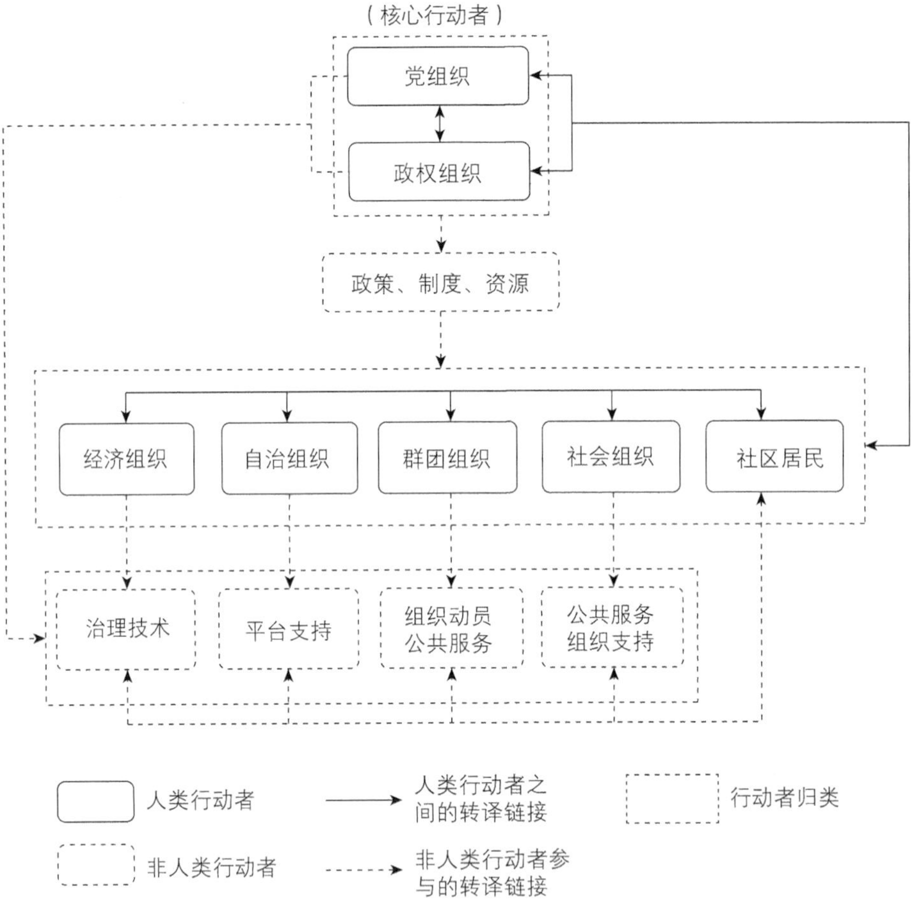

图 3-1　市域社会治理的主体结构关系图

些拥有一定行政级别的群团部门，主要包括工会、共青团、残联、妇联等；社会组织指那些不以营利为目的，致力于提供公共服务的社会团体。这些行动者在市域社会治理中形成了一个高异质性的行动者网络。在这一行动者网络中，每个行动主体各司其职，相互联系，缺一不可。这些行动者之间存在联动关系，一个行动者的变化可能会导致其他行动者发生相同或相反的变化。每个行动者都掌握着一定的资源，但也缺乏实现自身目标的其他一些资源，这样就会在一定程度上被其他行动者所“征召”。党组织和政权组织是社会治理行动者网络中的核心主体，扮演着网络“关键节点”的角色，其通过制定相关法律政策主导网络中的“转译链接”过程。换言之，党组织和政权组织可以通过政策、法律法规甚至其他行政手段不断变更网络的转译路径和“征召”、动员机制，从而在行动者网络的互动中创造出新的解决社会治理问题的方法。

具体而言，在党组织和政权组织中，党组织负责决策部署，总揽全局；政权组织及其相关部门负责政策的具体实施，通过法律、经济、财税等多方面手段创新社会治理的体制机制，为其他参与主体提供政策支持、制度支持和资源支持。经济组织从商机和利益的角度参与社会治理，通过销售产品或其他商业服务，为社会治理提供治理技术，在整个过程中其以获得经济效益为动力。自治组织在社会治理中扮演着连接政权组织和居民的桥梁纽带作用，为居民参与社会治理提供赋权和平台支持。共青团、工会、妇联等群团组织响应党组织和政权组织的号召，[①] 在社会治理中既开展组织动员，又提供公共服务。社会组织根据自身的组织使命参与社会治理，一方面为居民提供公共服务，另一方面为居民参与社会治理提供组织支持。

（二）市域社会治理行动者网络中的转译

“转译”是行动者网络理论的核心思想。正因如此，行动者网络理论也被称为“转译社会学”。转译包括“问题呈现”“利益赋予”“征召”“激活”4个阶段。拉图尔认为，网络中所涉及的每个行动者均代表一个成熟的转译体，每个行动者都在各自的位置上发挥着应有的作用。[②]“问题呈现”是指核心行动者对其他行动者的属性和存在的问题加以界定，并建议其他行动者认同行动中存在的“必经之地”，从而设立一个强制通行点。在市域社会治理这一行动者网络中，这一“强制通行点”是“打造共建共治共享的社会治理体制”。为了解决这一问题，各参与主体（异质行动者）结成“联盟”形成行动者网络。“利益赋予”就是核心行动者通过利益将其他行动者吸引到其主导的异质性网络中形成利益联盟。通过“利益赋予”强化“问题呈现”阶段给各行动者界定的角色。“征召”是行动者通过一系列策略，为其他行动者分配可以接受的任务，并使其角色之间产生联系。“激活”也称“动员”。在该阶段，核心行动者上升为整个行动者网络的代言人，并对其他联盟者行使权力，以维护网络的稳定运行。根据行动者网络理论的“转译”观点，某一行动者的角色是通过其他行动者的“转译”而得到的。只有通过转译，行动者才能被组合在一起，建立起行动者网络。而要获得成功的“转译”，就要使被转译者满意于进入网络后的转变。因此，卡龙指出：“我们想你们所想，你们就应该与我们结盟，支持

---

① 2015年7月9日，中共中央发布的《关于加强和改进党的群团工作的意见》指出，群团组织是创新社会治理和维护社会和谐稳定的重要力量。各级党委和政府要合理配置职能和资源，支持群团组织依法参与社会事务管理，把适合群团组织承担的一些社会管理服务职能按照法定程序转由群团组织行使；支持群团组织立足自身优势，以合适方式参与政府购买服务。

② 雷辉．多主体协同共建的行动者网络构建研究［M］．北京：人民出版社，2017.

我们。而这样你们就更可能得到你们想要的东西。”① 依据上述观点，可推导出：在市域社会治理的行动者网络中，各行动主体所扮演的角色必须得到彼此承认，被彼此“转译”，才能形成稳定的行动者网络结构。只有在这种稳定的行动者网络结构下，各行动者才会积极调动资源。换言之，在市域社会治理中，不仅党组织的领导者角色和政权组织的责任主体角色要得到其他参与主体的承认或“转译”，同时，其他参与主体的角色，如市场和社会的协同者角色、公民的自治者角色等，也必须得到党组织和政权组织的承认或“转译”。这些承认或“转译”决定着参与主体的结构关系以及这种关系的稳定性。

由于在市域社会治理的行动者网络中，党组织和政权组织都是核心行动者，因此其是“征召”的主体，而非被“征召”的主体，其通过制定法律法规、提供制度和资源支持可以对其他各类主体产生“征召”作用。与此同时，其他行动主体也会相互“征召”和动员，形成一个相互影响的态势。群团组织和基层自治组织受到党组织和政权组织的“征召”完成相应的行政要求，同时也受到民众的“征召”提供相应服务。市场组织和社会组织一方面受到党组织和政权组织的“征召”；另一方面也受到民众的“征召”为其提供相应服务；公民加入行动网络中可能属于自发行为，但他们成为参与主体后即受到其他行动主体的“征召”。政府这一核心行动者通过分权、资源供给、政策和制度支持等利益赋予手段，“征召”和动员经济组织、自治组织、群团组织和社会组织以形成市域社会治理的利益联盟网络。

（三）市域社会治理行动者网络的维系

市域社会治理的行动者网络是一个异质性网络，其中充满着不确定性，在行动者相互进行角色定义的过程中经常发生改变。行动者通过“转译”过程的展开以及不断地相互嵌入，界定各自在网络中的角色。成功“转译”后所构建的行动者网络并不总是稳定的，可能会遭到某些因素的破坏。② 一旦行动网络遭到某些因素的破坏，结构发生变化，新的“转译”将接着开始，更多利益需要再次协商。行动网络的不稳定性主要源于各主体在这个动态网络中产生了异议，即各主体之间产生了摩擦。例如，党组织和政权组织希望其他参与主体多为其分担社会治理事务，但同时

---

① Michel Callon. Four Models for the Dynamics of Science ［A］. In Sheila Jasanoff （eds.）. Handbook of Science and Technology ［C］. London：Sage，1995. 52.

② 罗伟亮，杨文培，李静．基于行动者网络理论的城市环境治理利益相关者管理［J］．商业经济研究，2015（2）：120-122.

又舍不得放权，舍不得提供相关资源。而作为非核心行动者，经济组织、自治组织、群团组织、社会组织等又希望得到党组织和政权组织的充分信任和资源支持，希望获得自主权。同样，经济组织、自治组织、群团组织、社会组织也希望获得居民的充分认同和充分参与。但是在“原子化”的现代社会，社会团结开始瓦解，人际关系日益简单和利益化，居民的社区认同感缺失、公益精神不足。在这些张力下，各行动主体间便容易产生异议。解决这些异议，维持行动者网络的稳定，有赖于行动者所组成的利益联盟不断得到巩固和加强。利益联盟中的各要素必须形成一个良性的循环，能够实现正向传递和反馈。各行动主体特别是作为核心行动主体的党组织和政权组织，要重视被“征召”主体所反馈的信息，要不断通过资源和利益强化其他被“征召”主体的角色认识，使“转译链接”不断得到巩固和加强。

“行动者网络”中的各种关系是行动者得以存在的前提。某一行动者的存在，不仅体现其能够将“生机”（资源）传递给其他行动者，也体现其依赖于其他行动者提供“生机”以保证其能够持续存在下去。“行动者网络”中的各种关系就是传递“生机”的联系通道，而各种联系通道交织在一起必然构成网络。① 总之，社会治理行动者网络的形成正是由于各行动主体在主动或被动地参与活动过程中，通过资源的流动形成了一系列彼此之间正式或非正式的关系。也就是说，社会治理行动者网络是由各行动者在交换资源、传递资源活动中发生联系而建立的各种关系的总和。

三、市域社会治理的行动逻辑：基于主体结构关系的分析

拉图尔一再强调，行动者网络理论是一种方法，而并非描述一种静态的具体结构。因此，利用行动者网络理论对市域社会治理参与主体进行分析，其目的在于展现各参与主体通过“转译链接”所形成的动态过程。这种动态过程体现的是主体结构的关系，而非静态的网络结构。换言之，基于行动者网络理论所展现的市域社会治理的主体结构关系是一系列行动的、流动的、变化的过程。这一系列行动的、流动的、变化的过程呈现出了各参与主体的行动逻辑。

（一）意识形态机制：党组织的行动逻辑

作为政治性行动者，党组织掌握着社会治理的动议权和决策权，既是国家政治

① 王前，陈佳．“行动者网络理论”的机体哲学解读［J］．东北大学学报（社会科学版），2019，21（1）：1-7.

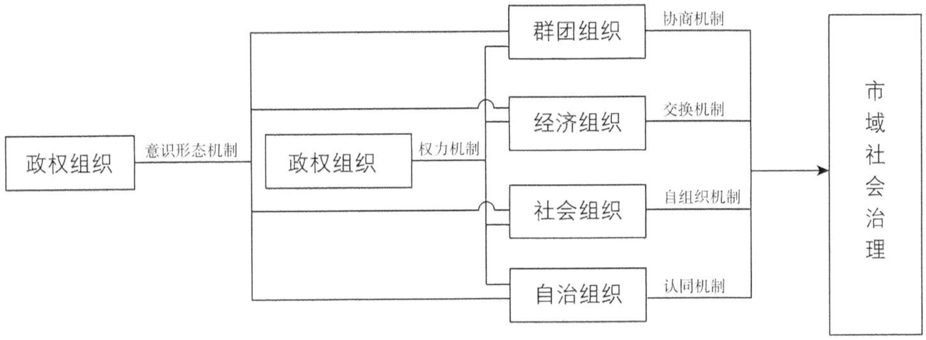

图 3-2　市域社会治理的行动逻辑图

意志的落实者，又是地方社会民意的汇聚者，可以即时性地采取社会治理行动。党组织也是治理规则的制定者和治理格局的统领者。执政党的基本诉求是以政治稳定和安全为价值导向，实现社会成员对国家的认同和对政治的认同。① 落实到实践，"和谐有序"就成为政治性行动者推进市域社会治理的基本诉求。也就是说，在市域社会治理中，党组织偏重社会治理的政治效应，其行动逻辑是一种基于意识形态机制的"转译链接"。这种意识形态逻辑以"讲政治，顾大局"为特征。这是由执政党的权威性所决定的。② 对市域社会治理主体结构关系的把握不能脱离当代中国的基本政治语境。中国共产党是中国特色社会主义事业的领导核心。党的十九大报告强调："中国特色社会主义最本质的特征是中国共产党领导，中国特色社会主义制度的最大优势是中国共产党领导，党是最高政治领导力量。"并提出要"坚持和加强党的全面领导"。这也就决定了党组织是市域社会治理的最高领导核心。可以说，在市域社会治理中加强党的全面领导，是由我国当前的政治体制决定的，是历史与国情的选择。总之，党的全面领导是市域社会治理主体结构关系的核心体现。

虽然党组织依靠其组织体系在市域社会治理中发挥着领导作用，但这种领导作用并不是直接管理和干预。这种领导作用主要体现为政治领导、思想领导和组织领导。③ 在长期的革命和执政过程中，中国共产党通过在各个领域的企事业单位、专业管理部门、社会团体等单位中设立各级党组织，使党的基层组织扎根于社会各行

① 蒋小杰，王燕玲．县域社会治理的行动者分析与模式构建［J］．行政论坛，2019（2）：110-116.

② 魏崇辉．新时代乡村社会治理主体结构的基本逻辑与梗阻突破研究［J］．广西民族大学学报（哲学社会科学版），2018，40（5）：72-76.

③ 张平，隋永强．一核多元：元治理视域下的中国城市社区治理主体结构［J］．江苏行政学院学报，2015（5）：51-57.

各业之中。这一党建模式通过密切党同人民群众的联系，发挥基层党组织的战斗堡垒作用，实现党的全面领导。[①] 在市域社会治理中，“党委领导”意味着党组织组织着党员，联系着群众，整合着社会，支撑着政府，从而把个体、社会和政府的三者关系时刻保持在富有弹性的有序状态中。在当前许多地方的市域社会治理实践中，党组织的行动逻辑得到了充分体现。如武汉市“党支部建在网络”，厦门市湖里区“党支部建在小区”，长春市双阳区党组织从行政“村”延伸到自然“屯”，江西省永新县以“十户联创”为抓手开创“党建引领+”的农村社会治理模式。

（二）权力机制：政权组织的行动逻辑

在市域社会治理行动者网络中，政权组织的行动逻辑是一种基于权力机制的“转译链接”。这种权力机制的突出特征是“科层模式、自上而下、组织下沉”。即权力逻辑的组织形态表现为科层制，其行动模式强调自上而下，并通过组织下沉将治理延伸至基层。受权力逻辑支配的治理本质上是一种“自上而下型治理”。[②] 这种“自上而下型治理”表现为：下级行政机关在从事治理活动时应当遵循上级行政机关的指令和要求，行政官员在相关行动中应当服从行政主管或长官的命令和指挥。[③] 在政权组织的市域社会治理实践中，无论是以“模糊发包”[④] 的形式将社会治理任务由上级政权组织一级级分配至下级政权组织，还是运用绩效评估引导各级政权组织重视社会治理工作，抑或通过制度建设激发各行动主体参与社会治理的积极性，都是一整套权力机制在起作用。

当前我国市域社会治理体系中所表现出来的权力逻辑仍然在一定程度上受到传统“全能型政府”思维的影响。在传统社会，由于政府扮演着“全能型政府”的角色，因此社会治理体现为高度控制型的行政治理模式。[⑤] 这种高度控制型的行政治理方式扭曲了国家与社会的关系。从现代社会治理体系的基本要求来看，政权组织将权力机制运用于市域社会治理之中，并不意味着要构建一个至高无上、控制一切的政府，而是要在良好的制度安排中充分扮演好“掌舵者”角色，充分调动诸如经

---

① 刘春荣．社区治理与中国政治的边际革新［M］．北京：上海人民出版社，2008：94.

② 顾昕．新时代新医改公共治理的范式转型：从政府与市场的二元对立到政府—市场—社会的互动协同［J］．武汉科技大学学报（社会科学版），2018，20（6）：589-600.

③ 王申．司法行政化管理与法官独立审判［J］．法学，2010（6）：33-39.

④ 黄晓春．当代中国社会组织的制度环境与发展［J］．中国社会科学，2015（9）：146-164.

⑤ 孙岩．当代中国国家治理现代化的历史演变轨迹及趋势探析［J］．理论月刊，2016（8）：105-108.

济组织、自治组织、群团组织、社会组织、社区居民等行动主体的积极性。[①] 具体而言，在市域社会治理主体结构关系中，政权组织处于责任主体地位，负责党组织的相关精神和决策的落实，制定具体的社会治理实施细则，充分调动社会、市场和公民个人参与社会治理的积极性以营造多元共治的社会氛围，其更多发挥的是政策支持和资源供给作用。政权组织在市域社会治理主体结构关系中的责任主体地位，不仅是由其作为党组织的执行机构的地位决定的，也是由市域社会治理的特性和政权组织的行政优势所决定的。因为市域社会治理是项复杂的系统工程，牵涉方方面面，涉及千家万户，需要政权组织这个权力机构有效地运用行政和法律手段协调社会各种力量，沟通社会各方面关系，承担公共服务的法定职责。[②] 这实质上也说明，有效落实政权组织在市域社会治理中的责任主体地位，需要重视权力机制的合理运用。正因如此，在许多市域社会治理实践中，政权组织开始重视利用自身的权力资源，构建科学合理的社会治理机制，快速协调各治理主体间的关系，实现多元共治。

（三）协商机制：群团组织的行动逻辑

在市域社会治理行动者网络中，群团组织的行动逻辑是一种基于协商机制的“转译链接”。虽然不能被称为正统的国家机构，但一般意义上，中国的群团组织被视为具有极为显著的国家/政府属性。[③] 在革命、建设、改革各个历史时期，工会、共青团、妇联等群团组织在党组织的领导下积极发挥作用，组织动员广大人民群众为人民事业发展作出了重大贡献。[④] 也正是由于我国群团组织具有一定的国家/政府属性，其可以将自身“组织体系健全、组织动员能力突出、行政资源丰富、易于接近特定群体”的优势充分运用于市域社会治理实践。在市域社会治理行动中，群团组织经常利用自身准行政性特点进行群众宣传、教育、引导工作，帮助凝聚人心、化解矛盾、增进感情。虽然群团组织具有国家/政府属性，具有一定的行政权力，但在具体的市域社会治理实践中其遵循的行动逻辑更多的是协商机制。群团组织一直是内嵌于城市社区民主协商之中的重要主体，代表所联系的群众参与协商、维权、

① 张平，隋永强．一核多元：元治理视域下的中国城市社区治理主体结构［J］．江苏行政学院学报，2015（5）：51-57.

② 唐忠新．当代中国城市基层社会治理主体结构变迁：以天津市滨海新区为例［J］．中国特色社会主义研究，2013（5）：100-104.

③ 葛亮．群团组织参与社会治理创新：共同参与和搭台唱戏［J］．浙江社会科学，2017（5）：62-68+157.

④ 习近平．切实保持和增强政治性先进性群众性 开创新形势下党的群团工作新局面［N］．人民日报，2015-07-08.

立法等活动。群团组织也注重通过集体协商、对话协商等方式协调各方利益，构建和谐有序的社会关系，注重利用自身的丰富资源为相关群体（如妇女、工人等）提供关系调适平台。

在市域社会治理实践中，很多地方通过群团组织与其他参与主体的协商合作，形成有机的行动者网络结构，达成共治的社会治理格局。如南京市妇联组织积极推进职能社会化、阵地系统化和服务项目化转型，搭建起了社区服务体系，以“妇工+社工+义工”模式，汇集行政、社会、企业等各种资源，充分发挥其在社会治理过程中的作用。[①] 还有很多地方的群团组织开始成为社会组织参与市域社会治理的联络者和引导者。如深圳共青团打造的青年社会组织总部，为全市青年社会组织提供“一站式”综合服务；[②] 上海市残联遵循“试点先行-基层突破-总结经验-形成制度”的改革路径，积极探索残疾人事务管理模式，在全市残联系统有序推进社会组织助残服务的实践和尝试，逐步形成“残联主导推动、社会协同运作、多元模式并行、服务项目互补”的社会助残服务格局；[③] 在推进家庭教育工作中，北京市妇联推动成立北京幼儿园女园长协会，通过协调动员社会力量，为儿童、家长提供切实有效的帮助服务。[④]

（四）交换机制：经济组织的行动逻辑

在市域社会治理行动者网络中，经济组织的行动逻辑是一种基于交换机制的“转译链接”。以经济组织为代表的市场主体参与市域社会治理的动力机制除了由其自身发展到一定阶段而产生的社会责任和企业伦理，更多的是基于互利共赢的交换逻辑。这种交换逻辑基于市场主体之间的自愿交易，基本特征是“选择与竞争”。市场环境下的交换逻辑是克服政府失灵、提高资源配置效率的一种有效方式。因为在选择与竞争中，可以不断发现和实现要素替代与组合。在要素的选择、替代及其转换过程中，又可以不断促进要素合理配置和技术创新，使要素在选择中流动，技术在选择中发展，市场体系在选择中发育，资源在选择中发掘并得到合理配置。[⑤] 在市场环境下，“选择与竞争”的公共服务供给模式可以达到既保证服务的公平性，

---

① 张辉锋．改革开放以来中国民主治理体系建设的经验研究［D］．武汉：华中师范大学，2015.

② 刘洋．共青团枢纽型社会组织发展探寻［J］．中国青年社会科学，2017，36（3）：81-87.

③ 季敏，陆卫平，施新荣．上海市推进政府购买社会组织助残服务现状与发展设想［J］．残疾人研究，2014（3）：53-56.

④ 北京市妇联．积极培育建立有利于促进妇联儿童工作的社会组织［J］．中国妇运，2011（11）：9-10.

⑤ 朱琳．我国招标投标存在的问题与优化措施［J］．经济管理，2003（19）：61-64.

又提供良好激励机制的目的。① 在市域社会治理中，交换逻辑的突出特征是商业嵌入、市场化运作。即交换逻辑的主体是各类经济组织，其运行模式是在尊重市场运行规律的基础上以商业化手段为人们提供治理技术或治理服务。换言之，在市域社会治理中，基于交换逻辑的治理行动主要是运用利益引导、商业运作，充分发挥各类经济组织的资源优势，推进开放共治。

在当前的市域社会治理实践中，许多地方创新性地将经济组织引入其中并取得了较好的效果。如广东省茂名市茂南区采用 PPP 模式，在立体化打防管控体系建设过程中，按照群众自愿参加、市场运营的模式，采取众筹模式，在视频建设项目中政府与社会投入比例为 1∶25，各单位及市民以每个点 120 元的价格按月租用，通过市场化运营、低成本投入，破解了视频建设“推广难”的困局。② 还有许多地方将保险融入市域社会治理之中，充分发挥其促进公共服务创新、维护社会和谐稳定的作用，助推社会矛盾纠纷化解。③ 如宁波的医疗责任保险将第三方调解与医疗责任保险制度相结合，在帮助患者维权的同时，有效遏制了“医闹”风气，保障了医疗机构健康经营；河南汤阴县通过政府补贴，鼓励企业购买食品安全责任保险，协助企业转移食品安全风险，在全国率先实现了区域食品安全保险的全覆盖；山东和辽宁等地的保险机构与政法部门合作探索设立基层治安防范和财产损失补偿相结合的“治安保险”，本着“政府主导，商业运作，合法自愿”的原则，由个人或者集体交纳一定的治安保险费，把居民财产保险与治安管理工作有机结合起来，切实提高了基层治安防范水平。④

（五）自组织机制：社会组织的行动逻辑

在市域社会治理行动者网络中，社会组织的行动逻辑是一种基于自组织机制的“转译链接”。组织进化有自组织和他组织两种状态。他组织的运行以外力和外部指令为基础，而自组织依靠系统内部组成部分的协调配合。⑤ 协同学创始人哈肯指出：“如果不存在给出的外部指令，组织内部成员按照互相默契的某种规则，各尽其责

---

① 胡薇．政府购买社会组织服务的理论逻辑与制度现实［J］．经济社会体制比较，2012（6）：129-136.

② 杨平．十八大以来社会治理的发展趋势［J］．江汉大学学报（社会科学版），2017（1）.

③ 杨建华．深化浙江省社会领域改革的若干建议［J］．决策咨询，2017（2）：11-13.

④ 盛和泰．保险与国家治理现代化［M］．北京：经济科学出版社，2018：70-93.

⑤ 蔡振翔，陈诚．社区治理能力评估指标体系研究［M］．北京：经济日报出版社，2017：43.

而协调地工作，那么这种过程，我们就称为自组织。"[①] 社会组织参与市域社会治理的过程，更多的是一种基于系统内合作与约定俗成的规则而形成一种动态平衡的行为。这种合作与约定俗成的规则主要是被社会成员广泛遵守的某些共同价值与规范。在社会网络中，相互关联的个体基于对某些共同价值与规范的遵守会认为其有责任参与相关行动。在市域社会治理中，这种基于对某些共同价值与规范的遵守而表现出来的社会组织治理形式，其本质是在没有外部指令的压力下，由社会自发组织起来以解决某些共同面临的问题的过程。这是一个典型的自组织过程。基于自组织行动逻辑的社会组织在社会治理中具有志愿性、自主性、信息保真性等特征，能够有效克服权力机制的垄断性、低效益、供给取向刚性和寻租可能性，以及交换机制的私人理性、碎片性、投机性所带来的缺陷。

虽然基于自组织行动逻辑的社会组织能够在公共服务供给和负外部性抑制上发挥有效作用，[②] 但在权力机制和交换机制高度发达的地方，这种自组织机制会受到抑制。[③] 而且，基于自组织行动逻辑的社会组织也可能因资源的匮乏性、管理的非科学性、服务的非专业性而在公共服务中出现"志愿失灵"。因此，现代社会治理体系追求将政权组织的权力机制、经济组织的交换机制和社会组织的自组织机制进行融合互补以克服单一运行机制所带来的缺陷和不足。在将社会组织引入市域社会治理的实践中，很多地方开始注重"增能"与"赋权"，通过提升内生发展动力、优化外部发展环境等措施，加快培育与现代社会治理结构相适应的城乡基层社会组织。如积极完善和落实有利于城乡基层社会组织发展的财税政策，完善社会组织孵化基地建设，重点扶持发展城乡基层生活服务类、公益慈善类、慈善互助类和专业调处类四类社会组织，以更好地发挥它们在参与社会事务、维护公共利益、救助困难群众、化解矛盾纠纷中的重要作用。

（六）认同机制：自治组织的行动逻辑

在市域社会治理中，自治组织的行动逻辑是一种基于认同机制的"转译链接"。社区是市域社会治理的基本单元。在社区治理中，最重要的行动者是自治组织。而自治组织的社区治理功能的发挥依赖于社区成员的社区参与。也就是说，在市域社

---

① H. 哈肯．协同学导论［J］．张纪岳，郭治安，译．西安：西北大学科研处，1981. 155.

② 顾昕．俘获、激励和公共利益：政府管制的新政治经济学［J］. 中国行政管理，2016（4）.

③ 顾昕．协作治理与发展主义：产业政策中的国家、市场与社会［J］. 学习与探索，2017（10）：91-100.

会治理中，自治组织的治理行动归根结底要依靠广大社区成员；社区成员的参与是自治组织行动的基础。在社区治理中，如果社区成员积极参与，群策群力，就能够凝聚巨大的精神力量，提供各种强有力的支持，将社区治理不断推向前进；如果相反，社区成员缺乏参与意识，不能自觉、有效地参与，那么社区治理就缺乏群众基础，缺乏根基，社区治理目标也就会落空。社区成员的参与意识有赖于他们对社区的认同感和归属感。只有社区成员在社区利益问题上取得共识，社区成员参与自治组织的积极性和主动性才会发挥出来。基于对社区的认同感和归属感，社区成员以自治组织为载体，与政权组织、群团组织、经济组织、社会组织等行动主体一道通过协商合作参与社会治理，实现社会整合。

在市域社会治理行动者网络中，作为个体性行动者的社区居民也掌握着其他组织化行动者的认同资源（无论是意识形态、行政权力，抑或经济交换等，都离不开作为个体性行动者的社区居民的承认），因此其成为所有组织化行动者所共同“征召”的对象。但是，对于社区居民而言，自治组织是其最直接和最重要的“征召”主体。这是因为自治组织是政府与社会合作互动的桥梁和纽带，在社区自治的过程中发挥着核心载体的作用。在社区居民与自治组织的互动中，居民通过建言献策、投诉监督、参与选举、自主活动、自我管理等形式参与社区治理，自治组织则主要扮演信息中转站、政策解释者、活动策划者、平台搭建者、任务转化者等角色。①作为一个枢纽，自治组织不仅能够很好地将社区与基层党组织和政权组织衔接在一起，而且能将社区与群团组织、经济组织和社会组织衔接在一起，充分利用各种社会资源，强化社区治理，推动社区发展。

综上所述，传统社会管理下的参与主体只是主客二分意义上的管理实体，是不具有主体间性的参与主体。当以主客二元思维来进行社会管理时，政府成了管理中的唯一主体，而政府之外的经济组织、社会组织甚至个人则成了管理的客体。依照行动者网络理论，行动网络中的行动者既是实践主体又是认识主体，既是思考着的行动者又是行动着的思考者。也就是说，社会治理时代的多元参与意味着参与主体自觉性的增强，也意味着参与主体变成了真正的行动者。他们通过自己的行动构建“共建共治共享”的社会形态。在二元对立的关系中，主体与客体之间的关系被称为主客体关系，而“主体间性关系”是指主体与主体之间的关系。主体间性是异质

① 刘建军，马彦银．层级自治：行动者的缺席与回归：多中心治理视野下的城市基层治理研究[J]．杭州师范大学学报（社会科学版），2015，37（1）：86-93.

性主体以规范为基础所形成的相互理解、相互作用的“主体-主体”的交往结构。[①] 在多主体格局的市域社会治理行动网络中，“主体间性”强调多元参与协商的行动逻辑，而非纯行政权力支持的行动逻辑，其本质是要重塑政府、市场、社会等参与主体之间的关系结构和关系功能。这意味着，能否打造真正意义上的“共建共治共享”的市域社会治理格局，关键在于能否实现从“主客体关系”到“主体间性关系”的市域社会治理思维转向。这种思维转向必然要求推进市域社会治理现代化牢固树立“铸魂”“民本”“协同”“融合”“服务”“创新”六种基本理念。

① 韩磊．从主体性到主体间性：现代大学制度建构中的校园治理逻辑［J］．内蒙古社会科学，2015，36（5）．

第四章　市域社会治理现代化的理论框架

科学构建市域社会治理现代化的理论框架，是有效推进市域社会治理现代化的理论前提。市域社会治理现代化的基本理论框架应该是基本理念、内容体系和能力体系的统一体。因此，本章主要从理论上阐释构建市域社会治理现代化的基本理念、内容体系和能力体系。

一、市域社会治理现代化的基本理念建构

理念是行动的先导。发展理念是否对头，从根本上决定了发展成效乃至成败。要推进市域社会治理现代化，就必须树立正确的价值理念和行动理念。党的十八大以来，习近平总书记以马克思主义巨大的理论勇气和高超的政治智慧，就社会治理现代化提出了一系列具有开创性、引领性的新理念，形成了系统完整、逻辑严密的科学理论体系。要推进市域社会治理现代化，就必须加强理念建设，树立“铸魂”“民本”“协同”“融合”“服务”“创新”六大理念。

（一）“铸魂”理念

在推进国家治理体系和治理能力现代化的过程中，随着全球化进程的深入发展，我国主流思想不断受到多元文化思潮的冲击，引发价值危机。习近平总书记在中共中央政治局第十三次集体学习时指出：“培育和弘扬核心价值观，有效整合社会意识，是社会系统得以正常运转、社会秩序得以有效维护的重要途径，也是国家治理体系和治理能力的重要方面。”可见，将社会主义核心价值观融入社会治理是推动国家治理体系和治理能力现代化所不可或缺的一环。市域社会治理是国家治理的重要基石，是国家治理在市域范围内的具体实施，它在整个国家治理体系中扮演着承上启下的枢纽作用。树立市域社会治理“铸魂”理念，就是立足于本市域的实际情况，从意识形态层面发现新问题、研究新状况，创造性地开展理想信念教育，通过铸牢社会主义核心价值观之魂，丰富和完善我国现代社会治理经验，从而构建起中国特色社会主义的治理模式。

1. “铸魂”理念的科学内涵

“魂”即灵魂，唯物主义将灵魂理解为一种外化于人类生命本体的真实的物质存在，诸如“水”“气”“元素”等。“在早期的人类认知模式框架下，感性而直观的唯物主义灵魂表征有助于人们更容易理解自己生活中的精神现象，有助于原始部落、生存种族乃至早期人类文明、国家形式对社会成员的思想统一和灵魂塑造。”① “在唯心主义哲学中，灵魂被理解为纯粹精神性的存在，这种纯粹精神性的存在不生不灭、自在转换，是与生俱来的神圣精神事件，这也就使得灵魂蒙上了神秘主义的外衣，不同程度地支撑和建构了灵魂的宗教神话色彩。”② 在当时所处的时代，这一纯粹精神性存在的灵魂观为社会成员的精神教育和灵魂教育奠定了理论基础。而在马克思主义哲学看来，“全部社会生活在本质上是实践的。凡是把理论引向神秘主义的神秘东西，都能在人的实践中以及对这个实践的理解中得到合理的解决”③。马克思主义哲学通过对思维与存在、社会意识与社会存在的有机整合，判定灵魂同其他社会意识一样，由社会存在决定，是物质生产实践的产物，并通过实践手段影响社会存在。可见，灵魂作为一种社会意识，对人类活动具有精神引领作用。所以说，“铸魂”是通过一定的手段对人类灵魂进行教育和塑造，从而激发其精神力量。“铸魂”的前提是需要形成一套符合当下实际的思想文化体系，“习近平新时代中国特色社会主义思想，是以习近平同志为核心的党中央领导全国人民在中国特色社会主义改革发展实践过程中提炼概括出的思想原则和行动方法，直接来源于新时代我国改革发展的实践和认识活动，反映了客观世界的本质及其运动规律，根植于新时代党治国理政和人民对美好生活需要的客观要求”④。因此，“铸魂”就是要铸牢习近平新时代中国特色社会主义思想之魂，社会治理的“铸魂”理念“就是运用习近平新时代中国特色社会主义思想武装人的头脑，铸造人的理想信仰，培育人的精神世界，引领人的价值观念，通过科学真理的内化，实现人的思想到行为的整体转变，外化为科学真理指导下的实践行为”⑤。教育是“铸魂”的主要手段，市域社会

① 钟启东．习近平铸魂育人思想研究［D］．长春：东北师范大学，2017.

② 同①.

③ 中共中央马克思恩格斯列宁斯大林著作编译局．马克思恩格斯选集（第1卷）［M］．北京：人民出版社，1995：56.

④ 李红权，张春宇．用习近平新时代中国特色社会主义思想铸魂育人的内在机理分析［J］．思想理论教育，2019（7）：43-48.

⑤ 李红权，张春宇．用习近平新时代中国特色社会主义思想铸魂育人的内在机理分析［J］．思想理论教育，2019（7）：43-48.

治理的“铸魂”理念，就是通过理想信念的教育，使习近平新时代中国特色社会主义思想的政治方向与价值导向内化于社会个体的灵魂之中，从而减少多元社会主体的价值认同分歧，化解矛盾冲突，实现意识形态治理，提升社会治理水平。

市域社会治理是2018年6月4日时任中央政法委秘书长陈一新在延安干部学院全国新任地市级党委政法委书记培训示范班开班式上首次正式提出的概念，“市域社会治理是国家治理在市域范围的具体实施，是国家治理的重要基石”①。“铸魂”一词首次被正式提出是在2014年10月30日举行的全军政治工作会议上，自党的十八大以来，“理想信念教育”“意识形态工作”“精神文明建设”的相关内容，就不断得到丰富与发展，习近平总书记从中华民族发展的长远角度和战略高度出发，“提出了社会主义核心价值观二十四字基本内涵，要求在全社会积极培育和践行社会主义核心价值观，广泛而深入地开展理想信念教育，把全国各族人民团结凝聚在中国特色社会主义的伟大旗帜之下，牢牢掌握意识形态工作的领导权和主导权，坚持正确导向，提高引导和管理能力，壮大主流思想舆论”。② 强调“对马克思主义的信仰，对社会主义和共产主义的信念，是共产党人的政治灵魂，是共产党人经受住任何考验的精神支柱”③。这些都突出了培育和践行社会主义核心价值观、坚定理想信念教育在新时期社会主义建设中的重要地位和作用。在习近平总书记2014年2月24日主持的十八届中央政治局第十三次集体学习讲话中，提出要“把培育和弘扬社会主义核心价值观作为凝魂聚气、强基固本的基础工程”④，强调社会主义核心价值观对理想信念教育的基础性作用。之后，习近平总书记在不同领域对“铸魂”理念的内容作了具体的论述，围绕军队政治工作，“习近平总书记提出全面把握新形势下铸魂育人的特点和规律，着力培育有灵魂、有本事、有血性、有品德的四有军人，要铸牢听党指挥这个强军之魂”⑤。围绕党建工作，习近平总书记提出“对马克思主义的信仰，对社会主义和共产主义的信念，是共产党人的政治灵魂，是共产党人经受住任何考验的精神支柱”⑥。2017年1月6日，在十八届中央纪委七次全会上，

① 陈一新．推进新时代市域社会治理现代化［J］．公民与法（综合版），2018（8）：3-6.

② 中共中央文献研究室．十八大以来重要文献选编（上）［M］．北京：中央文献出版社，2014：25.

③ 同③.

④ 习近平．习近平谈治国理政［M］．北京：外文出版社，2014：163.

⑤ 中共中央宣传部组织．习近平总书记系列重要讲话读本［M］．北京：学习出版社，2016：251.

⑥ 中共中央文献研究室．十八大以来重要文献选编（上）［M］．北京：中央文献出版社，2014：39.

习近平总书记发表重要讲话，再次强调理想信念的必要性和重要性，提出“要坚持共产党人价值观，不断坚定和提高政治觉悟。修身立德是为政之基，从不敢、不能到不想，要靠铸牢理想信念这个共产党人的魂”[①]。围绕文艺与社会科学工作，习近平总书记在 2019 年 3 月 4 日参加全国政协十三届二次会议文化艺术界、社会科学界委员联组会发表重要讲话时深刻指出：“正本清源、守正创新，一个国家、一个民族不能没有灵魂，作为精神事业，文化文艺、哲学社会科学当然就是一个灵魂的创作，一是不能没有，一是不能混乱。”可见，“铸魂”理念在国家治理实践中得到不断丰富与发展。自党的十八届三中全会明确提出“把推进国家治理体系和治理能力的现代化作为全面深化改革的总目标”以来，我国治国理政思想体系日益明确和完善，因此，提升市域社会治理的现代化能力，要从理念现代化入手，通过理想信念教育，将社会主义核心价值观融入社会治理的全过程，做好市域社会治理的“铸魂”工作。

2. 市域社会治理现代化树立“铸魂”理念的必要性

2013 年 8 月 19 日至 21 日，全国宣传思想工作会议指出：“历史和现实反复证明，能否做好意识形态工作，事关党的前途命运，事关国家长治久安，事关民族凝聚力和向心力。”[②] 党的十九大报告再次强调“把社会主义核心价值观融入社会发展各方面，转化为人们的情感认同和行为习惯”。可见，意识形态治理是国家治理的重要环节，而理念是行动的先导，因而树立市域社会治理的“铸魂”理念，有利于把握社会治理的政治方向，有利于确立社会治理的价值导向，有利于凝聚人民群众的精神力量，有利于提升人民群众的幸福感。

第一，树立“铸魂”理念，有利于把握社会治理的政治方向。2015 年 12 月 28 日至 29 日，习近平总书记在主持中共中央政治局专题民主生活会时指出：“政治上的坚定源于理论上的清醒。”树立“铸魂”理念，“培育和践行社会主义核心价值观，在当代中国文化发展和社会思想领域中发挥着‘中轴作用’，是党和国家各项事业顺利开展的‘重要稳定器’”[③]。一方面，“铸魂”理念为新时代社会治理主体坚定了中国特色社会主义的道路自信、理论自信、制度自信、文化自信。中国特色社会主义是科学的社会主义，是中国共产党人基于历史经验、结合具体国情、顺应

① 习近平．在十八届中央纪委七次全会上发表重要讲话［EB/OL］．新华社，2017-01-06.

② 中共中央宣传部组织．习近平总书记系列重要讲话读本［M］．北京：学习出版社，2016：193.

③ 同③.

时代发展而创造出的伟大思想结晶，是实现“两个一百年”奋斗目标、中华民族伟大复兴中国梦、建成社会主义现代化强国必经之路。另一方面，“铸魂”理念有利于铸牢社会治理的精神防线。中国特色社会主义理论体系是在社会主义的具体实践、总结社会主义建设的治理经验的基础上形成的，进入新时代、面临新起点，唯有通过“铸魂”工作，才能明确中国特色社会主义的精神内涵，滋养人民群众的思想灵魂，为中国特色社会主义现代化事业不断取得成功提供政治信念支撑，从而有序推进市域社会治理现代化。

第二，树立“铸魂”理念，有利于确立社会治理的价值导向。党的十八大以来，我国的社会管理模式实现了由“社会管理”到“社会治理”的转变，这一转变带来的最显著变化就是治理主体的多元化，而多元治理主体参与社会治理在提升社会治理效率的同时，也引发了不同治理主体之间在价值理念上的矛盾与冲突，因此，要协调社会治理过程中的矛盾冲突，就需要树立“铸魂”理念，以社会主义核心价值观强化社会治理价值导向力量，从精神的源头整合多元主体的价值理念以减少多元社会治理主体之间的价值分歧。一方面，通过“铸魂”行为，将社会主义核心价值观融入社会治理全过程，使社会治理主体在耳濡目染之中，加深对社会主义核心价值观内涵的理解，从而在潜移默化中形成一套符合社会主义核心价值观的价值体系，以规范社会治理主体的治理行为。另一方面，树立“铸魂”理念能够为社会治理主体确立正确的行为准则。受多元文化思潮的影响，我国社会主体的价值取向呈现出世俗化、功利化的特征，进而导致价值判断逐渐出现危机。因此，要矫正这一偏离的价值取向与道德观念，必须通过“铸魂”工作将社会主义核心价值观融入社会治理之中。习近平总书记指出：“核心价值观，承载着一个民族、一个国家的精神追求，体现着一个社会评判是非曲直的价值标准。”① 因此，只有树立“铸魂”理念，才能依照社会主义核心价值观的价值标准，衡量社会治理主体的行为模式，确定正确的行为标准，从而规范社会运行秩序。

第三，树立“铸魂”理念，有利于凝聚人民群众的精神力量。托克维尔认为：“一个没有共同信仰的社会，就根本无法存在。因为没有共同的思想，就不会有共同的行动，这时虽然有人存在，但构不成社会。”② 党的十九大报告指出：要“加强社会心理服务体系建设，培养自尊自信、理性平和、积极向上的社会心态”。

① 习近平．青年要自觉践行社会主义核心价值观［N］．人民日报，2014-05-05（002）．

② ［法］托克维尔．论美国的民主（下卷）［M］．董果良，译．北京：商务印书馆，2004：524.

在社会治理过程中，社会意识形态作为一种精神力量，具有增强多元主体的向心力和凝聚力，支配人们行为模式的重要作用，而人民群众既是社会治理的行为主体，也是被治理的重要客体，其精神力量影响着社会治理水平。因此，要通过树立“铸魂”理念，发挥人民群众的精神力量。一方面，通过社会主义核心价值观传递正确的理想信念与目标指向，增强人民群众的思想意识，激发人民群众的内在动力，从而有效培育社会治理主体的归属感和社会责任感；另一方面，共同价值理念孕育共同的行为模式。树立“铸魂”理念，强化社会主义核心价值观的精神力量，有利于广大人民群众在凝聚价值共识的基础上促进社会治理主体的和谐互动，并为市域社会治理营造稳定的治理环境，从而顺利推动国家治理体系和治理能力现代化。

第四，树立“铸魂”理念，有利于提升人民群众的幸福感。进入新时代，我国社会主要矛盾已经转化为“人民日益增长的美好生活需要和不平衡不充分的发展之间的矛盾”，人民生活质量面临提档升级，社会治理水平也亟待提升。而社会治理是一项程序繁多、内容复杂的系统工程，每一个环节的治理成效都直接影响着人民群众的主观感受，要提升人民群众的幸福感和满意度，就需要树立“铸魂”理念。一方面，社会主义核心价值观能够引领和规范人民群众的具体行为。将社会主义核心价值观融入社会治理各个环节，能够充分发挥其在协调社会关系、规范社会行为、解决社会问题、化解社会矛盾过程中的价值引领作用，进而提升社会治理的成效。另一方面，树立“铸魂”理念，有利于为人民群众参与社会治理提供一个公正有序、和谐美好的社会环境，从而促进人民群众自由而全面的发展，这既提高了人民群众对社会治理工作的参与感，又推动了人与社会的协同发展。因此，树立“铸魂”理念，应从治理效率和治理环境两个层面来提升人民群众的幸福感。

（二）“民本”理念

“以人民为中心”是习近平新时代中国特色社会主义思想的重要内容。坚持“发展为了人民、发展依靠人民、发展成果由人民共享”，这是对共享发展理念的集中概括。中国特色社会主义社会治理之目的，就是“确保人民安居乐业、社会安定有序、国家长治久安”“以人民为中心”的发展理念始终贯穿于社会治理的全过程，“治理为民、治理靠民”已经成为我国社会治理的重要理念。市域社会治理作为基层社会治理的一种创新方式，更要强调“民本”理念，从目标上强调“为了人民”，从过程上强调“依靠人民”。

1.“民本”理念的科学内涵

“民本”理念，即以民为本，要从经济、政治、文化等多方面坚持以人民为中心，保障人民群众的经济利益、政治权益和文化尊严。具体而言，在经济上，将经济发展成果由人民共享，让人民群众享受到社会发展“红利”；在政治上，建立健全人民群众参与决策、监督执行、制度建设等全流程的社会治理体制；在文化上，在弘扬社会主旋律的前提下，发展人民喜闻乐见的大众文化。

市域社会治理“民本”理念指的是将“民本”理念融入市域社会治理过程中，利用市域层面的各类资源优势，坚持治理为民的服务宗旨和战略指南，让人民群众在实现市域社会治理现代化中有更多的获得感、安全感、幸福感。①

“民本”理念是我国从古至今一以贯之的执政之道。古有“民惟邦本，本固邦宁”之说，孔子、孟子、荀子都认为“得民心者得天下”，并提出诸多光耀千古的著名论断，如孟子提出：“民为贵，社稷次之，君为轻”；荀子以舟水之喻来比附君民关系：“君者，舟也；庶民者，水也。水则载舟，水则覆舟。”传承至今，经过时代的过滤，“民本”理念剔除了传统的阶级观念，成为我国治国理政的执政宗旨。新中国成立之初，毛泽东带领中国人民获得解放和自由，用几万人增加到百万人的军队数量向大家证明“这个军队之所以有力量，是因为紧紧地和中国人民站在一起，全心全意地为中国人民服务”②；改革开放时期，邓小平发展经济提高了人民的生活水平，提出将“人民拥护不拥护，人民赞成不赞成，人民高兴不高兴，人民答应不答应”作为衡量一切工作的根本标准；进入社会主义新时代，习近平总书记带领大家全面建成小康社会，并以实际行动践行着他的执政理念：“为人民服务，担当起该担当的责任”。

习近平总书记关于“民本”理念引导社会治理过程的重要论述可以总结为以下3点：第一，“民本”理念是市域社会治理工作的战略指导。首先，社会治理本质上是对人的服务。2017年，习近平总书记在代表第十八届中央委员会向大会作的报告中指出：“党的一切工作必须以最广大人民根本利益为最高标准。要坚持把人民群众的小事当作自己的大事，从人民群众关心的事情做起，从让人民群众满意的事情做起，带领人民不断创造美好生活。”其次，人民是社会治理的力量源泉。习近平总书记在《习近平谈治国理政》一书中写道：“党的根基在人民、血脉在人民、力

① 陈一新．新时代市域社会治理理念体系能力现代化［J］．社会治理，2018（8）：5-14.

② 毛泽东．这个军队之所以有力量［J］．人民论坛，1994（8）：1.

量在人民。失去了人民的拥护和支持，党的事业和工作就无从谈起。”并于 2019 年 1 月在中央政法工作会议上再次强调：“要贯彻好党的群众路线，坚持社会治理为了人民……让群众的聪明才智成为社会治理创新的不竭源泉。”从这两点整合可以得出市域社会治理本质上是对人的服务，而人民群众又是市域社会治理的力量源泉，那么“以民为本”的“民本”理念在市域社会治理工作中就起着战略指导的作用。第二，“民本”理念在市域社会治理过程中得到不断升华。习近平总书记关于社会治理“民本”理念，首先从社会治理的认识层面上明确了关注困境群体的重要性：2012 年，习近平总书记到革命老区河北阜平调研时曾经指出对待贫困群众要“格外关注、格外关爱、格外关心”①；其次从社会治理的实现方式上强调要积极鼓舞全民参与：2013 年，习近平总书记指出“坚持系统治理，加强党委领导，发挥政府主导作用，鼓励和支持社会各方面参与”②；最后从根本上肯定了人民群众在社会治理过程中的主体地位：2015 年颁布的“十三五”规划中强调“要在发挥好党委领导、政府主导作用的同时，引导社会成员增强主人翁精神，激发社会自治、自主、能动力量，让大众的问题由大众来解决”③。第三，“民本”理念贯穿于市域社会治理工作的方方面面。坚持以人民为中心的工作导向，是习近平总书记在各大工作领域着重强调的重要理念。在意识形态领域，2013 年 8 月，习近平总书记在全国宣传思想工作会议上明确指出：“党性和人民性从来都是一致的、统一的。坚持人民性，就是要把实现好、维护好、发展好最广大人民根本利益作为出发点和落脚点，坚持以民为本、以人为本。”在文艺事业方面，2014 年 10 月习近平总书记在文艺工作座谈会上指出：要“把人民作为文艺表现的主体……文艺创作方法有一百条、一千条，但最根本、最关键、最牢靠的办法是扎根人民、扎根生活。”④ 在哲学社会科学领域，2016 年 5 月，习近平总书记在哲学社会科学工作座谈会上嘱咐道：“脱离了人民，哲学社会科学就不会有吸引力、感染力、影响力、生命力。我国广大哲学社会科学工作者要坚持人民是历史创造者的观点，树立为人民做学问的理想，尊重人民主体

---

① 刘鑫鑫，杨彬彬．习近平社会治理理念的人民性论析［J］．中共南昌市委党校学报，2018（5）：17-22.

② 中共中央关于全面深化改革若干重大问题的决定［M］．北京：人民出版社，2013：49.

③ 《中共中央关于制定国民经济和社会发展第十三个五年规划的建议》辅导读本［M］．北京：人民出版社，2015：80.

④ 新华社．习近平：在文艺工作座谈会上的讲话［EB/OL］．（2015-10-14）．https：//www. xinhuanet. com/politics/2015-10/14/c_ 1116825558. htm.

地位，聚焦人民实践创造。”① 在信息化和网络安全等重大问题上，2018 年 4 月，他在全国网络安全和信息化工作会议上强调：“没有网络安全就没有国家安全，就没有经济社会稳定运行，广大人民群众利益也难以得到保障……网信事业发展必须贯彻以人民为中心的发展思想……让人民群众在信息化发展中有更多获得感、幸福感、安全感。”②

2. 市域社会治理现代化树立“民本”理念的必要性

理念是行动的先导，市域社会治理需要树立“民本”理念的依据在于：首先，我党全心全意为人民服务的根本宗旨和市域社会治理的本质要求树立“民本”理念；其次，市域社会治理的价值引领需要树立“民本”理念；最后，营造市域社会治理良好的客观环境需要“民本”理念的支撑。

第一，树立“民本”理念，有利于彰显市域社会治理现代化的根本宗旨。市域社会治理秉承“民本”理念是由我党的根本宗旨和社会治理的本质决定的。一方面，全心全意为人民服务是我们党的根本宗旨，是党的一切工作的根本出发点和落脚点。也就是说，党的根本宗旨决定了国家治理必须将“为人民服务”作为最终目标。那么，市域社会治理作为国家治理的重要内容，树立“民本”理念则是其应有之义，这不仅是对服务宗旨的具体诠释，也是党执政之道的必然要求。另一方面，就市域社会治理的本质而言，社会治理终究是对人的服务，遵循“以人为本”，为人民的美好生活而奋斗。市域社会治理的工作内容和工作对象众多且复杂，政策的正确导向和工作人员的耐心负责是做好治理工作的重要因素。首先，市域社会治理工作内容既关乎着落实上级的政策方针，又与人民的基本生活息息相关；其次，工作对象即人民群众工作的特征、内涵、方式也都发生了显著的变化。只有当工作人员一切从人民利益出发，牢固树立一切为了人民的意识，社会治理工作才会真正有效。

党的执政之道和社会治理的本质一致要求市域社会治理工作必须树立“民本”理念。无论是一国执政还是一区治理，其最终目的都是为人民服务，“民本”理念是经过历史沉淀后的精华，依旧是市域社会治理过程中的指导法宝。

第二，树立“民本”理念，有利于践行市域社会治理现代化的发展理念。理念

① 新华社．习近平：在哲学社会科学工作座谈会上的讲话［EB/OL］．（2016-05-18）．https：//www. xinhuanet. com/politics/2016-05/18/c_ 1118891128. htm.

② 新华社．习近平出席全国网络安全和信息化工作会议并发表重要讲话［EB/OL］．（2018-04-21）．https：//www. gov. cn/xinwen/2018-04/21/content_ 5284783. htm.

是行动的先导。市域社会治理的发展需要正确的发展理念来引领。在社会治理领域，传统的“以行政为中心”的价值理念早已不符合时代的发展，“以人民为中心”的价值理念则立足于社会治理新时代，致力于“共建共治共享”的社会治理格局的重要内涵。一方面，在“以行政为中心”的价值理念的引导下，政府凌驾于社会群体之上，是包揽社会治理相关工作的唯一主体。这种价值理念产生在社会未发育完善的初级阶段，面对社会存在的价值混乱、利益冲突的局面，需要以制度化的机制和强有力的政治灌输①的治理方式进行社会管理。然而，传统意义上的“法”即政府的“红头文件”作为社会治理手段的缺点逐渐凸显，由此导致的“政府的权威性”和“官本位思想”与“共建共治共享”的社会治理理念背道而驰。另一方面，在“以人民为中心”的价值理念的引领下，采取的是替代原先单一主体管控的社会管理方式，实现了治理主体“共建”、治理方式“共治”和治理成果“共享”的新型社会治理格局。在市域社会治理工作中，将“民本”理念贯穿其中，坚持“从群众中来到群众中去”的工作思路，具体地诠释了“知屋漏者在宇下，知政失者在草野”这一执政之道。这样一来，既肯定了人民群众是市域社会治理工作的力量源泉，又规范了治理工作人员必须为民服务的工作行为。

市域社会治理树立“民本”理念是“社会管理”向“社会治理”转型的需要，也是打造“共建共治共享”的社会治理格局的前提。正如习近平同志在党的十八届五中全会第二次全体会议上所言：“理念是行动的先导，一定的发展实践都是由一定的发展理念来引领的。发展理念是否对头，从根本上决定着发展成效乃至成败。”

第三，树立“民本”理念，有利于增强市域社会治理现代化的应变性。随着市场经济的深入发展和互联网便捷而广泛的信息流通，不管是大的网络环境下，还是在个人朋友圈中，社会贫富的差距、各种资源的掌握、思想文化的泛滥等一一涌现出来，促使市域社会治理工作面临“功利主义”“价值观缺失”“社会向心力减弱”等客观环境的突出变化。一是功利主义的蔓延。社会贫富差距的凝固化及其表现出来的生活方式加剧了社会“向钱看”的群体性前进目标。此时理性的“经济人”理论，即人总是追求利益最大化这一观点使得部分人群对物质利益的追逐远远超过对精神价值的追求。尤其是在市域社会治理领域，存在众多的资源配置和人员调动，权力更容易被作为谋取金钱的工具。在这种情况下，信念不坚定的治理工作人员，

① 侯恩宾．从社会管理到共建共治共享社会治理：内涵、逻辑及其方式的转换［J］．理论导刊，2018（7）：60-67.

很容易将“为人民服务”的宗旨抛到脑后，行动倾向于功利化。二是网络文化的泛滥。在互联网背景下，社会信息爆炸性增长，不良思想掺杂到网络文化中，严重干扰了正确的社会价值观的弘扬，比如只想当“网红”挣大钱成为一部分人吃喝玩乐的理由。如何在各种思想汇集地、隐秘地、传播地，有效地避免参与者受庸俗有害文化的侵蚀，对市域社会治理的思想工作提出了新的挑战。三是社会向心力减弱。国家统计局公布的数据显示，截至 2018 年年底，城市化率平均值已经达到 59.58%。[①] 这一数据的背后反映的不仅是城市自身的社会资源集聚力，更应注意到城市大量外来流动人口的涌现。“社会流动性大”对应的现象是社会向心力弱、集体行动难。传统依靠血缘、地缘、姻缘关系维持的“有事没事去对面蹭饭”交往方式走向“邻居是谁都不清楚”的尴尬局面。社会由零散的个体组成，不但妨碍市域社会治理工作的进行，更易形成“社会经济发展了，人缘情感淡漠了”的窘境。

在这种客观环境下，迫切需要“民本”理念融入市域社会治理，引导社会成员树立正确的价值观。以此构建治理工作人员正确的价值导向，净化社会成员所处的文化氛围，增强全社会的凝聚力和向心力，使“民之所望，政之所向”作为市域社会治理的工作要旨。

（三）“协同”理念

协同性是社会治理的重要特征。注重治理主体的联动效应，注重治理客体的关联特征，注重治理过程的协调一致，是新时代创新社会治理工作的应有之义。市域社会治理正是在新时代的历史方位下提出的，是为应对新型的社会问题和社会风险而形成的一种创新型的治理方式。“应对复杂性和系统性的治理危机的协同治理理念”[②]从一开始就成为市域社会治理产生和形成的重要理论基础，也必然成为市域社会治理现代化中的重要指导理念。

1. “协同”理念的科学内涵

在推进国家治理体系和治理能力现代化的进程中，我国社会治理方式实现了由社会管理模式向社会治理模式的转变，“治理是各种机构或个人管理其共同事务多方面的总和，调解不同利益主体并相互合作实现目标的持续过程，既包括迫使人们

① 数据来源：中华人民共和国 2018 年国民经济和社会发展统计公报。
② 刘建伟．习近平的协同治理思想［J］．武汉理工大学学报（社会科学版），2018（1）：51-56.

服从的正式制度和规则，也包括各种人们为实现共同目标而达成的非正式的制度"①。由此可见，治理目标的实现需要多元主体的协同合作，其中为实现治理目标而达成的非正式制度正是社会治理理念，而理念是行动的先导。国家治理体系和治理能力现代化，首先要实现社会治理理念现代化，市域社会治理的"协同"理念是现代治理理念非常重要的组成部分，也是社会治理过程中不可或缺的一环。将"协同"理念应用于社会治理而形成了协同治理，力求实现政府与社会、公众以及各种社会组织之间的协作、互动，最终实现在动态协调中寻找解决问题的方法。协同治理是现代社会治理的重要手段和途径。而"协同治理作为现代公共治理的新视角，是一种兼容多元治理力量、兼具政治经济社会文化生态多重治理目标、兼有灵活运用行政与市场多种治理手段的复合型治理理论。作为科学的理论参照和有力的变革工具，它是与我国国家治理体系现代化建设高度相契合的治理之道"②。可见，树立市域社会治理"协同"理念是对我国社会治理理论体系的创新，也是对党的十九大报告中"打造共建共治共享的社会治理格局"的积极响应。我国社会治理方式正处于由主要依靠政府管理转变到多元主体合作共治的过程中，多元主体合作共治的前提是协调多元治理力量，因此，在市域社会治理的进程中，树立"协同"治理理念是实现市域社会治理的现代化所必需的。

"协同"理念最早出现于德国著名物理学家赫尔曼·哈肯的《协同学：大自然构成的奥秘》一书中，他认为协同至少要包含以下几个特点：第一，协同是一种新的研究范式；第二，协同注重关注自然、社会现象的量变状态；第三，协同强调整体视角；第四，协同追求"1+1>2"的效果。③ 可见，"协同"是一种研究范式，它使不同的组织在同一系统内得以呈现相关的状态，而系统性和有序性是其追求目标。将"协同"这一研究范式应用于社会治理层面便形成了现代社会治理的"协同"理念，即协同治理理念。"协同治理理论研究最先由美国锡拉丘兹大学做出。该项目以美国政府为研究对象，经过研究后发现政府做出的具体行为大多是不同政府间合作的结果。由此，协同治理的理论内涵开始逐步得到完善。其概念内涵是指政府与

① 格里·斯托克，华夏风．作为理论的治理：五个论点［J］．国际社会科学杂志（中文版），1999（1）：19-30.

② 王伟，张海洋．协同治理：我国社会治理体制创新的理论参照［J］．理论导刊，2016（12）：9-13.

③ ［德］赫尔曼·哈肯．协同学——大自然构成的奥秘［M］．上海：上海译文出版社，2005：186-189.

企业、社会组织或者公民等利益相关者，为解决共同的社会问题，以比较正式的适当方式进行互动和决策，并分别对结果承担相应责任。”“协同”更加强调权力的共有与平等的合作，政府在给予其他治理主体更多治理空间与治理权力的同时，其他组织也积极主动地参与社会治理，为政府治理工作提供相关的信息，从而构建起多元协商、平等共治的治理格局。而理念是行动的先导，只有形成了共同的治理理念才能促进协同共识，也才能在制度、手段、途径等方面展开具体的实践，因此，树立“协同”治理理念是合作共治的前提。

2004 年中国共产党十六届四中全会通过的《中共中央关于加强党的执政能力建设的决定》指出，“建立健全党委领导、政府负责、社会协同、公众参与的社会管理格局”，正式提出了“社会协同”的治理要求，这意味着我国社会管理体制开始从传统的国家包办转向多元主体合作参与的现代治理模式。2012 年党的十八大报告指出，要“加快形成党委领导、政府负责、社会协同、公众参与、法治保障的社会管理体制”，形成中国特色社会主义社会管理体系，这也进一步为我国社会协同治理的格局奠定了基础。2013 年 11 月 15 日《中共中央关于全面深化改革若干重大问题的决定》指出，要创新社会治理体制，“加强党委领导，发挥政府主导作用，鼓励和支持社会参与，实现政府治理和社会自我调节、居民自治良性互动”。[①] 更加明确了各治理主体之间的平等、协商关系，也就是说，通过发挥各治理主体的合力作用，共同推进社会治理现代化进程。党的十八届五中全会提出了“创新、协调、绿色、开放、共享”的五大发展理念，强调在社会治理过程中多元主体力量的协调发展，同时还提出：“加强和创新社会治理，推进社会治理精细化，构建全民共建共享的社会治理格局。”2016 年 3 月 22 日，习近平总书记主持召开“中央全面深化改革领导小组第二十二次会议”，强调“夺取全面建成小康社会决胜阶段的胜利，很关键的一条是通过全面深化改革推动落实新发展理念。要围绕形成有利于落实新发展理念的体制机制，加大改革力度，直面经济发展新常态下面临的矛盾和挑战，对准瓶颈和短板，精准对焦、协同发力，努力在增强创新能力、推动发展平衡、改善生态环境、提高开放水平、促进共享发展上取得新突破”。同年 10 月，习近平总书记强调社会治理“要更加注重联动融合、开放共治，更加注重民主法治、科技创新，提高社会治理社会化、法治化、智能化、专业化水平，提高预测预警预防各类风险能力”。2017 年 6 月 26 日，习近平总书记主持召开中央全面深化改革领导小组

① 中共中央关于全面深化改革若干重大问题的决定［M］. 北京：人民出版社，2014：49.

第三十六次会议，并在会议中发表重要讲话，“注重系统性、整体性、协同性是全面深化改革的内在要求，也是推进改革的重要方法。改革越深入，越要注意协同，既抓改革方案协同，也抓改革落实协同，更抓改革效果协同，促进各项改革举措在政策取向上相互配合、在实施过程中相互促进、在改革成效上相得益彰，朝着全面深化改革总目标聚焦发力”。党的十九大报告指出“加强社会治理制度建设，完善党委领导、政府负责、社会协同、公众参与、法治保障的社会治理体制，提高社会治理社会化、法治化、智能化、专业化水平”，而社会主义新时代的“协同”治理加强了党委领导、政府负责、多元主体的协调合作，并促成了优势互补、互利共赢的一种良性社会治理格局的形成。

2. 市域社会治理现代化树立“协同”理念的必要性

党的十八大报告明确提出要“加强和创新社会管理”。党的十八届三中全会指出“全面深化改革的总目标是完善和发展中国特色社会主义制度，推进国家治理体系和治理能力现代化”。党的十九大报告明确强调“打造共建共治共享的社会治理格局。加强社会治理制度建设，完善党委领导、政府负责、社会协同、公众参与、法治保障的社会治理体制，提高社会治理社会化、法治化、智能化、专业化水平”。党的十八大开始由“社会管理”转变到“社会治理”以来，我国加快了传统社会管理模式的革新步伐，到党的十九大，则为创新社会治理体制提出了新要求。可见，创新社会治理体制已然成为推动我国社会治理现代化进程的必然手段，而“协同”作为一种有效的创新手段和创新形式，是提升我国社会治理现代化水平的有效途径，因而社会治理现代化必然应包括社会治理的社会化、法治化、智能化以及专业化。因此，树立市域社会治理的“协同”治理理念，是提升市域社会治理社会化、法治化、智能化、专业化水平的必要途径。

第一，树立“协同”理念，是提升市域社会治理社会化水平的必要途径。2004年9月，党的十六届四中全会通过的《中共中央关于加强党的执政能力建设的决定》指出：“建立健全党委领导、政府负责、社会协同、公众参与的社会管理格局。”全会首次提出了“社会协同”的治理要求，勾勒出治理社会化的雏形。此后，随着中国社会主要矛盾的变化，中国社会体制逐步转型，党对社会治理理念的认识也逐渐深化。2017年10月，党的十九大报告指出“提高社会治理社会化、法治化、智能化、专业化水平”的社会治理目标，其中“社会化”作为“四化”之首被正式确立，其内涵包括社会治理主体的社会化、社会治理任务的社会化、社会治理目的的社会化以及社会治理手段的社会化。协同治理在提升社会治理社会化水平的过程中主要表现为社会治理主体社会化，即“多元治理主体在党和政府的领导下，多元要素协同、共生，共同参与社会公共事务的治理，这其实也是让人民群众参与决策和治理的过程”①。可见，人民群众作为社会治理的主体力量，他们是否能充分、有效地参与社会治理事务，关乎社会治理社会化水平的提升。这是因为，理念是行动的向导，只有树立市域社会治理的“协同”理念，才能推动人民群众对协同治理的理解和认识。而从人民群众参与的视角来看，一方面，“协同”理念的深入人心，使得人民群众会自发地参与社会治理事务，为市域社会治理提供了力量保障；另一方面，人民群众参与市域社会治理也能推动党和政府积极创新多元主体合作治理的路径，充分发挥各级党组织在组织动员群众、协调利益关系、化解矛盾纠纷中的作用，及时解决社会治理“力量散”“管理乱”等难题，从而提升政府工作效率，保障社会治理水平。因此，树立“协同”理念是提升市域社会治理社会化水平的必要途径。

第二，树立“协同”理念，是提升市域社会治理法治化水平的必要途径。习近平总书记在关于《中共中央关于全面推进依法治国若干重大问题的决定》的说明中强调“法律是治国之重器，法治是国家治理体系和治理能力的重要依托”。“社会治理法治化的价值理念即在于实现良法善治。”② 可见，制定良法与推行善治是提升社会治理法治化水平的必然要求。首先，良法是社会治理法治化的前提，社会治理只有在良法的引领下，才能实现法治化。我国法律制定的基本程序包括法律草案的提出、法律草案的审议、法律草案的表决与通过、法律的公布。其实，从法律草案的提出到法律的公布经历了一系列信息的收集、传递、整理、反馈等过程，而要树立市域社会“协同”治理理念，一方面，人民群众作为信息收集的主要来源，能为立法者和立法机构提供充足、有效的社会信息，帮助其了解社会现状、发现社会问题和回应人民群众的诉求；另一方面，立法者和立法机构能够在充分了解信息的基础上，提出立法草案，并通过与人民群众的互动及时获取反馈信息，并对草案进行决策审议，从而提高立法的科学性。其次，善治是社会治理法治化的保证。善治的本质在于政府与公民对公共事务的合作管理。社会治理只有通过善治的手段，才能保证法律的实施效果。一方面，树立市域社会“协同”治理理念，能够提高人民

---

① 段传龙．论我国社会治理社会化的路径［J］．中州学刊，2018（8）：80-84.

② 陈朋，张明军．社会治理法治化的价值取向及实践回应［J］．人民论坛，2015（17）：11-13.

群众对执法机关、执法人员所施行执法行为的关注度，从而使人民群众加强对执法工作的监督；另一方面，“协同”治理理念促进了人民群众参与法治工作中，提高了公民学法、懂法、用法的热情，这既能为执法机关和执法人员提供相关信息，帮助执法机关和执法人员依法对违法犯罪作出处罚，又能迅速发现社会治理过程中出现的违法犯罪问题，及时上报执法机关和执法人员。因此，树立市域社会“协同”治理理念，是制定良法的前提，是实现善治的有效途径，将有力地提升市域社会治理的法治化水平。

第三，树立“协同”理念，是提升市域社会治理智能化水平的必要途径。社会治理智能化是信息时代发展的产物，它主要是通过运用大数据、云计算，以及人工智能等新科技，来实现社会治理中的信息互联互通与共建共享，治理主体主要是通过利用获取、存储、分析等技术手段，使得海量规模、快速流转的信息转变为活的社会治理要素。[①] 2015 年 10 月，党的十八届五中全会提出“推进社会治理精细化，构建全民共建共享的社会治理格局”的新要求，积极搭建社会治理的智慧系统成为新时代提升社会治理能力的题中应有之义，智慧系统包括硬、软件系统的建设，其中硬件系统包括互联网的搭建、监控设备的覆盖与安装、移动终端和计算机等硬件设施；软件系统则包括大数据、云计算、人工智能等现代智慧技术的应用以及信息管理平台、数据共享平台的搭建。硬件系统的搭建是社会治理智能化实现的前提保障，社会治理智能化水平的高低则是由软件系统决定的。大数据、云计算、人工智能等现代智慧技术能够在社会治理中发挥巨大的作用，主要依靠其强大的信息收集和处理能力，而市域社会治理要树立“协同”理念，一方面，需改革传统的自上而下的治理模式，通过扩大社会治理的多元主体力量，增加收集信息的来源渠道，同时多元主体合作共治的过程中所提出的各种治理诉求又能形成倒逼压力，这就提高了各级政府回应、解决问题的效率；另一方面，加快了政府数据开放速度，部门之间共享信息，有力推进了信息公开平台、政务服务平台以及社会信用信息平台一体化建设。这些都促进了多元治理主体通过数据共享与合作，取长补短，合作共赢的方式，加快社会治理信息分析处理速度，也提升了社会治理决策的科学性。可以说，树立市域社会治理“协同”理念提升了智慧系统的信息收集和处理能力的效率，也因此提升了市域社会治理的智能化水平。

第四，树立“协同”理念，是提升市域社会治理专业化水平的必要途径。进入

---

① 袁方．提高社会治理智能化水平［N］．人民日报，2018-06-20（007）．

新时代，不断增多的社会问题、日益复杂的社会矛盾，使得现代社会治理的难度不断增大，然而，由于政府工作人员精力和知识的有限性，也需要多元治理主体给予相应的协助和支持。因此，当下“比以往任何时候更需要依靠全社会的力量，发挥全体民众的智慧，从公开问题到解决问题，治理机制要照顾到各方面的利益，治理目标要能够契合人民群众更高层次的需求”①。由此可见，社会治理中壮大治理主体力量是当前亟须解决的问题，提升社会治理的专业化水平，以满足人民群众更高层次的治理需求。社会治理专业化是指专门人才解决专业问题，其“本质就是利用专业组织和专门人才，通过专业化的方式和技术，提升社会治理的效率和水平”②。而社会治理的专业化水平提升必须依靠专业化的人才队伍来实现，因此，要树立市域社会治理的“协同”理念，一方面通过提高非政府组织参与社会治理的积极性，来进一步壮大市域社会治理的参与主体；另一方面通过社会组织对专业化人才的培养，为市域社会治理提供更多的专业化人才，提高市域社会治理事务效率，从而达到提升市域社会治理专业化能力的目的。

（四）“融合”理念

打造“共建共治共享”的社会治理格局，为新时代加强和创新社会治理指明了方向。在这一格局构建中，不仅需要社会治理机制的不断创新，更需要在组织体系、工作体系、技术体系等层面上的充分“融合”，唯有融合，才能形成“共力”；唯有“融合”，才能达成“共谋”；唯有“融合”，才能实现“共享”。市域社会治理更要强调“市域”层级和范围上的“融合”，通过“融合”理念的贯彻，将社会主义制度优势转化为社会治理优势，进而达到共建共治共享的社会治理格局。

1.“融合”理念的科学内涵

市域社会治理是社会治理在市域范围内的具体实施，是社会治理的重要基石。党的十八届三中全会提出了“推进国家治理体系和治理能力现代化”的重大举措和战略目标，为市域社会治理现代化提出了新的任务和要求。同时党的十九大报告作出了“中国特色社会主义进入新时代”的重大判断，这意味着市域社会治理站在了新的起点上，面临着新机遇和新挑战，如何构建“共建共治共享”的社会治理格局，形成有效的社会治理、良好的社会秩序，使人民的获得感、幸福感、安全感更

---

① 金泽刚．着力推进社会治理实现新“四化”［EB/OL］．（2017-03-05）．http：//www.oeeee.com/mp/a/BAAFR D00002017103056437.html.

② 郝国庆．提高社会治理专业化水平［J］．党政干部论坛，2018（11）：28-29.

加充实、更有保障、更可持续，这成为新时代市域社会治理的重要议题。理念是行动的先导，要实现市域社会治理的现代化，首先要实现社会治理理念的现代化，市域社会治理的“融合”理念是现代治理理念的重要组成部分。“融合”理念的树立，能够增强新时代市域社会治理的资源动员能力，实现基层政权组织、经济组织、群团组织、社会组织和自治组织之间的功能一体化和资源一体化，使之各司其职，各尽其力，互利互惠，形成合力。最终有助于提升市域社会治理的水平能力，实现市域社会治理效益最大化，推进市域社会治理现代化进程。

从现代公共管理的发展变革来看，治理理论的兴起源于政府统治和市场机制在社会资源配置中的失灵。在资本主义早期，市场作为“看不见的手”，在社会资源的配置中发挥核心作用，而政府作为“守夜人”，对市场所进行的任何干预都是不合理的。但是随着社会经济的不断发展，市场也暴露出许多自身无法克服的问题，出现失灵现象。由于市场的不完全竞争、市场结构的不合理、信息的不完全以及公共物品的不充足等因素，市场机制并不能实现资源的最优配置，如在公共物品供给中，引发“免费搭车”现象，致使愿意花钱提供或购买公共物品的人不多，进而造成公共物品的匮乏。[①] 随着垄断资本主义的出现，市场调节无法解决垄断带来的一系列社会问题，也不能满足广大民众日益增长的对公共产品的要求。为了应对市场机制的不足，政府走向了前台，进行市场干预，发挥资源配置功能，企图实现社会福利最大化。然而，政府自身行为的局限性和其他客观因素的制约而产生的新的缺陷，如在提供公共物品时浪费和滥用资源，导致公共支出规模过大或者效率低下；或者因为政府干预不足或干预过度导致经济效率下降和社会福利损失。[②] 依靠政府的力量没能实现社会资源的最佳配置，反而因政府职能的扩张和膨胀进一步压抑了市场在资源配置中的作用，让政府难以应付日益复杂和增加的社会公共事务。市场机制和政府干预都存在失灵问题，于是有人提出“第三方治理”构想，认为充分发挥社会组织功能，能够实现公平与效率的良好契合，并能更有效地解决许多紧迫的公共服务需求，进而实现良好的治理。然而，社会组织治理也存在志愿失灵的问题。志愿失灵是指志愿原则不能有效配置慈善资源，导致志愿行为偏离公益价值取向，

---

① 严新明，童星．市场失灵和政府失灵的两种表现及民间组织应对的研究［J］．中国行政管理，2010（11）：90-93.

② 熊光清．多中心协同治理何以重要：回归治理的本义［J］．党政研究，2018（5）：11-18.

造成志愿组织在满足社会需求、提供志愿服务等方面产生的功能缺陷和效率困境。①

无论是市场、政府，还是社会组织，在社会治理中关注的都是社会领域的公共资源，所涉及的问题主要是动员资源的能力，以及如何使用和管理这些公共资源。政府失灵、市场失灵及社会组织治理失灵，并不都是不当使用公共资源产生的，而是可能源于各治理主体功能的有限性。市场以效率与竞争的原则进行公共资源的配置可能带来社会不公平现象；政府受科层制架构、行政思维和行政方式的制约，在公共资源配置上存在效率低、资源利用不足等问题；而社会组织因自身的松散性、非中心化等特征，组织化、制度化程度有限，因而对资源的获取、配置和控制能力也相对不足。然而，伴随工业化、城市化及市场经济的快速发展，公众对公共服务和公共产品的质量和数量要求也不断提高，依靠政府、市场，抑或社会组织单一主体难以满足公众日益增加的公共需求。为了提高资源动员能力，弥补单一治理主体功能不足，就必须树立"融合"理念，实现政府、市场、社会治理主体之间的功能一体化和资源一体化，使之各司其职、各尽其力，互利互惠，形成合力。

运用"融合"理念指导市域社会治理，政府、企业、社会力量需要进行合作治理，以实现各治理主体之间的功能一体化和资源一体化。美国学者 Chrisansell 和 Alison Gash 把合作治理定义为：一个或多个公共部门与非政府部门一起参与正式的、以共识为导向的、商议的，旨在制定或执行公共政策或管理公共事物或资产的治理安排。② 张康之认为，合作治理是开放的治理，在合作治理模式中，虽然政府在治理过程中发挥着引导的作用，但是，参与治理过程的每一个治理主体都能够平等地在治理活动中发挥其应有的作用，对于关涉公共利益的每一项公共事务，都能够平等地发表意见和积极地采取合作行动。可见，在合作式治理过程中，各治理主体平等分工、协作，实现功能上的互补、行动上的协调及资源上的整合，最终推动社会治理效益最大化。市域社会治理主体的合作和"融合"，并非将其功能和资源进行简单的形式相加，而是达到"你中有我，我中有你"的状态，实现治理效果"乘数效应"。然而，要使政府、市场及社会组织在功能和资源上实现"融合"，需要形成一种特定的体制安排和协作机制。

市域社会治理要坚持"政府主导、市场和社会协同、公众参与"的体制安排。

① 倪永贵．社会治理创新中的政府与社会组织合作路径探析：以温州市为例［J］．北京交通大学学报（社会科学版），2016（4）：43-48.

② Ansell C，Gash A．Collaborative Governance in Theory and Practice［J］．Journal of Public Administration Research & Theory，2008，18（4）：543-571.

首先，坚持政府在市域社会治理中的主导地位。传统政府因封闭的治理结构而产生了公共资源配置不足、治理成本高、社会活力不足等弊端，这让政府在治理中备受批评和责备。然而，无可厚非的是政府在资源动员、调控和整合资源中具有其他主体无法比拟的权威和优势。新时代市域社会治理中，政府在资源配置中发挥主导作用，但是不同于传统以全能、管控性思维和方式进行治理，现代政府做好“服务者”角色，由管控转向引导，减少政府对市场、社会以及个人的不正当侵犯行为，实现政企分离、政社分离，权责明确，合作治理的目标。同时通过系统和组织化的制度安排，拓宽社会资源进入社会治理体系的渠道，实现治理资源的社会“大联动”①。其次，要坚持企业与社会在市域社会治理中的主体地位，发挥其协同作用。一是发挥市场在资源配置中的重要作用。在市域社会治理中，市场借助公平的竞争机制，实现资源配置效率的最大化，提高公共服务水平，改善公共服务质量，满足人们日益增加的物质的需求，提升社会治理效能。二是充分挖掘和利用社会资本和资源优势，鼓励社会组织、公民积极参与医疗、卫生、教育、养老、社区、公益等各个领域，增强社会活力，提高市域社会资源动员能力和配置能力，提升社会治理水平。

树立“融合”理念，有助于在市域社会治理实践中达成“政府-企业-社会”的合作，实现三方在结构上互动、功能上互补、机制上互联，增强社会的整体优势，共同应对各种可能出现的社会问题和社会风险，避免重蹈各种“失灵”——市场失灵、政府失灵、社会失灵——的覆辙，② 从而实现资源配置的“帕累托最优”，提升市域社会治理的水平和能力。

习近平总书记多次在重要会议上强调“融合”理念是国家治理和社会治理又一重要理念。在处理军民关系方面，习近平总书记多次提到要以“融合”为抓手，要求全党一定要抓住机遇，开阔思路，把军民融合搞得更好。2013 年 3 月，习近平总书记在十二届全国人大一次会议解放军代表团全体会议上讲话时，第一次明确把“融合”理念用于军民关系上，强调“进一步做好军民融合式发展这篇大文章”。2014 年 3 月，习近平总书记在十二届全国人大二次会议解放军代表团全体会议上讲话强调，“既要发挥国家主导作用，又要发挥市场的作用，努力形成全要素、多领

---

① 王郅强，张晓君．社会治理体系构建面临的结构性失衡及其调适路径：基于耗散结构理论视角［J］．经济社会体制比较，2017（3）：45-53.

② 杨敏．“国家-社会”的中国理念与“中国经验”的成长：社会资源的优化配置及公共服务与社会治理的创新［J］．河北学刊，2011（2）：124-130.

域、高效益的军民融合深度发展格局”。2014年10月，习近平总书记在全军政治工作会议上强调，积极推进政治工作思维理念、运行模式、指导方式、方法手段创新，提高政治工作信息化、法治化、科学化水平，形成全方位、宽领域、军民融合的政治工作格局，增强政治工作主动性和实效性。2017年3月，习近平总书记出席十二届全国人大五次会议解放军代表团全体会议并发表重要讲话，明确“加快建立军民融合创新体系，下更大气力推动科技兴军，坚持向科技创新要战斗力，为我军建设提供强大科技支撑”。

在新兴媒体的发展上，习近平总书记要求积极探索，适应社会信息化持续推进的新情况，强化互联网思维，坚持先进技术为支撑、内容建设为根本。2013年8月，在全国宣传思想工作会议上，习近平总书记发表重要讲话，“就是要积极探索有利于破解工作难题的新举措新办法。特别是要适应社会信息化持续推进的新情况，加快传统媒体和新兴媒体融合发展，充分运用新技术新应用创新媒体传播方式，占领信息传播制高点”。2015年12月，习近平总书记在视察解放军报社时发表重要讲话，指出“要研究把握现代新闻传播规律和新兴媒体发展规律，强化互联网思维和一体化发展理念，推动各种媒介资源、生产要素有效整合，推动信息内容、技术应用、平台终端、人才队伍共享融通”。2018年8月，习近平总书记在全国宣传思想工作会议上发表重要讲话，指出要加强传播手段和话语方式创新，让党的创新理论“飞入寻常百姓家”。要扎实抓好县级融媒体中心建设，更好地引导群众、服务群众。2019年1月25日，中共中央政治局在人民日报社就全媒体时代和媒体融合发展举行第十二次集体学习，中共中央总书记习近平在主持学习时指出，要运用信息革命成果，加快构建融为一体、合而为一的全媒体传播格局。

习近平总书记的讲话，为提升市域社会治理能力和水平提供了新思路和新方法。但首先需要说明的是，“融合”的目标在于更好地服务于广大人民群众，是为了满足人们日益增加的安全需求、物质需求和精神需求。“融合”目标的达到需要充分发挥国家、市场和社会的力量，形成全要素、全方位、多领域的发展格局；需要在市域社会治理的方式、方法、运行模式、手段上进行不断创新，提高治理的法治化、信息化水平，更加贴近民心；同时要坚持以科学技术为支撑，推动“融合”向纵深发展。

2. 市域社会治理树立“融合”理念的必要性

组织力量的融合，工作体系的融合，运行机制的融合，是市域社会治理现代化进程中“融合”理念的集中体现。“融合”理念的有效贯彻，有助于市域社会治理水平的提升，有助于市域社会治理效益的最大化，有助于共建共治共享社会治理格局的实现。

第一，树立“融合”理念，是新时代市域社会治理的题中应有之义。党的十九大提出“打造共建共治共享的社会治理格局”的要求。树立“融合”理念，构建“共建共治共享”社会治理格局，实现各治理主体功能和资源的一体化，成为市域社会治理的题中之义。实现市域社会治理“融合”理念，就必须打破“大政府、小社会”结构形态，将市场组织、群团组织、社会组织、基层自治组织及公众纳入治理格局之中。互联网技术的快速发展为这一目标的实现提供了新的途径和机会。根据中国互联网络信息中心发布的数据，截至 2018 年 12 月，我国网民规模达 8.29 亿，全年新增网民 5653 万，互联网普及率达 59.6%，我国手机网民规模达 8.17 亿，全年新增手机网民 6433 万。数据还显示，城镇地区互联网普及率为 74.6%；10~39 岁群体占整体网民的 67.8%，其中 20~29 岁年龄段的网民占比最高，达 26.8%；40~49 岁中年网民群体占比由 2017 年底的 13.2%扩大至 15.6%。互联网的中心化、扁平化、自组织特性解构并重构着社会结构，创造新的组织方式和组织形态。互联网也让个人力量得到增强，使个人价值得以释放。社会治理可充分利用“互联网+”时代下的云计算、大数据、人工智能技术，推进治理的科学化和智能化。提高运用大数据辅助决策能力，建立人工智能决策辅助平台，推动从依靠直觉与经验决策向依靠大数据决策转变；提高运用现代科技强化治安防控能力，建立社会稳定数据信息系统，推动从被动“堵风险”向主动“查漏洞”转变；提高运用信息技术服务群众能力，着力解决企业和群众反映强烈的办事难、办事慢、办事繁问题。[①] 依赖互联网技术，改造社会治理体系架构、运行机制和工作流程，实现社会治理现代化。然而，互联网为市域社会治理带来新机遇的同时，也增加了治理的风险。据统计，我国网络犯罪已占犯罪总数的近 1/3，一些不法分子利用网络进行破坏、诈骗等违法犯罪活动。根据最高人民法院网权威发布，2017 年已结一审电信网络诈骗案件量同比增幅超 70%。互联网成为犯罪的“天堂”和引擎，网络安全成为国家安全的关键。此外，网络平台为居民参与市域社会治理提供了新的渠道和路径，然而在网络虚拟空间中，网民非理性情绪极易膨胀，网络匿名性极易使他们片面、随意地表达观点，各种信息借助网络快速传播，经过网络的发酵，极易演变为网络群体性事件

① 陈一新．推进新时代市域社会治理现代化［N］．人民日报，2018-07-17（007）．

或社会热点事件，给市域社会治理增加了难度和风险。

如何对互联网虚拟空间进行有效治理，构建安全的网络空间；如何充分利用互联网的信息资源，提升市域社会治理能力；如何充分利用互联网平台，呼吁公众理性参与，这些都是新时代市域社会治理需要思考和解决的问题。杭州智慧社区治理经验，为疑问的解答提供了答案参考。杭州市上城区在推进地域性社区建设的同时，形成了一个虚拟性社区——“二化四网六平台”的网络化和信息化系统，这一探索将物理性、实体性社区与数字化、网络化社区融为一体，形成了“双维社区建设模式”。在社区内外部的政府组织、经济组织、社会组织以及个人力量的整合所形成的“社区复合主体”基础上，依托“二化四网六平台”的技术系统，政府职能部门之间的条块分割被弱化，“政府-市场-社会”的合作关系得到了加强，使社会资源通过网络化和信息化的技术平台得到处理与整合，从而实现更多和更优的社会资源在社区内的合理配置。[①] 因而，新时代的市域社会治理需要实现“政府-市场-社会”功能和资源的“融合”，构建“共建共治共享”市域社会治理格局，以最大限度发挥各治理主体优势、实现资源最大化地满足人民日益增长的公共服务和平等参与治理的需求。

第二，树立“融合”理念，是补齐市域社会治理“短板”的现实呼唤。木桶效应原理说明了“短板”对整体效能发挥的影响，市域社会治理中的“薄弱的一环”限制了其整体水平和效能，因而市域社会治理不能单靠政府力量“一家独大”，“强政府、弱社会”的治理格局难以达到治理的最佳状态，反而进一步制约社会治理效能的发挥和提升。有学者通过采用 Topsis 模型对全国 29 个省域进行社会治理水平测评，得到的截面数据表明：社会保障治理水平、社会安全治理水平、公共服务治理水平、社会参与治理水平都比较低，个体差异较大，且省域间、区域间呈现出十分明显的差异。[②] 市域社会治理的能力已成为市域政治、经济和文化发展的阻碍。因而，补齐市域社会治理“短板”，提升社会治理整体效能，成为市域社会治理的重要任务。

在市域社会治理中，企业作为公共服务供给者，以市场化机制提高公共服务效率和质量，有效弥补了政府在公共服务供给上的不足，满足了公众对公共服务的多

---

① 杨敏．“国家-社会”的中国理念与“中国经验”的成长：社会资源的优化配置及公共服务与社会治理的创新［J］．河北学刊，2011（2）：124-130.

② 南锐，汪大海．基于 TOPSIS 模型的中国省域社会治理水平评价的实证研究［J］．东北大学学报（社会科学版），2017（3）：284-291.

元化、个性化和专业化需求，提升了公众满意度。然而对于企业供给公共服务，人们较易形成一个错误的认知，即企业因公益之心向社会供给公共服务，企业应不以营利为目标，自负盈亏。在这种错误认知指导下，部分政府对供给公共服务的企业缺少必要的制度支持和资源激励，这严重制约了企业参与公共服务供给、参与社会治理的积极性。社会组织因其公益性、民间性、非营利性、志愿性而在社会资源的筹集上具有较大的优势。民政部数据显示，2017 年共接受社会捐款 754.2 亿元，其中各类社会组织接受捐款 729.2 亿元。与此同时，社会组织参与社区公共服务供给空间不断拓展，社会组织作为政府的得力“帮手”，在社会治理中发挥着“拾遗补阙”的重要功能。然而部分地方政府行政人员仍然对社会组织抱有怀疑和警惕，他们为社会组织参与社会治理设置壁垒和障碍，同时政府对社会组织参与社会治理的制度和资源支持都存在不足，这些因素严重阻碍了社会组织功能的发挥。企业组织和社会组织参与治理机会的不足，致使市域社会治理面临资源汲取能力弱、资源总量不足、资源配置效益低等困境。因而在新的时代形势下，政府应转变职能，扮演好“服务者”角色，为企业组织和社会组织参与治理提供条件，促进其功能良好发挥，最终实现“政府—市场—社会”的功能和资源的“融合”，促进市域社会治理水平的提升。

第三，树立“融合”理念，是增强市域社会治理能力的客观要求。党的十九大作出科学判断，中国特色社会主义进入新时代，我国社会主要矛盾已经转化为人民日益增长的美好生活需要和不平衡不充分的发展之间的矛盾。为了从能力上提升市域社会治理、满足人们日益增加的公共需求、提升社会公平和公正、实现社会和谐发展，树立“融合”理念已成为新时代市域社会治理的客观要求。工业化、城市化乃至全球化的快速推动，市域社会风险不断加剧，市域社会治理面临更为严峻和复杂的治理情境。一是市域公共安全与社会治安风险，增加了社会不安全隐患。例如我国数量庞大的流动人口为社会安全和治安带来的安全隐患。国家统计局《2018 年国民经济和社会发展统计公报》显示，2018 年末全国农民工总量为 28836 万人，比上年增长 0.6%。其中，外出农民工 17266 万人，增长 0.5%；本地农民工 11570 万人，增长 0.9%。农民工在城市工作、生活的时间，往往大大超出在户籍地的时间。由于城市户籍制度改革实践存在滞后性，农民工在城市生活往往难以获得与市民平等的工资待遇、公共服务，而这种不平等可能带给农民工强烈的被剥夺感和不公平感，进而产生对立怨恨情绪，甚至爆发极端群体事件。同时据媒体报道，近年来流动人口犯罪比例已占到了全国各地犯罪总数的70%以上，流动人口犯罪中又以农民工人群为主，“新生代”农民工的犯罪率高于上一代农民工。新生代农民工犯罪问题、极端群体性事件及社会心理问题，反映出市域社会治理任务的艰巨和能力的不足。二是市域社会结构变迁，为市域社会治理带来极大的压力。城镇化、工业化及市场化的快速推进，市域社会结构发生变迁，利益和阶层结构进一步调整，可能触及一些人的既得利益，由此导致的社会问题可能会更加复杂，需要社会治理解决的问题也更加复杂；社区群体日益多元化，不同群体的利益诉求和社会阶层的分化日趋严重；收入差距压力依然存在，进行收入分配改革，实现社会公平依然任重道远；民生诉求发生转变，由吃饭、穿衣的生存需求，转变为对社会公平和人的全面发展的追求。同时，面对社会的快速发展和社会结构的变化，社会成员面临着巨大的心理压力，其心理健康问题日益突出。随着利益格局的不断调整和贫富差距的不断加大，一些人的心理失去了平衡，仇富心态在社会上滋长蔓延，这可能形成社会性的压力、紧张和不满，甚至出现报复社会、应激恶性案件等。这些问题如果不能及时得到解决，也会导致治安问题，甚至公共安全问题。

新时代市域治理面临着因社会的快速流动及人口的空间集聚而带来的市域社会公共安全与社会治安风险，因市域社会结构变迁而带来的社会冲突风险和个体适应和心理问题，以及社会的发展和公民意识的提升而带来的更为多元的公众利益诉求，等等。因而，如何提升市域社会治理能力，以提升社会公共安全、满足公众公共需求、缩小贫富差距、调整阶层利益格局、化解社会矛盾、实现公平正义、促进社会和谐发展成为市域社会治理的重要议题和艰巨任务。

（五）“服务”理念

“全心全意为人民服务”是中国共产党的根本宗旨，也是我国政府进行一切工作的出发点和落脚点。社会管理向社会治理的发展，在某种意义上就是为了实现更好地为人民服务而作出的转变。习近平总书记在党的第十八届中共中央政治局常委同中外记者见面时强调，“人民对美好生活的向往，就是我们的奋斗目标”。“以人为本、服务为先”已经成为社会治理创新的重要理念，提升人民的获得感、幸福感、安全感已经成为社会治理的重要目标。“服务型社会治理”概念的提出，更是凸显了“服务”理念在社会治理中的重要价值，① 作为对基层社会治理创新的市域社会治理方式，更

① 张晓红，宁小花．服务型社会治理模式下的公共决策价值取向［J］．中国行政管理，2011（2）：31-34.

要将“服务”理念贯彻于治理现代化的推进过程中。

1. “服务”理念的科学内涵

党的十八届三中全会通过的《中共中央关于全面深化改革若干重大问题的决定》明确提出，完善和发展中国特色社会主义制度，推进国家治理体系和治理能力现代化是全面深化改革的总目标。[①] 现代化的社会治理要求将依赖司法约束、行政管理、制度规范等措施展开的硬治理与借助意识引导、文化浸润、社会认同等方式进行的软治理相结合。其中，树立社会治理的服务理念，在社会治理中坚持以服务人民为宗旨，提升人民的获得感、幸福感、安全感，是实现软治理的重要路径。习近平总书记 2014 年 3 月 5 日下午在参加他所在的十二届全国人大二次会议上海代表团审议时强调：“治理和管理一字之差，体现的是系统治理、依法治理、源头治理、综合施策。”[②] 其中，源头治理就是要标本兼治，重在治本，强调以网格化管理、社会化服务为方向，健全基层综合服务管理平台，通过精细化服务及时反映和协调人民群众各方面各层次的利益诉求，从源头上解决影响社会和谐稳定的各种深层次原因。[③] 而相对于普通人群，一些矛盾突出、生活失意、心态失衡、行为失常及性格偏执的特殊人群的服务问题则更为突出。我国特殊人群规模庞大且仍在逐年递增，单位制为主的服务功能逐渐弱化，功利思想和个人主义思想的流行也为特殊人群的服务增加了难度。因此，提升市域社会治理服务理念，尤其是提高特殊人群服务水平，满足特殊人群的需求，是提升市域社会治理能力，促进社会和谐稳定的必要途径。

服务是为个人或集体的利益进行有偿或无偿的工作的行为。“服务”这个词最早出现在日本，是日本根据英文单词 service 再造出的汉字词汇，日语发音作“Fukumu”，意思就是服侍性的事务，简称“服务”。[④] 在古文中“服”和“务”并没有组成“服务”这个词出现过。但“服”字曾在《论语》中单独出现，“子夏问孝。子曰：‘色难。有事，弟子服其劳’”[⑤]。这里的“服其劳”指的是提供体力上的服侍，

① 张文显，朱孝清，贾宇，等. 新时代“枫桥经验”大家谈［J］. 国家检察官学院学报，2019（3）：3-37.

② 冉昊. 基层社会治理视角下的网格化治理：创新、挑战与对策［J］. 治理现代化研究，2019（1）：76-81.

③ 夏建中. 从参与社区服务到参与社区治理：论青年志愿者的工作转型［J］. 青年学报，2019（3）：74-81.

④ 高小平. 中国行政管理制度 70 年［J］. 治理现代化研究，2019（5）：10-18.

⑤ 同④.

而“服其劳”中的“服”就是服侍、服务的意思。[①] 特殊人群通常包括涉恐、涉稳、涉毒、刑满释放、社区矫正、肇事肇祸精神病患者、艾滋病感染者、不良青少年、重点上访人员等与普通群众相比具有特殊性、差异性的群体。这类群体往往是社会不稳定的因素之一，特殊人群服务就是从精神、生活、发展、教育 4 个方面化解特殊人群的社会矛盾，解决特殊人群实际困难，满足特殊人群合理需求。

首先，精神上“服心”。特殊人群服务中的精神服务就是针对一些矛盾突出、生活失意、心态失衡、行为失常及性格偏执的特殊人群进行精神帮扶和心理疏导。通过聘请专业的心理咨询师、招募志愿者，在社区建立心理咨询服务站，对特殊人群进行思想引导，寻找症结所在，加强心理疏导，同时对特殊人群普及法律，增强其法纪意识，减少违法犯罪。培养特殊人群自尊、自信、自爱的个人品质，培养特殊人群理性、积极、健康的社会心态。从源头预防极端事件的发生，提升市域社会治理水平，维护社会和谐稳定。

其次，生活上“服困”。特殊人群服务中的生活服务就是帮助特殊人群解决包括经济水平、家庭矛盾在内的生活上的困难。通过成立由社区党员、退休干部、志愿者等组成的社区志愿者服务团队，对特殊人群进行“一对一”或“多对一”帮扶。帮助经济条件困难的特殊人群办理低保救助、医疗保险、廉租房补贴等，满足特殊人群生活基本需求。同时，及时了解特殊人群的家庭情况，帮助特殊人群调解家庭纠纷、解决家庭矛盾。经济和家庭双管齐下，提高特殊人群的幸福感、满足感，从而进一步减少特殊人群的违法犯罪行为。

再次，发展上“服技”。特殊人群服务中的发展服务就是对特殊人群进行技能培养，促进特殊人群再就业，帮助特殊人群回归社会。通过与技校或一些培训机构合作，对不同年龄、性别、经历、兴趣的特殊人群建立求职档案，有针对性地开设类似家政服务、面点烘焙、电器维修等技能的培训班，帮助他们树立正确的择业观和求职的自信心，激励斗志、找准定位、尽快上岗、重新就业，让特殊人群更好地融入集体，回归社会，实现发展。

最后，教育上“服学”。特殊人群服务中的教育服务就是对特殊家庭的子女提供教育上的扶助或督促一些不良青少年重返校园。通过发放助学金和社会补助，确保经济困难的特殊家庭的子女拥有同等受教育的权利，并注重特殊家庭子女的心理健康教育，减少他们的自卑心理，帮助他们保持健康积极的心态。同时，社区志愿

---

① 高小平．中国行政管理制度 70 年［J］．治理现代化研究，2019（5）：10-18.

者、家庭、学校密切联动，通过正向宣传引导培养青少年正确的是非观、提高青少年抵御诱惑的能力，并针对失足青少年进行教育、感化、挽救工作，帮助他们重返校园，实现健康成长。

1944年9月8日，在牺牲战士张思德的追悼会上，毛泽东在听完张思德生平事迹后发表即兴演讲，秘书将演讲整理成文，毛泽东提笔为这篇演讲题名《为人民服务》，这是“为人民服务”这5个字首次被提出。1945年4月，在党的第七次全国代表大会报告上，“全心全意地为人民服务”被确立为党的根本宗旨。改革开放以来，党的服务理念经历了从“解放就是服务”的“行理式服务”，到“管理体现服务”的“管理式服务”，再到“治理与服务相结合”的“治理式服务”的转变。① 2013年11月，在党的十八届三中全会上，习近平总书记指出了全面深化改革的总目标是完善和发展中国特色社会主义制度，推进国家治理体系和治理能力现代化。用服务理念、治理理念取代传统的统治理念和近代以来的管理理念，建立起服务型的政府治理模式，服务成为一种基本理念和价值追求，政府定位于服务者的角色，政府的存在、运行和发展都是为社会和公众服务。② 2014年3月，习近平总书记在参加十二届全国人大二次会议上海代表团审议时强调，社会治理是一门科学。2017年，党的十九大报告指出，社会治理核心在人，重点在城乡社区，地方政府要推动社会治理重心向基层下移，把人力、财力、物力更多投到基层，以网格化管理、社会化服务为方向，健全基层综合服务管理平台，强化城乡社区自治和服务功能，健全新型社区管理和服务体制。同时还强调要加强社会心理服务体系建设，培育自尊自信、理性平和、积极向上的社会心态。③ 2018年11月7日，习近平总书记在上海考察时提出要深化社会治理创新，提高社会治理社会化、法治化、智能化、专业化水平，更加注重在细微处下功夫、见成效。要坚持以人民为中心的发展思想，坚持共建共治共享，坚持重心下移、力量下沉，着力解决好人民群众关心的就业、教育、医疗、养老等突出问题，不断提高基本公共服务水平和质量，让群众有更多获得感、幸福感、安全感。④ 2019年4月2日，习近平总书记对民政工作作出重要指示时强调：“要聚焦脱贫攻坚，聚焦特殊群体，聚焦群众关切，更好履行基本民生保障、

① 高小平．中国行政管理制度70年［J］．治理现代化研究，2019（5）：10-18.

② 同①.

③ 向春玲．加强和创新社会治理的新思路与新举措［J］．治理现代化研究，2018（3）：86-91.

④ 莫负春．学习宣传贯彻习近平总书记重要讲话精神 努力开创新时代上海工会工作新局面［J］．工会理论研究，2019（1）：6-13.

基层社会治理、基本社会服务等职责。”特殊群体服务是基层社会治理的重点、难点，是促进经济持续健康发展，社会和谐稳定的重要基石。

2. 市域社会治理树立“服务”理念的必要性

党的十九大报告指出，我国社会主要矛盾已经转化为人民日益增长的美好生活需要和不平衡不充分的发展之间的矛盾。① 这表明社会需求已经从解决温饱、满足物质需要的“硬需求”转变为强调文化、重视发展的“软需求”。对于特殊人群来说，住房补贴、医疗保险、养老保险等“硬需求”和工作培训、心理辅导等“软需求”都尤为重要。特殊人群大多存在心理障碍和负面的社会心态，自我封闭、仇视社会，生存基础遭到破坏，个人发展充满阻碍。特殊人群的服务就是为这些矛盾突出、生活失意、心态失衡、行为失常及性格偏执的群体创造条件，解决他们就学、就业、就医、住房等基本生活上面临的困难，对其进行心理疏导，提升社会适应能力，帮助他们恢复和改善应有的社会功能，从而促进社会和谐安定。

第一，树立“服务”理念，有利于促进社会公平、化解矛盾冲突。国家《“十三五”基本公共服务均等化规划》指出，享有基本公共服务是公民的基本权利，保障人人享有基本公共服务是政府的重要职责。② 党的十七大提出，实现公平正义是中国共产党人的一贯主张，是发展中国特色社会主义的重大任务。③ 社会公平是民心稳定的前提，是社会安全的保障。从社会保障体系的角度来看，特殊人群作为社会公民理应平等地享有优抚安置、社会救济、社会福利和社会保险等方面的基本权利，这是实现社会公平的重要途径。然而，特殊人群往往由于法律人格、法定权利、法律责任等方面的缺陷和限制，相对于普通人群而言缺乏权利保护、法律救济和法律制裁机制，在生活、就学、就业等基本保障方面也存在不足和缺失。而当特殊人群的基本公平得不到保证时，这种特殊性、差异性极有可能引发特殊人群对社会的不满，导致社会矛盾的产生，从而破坏社会稳定。因此，树立特殊人群服务理念，是保障特殊人群公平享有公民基本权利，缓解社会矛盾冲突的主要途径。

第二，树立“服务”理念，有利于落实基本需求、解决生存难题。特殊人群的需求与普通人群的需求具有相似性和差异性，相似之处在于他们在义务教育、医疗

---

① 向春玲．加强和创新社会治理的新思路与新举措［J］．治理现代化研究，2018（3）：86-91.

② 张敏，苏文，霍燕，等．内蒙古农村牧区家庭基本特征与基层公共服务保障力调查［J］．北方经济，2019（1）：69-72.

③ 陈石明．习近平总书记关于公平正义的重要论述探析［J］．贵州省党校学报，2019（1）：32-40.

卫生、养老救助、就业扶助、社会保障体系等方面同样具有需求，而差异面在于特殊人群对这些基础保障的诉求更为迫切。特殊人群的受教育程度普遍偏低，这也是造成他们误入歧途的原因之一。因此，提供特殊人群义务教育服务是提高特殊人群基本素养的重要途径。在医疗卫生方面，特殊人群由于经济条件薄弱，往往连基础性的医疗都难以得到保障，因此，提升特殊人群医疗卫生服务是保障特殊人群基本健康的重要途径。而养老救助、优抚安置等社会保障体系则是特殊人群的基本服务诉求，是特殊人群生存、发展的基础。当这些基本需求得不到满足、基本生活得不到保障时，就极易诱发特殊人群做出各类违法犯罪行为，破坏社会稳定。因此，树立特殊人群服务理念，是落实特殊人群基本需求，解决特殊人群生存难题的必要手段。

第三，树立“服务”理念，有利于强化心理疏导、满足情感归属。获得感、幸福感、安全感是人民群众对美好的生活需要在心理层面的体现。特殊人群通常在心理上存在某些先天的缺陷与障碍，拥有与普通人群不同的处事方式。他们往往自控能力较差，难以保持正常的人格；情绪波动较大，容易产生消极抵触心理；当他们认为自己遭受不公平对待时，极易做出一些逆反危险的行为。若上述负面社会心理得不到及时排解，积累到一定程度时就会引发极为恶劣的社会事件，严重威胁人民生命安全和社会稳定。而一部分特殊人群，例如刑满释放人员、吸毒人员等，很大程度上会因为服刑、戒毒等经历产生自卑心理，害怕被社会排斥，无法融入集体，久而久之便会积累更多负面情绪，形成恶性循环，导致更为严重的后果。因此，树立特殊人群服务理念，强化对特殊人群的心理疏导，及时消除消极、负面的社会心态，帮助特殊人群培养自信自强的人格，是满足特殊人群情感归属，帮助特殊人群尽快融入社会的重要渠道。

第四，树立“服务”理念，有利于实现良性发展、维护社会稳定。解决特殊人群的就业问题是帮助特殊人群回归社会、重回正途的根本要求。特殊人群通常身无长物，再加上有服刑、戒毒等不光彩历史，往往是就业的“老大难”。而就业问题不解决，特殊人群的基本生活难以维系，很容易就“走回头路”。地方政府通过开展特殊人群就业培训，对特殊人群进行就业指导，启蒙特殊人群就业意识，培养特殊人群就业信心，提升特殊人群就业能力。通过建档立卡收集特殊人群就业信息，以专场招聘会、对接会等方式为特殊人群提供合适的就业岗位，促进特殊人群再就业，从而推动特殊人群更好更快地回归社会。因此，树立特殊人群服务理念，是提升特殊人群就业培训服务水平，提高特殊人群再就业率，实现良性发展，维护社会稳定的有效方式。

（六）“创新”理念

“创新”是六大发展理念的重要组成部分。党的十八届五中全会强调，必须把创新摆在国家发展全局的核心位置，让创新贯穿党和国家一切工作。社会治理是对社会管理的创新，市域社会治理是对基层社会治理模式的创新，市域社会治理的现代化也必然以“创新”为不竭动力，通过理念创新、体系创新、机制创新、能力创新，不断提升市域社会治理水平，推进国家治理体系和治理能力的现代化。

1. “创新”理念的科学内涵

社会治理“创新”理念应用于市域社会治理，坚持“党委领导、政府负责、社会协同、公众参与”多元治理主体结构，为市域社会治理创新提供源源不断的动力；综合利用法治、德治、自治等多种治理手段，实现“系统治理、综合治理和源头治理”治理方式革新；灵活运用科学技术手段，提升市域社会治理科学化和智能化水平。

“创新”作为一个经济学概念，由经济学家熊彼特于1912年提出。熊彼特认为，创新是要“建立一种新的生产函数”，是对生产要素和生产条件进行新组合以获取经济利润[①]。熊彼特对创新的概念界定使得人们倾向于从技术和经济的角度理解创新意涵，而德鲁克则打破了这一局限。德鲁克拓展了创新的内涵，一是创新的领域，他认为无论是社会（公共机构）还是经济（商业机构）都需要创新，创新是社会经济、产业、公共机构和商业机构保持高度灵活性与自我更新的能力；二是创新的手段和方式，他认为创新不仅是一种技术的突破，更需要由组织有目的、系统化的创新管理工作来实现；三是创新的主体，他强调创新主体的作用，认为企业家是创新的主体，企业家精神即创新精神，创新本身创造了资源。自此，创新逐渐从经济、技术领域推进到政治、社会及大众日常生活领域，创新需要进行技术、管理方式、方法和手段的变革，同时创新强调主体的主观能动性，领导者的精神和思维具有重要的价值。从“统治”到“治理”，是当代中国社会管理的创新。治理“不是一套规则，也不是一种活动，而是一个过程；治理过程的基础不是控制，而是协调；治理既涉及公共部门，也包括私人部门；治理不是一种正式制度，而是持续的互动”。[②] 从社会管理到社会治理意味着社会秩序维持和公共产品供给的主体、过

---

① 熊彼特．经济发展理论［M］．北京：商务印书馆，1990.

② 俞可平．治理与善治［M］．北京：社会科学文献出版社，2000：270-271.

程、内容、方式等维度的变化。①

美国公共治理专家理查德·C. 博克斯认为："如果说19世纪至20世纪之交的改革家们倡导建立最大限度的中央控制和高效率的组织结构的话，那么21世纪的改革家们则将今天的创新视为是一个创建以公民为中心的社会治理结构的复兴实验过程。"② 这表明社会治理主体结构和治理理念的转变：从一元主体到多元主体的转变；社会治理的创新不是为追求政府管理的高绩效，而是公共治理中的政府权力本位转向公民权利本位。市域社会治理主体不再仅限于各级政府机构，政府并不是地方唯一的权力中心，它不再完全掌控治理的话语权和行动权。各种公共和私人的机构能够获得与行使相关权力，拥有和政府进行协商、合作或对抗的权力。政府功能发生变化，由全能型、管制型政府转变为有限型、服务型政府。政府在公民本位、社会本位理念的指导下，提供社会治理基础设施和公共服务，依法行政和监督，维护社会安定秩序，保障社会公共安全。同时政府将原先由自己独立承担的责任转移给市民社会，社会团体和组织部分承担起原先由国家承担的责任。如政府将公共服务的供给，交由具备条件的社会组织承担，由社会组织为居民提供专业的公共服务和公共产品。社会组织成为社会治理的重要主体和依托，在治理资源整合、公共服务提供、民众诉求表达、民众权益保护、公共政策制定等方面发挥重要作用。以公民权利本位为宗旨的社会治理，让公民走向了治理舞台中心，公民成为政府的合作者和协作者，在治理中发挥着主体作用。居民在城乡社区治理、基层公共事务和公益事业中依法自我管理、自我服务、自我教育、自我监督。总之，创新社会治理体现为以人为本、多元主体、合作治理的理念，政府、企事业单位、社会组织、公民等作为治理主体，在多元主体的治理过程中平等对话、沟通、协商和合作。

罗西瑙认为，治理意味着一种新的统治过程，它或以新的方法来统治社会。③社会治理方式发生了变化，由点及面，从单一粗放式管制走向综合精细化治理。党的十八届三中全会明确提出要"改进社会治理方式"，坚持系统治理、依法治理、综合治理和源头治理。改进社会治理方式，就要坚持系统治理，要求从政府包揽向政府负责、社会共同治理转变；坚持依法治理，从管控规制向法治保障转变；坚持

① 俞可平等．中国的治理变迁（1978—2018）［M］．北京：社会科学文献出版社，2018.

② 理查德·C. 博克斯．公民治理：引领21世纪的美国社区［M］．北京：中国人民大学出版社，2013.

③ 罗西瑙．没有政府统治的治理［M］//剑桥大学出版社，1995：5. 俞可平．治理与善治［M］．北京：社会科学文献出版社，2000：2.

综合治理，从单一手段向多种手段综合运用转变；坚持源头治理，从根本上解决矛盾、防微杜渐。[①] 社会治理手段也需要进行转变和创新，由硬性控制走向柔性引导，从“行政手段为主”向“多种手段综合运用”转变。[②] 市域社会治理不仅限于权威命令、法律强制、武力控制等手段，也需要通过道德约束、心理建设、公民教育等方式，以柔性和综合的手段促进人们行为的改变、调节社会关系。市域社会治理方式和手段的改进是创新市域社会治理机制、提高市域社会治理水平的必然要求。

伴随科学技术的进步，技术治理已经成为社会治理非常有效的工具、方法或手段，为更高的公共治理目标服务。[③] 21 世纪是科技的时代，是互联网的时代。互联网中心化、扁平化，自组织的特性解构并重构着社会结构，创造新的组织方式和组织形态；互联网让个人力量得到增强，使个人价值得到释放。[④] 互联网技术成为人们创新社会治理方式的重要依靠力量。社会治理可充分利用“互联网+”时代下的云计算、大数据、人工智能技术，推进治理的科学化和智能化。运用大数据辅助决策，转变依靠直觉与经验进行决策，提升公共决策的科学性；运用信息技术收集群众需求并予以解决，提升服务群众能力；运用现代科学技术建立数据信息系统，提升社会治安防控能力。[⑤] 依赖互联网技术，改造社会治理体系架构、运行机制和工作流程，实现社会治理现代化。

2018 年 6 月 4 日，时任中央政法委秘书长陈一新在延安干部学院全国新任地市级党委政法委书记培训示范班开班式上首次正式提出“市域社会治理”概念。陈一新强调，要以习近平新时代中国特色社会主义思想为指导，坚定不移走中国特色社会主义社会治理之路，打造具有中国特色、时代特征、市域特点的社会治理新模式，加快推进新时代市域社会治理的理念、体系和能力现代化。[⑥] 理念是行动的先导，要实现市域社会治理的现代化，首先要实现社会治理理念的现代化，市域社会治理的“创新”理念是现代治理理念的重要组成部分，因此，树立“创新”理念是市域社会现代化的前提。党的十八大以来，习近平总书记从中华民族发展的长远角度和

① 魏礼群．实现从社会管理到社会治理的新飞跃［N］．北京日报，2019-03-18.

② 覃国慈．提升社会治理水平的关键环节［J］．人民论坛，2015（5）：44-46.

③ 刘永谋，李佩．科学技术与社会治理：技术治理运动的兴衰与反思［J］．科学与社会，2017（2）：58-69.

④ 司慧积．网络文化的内涵及特征探析［J］．经营管理者，2014（36）：406.

⑤ 陈一新．推进新时代市域社会治理现代化［N］．人民日报，2018-07-17（007）.

⑥ 新任地市级党委政法委书记培训示范班在中国延安干部学院开班［N］．陕西日报，2018-06-06.

战略高度出发，围绕“创新”提出了一系列新观点、新阐释、新内容。[①] 这些创新思想和理念不仅体现在经济产业、高新技术、环境生态、文化等领域，更是体现在国家建设、党的建设、政府治理、社会治理方面。党的十八大以来，以习近平同志为核心的党中央提出创新社会治理的时代命题，促进社会治理进入了新的阶段，开启了新的篇章。

党的十八届三中全会审议通过《中共中央关于全面深化改革若干重大问题的决定》，明确提出了“创新社会治理体制、提高社会治理水平”的要求，从“社会管理”到“社会治理”，表明了党执政理念和治国理念的新变化。党的十八届三中全会围绕创新社会治理这一全新命题进行了全面部署。[②] 创新社会治理坚持着眼于维护最广大人民的根本利益，最大限度增加和谐因素，增强社会发展活力，提高社会治理水平，维护国家安全，确保人民安居乐业、社会安定有序。同时，明确提出要“改进社会治理方式”，坚持系统治理、依法治理、综合治理和源头治理。2014 年 3 月，习近平总书记在十二届全国人大二次会议上参加上海代表团审议时明确指出：“加强和创新社会治理，关键在体制创新，核心是人，只有人与人和谐相处，社会才会安定有序。”[③] 强调人在创新社会治理中的重要性和作用。党的十八届五中全会提出“创新、协调、绿色、开放、共享”发展理念。“创新”为五大发展理念之首，要将创新摆在国家发展全局的核心位置，创新党和国家的一切工作。党的十八届五中全会还进一步明确提出“加强和创新社会治理，推进社会治理精细化，构建全民共建共享的社会治理格局”。2016 年 4 月，习近平总书记主持召开网络安全和信息化工作座谈会并发表重要讲话，强调互联网催生社会治理新变革，“随着互联网特别是移动互联网发展，社会治理模式正在从单向管理转向双向互动，从线下转向线上线下融合，从单纯的政府监管向更加注重社会协同治理转变”[④]。同年 10 月，习近平总书记主持中共中央政治局第三十六次集体学习时指出：“加快推进网络信息技术自主创新，加快数字经济对经济发展的推动，加快提高网络管理水平，加快增强网络空间安全防御能力，加快用网络信息技术推进社会治理。”[⑤] 2017 年 7 月，在全国社会治安综合治理表彰大会上，习近平总书记指出，着力推进社会治理系统

① 唐正芒，徐功献．习近平创新观探析［J］．探索，2016（1）：5-12.

② 韩洪涛，高娟．试论新常态下的社会治理创新［J］．学习论坛，2015（7）：12-14.

③ 习近平参加十二届全国人大二次会议上海代表团的审议发表讲话内容。

④ 习近平主持召开网络安全和信息化工作座谈会发表讲话内容。

⑤ 习近平主持中共中央政治局第三十六次集体学习发表讲话内容。

化、科学化、智能化、法治化，深化对社会运行规律和治理规律的认识，善于运用先进的理念、科学的态度、专业的方法、精细的标准提升社会治理效能。① 党的十九大报告提出“打造共建共治共享的社会治理格局”，要“加强社会治理制度建设，完善党委领导、政府负责、社会协同、公众参与、法治保障的社会治理体制”，促进政府和社会各归其位、各担其责，努力实现社会善治。同时，通过“健全公共安全体系、加快社会治安防控体系建设、加强社会心理服务体系建设”途径，促进社会治理共建共治共享。

2. 市域社会治理树立“创新”理念的必要性

地方政府积极响应党中央号召，开展市域社会治理创新实践，在社区公共服务供给、社会治安安全防控、社会组织培育等方面进行了有益的探索，取得了显著的成效，但是也存在一些认识上的误区和行动上的偏差。如部分政府在工具理性的指引下，以“政绩”而非“人民满意”作为工作目标，忽视了社会治理的价值理性诉求。同时，现代社会的复杂性和风险性特征，也为市域社会治理创新带来了巨大的挑战。

第一，树立“创新”理念，有利于诊断市域社会治理的创新误区。当前市域社会治理的创新误区表现在以下几方面。(1) 党政包揽替代多元参与。社会治理包括党政机关、企事业单位、社会组织、公民在内的多元主体，各治理主体平等参与社会治理，这带来了社会治理权力中心的转变，治理权力由单一中心转向多中心，党和政府并不是地方唯一的权力中心，地方各种公共和私人机构在得到公众认可的前提下成为权力中心。政府职能发生转变，由注重社会管控转向提升公共服务和产品，政府将部分职责交由市场或社会，以实现社会自我治理、自我教育、自我服务、自我监督。然而，部分地方政府受传统思维方式和惯性的影响，发生转变障碍。政府依然习惯于对社会组织和社会成员采取自上而下任务下达与政治动员的刚性工作方式，对社会事务大包大揽，忽略了各种社会组织和公众在社会治理中的主体地位和主力作用，甚至把社会治理片面理解为“对社会的管制”或“管理社会组织”②。部分党政机关和政府机构人员认为居民素质低、治理意识薄弱，不具有自治的能力，因而选择“替民做主”，而非“由民做主”。社会组织和公民地位被边缘化，难以获得平等参与治理的机会，造成社会活力和社会治理创新动力不足。总之，以党政包揽替代多元参与，将导致多元主体协同的社会治理新格局难以形成，同时也会因缺

① 习近平会见全国社会治安综合治理表彰大会代表发表重要讲话内容。

② 姜晓萍．国家治理现代化进程中的社会治理体制创新［J］．中国行政管理，2014（2）：24-28.

乏社会协同和公民参与而影响社会认同，从而使得社会治理创新缺乏社会基础。（2）风险控制重于民生建设。市域社会治理创新坚持“以人民为中心”的“民本”理念，将实现和维护人民权利作为治理创新的价值诉求。习近平同志关于我国社会主要矛盾的科学论断，推动了我国民生建设迈上了新的台阶。市域社会治理创新需要提高保障和改善民生水平，使居民能够“幼有所育、学有所教、劳有所得、病有所医、老有所养、住有所居、弱有所扶”，让经济发展成果更多更公平惠及全市人民，实现共同富裕。然而，一些地方政府在工具理性行动逻辑的指引下，把风险控制置于至关重要的地位，而忽视民生建设。民生建设是一项宏大的工程，包括教育、就业、医疗、住房、社会保障等领域，涉及广大群众衣食住行方方面面。民生建设需要地方政府注入大量的资金和精力，而未必能够收到立竿见影的成效。在工具理性和传统管理观念作用下，一些地方政府将精力转移至社会风险控制，在社会冲突和纠纷化解、社会犯罪预防、流动人口管理、公共安全治理、社会组织管理等方面投入大量的资源和精力。政府将“平安”建设放在重要地位，而对“平心”建设关注和投入不足。然而，以“平安”建设为导向的风险控制是一种消极的社会治理，它并不能解决风险发生的根源，是一种治标不治本的方式。而以“平心”建设为导向的民生建设，能够调整利益分配、避免贫富分化、保障困境群体利益、维护社会公平正义，从而从源头上化解社会矛盾，提升社会安全。（3）治理手段和方式单一。社会治理方式和手段需要由点及面，由单一走向综合。然而，市域社会治理中，存在“头痛医头，脚痛医脚”的思维逻辑和行动策略，治理方式和手段单一，治理效果不佳。社会治理包括法治、德治、自治、心治等治理手段。[①] 法治是现代社会治理的首要特征，它是提升社会治理能力的有效途径。党的十八届三中全会提出“坚持依法治理，加强法治保障，运用法治思维和法治方式化解社会矛盾”，没有法治，社会治理实践与目标便难以达到。如果说，法治是社会治理“刚性”手段，则德治为社会治理“柔性”手段，它通过道德规范人们的行为，使人们自觉遵守相应的规则。自治是社会治理特征的核心体现，它体现了社会治理的多元主体、多中心、合作和持续互动的本质特征。心治是社会治理手段的又一创新，它体现了“以人民为中心”的宗旨和原则，提升社会心理服务以满足人民对美好生活的需要和向往，实现人的全面发展目标。同德治一样，心治作为一种柔性治理方式，通过“由内而

---

① 陈成文，陈静．论基层社会治理创新与推进乡村振兴战略［J］．山东社会科学，2019（7）：73-80.

外”的方式发挥着作用。然而，心治更为注重立足于治理主体而非治理客体的角度，尊重并顺应治理主体社会心理和个体情感等因素，注重对个人或群体的内在引导，从而形塑个人和群体外在行为。自治、德治、法治、心治、智治5种治理手段，皆有其自身特点和优势，也有其不足。因而，单一的治理手段，将难以提升市域社会治理成效。

第二，树立“创新”理念，有利于评估市域社会治理的创新风险。当前市域社会治理的创新风险主要表现在以下几方面。（1）市域公共安全与社会治安风险。有了安全才谈得上以人为本、以人民为中心，才谈得上更高质量、更有效率、更加公平、更可持续的发展，才能共建共治共享。① 市域社会治理中，公共安全风险和社会治安风险容易成为社会不安全的重要因素。市域公共安全风险具有高度不确定性和难以预测性，它不仅可能在城市空间集中爆发，也可能在农村地区快速形成，如药品食品安全、特大生产安全事故、生态环境危机、债务危机等。公共安全风险的发生，可能导致大规模社会恐慌，引发公众负面情绪，甚至触发恐慌。以食品药品安全为例，地沟油、瘦肉精、添加剂、假冒烟、劣质酒、毒疫苗等屡禁不止，造成了人们对药品食品的“耐受力”低，一旦出现假冒伪劣药品食品报道，便有可能让居民处于愤怒和恐慌中，增加了居民非理性行动和大规模群体性事件产生的风险。社会治安风险也是导致市域社会不安全的又一重大因素。市域社会治安风险主要包括黄赌毒黑拐骗等违法犯罪活动及群体性事件。党的十九大以来，党进一步加大了对违法犯罪活动的惩治力度。2018年1月，中共中央、国务院发出《关于开展扫黑除恶专项斗争的通知》，要求各级党委和政府要将扫黑除恶专项斗争作为一项重大政治任务，摆到工作全局突出位置，列入重要议事日程。2018年2月，中央政法委、中央综治委、公安部印发《关于集中打击整治农村赌博违法犯罪的通知》，通知要求各地各有关部门在春节前后集中打击整治农村赌博违法犯罪。通过一系列集中有力措施，市域违法犯罪活动得到了有效抑制，然而部分地区违法犯罪活动仍然猖獗，打击违法犯罪任务仍然严峻。同时，违法犯罪活动出现了新形式、新特征及新风险，如利用电信、互联网等开展违法犯罪活动，这对市域社会治理提出新的难题和任务。（2）市域社会结构变迁及风险。城镇化的快速推进，促进我国城市进入新的发展阶段。与此同时，乡村振兴和城乡一体化的伟大战略的提出，为我国乡村

① 王维国，王石磊．推进新时代社会治理新实践［J］．内蒙古社会科学（汉文版），2019（1）：7-12.

建设注入了新的活力，乡村发展步入了新的历史阶段。在此背景下，市域社会结构发生变迁，利益和阶层结构进一步调整，可能触及一些人的既得利益，由此需要社会治理解决的问题也更加复杂；社区群体日益多元化，不同群体的利益诉求和社会阶层的分化日趋严重；收入差距压力依然存在，进行收入分配改革，实现社会公平依然任重道远；民生诉求发生转变，由吃饭、穿衣的生存需求，转变为对社会公平和人的全面发展的追求；家庭结构发生转变，个人有了更多的自由和流动机会，但家庭对成员的整合、物质和精神需求满足的能力在下降。在社会结构转型背景下，如何缩小贫富差距、调整阶层利益格局、化解社会矛盾、实现公平正义、促进社会和谐发展成为市域社会治理的重大议题。同时，面对社会的快速发展和社会结构的变化，社会成员面临着巨大的心理压力。他们需要获取更高的学历和学位，以增加就业的机会；需要掌握更多的知识和技能，以增强竞争的能力；需要拥有更多更广的社会资源，以增强个人抗风险的能力。在种种压力下，社会成员心理健康问题日益突出。另外，随着利益格局的不断调整和贫富差距的不断加大，仇富心态在社会中滋长蔓延，这可能形成社会性的压力、紧张和不满，甚至出现报复社会、应激恶性案件等。这些问题如果不能及时得到解决，也会导致治安问题，甚至公共安全问题，因而，社会心理服务体系建设势在必行。① （3）互联网信息技术风险。正如狄更斯所言，这是最好的时代、智慧的时代，但也是最坏的时代、愚蠢的时代。互联网信息技术不仅推动了人类社会的进步，也导致了新犯罪行为的增加。互联网是一把“双刃剑”，既为市域社会治理带来机遇，也带来了风险。一方面，互联网犯罪活动形势严峻。据统计，我国网络犯罪已占犯罪总数的近 1/3，一些不法分子利用网络进行破坏、诈骗等违法犯罪活动。最高人民法院网权威发布，2017 年已结一审电信网络诈骗案件量同比增幅超 70%。其中通过改号软件、微信进行诈骗的案件增幅超 2 倍，通过木马、钓鱼网站、语音平台进行诈骗的案件增幅超 100%。② 利用互联网技术偷盗、诈骗、敲诈等案件每年以超过 30%的速度增长，网络成了黄赌毒的主要阵地，网络传销花样百出，网络水军和网络造谣呈波涛汹涌之势，以互联网为基础的黑灰产业类型和规模大幅增加。③ 互联网成为犯罪的“天堂”和引擎，网络

① 王维国，王石磊．推进新时代社会治理新实践［J］．内蒙古社会科学（汉文版），2019（1）：7-12.

② 最高人民法院网．司法大数据专题报告之电信网络诈骗［EB/OL］．（2018-09-03）．https：//www.court.gov.cn/fabu-xiangqing-115701.html.

③ 靳高风，朱双洋，林晞楠．中国犯罪形势分析与预测（2017—2018）［J］．中国人民公安大学学报（社会科学版），2018（2）：29-38.

安全成为国家安全的关键。另一方面，互联网技术为市域社会治理创新提供了信息支撑和治理方式的创新，但也为治理主体能力提供了新的挑战。如何从海量信息中筛选出有用有效的信息，进行事务发展趋势的判断，利用信息进行决策，这对社会治理人员的信息处置能力提出了新的要求。另外，网络平台为居民参与市域社会治理提供了新的渠道和路径，然而在网络虚拟空间中，网民非理性情绪极易膨胀，网络匿名性极易使他们片面、随意地表达观点，各种信息借助网络快速传播，经过网络的发酵，极易演变为网络群体性事件或社会热点事件，给市域社会治理增加了难度和风险。

二、市域社会治理现代化的内容体系建构

市域社会治理现代化是一个“一建五治”的内容体系。所谓“一建五治”，就是指市域社会治理现代化必须坚持党建引领，自治、德治、法治、心治和智治“五治融合”。

（一）党建引领

当前的社会格局是从高度集中的政治经济体制中脱离出来的，但这并不意味着社会与政治就有了明确的界限。恰恰相反，社会与政治之间还保留着千丝万缕的关系。中国社会治理的实践逻辑前提是新中国成立以来形成的“国家-社会”彼此联系、互为支持的关系架构。进一步看，从国家顶层设计的层面推动一轴多元的社会治理结构的形成与完善，在肯定党的领导是不可动摇的主轴、政府是推行各项治理决策的核心负责主体的前提下，社会组织与公众的参与构成多元治理结构中的协同参与主体。①中国共产党作为执政党，是政治权力的真实拥有者，也是社会关系网络结构的重要建构者。因此，在社会治理的场域中，政治权力的介入事实上就是党发挥社会治理的凝聚、指导作用。然而，社会治理更强调微观层面上政治权力的合法性，政治权力的不合法不仅不会给社会治理带来正向作用，反而会产生负面效应。因此，必须通过加强党建引领，保障党在社会治理中的政治权力合法性，提高社会治理中的民心与民力凝聚力、秩序引导力。党的十九大报告指出：“加强社会治理制度建设，完善党委领导、政府负责、社会协同、公众参与、法治保障的社会治理体制，提高社会治理社会化、法治化、智能化、专业化水平。”可以说，在社会主义新时代，党建引领是社会治理体系现代化中不可或缺的一部分。

① 蒋卓晔．党建引领中国社会治理的实践逻辑［J］．科学社会主义，2019（2）：74-78.

1. 党建引领的科学内涵

从社会结构的视角来看，当前社会治理面临的关键问题是社会团结程度的下降。自中国改革开放以来，社会结构的急剧转型导致各种社会共同体的不断消失或重组，从而使个体失去了家庭、单位、社区等组织的归属感，① 社会的个体化特征越来越明显。主要表现在：一是社会纽带松弛，人际关系疏离；二是社会个体的集体意识淡化；三是个人与国家之间的联结弱化。② 伴随着原有社会结构的解组与社会个体化的加剧，社会治理的主体以及对象都呈现出“碎片化”。一方面，原来的家庭、单位、社区等社会治理主体，出现了不同程度的结构肢解、功能丧失问题，在社会治理中的凝聚力与黏合力下降，导致治理主体仿佛陷入了互相隔开的“孤岛”，并且在社会治理过程中的引导、协调、控制功能遭到削弱。另一方面，家庭、单位、社区等社会组织的结构肢解，功能丧失，使得个人从集体的“约束”中解放了出来，逐渐走向自由化、个体化以及多元化。因而，社会治理面对的不再是高同质性个体，而是高异质性个体。因此，从这一角度来说，要更好地加强社会治理，就必须黏合人与人、人与组织，人与社会、人与国家、组织与组织、组织与社会等之间的关系，并促使关系的健康、协调与持续发展。

从市域社会治理来看，法治、德治以及心治都是黏合社会结构、增强社会团结的方式。但是，法治、德治以及心治对于黏合社会结构，增强社会团结是一个渐进性的过程。在当前背景下，如何迅速有效黏合社会结构，增强社会团结，是推进市域社会治理的当务之急。总体来说，自治、法治、德治以及心治是政府、市场、社会以及社会组织参与社会治理的重要行动原则与行动指南，是社会治理体系现代化的必然要求。但是，仅仅围绕自治、法治、德治以及心治来构建社会治理体系或者推进社会治理体系现代化仍然存在一定的局限，即缺乏治理的根本动力。一方面是自治力缺失的问题。需要明确的是，自治主要基于群体范畴的公共性，但是，在面对公共性的需要时，群体中的个人可能隐藏自己需要与公共需要的契合性而选择“搭便车”，或者群体中的个人需要无法集中共同表达导致“集体沉默”。另一方面是自治约束缺失的问题。从法治方面来说，这主要表现在法治建设的不完善、法治宣传的不深入、法治观念的不牢固、执法力度的不严格以及执法结果的不公正；从

① 李恒全，陈成文．从个体化看中国社会治理基础的重建［J］．山东社会科学，2016（7）：77-81.

② 同①.

德治方面来说，这主要表现在个人道德修养水平参差不齐、公共道德遵从意识不强、家庭美德不扬；从心治方面来说，这主要表现在个人内在心理结构失衡的普遍性与外在心理调适功能的弱势性。

因此，只有通过党建引领获取社会治理的原动力，才能通过自治、法治、德治推进社会治理体系现代化。所谓社会治理中的党建引领是指为克服社会低组织化状态，中国共产党在社会治理中扮演决策、推动、规范、管理的角色，或借助意识形态、纲领和组织架构、纪律、规章和制度、政治精英分子治理社会的过程。①

2. 党建引领：市域社会治理现代化的方向保证

中共中央在1942年9月1日通过的《关于统一抗日根据地党的领导及调整各组织间关系的决定》明确规定："党是无产阶级先锋队和无产阶级组织的最高形式，他应该领导一切其他组织，如军队、政府与民众团体。"1973年12月，毛泽东在主持召开的政治局会议上说："政治局是管全部的，党政军民学、东西南北中。"② 然而，党对一切工作的领导并不意味着党要包揽一切工作。正如党的十二大所指出的："党的领导"是对政治、思想和组织的领导。从社会治理的角度来说，党建引领的核心也就是要发挥党在社会治理中的政治、思想和组织的领导作用，从而激发自治活力，提升法治、德治与心治效力。因此，党建引领是社会治理体系现代化的核心。具体来说，党建引领在社会治理体系现代化中的作用主要表现在党建引领是自治的重要基础、是法治的重要保障、是德治的重要引领、是心治的重要导向。

第一，党建引领是自治的重要基础。中国共产党历来都重视基层群众自治。例如，建党之初和大革命时期，中国共产党高度重视乡村自治问题，并提出了带有乡村自治色彩的基层群众自治思想；中国共产党进行苏维埃政权建设时，在基层采取广泛的群众自治原则；中国共产党在各抗日根据地政权建设中实行广泛普选，实现直接民主以增强基层民众的自治能力。③ 新中国成立以来，中国共产党将自治拓展到更宽的领域与更广的空间。1982年以来，不断地强调群众自治，如党的十二大报告指出："社会主义民主要扩展到政治生活、经济生活、文化生活的各个方面，发展各个企业事业单位的民主管理，发展基层社会生活的群众自治。"党的十九大报告指出："必须坚持中国特色社会主义政治发展道路，坚持和完善人民代表大会制

① 陈明明．双重逻辑交互作用中的党建引领与法治［J］．学术月刊，2019（1）：68-76.

② 杨德远．读书是学习，也是享受［J］．当代贵州，2019（2）：74.

③ 赵铁锁，肖光文．中国共产党基层群众自治思想的历史考察［J］．毛泽东邓小平理论研究，2010（7）：15-20.

度、中国共产党领导的多党合作和政治协商制度、民族区域自治制度、基层群众自治制度[①]，巩固和发展最广泛的爱国统一战线，发展社会主义协商民主，健全民主制度，丰富民主形式，拓宽民主渠道，保证人民当家作主落实到国家政治生活和社会生活之中。”[②] 中国共产党是推动群众自治的根本动力。中国共产党章程（十六大修正党章）指出：“中国共产党是中国工人阶级的先锋队，同时是中国人民和中华民族的先锋队，是中国特色社会主义事业的领导核心，代表中国先进生产力的发展要求，代表中国先进文化的前进方向，代表中国最广大人民的根本利益。”[③] 所谓自治，其主要目的是满足自治群体的共同需要，维护自治群体的共同利益。然而，由于当前城市社会更加近似于陌生社会，人与人之间的人际交往甚少，地缘关系网络疏松；而农村社会也正从“熟人社会”走向“半熟人社会”，青壮年人口的就业、就学迁徙，使农村原有紧密的地缘关系网络遭到破坏。地缘关系网络疏松化，削弱了群众自治表达的平台。正是在这一背景下，党的先锋作用以及代表最广大人民的根本利益的内在属性，有利于推动自治的发展。《2018 年中国共产党党内统计公报》的数据显示，截至 2018 年 12 月 31 日，中国共产党党员总数为 9059.4 万名，全国 8561 个城市街道、31610 个乡镇、102555 个社区（居委会）、545189 个行政村已建立党组织，覆盖率均超过 99%；51.5 万个事业单位已建立党组织，占事业单位总数的 95.2%；18.1 万个公有制企业已建立党组织，占公有制企业总数的 90.9%；158.5 万家非公有制企业法人单位建立党组织；26.5 万个社会组织法人单位建立党组织。[④] 这就表明，中国共产党具有广泛以及强有力的社会治理动力基础。因此，这就能够通过党建引领，发挥党组织（尤其是基层组织）和党员在社会治理中的先锋模范作用，代表以及维护广大人民的根本利益。因此，党建引领以党员与党组织在社会中的凝聚力与先进性，能够克服地缘关系网络疏松而导致的自治平台弱化问题；能够黏合群众公共需求表达的碎片化；能够搭建社会自治平台，促进社会自治的发展。

第二，党建引领是法治的重要保障。任何一个统治者或者执政党都必须采用依法治国的方式，有所区别的是谁在立法，法根本维护着谁的利益。从社会治理的角度来说，法治的焦点同样集中在这两个问题上。在中国特色社会主义新时代的背景

---

① 卿秋军．贯彻习近平新时代中国特色社会主义思想 坚持和发展中国特色的新型政党制度［J］．天津市社会主义学院学报，2018（4）：45-48.

② 欧健，林志友．习近平对党的统一战线理论的新发展［J］．平顶山学院学报，2018（6）：1-7.

③ 陈蒙．必须旗帜鲜明 坚持党管意识形态［J］．山东干部函授大学学报（理论学习），2018（11）：43-45.

④ 中共中央组织部发布 2018 年中国共产党党内统计公报［J］．党建研究，2019（7）：64.

下，社会治理的法治逻辑是要规范人们的秩序，维护人们的利益，促进社会和谐。也就是说，社会治理的法治的根本目的就是维护最广大人民的根本利益。正如习近平总书记在2014年10月23日，党的十八届四中全会第二次全体会议上所讲的："必须坚持法治为了人民、依靠人民、造福人民、保护人民。"① 然而，要如何才能保障社会治理的法治逻辑的正确性与目的的无偏性呢？其关键就是要使人民立法，并通过立法维护广大人民的利益。因此，这就必须通过党建引领来把握法治逻辑的正确性与目的的无偏性，其原因主要体现在：一方面，只有坚持党的领导，才能确保法治理论发展和法治体系构建不偏离政治方向，② 才能坚持人民主体地位。另一方面，只有坚持党的领导，才能确保立法、执法、司法、守法等具体法律实践的政治方向，真正做到依法保障全体公民享有广泛的权利，努力维护最广大人民的根本利益，保障人民群众对美好生活的向往和追求。③ 党的十八届四中全会指出："党的领导和社会主义法治是一致的，社会主义法治必须坚持党的领导，党的领导必须依靠社会主义法治。"习近平总书记在2014年9月30日，中共中央政治局会议上指出："坚定不移走中国特色社会主义法治道路，坚决维护宪法法律权威，依法维护人民权益、维护社会公平正义、维护国家安全稳定，为实现'两个一百年'奋斗目标、实现中华民族伟大复兴的中国梦提供有力法治保障。"④ 因此，从根本上来说，只有以党建引领法治，才能保障社会治理场域中法治的正确性，才能保障社会治理的法治逻辑遵循着国家的法治逻辑。

第三，党建引领是德治的重要引领。从历史实践来看，中国共产党始终在不断进行积极的思想道德建设。延安时期，党一直把党员领导干部的思想道德建设放在思想道德建设的重要位置，尤其是关注共产党人道德修养的提升和党员领导干部高尚人格的养成，毛泽东的《纪念白求恩》《为人民服务》、刘少奇的《论共产党员的修养》、陈云的《怎样做一个共产党员》等成为思想道德建设的不朽之作。⑤ 党的十一届三中全会以来，党中央多次强调，在社会主义建设过程中，要坚持"一手抓精神文明，一手抓物质文明"。以江泽民同志为核心的第三代中央领导集体又多次强调：坚持社会

---

① 中共中央宣传部．习近平总书记系列重要讲话读本（2016年版）［M］．北京：学习出版社、人民出版社，2016：89.

② 查少刚，罗娟．坚持党的领导是新时代中国特色社会主义法治建设的根本特征［J］．思想教育研究，2019（3）：13-17.

③ 同②.

④ 中国共产党第十八届中央委员会第四次全体会议文件汇编［M］．北京：人民出版社，2014：20-21.

⑤ 王东维，张连侠．延安时期党的思想道德建设的经验［J］．理论探索，2010（6）：38-40.

主义物质文明和精神文明一起抓，是我们的基本方针。党的十六大更是提出“坚持物质文明和精神文明两手抓，实行依法治国和以德治国相结合”①。

从理论层面看，这是因为中国共产党代表着最先进的物质和精神文化，道德文化又是精神文化的核心，因此，党进行积极的思想道德建设是精神文化建设的根本要义。从实践层面看，不管是政府、社会还是市场，在改革开放与市场经济建设过程中，过分地注重物质文化的需求而忽视精神文化的需求，是导致道德滑坡的一个重要因素。在当前的形势下，民众的道德觉醒与自我提升是一个缓慢的过程，因此，这就需要一股强大的德治引领力量。而能够担此重任的只能是中国共产党。这是因为中国共产党可以通过党义、党章、党规等加强党员的道德修养水平；可以发挥党组织、党员在社会治理中的道德模范作用，将新时代德治渗透到每一个社会组织中去，将道德的约束与规范作用内化到每一个社会成员的心中去。党的十六大以来，党把学习和实践社会主义核心价值体系作为公民道德建设的重要任务，把社会主义核心价值体系融入国民教育、精神文明建设和党的建设全过程，贯穿改革开放和社会主义现代化建设各领域，体现到精神文化产品创作生产传播各方面，坚持用社会主义核心价值体系引领社会思潮，在全党全社会形成统一指导思想、共同理想信念、强大精神力量、基本道德规范，② 不断巩固全党全国各族人民团结奋斗的共同思想道德基础。可以说，党建引领是实现德治的重要引领。

第四，党建引领是心治的重要导向。心治是法治与德治的延伸，旨在通过心理指导、心理服务，引导法律与道德规范内化于社会成员的意识与行为，最终发挥调整与优化社会心态功能，并使社会成员的世界观、价值观、人生观符合社会期望。③当前，社会所面临的挑战既包括宏观层面的治理问题，也包括微观层面的心理治理问题。从宏观层面来看，心理治理的问题包括稳定社会情绪、提高公众幸福感和安全感等；从微观层面来看，心理治理的问题主要是保障公众的心理健康。从治理逻辑来说，心治的关键是稳定社会情绪、提高公众幸福感和安全感等。微观层面的心治固然必须依赖于政府、社会、市场以及非政府组织等多元主体的实践方法与手段，但是宏观层面的心治更为重要。因为宏观层面的心治是正确的价值导向。也只有把

① 赵爱玲．坚定和增强文化自信：我们凭什么（上）［J］．学校党建与思想教育，2019（1）：35-40.

② 傅建芳，杨天泽．多元文化背景下拓展高校核心价值体系建设的有效路径［J］．天水师范学院学报，2012（3）：131-135.

③ 陈成文，陈静．论基层社会治理创新与推进乡村振兴战略［J］．山东社会科学，2019（7）：73-80.

握宏观层面的心治价值，才能把广大人民的世界观、人生观以及价值观导向法治与德治的需要，才能使心治在社会治理中发挥整合心理秩序的功能。

从理论与历史经验来看，中国共产党才能把握宏观层面的心治的价值导向。这是因为中国共产党领导下的社会心理建设是以人民为主体，以人民内在需要为动力，以理想信念、核心价值为认知标准，以人民坚定情感力量为保障，在一定社会发展目标指引下的囊括人民需要、认知、情感、意志行为等精神要素的系统建设。[①] 中国共产党成立以来，就始终紧紧把握人民的心理需要，将提高人民的安全感与幸福感作为党的事业重心，并以这种心理建设为导向，引领着国家革命与社会建设。从党领导工农运动反抗“三座大山”，到领导全国人民进行反侵略战争、解放战争、社会主义建设，始终体现了党对人民心理需求的价值引领。党的十九大报告指出：要“加强社会心理服务体系建设，培育自尊自信、理性平和、积极向上的社会心态”。党的十九大报告把“心理疏导”与“心理健康服务”提升到“社会心理服务体系建设”的高度，并作为社会治理体系之一。[②] 这就进一步反映了党建引领是心治的重要导向。

因此，党建引领在社会治理体系现代化中的核心地位，并不是意味着党要参与社会治理中的各项具体事务。党建引领只是以党的章程、规章、宗旨、路线以及方针政策为指导，以共产党员与党组织为先锋队伍，在社会治理中发挥组织、宣传、垂范、引领等作用，使自治、法治、德治、心治符合人民的需要，符合社会主义新时代国家治理的需要。

（二）自治

从社会治理的范畴来说，党建引领、法治、德治以及心治都是一定程度上为自治而服务的，尤其是法治、德治以及心治，其目的就是要调整人们的价值观、人生观以及世界观，使人们知道什么可以做、什么不可以做、应该怎么做的问题。也就是说，社会治理内在的目的就是自治，即使人们知晓一个大致的行为规范框架，并在行为规范框架内合理地安排以及选择行动策略。这也就意味着，市域社会治理的根本目标就是要逐渐提升自治水平。

1. 自治的科学内涵

究竟何为社会治理中的自治，这是一个需要从学理上去探究的问题。目前学术

---

① 王月琴，夏从亚. 中国共产党社会心理建设思想发展轨迹：纪念改革开放40周年［J］. 辽宁大学学报（哲学社会科学版），2019（3）：1-6.

② 林颖，蒋俊杰. 从心理疏导到社会心理服务：我国社会治理体系的重大创新［J］. 上海行政学院学报，2009（7）：74-82.

界对自治认识比较清晰的应该属黄东兰（日本），其认为“自治”，顾名思义，乃是“自我为治”或“自我统治”之意，意指个人或由个人组成的共同体按照自己的意愿决定并处理与自己有关的事务。① 但是，黄东兰对自治的这一认识还不够完整。总体来说，社会治理中的自治的内涵应该包括治理的主体、治理的范畴、治理的规则以及治理的目的等。从治理的主体来说，自治是社会的自治，是非政府力量的自治，这也就意味着自治的主体包括社会成员、家庭、企业、社会组织乃至临时性的社会群体等。从治理的范畴来说，它可以指私人性事务，也可以指公共性事务。从自治的规则来说，应该遵循法律法规、道德规范，不违背政策制度，以及可以在此框架内制定私人以及公共规则。从治理的目的来说，就是要在厘清社会关系中的各种责任与义务基础上，满足个人、群体或集体的需求，促进社会关系的和谐。由此看来，社会治理中的自治应该是指非政府力量在法律、道德以及政策制度的框架内，以自己的意志与规则解决私人或公共事务，满足私人的、群体或集体的需求，促进社会关系和谐的行动模式。

2. 自治的理论依据

从自治的定义和解释，以及对自治的强调，都是以个人主义的自我、家庭和社区概念为前提的，这一概念源于欧洲-西方的自由主义传统。② 洛克认为，自由是与生俱来的，“那是一种完备无缺的自由状态，他们在自然法的范围内，按照他们认为合适的办法，决定他们的行动和处理他们的财产和人身，而无须得到任何人的许可或听命于任何人的意志”③。洛克虽然没有谈自治，但其本质是为资产阶级代言，要求统治者极力减少对资产阶级的限制，并使得资产阶级获得更多的自治权。同时，洛克认为的自由是具有天然性的，也就是说，自治权具有天然性。

然而，卢梭并不认为自由是天然的，他认为决定自由的是人与人之间的社会关系，即自由是具有社会性的。在卢梭看来，自由的对立面首先是服从而非限制，自由不仅在于实现自己的意志，还尤其在于不屈服别人的意志。④ 也就是说，自由的

---

① ［日］黄东兰．跨语境的“自治”概念：西方·日本·中国［J］．江海学刊，2019（1）：164-175.

② Ashwani Kumar Peetush，Arjuna Mahara［J］．Individual Autonomy：Self，Culture，and Bioethics［J］．BIOETHICS UPdate，2018，4（1）.

③ 姚啸宇．自由主义的两条道路：论霍布斯、洛克“自然状态”学说的差异及影响［J］．内蒙古大学学报（哲学社会科学版），2019，51（1）：75-80.

④ 方博．自由、公意与社会契约：关于卢梭和康德的一个政治哲学的比较［J］．哲学研究，2017（10）：102-110.

唯一可能性就在于每个人所服从的代表公共权力的意志与每个人的意志的统一。只有如此，每个人服从于公共权力才能等同于服从自己；此时他才是自由的。[①] 从这一意义上来说，自治更多地体现在具体社会行为的场域之中，自治权是社会性的。

亚当·斯密对自由的阐述首先是基于经济学的视角，认为经济的生命在于自由。进而，亚当·斯密将自由的讨论延伸到政治学的视角，认为政府应该承担的是“守夜人”的角色，即一是保护本国社会的安全，使之不受其他独立社会的暴行和侵略；二是保护人民不使社会中任何人受其他人的欺辱和压迫，换言之，就是设立一个公正的司法行政机构；三是建立并维持某些公共机关和公共工程。[②] 也就是说，在这 3 个政府职能之外的社会事务，应该都是属于自由区域或者说自治范畴。斯密在讨论警察与治安问题中，认为在商业社会，甚至连治安问题也离不开商业的发展，这也体现了其以经济整合社会的思想。[③] 斯密认为：“警察最多和警章最多的城市，未必是治安最好的城市……防止犯罪，关键不在于设置警察……使人类陷于堕落的，无过于依赖；反之，独立则会提高人的诚实性格。建立商业和制造业是防治犯罪的最好政策，因为商业和制造业有助于增进人们的自立能力。”[④] 由此也可以看出，亚当·斯密从自由主义出发，通过阐述政府与市场的职能边界，也就是在廓清自治的范畴，并强调自治的重要社会意义。尽管亚当·斯密也未提出自治，但是“自立能力”与自治已相差无几。

相较于自由主义的理解而言，马克思主义对于自治的理解更为精辟和深刻，其认为人的自治，作为主体的人不是观念中的抽象的人的符合，而是具体的、历史的、实践中的主体。[⑤] 根据马克思主义所理解的“自治”，在目前的历史条件下，国家作为主要的社会管理形态不会消亡的前提下，自治必然是有条件的，必须是与国家——管制这种治理形态相契合的一种补充形态抑或一种尝试、践行，故而，对于自治的理解之于国家权力形态而言，必然包含自律和背反的两个面向，就背反的面向而言，自治必然是排斥或者疏离于国家权力的过分涉足的，即自治是非国家权力

---

① 方博．自由、公意与社会契约：关于卢梭和康德的一个政治哲学的比较［J］．哲学研究，2017（10）：102-110.

② 牛文浩，周颖，李娅芳．我国房地产市场洗钱行为的经济伦理视角审视［J］．广东开放大学学报，2019（2）：106-112.

③ 高力克．商业时代的自由政治：论亚当·斯密的政治理论［J］．学术月刊，2013（12）：10-17.

④ 亚当·斯密．国民财富的性质和原因的研究（下卷）［M］．郭大力，王亚南，译．北京：商务印书馆，1997：172-173.

⑤ 殷昭举．基层自治的自由理论：以马克思的自由观为主导［J］．时代法学，2011（4）：34-40.

自治——非他治的自我管理形态；就自律的面向而言，自治的历史性、条件性又必然要求它与国家保持具有张力的契合，即自治——这种自我管理的形式，不能超越国家权力管理形态本身，必须服从和遵守国家权力结构的一般性安排，自治与国家管理的关系毋宁是包容性的而非异质性的，但从长远的历史发展的角度而言，自治的异质属性必然会产生由量变转变为质变，最终取代国家这种他治型的治理结构，实现最终意义上的人的自我治理——人的全面解放和自由，这是由马克思主义的辩证唯物主义和历史唯物主义决定的。①

因为自由主义与马克思主义学派在意识形态上具有较大的差异，这也必然导致二者在认识自治问题上有一定的区别，但是有一点是两者都应该认同的，自治是国家权力之外的自我管理形态。因此，从政治学的视角来看，自治存在的根本理论依据就是：政府与市场或者社会之间存在必然的界限（尽管这个界限在现实中很难明确地勾勒出来），那么，在界限之右的市场与社会事务范畴，就存在自治的可能与必要。

3. 自治的现实依据

自治有着悠久的历史渊源，新意主要体现在其形式的创新。而自治形式的创新主要依赖于政治、经济以及社会的变迁，其孕育在政治形态、经济制度以及社会分化的运动过程中。当前，我国强调市域社会治理中的自治意义，其根本依据也是在此，具体包括政府职能转变的需要、社会主义市场发展的需要与社会内部调和的需要。

第一，政府职能转变的根本需要。当前，我们能够看到一个全球性的趋势性现象：财政收入占国民收入的比重越来越大，公共支出占财政支出的比重越来越大，同时非营利部门的规模也越来越大。② 政府与社会同步发展的历史趋势启示我们，政府职能转变，政府与社会的分工与协作，不是简单地根据公共物品种类划分各自活动的领域，例如教育由政府来办，扶贫由社会来办，双方联合起来提供国民所需的全部公共物品，而是根据公共物品生产所需投入的要素进行分工与协作，例如政府提供资金，非营利组织提供人力和专业技能。政府失灵、志愿失灵理论确立了政府与社会分工与协作的原则，政府和社会组织各有所长，也各有所短，通过优势互

---

① 殷昭举. 基层自治的自由理论：以马克思的自由观为主导［J］. 时代法学，2011（4）：34-40.

② 康晓光. 转变政府职能：构建“小政府、大社会”的社会管理模式［J］. 学术探索，2013（12）：4-5.

补可以收获合作的红利。[1]这就可以发现，政府治理与社会自治的双重格局成为国家治理的一种趋势。

作者认为，随着我国向现代福利国家转型，政府越来越大，社会也越来越大。大社会意味着公共服务内容的增加与层次的深入，公共服务范围涵盖到个人服务、邻里服务、委托服务等多个方面，而这 3 个方面的公共服务又细化到人们生产生活的各个方面。个人服务主要指公民直接需求的公共服务，例如，教育、技能培训、成人社会护理、青少年护理、住房保障和个人卫生医疗服务；“邻里服务”主要指基于共同群体基础上的，由地方主导提供的公共服务，例如，地方公共空间的维护、娱乐设施设备维护和社区安全；“委托服务”主要指不能放权给个人和邻里，必须由中央和地方负责和提供的公共服务，例如税收、监狱管理、应急卫生管理和福利制度建设等。[2] 但是，社会公共服务需求的增加难以获得政府及时以及有效的回应，政府失灵的问题就容易产生。从市域的视角来看，当前我国政府公共服务滞后于需求的事例可以说不胜枚举。

由于我国原有的高度集中的政治与经济体制的影子仍未完全褪去，政府与社会的边界并不明确，因而，现实中人们乃至政府公务人员仍然有这样的一种观念，人们的事情就是政府的事情。公共服务的扩大化与深入化，以及守旧的观念与不合时宜的行政体制都使得政府力量在面对社会需要时捉襟见肘。因此，在此情形下，政府所面临的选择主要有两个：一是要明确政府与社会的边界，即哪些服务是需要政府提供的，哪些服务应该是要社会自行解决的；二是政府需要将那些不具有专业化与效率性优势的公共服务交给更专业化与效率性的市场或社会组织来提供。但是，无论政府在哪一种选择中，其所直面的都是自治的问题。因此，也可以这样理解，社会自治是政府职能转变的根本需要。

第二，社会主义市场发展的内在需要。尽管社会主义市场不同于资本主义市场，但是其对自治的需要是相同的。这种自治事实上就是对自由的需要，是对减少政府干预的需要，是对各种生产要素自由流动的需要。党的十一届三中全会以来，我国在经济领域的主线是探索社会主义市场经济道路。改革开放初期，我国强调计划经济为主、市场经济为辅；党的十四大提出“使市场在社会主义国家宏观调控下对资

---

① 康晓光．转变政府职能：构建“小政府、大社会”的社会管理模式［J］．学术探索，2013（12）：4-5.

② 宋雄伟．话语构建与路径依赖：英国大社会公共服务及对中国的启示［J］．中国行政管理，2016（3）：137-141.

源配置起基础性作用”；党的十八届三中全会指出：“坚持社会主义市场经济改革方向，核心问题是处理好政府和市场的关系……使市场在资源配置中起决定性作用和更好发挥政府作用……市场决定资源配置是市场经济的一般规律……健全社会主义市场经济体制必须遵循这条规律，着力解决市场体系不完善、政府干预过多和监管不到位问题。”① 从社会主义市场化的发展过程来看，它所强调的就是政府外部的经济力量的自治化。

随着社会主义市场经济的逐步发展，内在地推动了人们对自由、民主、平等、法治、合作、团队精神、契约精神等基本价值的追求；推动了人的“自我意识”“市场意识”“风险意识”“主体意识”的发展，人的独立性、自主性增强。② 这也就意味着社会主义市场经济促进了自治力量以及自治水平的发展。但是社会主义市场发展的自治化仍然存在一定内在的缺陷与外在的障碍。从市场内在缺陷来看，其逐利的本性容易将法律以及道德规范置于成本与利润的计算之后，市场主体的违法行为与不道德行为屡见不鲜，不仅违背了公共精神，也侵犯了公共利益；从市场外在障碍方面来看，市场经济体制不健全，相关法律法规以及政策制度的不完善，严重制约了市场自主性的发展，如人才、资本、商品的自由流动。因此，不管是从市场内在的缺陷与外在的障碍，其所涉及的一个核心问题就是自治，即通过外部环境的优化促进自治的发展，并通过自治弥补内部缺陷。由此可见，自治也是社会主义市场发展的内在需要。

第三，社会内部调和的根本需要。改革开放之前的计划经济时代，中国社会曾长期处于低分化的结构状态之下，全体社会成员生活在统一的“单位制”和“人民公社制”之中，职业区分度不甚明显，收入分配较为均等，人与人之间的差异相对较小。③ 改革开放以来的社会分化逐渐加剧，这主要体现在：一是社会经济体制改革打破了统一的国家科层体系，随着政企分开、政社分开，各个子系统逐步分化出来；二是系统分化也就意味着国家行政权力从经济、社会、文化等领域撤出，职业的行政化色彩逐渐淡化，职业作为一个专业领域的特征日益凸显，不同职业之间的专业区分度日益扩大，职业分化越发明显；三是国家行政权力减少了对收入分配、社会福利分配的干预，社会成员的个人收入不再依据国家统一标准，而是主要依据个人能力、企业效益、职

① 九、以新发展理念引领经济高质量发展［N］. 人民日报，2019-08-02（006）.

② 时家贤，袁玥. 改革开放 40 年政府与市场关系的变迁：历程、成就和经验［J］. 马克思主义与现实，2019（1）：27-34.

③ 贾双跃. 中国改革开放以来社会分化的基本状况、特征与趋势［J］. 学术界，2019（7）：74-82.

业地位等多元指标，由此造成社会成员收入分化；四是社会成员在经济地位、职业声望、社会话语权等方面的分化最终造就了社会阶层分化。[①]

社会阶层分化伴随着利益多元化、诉求多元化以及价值多元化，而利益多元化、诉求多元化以及价值多元化又蕴含着诸多的社会矛盾。社会矛盾又反映的是社会内部的调和性问题，例如，不同阶层、群体人员之间的利益以及观念冲突，不同地区人员之间的经济发展与分配差异等。“官二代”、“富二代”以及“仇富心理”等词汇都是社会内部调和性问题的最具体反映。但是，进一步去探寻社会矛盾的时候会发现，社会差异并不是其直接原因，而是差异是否具有合理合法性。也就是说，社会的分化是否基于法律法规以及道德规范的框架。其实，“官二代”“富二代”等词汇的使用并不是指向所有的官员子女或者富人子女，而是指向那些无法无德的官员子女或者富人子女。因此，社会阶层分化导致的社会矛盾，在一定程度上来说就是一个基于法治与德治的自治问题。

社会利益多元化、诉求多元化以及价值多元化的同时也蕴藏着一种“碎片化”的趋势。40余年来，我们社会中的社区、单位、家庭等组织出现了快速的解构。但是，社会中组织解构后的重构并没有那么迅速，这就产生了两个问题：一是个体在社会中越来越难以找到较强的归属感；二是个体的孤立化难以建构起社会共同体，从而难以就共同的利益或旨趣采取一致的社会行动。从社会治理的视角来看，这就是个人自治的外在约束性的缺失以及群体或集体自治载体的缺失。我们常常能够发现一些成年人沉迷于打牌赌博，一些未成年人混迹于社会，其不仅是自我治理的失控，也是家庭约束的失效；我们常常也能够发现一些小区面临着共同的问题，如糟糕的卫生和治安状况，但是小区居民难以聚集力量来应付这些问题，其关键是居民之间大都是陌生关系而难以联结起来。因此，社会“碎片化”的问题也是自治的问题。

综上来看，不管是社会阶层分化导致的社会矛盾，还是社会“碎片化”问题，其本质是社会内部调和的问题。而社会内部调和的重要解决途径是要发挥社会个体、组织等各种社会形态的自治功能。可以说，自治是社会内部调和的根本需要。

（三）德治

如果说法治在社会治理中构建起了刚性的行为约束框架的话，那么，德治就是充斥在这个框架空间中的柔性的行为约束成分。从实践中可以发现，不少的矛盾纠纷、民事纠纷问题的“导火索”就是“德”的问题，甚至一些刑事案件的发生也是

---

① 贾双跃．中国改革开放以来社会分化的基本状况、特征与趋势［J］．学术界，2019（7）：74-82.

当事人之间在“德”的问题上处理不当而引发的。有这么一则新闻：小区内一女性在楼下遛狗（宠物狗），在这一过程中，小狗迅速靠近了一个小女孩，而小女孩父亲则出于保护原则，将手中的矿泉水瓶掷向小狗，小狗受到惊吓。至此，遛狗女性开始与小女孩父亲理论，进而升级为吵架，再而升级为扬言要威胁小女孩父亲人身安全。从整个事件来看，双方当事人并未有受到明显的利益损害，本可以一两句“对不起”终止事态发展，但由于遛狗女性没有意识到事件的第一缘由，以及没有从言谈举止上克制自己，失去“德行”，从而将事情拖入矛盾纠纷中，并且有向刑事案件发展的趋势。举这个例子是要说明，通过道德约束人们的言行，在社会治理中是具有基础性意义的。市域社会治理要面对的更多的是形形色色社会日常生活中因道德约束软弱所致的社会问题，因此，如何通过德治来推进市域社会治理是当前治理的一个重要理论与实践课题。

1. 德治的科学内涵

德治中的“德”，指的是道德，道德包括不同类型，调整着社会治理中不同场域的关系。通常来说，道德可分为个人品德、家庭美德、社会公德与职业道德，分别调整着个人与个人之间的关系，个人与家庭成员之间的关系，个人与群体、集体或者社会之间的关系，个人与雇主、单位或企业之间的关系。而道德对这些关系的调整，主要表现在两个方面：一是约束人们的行为，避免人们之间产生矛盾；二是通过道德感化，调解矛盾双方的不良关系，从而化解矛盾。总体来说，道德对社会关系的调整也就是德治的目标。因此，德治所指的就是通过道德规范来约束或者调整人们的行为，从而实现社会秩序的和谐有序。

2. 德治的现实依据

改革开放以来，党和国家逐渐重视道德在社会建设与治理中的作用。1979 年 6 月，邓小平在会见日本客人时指出，民主和法制，这两个方面都应该加强，过去我们都不足。“这好像两只手，任何一只手削弱都不行。”一手抓经济建设，一手抓法制建设。市场经济是法治经济，法制建设是经济建设的重要保证。①

2000 年 6 月，江泽民总书记在《在中央思想政治工作会议上的讲话》中指出：“法律与道德作为上层建筑的组成部分，都是维护社会秩序、规范人们思想和行为的重要手段，它们互相联系、互相补充。法治以其权威性和强制手段规范

① 新华网．用好“两手抓”思想武器［EB/OL］．（2021-01-19）https：//www.xinhuanet.com/politics/2021-01/19/c_1126998211.htm.

社会成员的行为。德治以其说服力和劝导力提高社会成员的思想认识和道德觉悟。道德规范和法律规范应该互相结合，统一发挥作用。”[①] 2006 年，胡锦涛总书记提出“社会主义荣辱观”，全面阐述了树立正确价值观的具体要求，对明确是非、善恶、美丑界限，推动形成良好社会风气，具有重要的现实指导意义。[②] 2012 年，党的十八大提出了社会主义核心价值观，从“爱国、敬业、诚信、友善”4 个方面提出公民基本道德要求。党的十九大提出将德治作为乡村基层社会治理体系的重要组成部分。可见，道德在社会治理中具有重要的现实意义。然而，由于两方面原因，道德对社会成员的约束力弱化为加强德治的主要障碍。一是由于社会变迁，个人从集体约束之下解放了出来，个人走向原子化与自由化，道德约束的力量逐渐弱化；二是人们对物质文明的需求大大超过了精神文明需求，或者为了物质文明，牺牲了精神文明的发展，道德在这一过程中被部分人弃之。总体来说，市域社会治理中德治的现实依据就是道德约束软弱，导致社会秩序的混乱，社会治理的成本增加。

第一，从集体主义中挣脱出来的个人主义与自由主义，与道德约束弱化的关系，增加了社会治理的难度。只要审视一下 20 世纪八九十年代以来的社会发展过程，我们就能够观察到个人主义与自由主义从集体主义中挣脱出来的过程（方式）。众所周知，新中国成立以后，国家逐渐建立起高度集中的政治经济体制，人们往往被置于一定的集体之中，如单位、（国有或集体）企业、农场、生产大队等。而这些集体从整体上牢牢掌握着政治导向、经济生产与分配、文化意识形态导向以及社会生活管理的权力。因此，集体在客观上对其所属成员的意识与行为起着约束甚至控制功能。伦理道德不仅是集体在文化意识形态领域要引导与管理的重点，也是约束与控制人们思想行为的主要途径。在这种集体环境下，人们被要求具有高度同质的道德（尤其是政治道德）水平，如果个人不服从或者不符合集体道德的要求，不仅容易在集体中被分辨出来，同时很可能受到集体的惩罚。总体来说，在高度集中的政治经济体制环境中，个人的道德需要服从于集体的道德，而集体在高举道德旗帜的时候，个人的言论与行为都深深地束缚在道德的规则网络中。

党的十一届三中全会以来，随着改革开放序幕的拉开，国家工作重心从阶级斗

① 唐军国．行政官员道德责任管理研究［D］．武汉：湖北大学，2015.

② 黎哲．当代大学生艰苦奋斗职业观存在的问题及对策探析［J］．湖北师范学院学报（哲学社会科学版），2010（6）：132-134.

争转到经济建设，中国社会逐渐从整体主义社会转变为“政治领域保持整体主义，经济领域、社会生活领域和私人生活领域越来越个体主义化的半整体半个体主义社会”①。在经济领域，人们获得了经济自由，可以自主择业、自主创业、自主经商、自主投资、自主购物、自主消费，可以合法地追求自己的经济利益，使自己的利益最大化，并合法地占有自己的劳动成果和财产；在私人生活领域，人们的思想观念和生活方式越来越多元化，人们的思想自由、信仰自由、言论自由、人身自由、行动自由、通信自由、交往自由、恋爱自由、婚姻自由等得到了较好的维护。② 但是这种自由化容易在没有集体的外在约束下失去控制，也就是说，个人自由意识突破了法律等正式制度以及道德等非正式制度而变得“泛滥”，从而使道德被“淹没”。

道德被“淹没”为个人自由主义者以及社会都带来了一定的负面效应。从个人的负面效应来说，心理学作家奥利弗·詹姆斯等认为在超消费主义和新自由个人主义影响下滋生的过度自我放纵（包括身体和心理上的）导致了心理上的病态，甚至社会心理的病态；③ 从社会的负面效应来说，个人自由主义往往将自己置于社会网络关系的中心，个人的观念与行动自由优先，道德被置于一旁。个人自由主义者由于缺乏柔性行为约束机制，难以与个人、集体等构建良好的沟通与协调关系，从而使自身容易成为社会矛盾、生态问题的制造者。例如，加拿大评论家娜奥米·克莱恩（Naomi Klein）清晰地阐明了气候变化与新自由主义的管理体制的紧密联系。④

第二，从物质匮乏时期挣脱出来的利己主义和享乐主义与道德约束弱化的关系，增加了社会治理的难度。新中国成立之时，人民所面临的是一个千疮百孔而亟待建设的国家。虽然在社会主义建设早期，国家在经济领域取得了较大的发展，但是，由于“文化大革命”，我国经济领域遭到全面破坏，加之自然灾害、人口飞速增长等因素，致使我国长期处于物质匮乏的时期，国家对生产生活物资的供给远远落后于广大人民的需求。按照世界银行的指标，1978 年的中国人均 GDP 只有 156 美元，不足撒哈拉沙漠以南地区人均 GDP 的 1/3。作为当时世界上的欠发达地区，中国

---

① 陈强．权利个人主义与道德个人主义辨析：兼论当代中国的个人主义现状和趋势［J］．道德与文明，2014（5）：34-40.

② 同①.

③ 杰里米·吉尔伯特，王瑶编译．反新自由主义的模式：道德主义、马克思主义与 21 世纪的社会主义［J］．当代世界与社会主义，2018（6）：41-45.

④ 同③.

1978 年有 81%人口生活在农村，84%的人口生活在 1.25 美元的国际贫困线之下。① 改革开放以来，我国经济发展取得了举世瞩目的成就，不仅经济总量逐渐跻身世界前列，民众的收入水平、消费能力也大幅地提升。经过 40 余载的努力，我国社会的主要矛盾已然发生了变化，同时人们的“物质观”也发生了变化。其形式至少有两种：一是一部分人从贫困阶段突然跳到富裕阶段，物质与消费的欲望彻底打开，尽情享乐，通过享乐来证明自己成为这些人的人生哲理，这就是享乐主义。二是社会主义市场经济的运行机制终究不同于过去的计划经济，尤其是在分配环节，打破了原有的“吃大锅饭”、平均主义的思想，实行按劳分配原则，因此，在经济发展的过程中，两极分化逐渐产生。但是，一部分经济上被边缘化的人，往往艳羡于经济地位较高的人的财富、生活以及地位而又不可得，最终走向僭越法律、违背道德的物质财富攫取之道。这就是利己主义。不管是享乐主义还是利己主义，其实践需要突破法律与道德的壁垒约束。享乐主义者往往为了自己的幸福容易忽视生态伦理，比如追求奢华、铺张浪费对生态环境的恶化有较大的影响；利己主义者往往为了自己的利益容易忽视人伦道德，比如个人为了自己的利益，可以抛弃妻子，不承担对父母的养老义务，尤其是在征地、遗产分配等利益过程中产生的不顾道德框架约束的个案时有发生。

（四）法治

我国转轨过程中遇到了政治约束、寻租泛滥、秩序冲突等制度供给短缺的困境，制度性困境成为国家治理变迁中最大的难题，② 这些也成为社会治理中重要的难题。因此，只有实现制度层面的变革，构建法治、民主、科学的制度体系，才能够推动治理能力的发展，提升社会治理的品质。③ 党的十八届四中全会通过的《中共中央关于全面推进依法治国若干重大问题的决定》指出：“依法治国，是坚持和发展中国特色社会主义的本质要求和重要保障，是实现国家治理体系和治理能力现代化的必然要求。”法治是一种普遍性的治理价值要求，是国家治理体系和治理能力现代化的必然要求。因此，在市域社会治理的框架中，法治必然也是社会治理的基本保障。

① 林毅夫．中国改革开放 40 年经济发展态势与新时代转型升级展望［J］．西部论坛，2018（6）：1-6.

② 刘恒．论国家治理法治化的体系建构与路径选择［J］．吉林大学社会科学学报，2019（3）：128-138.

③ 同②.

1. 法治的科学内涵

目前，学术界主要有两种关于法治的定义。第一种认为法治就是通过法律来治理国家与社会。第二种认为法治就是治理法治化，是指国家治理者与社会协同参与者运用法治思维、法治方式凭托国家良法（“硬法”）与乡规民约习俗（“软法”）构建结构严密、规范有序、协调运行的制度体系，优化自然、文化、社会、制度及人文环境资源配置，有效预防和化解社会冲突与社会风险，国家与社会良性互动、合作共治、“良法善治”，实现经济社会发展的“帕累托最优状态”及其过程。① 两种关于法治的定义最大的区别就是“法”的外延不同，前者所指的法主要是现行有效的法律、行政法规、司法解释、地方性法规、地方规章、部门规章及其他规范性文件，而后者将乡规民约、习俗等非正式制度也视为法。但是，乡规民约与习俗等往往与道德有着较大的重叠。因此，如果将乡规民约与习俗视为法，那么法治与德治之间的界限就会变得模糊。从社会治理的视角来看，法治中法的外延应该就是指第一种理解。尽管这些法律条文、规章制度会渗透到企业、社会组织中去，或者会影响到德治作用范围，但是法的功能这一延伸，并不代表着是法治的延伸。从根本上说，这只是法治对自治、德治的引导与限制的体现。

2. 法治的现实依据

党的十一届三中全会以来，党和国家逐渐恢复并推进法治理念的深入与法治实践的发展，社会崇尚法律的氛围越来越浓。但是，法治的推行并非能够一蹴而就，其仍然面临诸多的阻力与障碍，其最主要的因素就是人治。当前人治问题主要表现在两个层面上：一是社会治理主体的一极化格局没有明显改观，权力运行中的权比法大、以言代法现象时有发生，以致权钱交易等贪腐现象滋生与蔓延；二是由于民众权益保障的法治通道滞塞，加上相关法律法规的普及度不高，人们求人而不诉诸法的情况较为常见。② 然而，从社会治理的视角来看，法治的现实依据并不仅是单纯的人治问题，而是根植于人们对权力制约的需要，人们对公平正义的需要，人们对和谐秩序的需要。

第一，法治根植于人们对权力制约的需要。我国长期是以“德主刑辅”为治理手段，法治的意识并不强烈，人们也更倾向于通过“德”来化解生活中遇到的问

① 徐汉明．推进国家与社会治理法治化现代化［J］．法制与社会发展，2014（5）：35-38.

② 杨巧蓉．中国社会治理方式法治转向的必然性探源［J］．山东社会科学，2017（10）：181-187.

题，一般不到迫不得已的情况，不会对簿公堂。但是这种“德治”的普适性模式在近代社会变迁中却频频失灵，尤其是改革开放以后，随着市场化与城镇化发展，大规模的人口迁徙，使得人们往往需要面对的不是以前的熟人社会，而是陌生社会。在陌生社会里，大量约束个人行为的权力从集体转到了个人。然而，个人对自身权利的合理行使受社会化水平、个人禀赋等因素影响而呈现较大的差异化，甚至可以说，在缺乏法治的情况下，合理行使与控制个人权利仍然基于个人道德水平。也就是说，个人道德水平高的人，其能够合理行使与控制个人权利，使个人行为符合社会成员期望；而个人道德水平较低的人，则容易置他人或者公共利益于不顾，扰乱社会秩序。基于此，在权力个体化的背景下，就必须用刚性法律予以约束，以保护私人与公共利益，维护公共秩序。与此相对的是，对公共权力的制约是需要法治的另一个因素。从理论上来说，所有的公共权力都应该属于广大人民群众，但是，公共权力又具有可分割性，导致权力只能让渡给政府，政府又往往将这种权力配置给一定的单位或岗位。最终，公共权力容易回归到个人化或者小集体化。因此，公共权力的行使与控制逻辑类似于前文所讨论的个体化权力或私人权力。从实践上来说，我国当前公权力一定程度上存在运行的职责权限不清、运行的程序公开不足、运行的公共问责不力等问题，[①] 这不仅导致了公共权力的堕落腐化，也严重损害了公共利益，产生了一系列的社会问题。因此，需要用法治制约公共权力。

第二，法治根植于人们对公平正义的需要。古往今来，公平正义是人们重要的价值追求。只有在公平正义的环境中，每个人才可以凭借劳动与努力而获得属于自己的财富与地位，社会才能在有序竞争中迸发其活力与生机。然而，作为一种价值理念，公平正义如果缺乏相应的制度支撑，就只能沦为一种空想，而难以落实于社会生活之中。[②] 例如，在精准扶贫过程中，如何精准识别扶贫对象，是一个关系到公平正义的治理问题。缺乏公平正义的制度程序，那么精准识别扶贫对象也就难以体现出公平正义的结果。也就是说，只有将法治作为前提，公平正义才能够有保障。改革开放 40 余年来，我国经济与社会得到了飞速的发展，但是社会分化问题也越来越严重。虽然并不能说所有的分化问题都是因为忽视了公平

---

① 钱再见，路坦．法治视野下的公共权力运行公开化及其路径研究［J］．晋阳学刊，2016（6）：110-119.

② 胡玉鸿．把握新时代推进社会公平正义的着力点［J］．群众，2019（1）：31-33.

正义价值，但是从法律与制度上来说，如何以法治促进公平正义是有一定程度忽视的。因此，广大人民群众迫切希望能够实现公共服务的均等化，希望能够实现“幼有所育、学有所教、劳有所得、病有所医、老有所养、住有所居、弱有所扶”。总体来说，法治就是通过法律规范的设计和制度的安排来调节各种各样的社会关系，实现对国家和社会的有效治理。法治的社会作用正在于通过规范设计和制度安排来确保社会公平正义。①

第三，法治根植于人们对和谐秩序的需要。和谐精神在中国传统文化中具有非常重要的地位，先秦诸子百家都从不同的角度阐述了和谐精神。② 同时，和谐秩序也是中国千百年来国家与个人修身、社会治理追求的重要目标。从个人修身来说，平和心理冲突、追求心灵和谐是个体的价值目标，内心和谐总的来说就是克己爱物，将欲望限制在有限的范围内，用有限的生命去追求无限的精神享受；从社会治理来说，其价值目标就是实现人与人之间关系的和谐以及政治和谐，总的来说就是达到“政通人和”③。新中国成立以来，党和国家一直重视和谐社会的建设，尤其是进入社会主义新时代，党和国家将和谐理念的内容扩展到更广泛的范围。党的十九大报告中，“和谐”被提及 13 次，其中涉及的主要是国家和谐、社会和谐以及人与自然和谐，反映了当前人们对于和谐秩序的期望与需要。但是人们对于和谐秩序的期望与需要，又恰恰根植于人们如何处理人与自身、人与人、人与国家、人与组织，人与自然、组织与组织、组织与社会之间的关系。从根本上来说，要构建和谐秩序，就是要厘清各种关系结构中的基本权利与义务，设定个人行动的基本框架，使每个人能够在具体的行动情境中依照一定的行动轨道，达到“并行不悖”。而厘清关系结构当中的基本权利与义务的工具必然是法，只有法具有如此的刚性、权威性，指导人们的具体行动。因此，人们对和谐秩序的需要也是法治的重要客观原因。

（五）心治建设

心治是市域社会治理现代化的心态支撑。党的十九大报告指出：“加强社会心理服务体系建设，培育自尊自信、理性平和、积极向上的社会心态。”2018 年 11 月，为了贯彻落实党的十九大报告提出的上述要求，推进国家治理体系和治理能力现代化，

① 陈家付．公平正义：中国特色社会主义法治体系的价值支撑［J］．兰州学刊，2015（9）：143-147.

② 马陇平．论构建法治型和谐社会的理论意义和途径［J］．西北师大学报（社会科学版），2013（2）：124-128.

③ 柴艳萍，郭建．古代和谐思想与构建社会主义和谐社会［J］．道德与文明，2007（3）：85-87.

国家卫生健康委、中央政法委等十部委联合颁发了《关于印发全国社会心理服务体系建设试点工作方案的通知》，指出："将社会心理服务体系建设试点作为推进平安中国、健康中国建设的重要抓手。"可见，要推进市域社会治理现代化，就必须加强社会心理服务体系建设，将心治作为市域社会治理现代化体系建设的关键一环来抓。

1. 心治的科学内涵

心治是指社会治理视域下的社会心理服务，从党的十九大报告关于社会建设的论断来看，心治是一种以培育自尊自信、理性平和、积极向上的社会心态为目标的社会治理机制。在社会心理学中，社会是由微观的、具体的个体和群体构成的，心治应该既包括微观层面的个体社会心理服务，又包括宏观层面的群体社会心理服务。无论是个体社会心理服务，还是群体社会心理服务，其目标都是解决社会心理问题。而社会心理问题的解决必须具备社会心理的监测、引导、化解和危机应急 4 种常备子系统。社会心理监测系统是指利用心理测验与现代信息技术对个体与群体内在心理活动进行测量与评价，包括个体心理测验与群体心态监测；心治引导系统是指利用社会心理服务的专业技术对个体与群体心理倾向进行符合社会积极价值观念方向的教育和引导，包括个体心理教育和群体心态引导；心治化解系统也可称为社会心理健康服务系统，是指通过心理健康服务对个体异常心理与群体偏差心理进行调适与矫正，包括个体心理健康服务与群体心理健康服务；心治危机应急系统是指通过专门的社会心理应急组织对突发性个体心理危机与群体心理危机进行及时的应急干预，包括个体心理危机应急与群体心理危机应急。无论哪种子系统的正常运行，都必须以各种组织机构与社会力量为载体。心治是指特定组织机构与社会力量为解决个体和群体的社会心理问题，培育自尊自信、理性平和、积极向上的社会心态，针对个体和群体进行有计划的社会心理监测、引导、化解和危机应急等干预活动的一种社会治理机制。从这个界定来看，心治具有以下基本特征：第一，从内涵属性来看，心治是一种与公共安全体系、社会治安防控体系和社区治理体系并驾齐驱的社会治理机制；第二，从实施主体来看，心治必须秉持社会治理的多方参与精神，[①]需要特定的组织机构与社会力量为其承载才能实现正常运转；第三，从实施手段来看，心治是一个有计划的社会心理监测、引导、化解和危机应急的完整过程；第四，从建设目标来看，心治旨在培育自尊自信、理性平和、积极向上的社会心态；第五，

① 陈成文，赵杏梓．社会治理：一个概念的社会学考评及其意义［J］．湖南师范大学社会科学学报，2014（5）：11-18.

从技术要求来看，心治必须以社会心理学和其他与社会心理紧密相关的基本理论和方法为支撑，力求实现社会心理服务技术的专业化；第六，从概念外延来看，心治是一个由心治监测系统、心治引导系统、社会心理健康服务系统和心治危机应急系统构成的完整体系。据此，心治的基本结构如下：

子系统	个体层面的心治	群体层面的心治	组织机构与社会力量	具体要求与目标	总目标
心治监测系统	**个体心理监测** 针对个体开展的各种心理测验及评价；为更好地管理与服务工作对象，对有关职能部门开展的个体心理行为的识别培训等	**群体心态监测** 针对群体开展的入学、入职、入伍等的心理测验及数据汇总；天网工程、雪亮工程、微博等现代信息科技平台提供的社会心理大数据等	学校、医院、军队、社区、企业等组织机构中的社会心理测验、公共安全监控与网络舆情数据分析系统，基层综治信息系统平台，以及相关社会心理组织等	准确反映当前社会心态，恰当制定社会心态的分级预警标准，及时为心治的其他子系统的干预提供参鉴信息	培育自尊自信、理性平和、积极向上的社会心态
心治引导系统	**个体心理引导** 利用社会心理服务知识与方法对个体的人际关系、压力反应、情绪健康、心理成长等开展的社会心理教育与引导	**群体心态引导** 通过各种媒体平台对群体的家庭心理文化、休闲娱乐心理文化、公共行为习惯等进行社会心理的教育与引导	学校、医院、军队、社区、企业等组织机构中的社会心理宣传系统，广电局、出版机构、门户网站、自媒体，以及相关社会心理组织等	破除社会谣言，培养积极的家庭心理文化、休闲娱乐心理文化，促进文明的公共行为习惯养成，引导自尊自信、理性平和、积极向上的社会心态的成长	
社会心理健康服务系统	**个体心理健康服务** 个案介入、心理辅导、心理矫正、心理咨询、心理治疗以及针对特定个体的社会心理救助或救援等	**群体心理健康服务** 小组介入、团体心理辅导、团体心理咨询、团体心理治疗以及针对特定群体的社会心理救助或援助等	学校、医院、军队、社区、企业等组织机构中的心理健康服务系统，有专业资质的社会心理组织与社会心理救助机构等	实施人文关怀，防治导致极端行为的异常心理，化解贫困人群的心理障碍，助推精准扶贫等国家战略目标，为良好社会心态的培育奠定基础条件	
心治危机应急系统	**个体心理危机应急** 针对自杀、绑架、极端维权等个体心理与行为反应采取的社会心理危机应急干预	**群体心理危机应急** 针对拆迁聚众、集体上访等群体性事件，及自然灾害造成的群体性心理反应采取的社会心理危机应急干预	公共安全系统中的社会心理应急组织机构与具备危机应急干预条件的基层社会心理组织机构	制定社会心理应急干预预案并及时进行恰当的社会心理应急干预，维护理性平和的社会心态	

既往研究认为，心治的主体是心理健康服务，[①]甚至心治被误认为就是社会心理健康服务系统。[②]这种理论上的认识直接导致了实践部门将心治等同于心理健康服务或心理咨询的误区。从理论层面来看，要加强心治建设，就必须正确认识心治与社会心理健康服务系统的关系。

应当承认，社会心理健康服务系统在心治中一直居于重要地位。这种地位主要体现在：第一，社会心理健康服务系统是心治的肇启。在党的有关心理工作的指导文件中，屡次提及社会心理健康服务系统方面的内容。第二，社会心理健康服务系统享有最广泛的知名度。其中心理咨询师、心理治疗师或者民间所称的"心理医生"已为广大民众所熟知。第三，社会心理健康服务系统的多种方法、技术对保障民众的心理健康具有独特功效，在心治中发挥了重要作用。[③]第四，社会心理健康服务系统在个体层面或小样本群体中积累了大量的经验、数据，由此形成的理论是大规模群体监测、预警指标设立的重要依据。第五，宏观检测到的少数极端个体，最终需要社会心理健康服务系统的方法、技术来予以进一步确认、咨询和矫正。

然而，我们绝不能因此而将心治等同于社会心理健康服务系统。首先，社会心理健康服务系统针对的仅是个体和群体的异常或偏差社会心理，除此之外，心治还必须针对常态社会心理开展相应的社会心理服务工作。其次，社会心理健康服务系统主要采用个体心理咨询、治疗以及团体心理辅导等心理健康实务工作方式解决个体和群体的社会心理问题，而心治则采用监测、引导、化解与危机应急等更全面的心理干预手段解决个体和群体的社会心理问题。很显然，社会心理健康服务系统的实务工作方式只是心治中的一种重要的心理干预手段而已。最后，从社会控制的过程来看，社会心理健康服务系统仅停留于"头痛医头，脚痛医脚"的事中控制，往往具有"等人上门"的被动性，而心治更加注重"未雨绸缪"的事前控制，往往具有"上门服务"的主动性。

不仅如此，心治还全面超越了社会心理健康服务系统的目标。心治需要从个体层面迈入群体层面，从关注个体心理健康到关注整个社会心态的良性建设，即：从个体层面的社会心理测验到群体层面的社会心态监控的社会心理监测系统；从个体层面的社会心理教育到群体心理舆论引导的社会心理引导系统；从个体层面的心理

---

① 陈雪峰．社会心理服务体系建设的研究与实践［J］．中国科学院院刊，2018（3）：308-317.

② 辛自强．社会心理服务体系建设的定位与思路［J］．心理技术与应用，2018（5）：257-261.

③ 林崇德．关注心理技术，加强心理学的社会服务功能［J］．心理技术与应用，2013（1）：4-5.

健康服务到群体层面的社会心理健康服务系统；从个体层面的心理谈判到集群行为应急干预的社会心理危机应急系统。可以说，社会心理健康服务系统的目标涵盖于心治的目标之中。因此，在理论上，我们不能将心治等同于社会心理健康服务系统；在实践中，我们更不能将心治囿于社会心理健康服务系统。只有这样，才能在实际工作中增强社会心理服务的针对性、主动性和实效性。

2. 心治：推进市域社会治理现代化的战略举措

中国特色社会主义的新时代也是社会治理创新的新时代。加强心治建设是推进新时代市域社会治理现代化的重要战略举措。这是因为，加强心治建设是培育良好社会心态的有力手段，是健全公共安全体系的有力保证，是加快社会治安防控体系建设的有力补充，是加强社区治理体系建设的有力支撑。

第一，是培育良好社会心态的有力手段。心治所汇聚的社会心理学以及与社会心理活动紧密相关的社会学、心理学等学科的理论与方法技术对于培育自尊自信、理性平和、积极向上的社会心态具有强大的作用与重要意义，是最直接有力的手段。①②

中华民族的伟大复兴需要自尊自信的社会心态。心治可以通过纠正过去被扭曲的落后观念、认识优良的民族文化性格、唤醒群体的凝聚力、发掘民族整体创造能力等方式，进而培育人们自尊自信的社会心态。精准扶贫战略实施与成效巩固需要自尊自信的社会心态。已有大量研究成果表明，贫困的生活环境可以让人封闭、自卑乃至发展为一种病态的心理障碍状态，但心治通过帮助人们正视内心渴望改变落后困境的心理需要、发现个体内心的积极品质、唤醒个体奋发进取的精神，从而有志于改善当前贫困落后的生活状况，并通过心理健康服务子系统直接服务于贫困群众的心理障碍问题，化解他们的心理困惑，奠定自尊自信的健康心理基础。因此，自尊自信良好社会心态的培育离不开心治的建设，心治在培育自尊自信的良好社会心态中具有独特的发掘、唤醒、助长作用，以及化解阻滞良好社会心态养成的心理障碍的独特功能。

社会转型时期社会的急剧变化，少数群体在极短时间内发生社会经济地位的跃进，影响周围相关群体的心态平衡，尤其是“越轨”方式的跃进更有悖于人们对公

① 周晓虹．社会心态、情感治理与媒介变革［J］．探索与争鸣，2016（11）：32-35.

② 杨玉芳，郭永玉．心理学在社会治理中的作用［J］．中国科学院院刊，2017（2）：107-116.

序良俗的传统认知，极易造成人们失去理性平和的社会心态，甚至演变为极端行为。① 历史发展过程不可能都是匀速的，心治一方面是监测社会民众理性平和心态失衡后的心理与行为反应的途径；另一方面还能通过诸如积极心理导向的大尺度的横向比较、深度的纵向社会心理比较，引导和化解人们认知上的偏差，努力回归理性平和的社会心态。积极心理导向的社会心理比较只是心治的众多方案之一，心治汇聚了社会学、社会心理学、心理学等学科的应用成果，可以为监测、引导与化解公平信念、正义信念缺损等社会认知问题，浮躁易怒、妒忌愤懑等社会情绪问题，以及危机应急极端社会行为等提供科学指导的方案集成，是维护理性平和社会心态的有力手段。

积极向上的社会心态是转化消极心理、克服现实困境与推动社会发展的精神动力，是中华民族屹立于世界民族之林的精神支柱。人们的心理需求是分层次分类型的，如果缺少心治的积极引导，人们在解决基本生存、生活需求后并不一定会积极向上发展，容易陷入一种放任自流的个人主义，而在一个较低或者有偏差的心理需求层次上徘徊，例如不少地区的人们沉溺于棋牌、麻将，甚至赌博等生活方式，与缺少积极向上的社会心态有密切关系。心治遵照一定的科学理论可以有序地激发人们对更高层次心理需求的追求，促进人民对美好生活的向往。社会属性是人的本质属性，心治不仅可以促进个体心理需求层次的提高，更可以引导个体社会属性需求的成长与发展。具体而言，心治可以通过榜样学习、社会模仿、社会促进等社会心理方法密切个体与社会积极价值目标之间的内在联系，引导人们的心理需求导向，调动人们对美好生活的愿望，淡化、摒弃人们陈旧、堕落的心理与生活方式，培育积极向上的社会心态。

心治在培育自尊自信、理性平和、积极向上的社会心态过程中有其独特的社会心理功能，为推动新时代社会治理创新输送了特有的精神动力，在其他社会机制运转的基础上，为打造共建共治共享的社会治理格局发挥着重要作用，是培育良好社会心态的有力手段。

第二，是健全公共安全体系的有力保证。心治具有独特的公共安全防治功能，加强心治建设有利于健全公共安全体系。心治有助于健全公共安全体系的预防措施。心治对极少数造成重大公共安全事故的异常个体可以通过他们的外在心理与行为表

---

① 乐国安．越轨行为诱因辨析［J］．社会学研究，1994（5）：104-112.

现予以预警,[①] 从而减少乃至避免重大公共安全事故的发生。例如，造成 47 人死亡的厦门 6·7 公交纵火事件，始作俑者陈水总在办理其个人身份证明的来回奔波中已经明显暴露了其偏执性格特征与异常的心理情绪，而密切接触该极端个体的“董科长”“杨科长”等基层公务员如果接受过比较完善的心治识别培训，这种“人祸”导致的重大公共安全事故是可以减免的。心治还有助于预防影响公共安全的生产事故的发生。安全生产事故的发生与一线人员的个人麻痹大意有关，而具有认知闭合特征的个体，做事更严谨，对关系重大的安全生产岗位人员进行科学的心理检测筛选，可以发挥心治的作用，从个体层面减少安全生产事故。[②] 此外，已有研究表明，即使是极度重视安全生产的核电企业，其安全生产依旧受到企业心理文化的影响。[③] 因此，心治可以度量不同企业的心理文化特征，并采取相匹配的管理方式，从企业层面预防重大公共安全事故的发生。此外，心治除了预防安全事故本身，在灾难事故发生后的治理上也可发挥其独特的化解、应急作用。[④] 重大灾难事故除了造成惨重的人员伤亡，还容易给现场幸存人员以及失去亲人的家庭带来巨大的心理创伤，在心理层面出现创伤性“闪回”记忆，严重影响幸存者的正常社会功能。[⑤] 这需要心治进行灾后的心理疏导、抚慰。例如，四川 5·12 汶川地震，相关的社会心理服务机构进行了大量的灾后心理疏导，取得了积极明显的社会效果。另外，心治在重大公共安全事故后的舆情引导、风险沟通、谣言防控方面，也能提供很多宝贵的建议和实际有效的行动方案。[⑥] 总之，心治在公共安全事故的防与治两个方面发挥着事先洞察与事后抚慰的独特作用，加强心治建设是健全公共安全体系的有力保证。

第三，是加快社会治安防控体系建设的有力补充。加快社会治安防控体系的建设，需要加强心治建设。社会治安防控体系面临的很多问题需要心治参与化解。人们的人格权利不仅需要法治手段予以保护，还需要心治来予以关怀和抚慰。严重的

---

① 卢俊，徐健美．高校心理危机预警中“看-听-说”应用探析［J］．未来与发展，2016（5）：94-99.

② 栗继祖，陈新国．煤矿员工心理特点与安全行为管理对策研究［J］．管理世界，2014（2）：174-175.

③ 卢俊，陈浩，乐国安．松-紧文化：跨文化心理学研究的新维度［J］．心理科学进展，2017（5）：887-902.

④ 范如国．复杂网络结构范型下的社会治理协同创新［J］．中国社会科学，2014（4）：98-120.

⑤ 乐国安，卢俊，徐健美．西方心理表象技术研究的昨天、今天与明天［J］．心理学探新，2017（2）：99-105.

⑥ 孙嘉卿，金盛华，曹慎慎．灾难后谣言传播心理的定性分析：以“5·12 汶川地震”谣言为例［J］．心理科学进展，2009（3）：602-609.

刑事犯罪类似于巨大自然灾难一样可以造成受害人的心理创伤，例如强奸后造成的心理阴影。更严重的是，在特定情况下受害人反而同情罪犯，在庭审时篡改证词帮助罪犯逃避惩罚，典型的例如斯德哥尔摩综合征。在科技迅速发展的同时，各种电信、网络诈骗手段也层出不穷，除了法治手段，增强人们的心理防范意识，也需要心治的参与，尤其是面对传销“洗脑”方式的骗局，更需要心治从认知、情绪、人性角度深入了解陷入迷局中的受害者，引导贪图致富的人们走出骗局。此外，天网工程、雪亮工程的配备实施需要对人脸表情进行识别，大数据的舆情分析处理离不开对社会心理情绪与集群行为数据的采集，它们的指标设置与理论依据都需要心治的支持。因此，心治对于解决社会治安防控中的实际问题具有重要补益作用。此外，社会治安防控体系的组织成分也需要社会心理服务。心理减压室、心理咨询室以及心理测验系统等社会心理服务组织机构早已进驻了公安组织系统，成为帮助化解公安人员工作压力、增进工作效率的必要辅助组织；①② 司法监狱系统一般配备心理学专业人士，用于监狱服刑人员的心理矫正；③ 为武警部队培养心理学国防生；以及化解人质劫持的心理谈判人员，在维护社会稳定和谐中发挥了关键作用。④ 上述提及的社会治安防控体系面临的各种问题以及心理咨询室、心理减压室、心理测试系统、心理谈判人员等岗位设置与组织机构是心治参与社会治安防控组织体系建设的具体体现，它们为社会治安体系功能的全面发挥产生了重要的补充作用。加快社会治安体系建设的同时，也需要加强心治建设。

第四，加强社区治理体系建设的有力支撑。推动社会治理重心向基层下移是加强社区治理体系建设的具体要求。对此，心治具有重要支撑功能。社会治理重心向基层下移，意味着越加紧密地接触人民群众的日常生活，贴近人民群众的日常心理活动与行为习惯，会面临至少六大与社会心理紧密相关的日常问题：婚姻家庭和谐问题、青少年教育成长问题、邻里人际关系矛盾问题、社区困难群众的心理救助问题、公共场所的社会行为习惯养成问题以及人们化解社区矛盾的需要并参与社会治

---

① 刘洪广．对公安机关心理测试未来发展的思考［J］．中国人民公安大学学报（社会科学版），2006（2）：79-83.

② 陶亚平．广西公安民警心理健康服务机制建设之探讨［J］．广西警官高等专科学校学报，2012（2）：73-76.

③ 刘邦惠．罪犯心理矫治在创建现代文明监狱中的地位和作用［J］．政法论坛，2000（4）：59-63.

④ 刘殿臣．人质劫持案件劫持者心理历程和谈判策略分析［J］．山东警察学院学报，2014（6）：91-96.

理的心理诉求问题。这些问题并非仅依靠法律法规的惩处、政策管理或者传统的思想政治工作就能恰当解决，还需要健全的心治予以反映、引导、化解和应急干预，从社会心理角度实现怨有所诉、行有所导、情有所解、怒有所应，充分发挥心治的作用，贴近社区群众心声去化解社区矛盾纠纷。随着时代的进步，心治还需要面对社区中出现的新问题。《中共中央关于全面深化改革若干重大问题的决定》指出："废止劳动教养制度，完善对违法犯罪行为的惩治和矫正法律，健全社区矫正制度。"从某种程度上来说，社区矫正被中央赋予了接手劳教制度部分任务要求的使命。① 因此，加强社区治理体系建设，必须面对社区服刑人员的心理矫正问题。就此，不少地区已经在探索购买方式让社会心理服务组织参与社区司法矫正，把实践经验丰富的心理师推向社区心理矫正一线。例如长沙市岳麓区司法局就购买了社会心理服务组织（衡岳心理学研究院）的社会心理服务，为社区服刑人员开展情理法合一的社区矫正。这是社会心理服务参与基层社会治理的一种新形式。此外，在某些社区中，面临拆迁难、非正常上访等问题，社会心理服务工作在情理法三位一体的说服、劝导工作过程中扮演了必不可少的角色。② 总之，社会心理服务工作无论是面对社区治理中的传统问题，还是新问题，都有非常重要的作用，心治建设是社区治理体系建设的有力支撑。

（六）智治

时任中央政法委秘书长陈一新曾指出："智能化是社会治理方式现代化的重要手段。应加快推进社会治理智能化建设，打造数据驱动、人机协同、跨界融合的智能化治理新模式，助推社会治理决策科学化、防控一体化、服务便捷化。"③ 随着互联网、人工智能、云计算等现代化信息网络技术的不断发展，越来越多先进的、智能化的技术被运用到市域社会治理之中，为市域社会治理提供了有力的技术支撑，市域社会治理智能化水平不断提升。党的十九大报告提出："加强社会治理制度建设，完善党委领导、政府负责、社会协同、公众参与、法治保障的社会治理体制，提高社会治理社会化、法治化、智能化、专业化水平。"提升市域社会治理智能化水平，是实现市域社会治理体系和治理能力现代化的必然要求。为此，浙江省杭州市运用云计算、大数据、物联网、人工智能等智能化手段，不断推进市域社会治理

① 冯准，狄小华．论"劳教"废止后的制度承接［J］．北京行政学院学报，2014（6）：91-97.

② 陈成文，刘辉武，程珩．论加强社会工作与提升社会治理能力［J］．社会工作，2014（2）：19-25+151-152.

③ 陈一新．加快推进社会治理现代化［J］．公民与法（综合版），2019（6）：3-5.

方式创新，打造了“雪亮工程”、全球首个“互联网法院”和“城市数据大脑”等智能化市域社会治理平台，开启了智慧治理新时代。

1. 智治的科学内涵

智治即智慧治理，是社会治理的一种创新模式。“智慧治理”起源于20世纪末的智慧社区和智慧增长运动，是伴随着大数据、云计算等互联网技术以及人工智能技术的快速发展而兴起的。① 随后，美国IBM公司提出了智慧城市的发展愿景，将物联网、云计算、大数据等信息通信技术的应用作为智慧城市建设的基本内容。② 智慧城市的建设要求市域社会治理模式的转变，将智慧治理再一次推进人们的视野。然而，对于智慧治理概念的界定，国内外学者并没有达成共识。Batty认为，智慧治理是信息共享过程，政府在治理过程中需要对社会中的信息公开和共享负责，通过信息共享达成各主体之间的互动交流。③ Yigitcanlar等认为智慧治理最主要的作用就是培育智慧城市的多元参与主体，政府与社会其他主体之间的合作才是智慧的关键。④ 沈费伟认为“智慧治理”是技术与政府相结合的治理，是满足多元化服务的治理和以人为本的治理。⑤ 李云新等认为智慧治理是在以人为中心的观念主导下，通过应用信息通信技术推进城市智能设施建设和社会多元治理方式创新融合，从而形成一种更加开放多元和回应快速的城市社会治理体系。⑥ 从学者对智慧治理的概念界定可以看出，现代治理理念和智能化是智慧治理的关键要素。因此，我们认为，智慧治理是在现代治理理念引导下，利用现代化互联网技术、人工智能、大数据等智能化手段治理社会的一种市域社会治理模式。其基本内涵包括以下两个方面：

第一，智慧治理是一种理念选择，体现了现代治理理念。智慧治理体现了“以人为本”和“多元主体协同治理”的现代治理理念。首先，智慧治理通过摒弃以往“以物为本”的思想，在宣扬现代科技与理性为社会带来效益的同时，更加强调人

---

① 沈费伟．智慧治理：“互联网+”时代的政府治理变革新模式［J］．中共福建省委党校学报，2019（4）：101-108.

② 李云新，韩伊静．国外智慧治理研究述评［J］．电子政务，2017（7）：57-66.

③ Batty M. Big Data，Smart Cities，and City Planning［J］．Dialogues in Human Geography，2013，3（3）：274-279.

④ Yigitcanlar T，Velibeyoglu K，Martinez-Fernandez C. Risng Knowledge Cities：The Role of Urban Knowledge Management. 2008（5）：8-20.

⑤ 同①.

⑥ 同②.

与人之间、政府与群众之间的信息交流与情感沟通。① 无论是智慧城市的建设，还是智慧治理的创新，最终目的都是通过利用现代化互联网技术、人工智能、大数据等智能化手段来更好地为人民服务，是对“以人为本”理念的有力践行。其次，智慧治理运用的互联网技术、人工智能技术、大数据技术等智能化技术并不是政府所有，而是通过购买服务的方式，让拥有互联网技术、人工智能技术、大数据技术的市场组织和个人参与支撑智慧治理的方案制订及软、硬件建设。其实质也就是让更多的市场组织和个人参与社会治理，体现了“多元主体协同治理”的理念。

第二，智慧治理是一种治理方案，通过现代化的科学技术手段使国家、市场和社会得以更好的沟通、互动和协作，表现为一种技术治理。② 现代化的技术是智慧治理的基础。智慧治理与其他社会治理模式最大的区别在于其治理方式的智能化。智慧治理把互联网技术、人工智能技术、大数据技术等运用到社会治理的各个方面，建设了诸如政府电子政务平台、社会治理信息化系统、交通管制系统、天网系统、“城市大脑”等智能化治理平台，不断推进市域社会治理向动态化、精细化、系统化、整体化方向发展，极大地提高了市域社会治理的效率。可以说，没有现代化技术手段的支撑，智慧治理将会成为无源之水、无本之木。因此，智慧治理是一种技术治理。

2. 智治的现实依据

作为一种新型的市域社会治理模式，智治是随着“互联网+”、人工智能、云计算、大数据等技术的发展而出现的，对传统市域社会治理方式产生了变革性的影响，极大地提升了市域社会治理的效率。如果说现代科学技术的发展为智治的出现埋下了希望的种子，那么，应对现代市域社会治理的复杂性、提升市域社会治理的智能化水平和满足人民日益增长的美好生活需要就是促进这颗种子生根发芽的催化剂。

第一，应对现代市域社会治理复杂性的现实呼唤。霍金曾在世纪之交的公元2000年就曾断言：“下个世纪将是一个复杂性的世纪。”③ 人类社会历经了狩猎采集时代、农耕时代、蒸汽电气时代和信息时代，每一次人类社会的更替都伴随着复杂

---

① 沈费伟．智慧治理：“互联网+”时代的政府治理变革新模式［J］．中共福建省委党校学报，2019（4）：101-108.

② 颜佳华，王张华．数字治理、数据治理、智能治理与智慧治理概念及其关系辨析［J］．湘潭大学学报（哲学社会科学版），2019（5）：25-30+88.

③ 杜英歌．我国国家治理体系结构复杂性分析［J］．北京行政学院学报，2016（2）：35-40.

性的激增。[1] 在社会高度复杂的今天，市域社会治理也变得越发复杂。市域社会治理的复杂性主要体现在以下两个方面：一是市域社会治理主体的复杂性。新公共管理运动的兴起和“善治”理论的流行，推动着政府社会管理向社会治理转变。社会管理强调的是政府作为单一的主体来管理社会公共事务，而社会治理则是强调社会组织、政府、公民个人等多元主体通过协同合作来共同治理社会公共事务。因此，政府社会管理向社会治理的转变，必然导致单一主体向多元主体的转变。然而，如何真正实现多元主体的协同合作并且共同管理社会事务，是一个亟待解决的问题。二是市域社会治理对象的复杂性。市域社会治理的对象不仅包含了社会治安、环境卫生、路政交通、教育、社会保障等市民衣、食、住、行的各个方面，还包括由人与人之间的关系、人与组织之间的关系、组织与组织之间的关系、政府与市场之间的关系、人与自然的关系等组成的错综复杂、相互依赖的关系网络。市域社会治理主体和对象的复杂性，呼唤一种便捷高效的新型社会治理模式的出现。而智治把“互联网+”、人工智能、云计算、大数据等现代化的科学技术嵌入市域社会治理中，为多元主体共同参与市域社会治理搭建了一个突破时空限制的进入平台，为处理纷繁复杂的社会事务提供了高效的技术支撑。可以说，智治是应对现代市域社会治理复杂性的现实呼唤。

第二，提升市域社会治理智能化水平的现实需要。党的十九大报告指出：“加强社会治理制度建设，完善党委领导、政府负责、社会协同、公众参与、法治保障的社会治理体制，提高社会治理社会化、法治化、智能化、专业化水平。”提高社会治理智能化水平是社会智能化发展的必然要求，是实现社会治理体系和治理能力现代化的重要途径。智能科技与产业研究课题组指出：“融合、协调、共享、共建和共治的智能社会正在形成。智能社会的主要特点是大网络促进社会进一步扁平化，大数据导致社会资源形态进一步智能化，大平台催生虚拟空间产业公地，大制造重构传统经济形态。”[2] “互联网+”、人工智能、云计算、大数据等技术的发展推动着社会朝智能化方向进步，改变了人们的生产和生活方式，同时也改变了社会治理的方式。2015 年，国务院在《促进大数据发展行动纲要》中提出：要建立“用数据说话、用数据决策、用数据管理、用数据创新”的管理机制。2016 年，国务院又在

---

① 柳亦博．由“化繁为简”到“与繁共生”：复杂性社会治理的逻辑转向［J］．北京行政学院学报，2016（6）：76-83.

② 智能科技与产业研究课题组．智能社会前瞻［M］．北京：中国科学技术出版社，2016.

《国家信息化发展战略纲要》中提出："加快创新立体化社会治安防控体系，提高公共安全智能化水平，全面推进平安中国建设……依托网络平台，加强政民互动，保障公民知情权、参与权、表达权、监督权。推行网上受理信访，完善群众利益协调、权益保障机制。"随后，越来越多的现代化技术被应用到社会治理之中。而智治就是在这一背景下诞生的，它把现代化的技术融入市域社会治理之中，大幅提升了市域社会治理的智能化水平，有力提升了市域社会治理的效率和效果。因此，智治是提升市域社会治理智能化水平的现实需要。

第三，满足人民日益增长的美好生活需要的重要途径。党的十九大报告指出：中国特色社会主义进入新时代，我国社会主要矛盾已经转化为人民日益增长的美好生活需要和不平衡不充分的发展之间的矛盾。其中，人民日益增长的美好生活需要包括对物质财富、政治民主、精神文明、社会稳定和生态文明等多方面的需要。[①]随着社会生产力的快速增长，人们的基本物质性需要已经得到了有效满足，并开始增加对高层次物质性需要、社会性需要和精神生活需要的追求。改革开放 40 多年来，我国人民的需求经历了从低层次到高层次的发展，从单一物质性需求到多元化需求的发展。习近平总书记在 2012 年 11 月 15 日同采访党的十八大的中外记者见面时指出："人民对美好生活的向往，就是我们的奋斗目标。"目前，人们都希望国家和政府提供高品质的物质产品，希望有一个安全、稳定、和谐、绿色、生态的居住环境；希望有一个"人能尽其才，地能尽其利，物能尽其用，货能畅其流"的社会环境；希望有一个政治民主、政府清廉、办事公平、执法公正、反腐倡廉、风清气正的政治环境；希望国家和政府满足人民高层次的精神生活需要。[②] 而要满足人民的这些美好生活需要，就必须充分利用现代化的智能技术来营造一个安全、稳定、公正、高效、便捷、参与和能够满足人们多元化需求的社会环境。这就要求对社会治理模式进行创新，走出一条以"人本"观念为治理理念、以现代化技术为治理基础的社会治理路径。可见，智治完全契合了这一要求，是满足人民日益增长的美好生活需要的重要途径。

三、市域社会治理现代化的能力体系建构

能力建设是推进市域社会治理现代化的着力点，它直接关系到推进市域社会治

① 罗建文，陈兴康．论人民日益增长的美好生活需要的价值目标［J］．南京政治学院学报，2017（6）：7-16.

② 何星亮．满足人民日益增长的美好生活需要［J］．人民论坛，2017（S2）：65-67.

理现代化的实效性问题。从理论探索与实证调研的结果来看，能力建设也是当前推进市域社会治理现代化的关键“短板”之一。因此，要推进市域社会治理现代化，就必须加强“六个提升”的能力建设，即提升风险防控能力、提升群众工作能力、提升破解难题能力、提升舆论导控能力、提升资源整合能力与提升信息处置能力。

（一）风险防控能力

风险防控能力是市域社会治理能力建设的重要内容。不仅源于它直接反映了市域社会治理应对新型社会问题和社会风险的防范水平，也源于它体现了一种从“事后处置”向“事前预防”转向的治理理念。市域社会治理更强调在地市级层面对社会风险进行防范，相对于以县域为主的基层社会治理，它具有更强的整合性和枢纽性特征。因此，加强风险防控能力建设，也是体现市域社会治理创新及其优势的重要内容。

1. 风险防控能力的科学内涵

增强市域社会治理的风险防控能力是国家治理在市域范围内的具体延伸，也是社会治理能力现代化的题中应有之义。当前，我国正处于体制转轨和社会转型的深刻变革时期，社会风险成因越发复杂，矛盾爆发周期逐步缩短，在风险治理的进程中，无论是地方立法还是资源配置均已超出了传统县域层级能够解决的范围。因此，以设区的市为单位进行风险防控能力的建设更能因地制宜地化解社会风险。党的十九大报告中，坚决打好防范化解重大风险攻坚战被列为三大攻坚战之首。在此大背景下，社会治理风险防控能力的建设水平对于提升我国社会治理能力的重要意义日渐显著，而市域社会治理是国家治理的重要基石，因此，要实现社会治理能力现代化就必须提升市域社会治理的风险防控能力。

风险即危险，指遭受损失、伤害、不利或毁灭的可能性。目前学术界对于风险的界定主要有四种：①风险是损失发生的可能性或机会；②风险是损失的不确定；③风险是实际结果与预期结果的偏差；④风险是实际结果与预期结果偏离的概率。[①]分别从风险原因、风险过程和风险结果等角度对风险的内涵进行了界定。1986 年德国社会学家乌尔里希·贝克开创了风险社会研究的先河，他认为“人类历史上各个时期的各种社会形态从一定意义上说都是一种风险社会”[②]。并指出：“风险本身并

---

① 何江．城市风险与治理研究：以中国为例［D］．北京：中央民族大学，2010.

② 乌尔里希·贝克，王武龙编译．从工业社会到风险社会［J］．马克思主义与现实，2003（3）：27-45.

不是‘危险’或‘灾难’，而是一种危险和灾难的可能性。当人类试图控制自然和传统，并试图控制由此产生的种种难以预料的结果时，人类就面临着越来越多的风险。”① 因此，风险与人类共存，尤其是近代以来随着人类成为风险的主要生产者，产生了现代意义上的风险：一是风险结构从占主导的自然风险转向以人为不确定性为主导的“人化”风险；二是人类具有冒险和寻求安全的本能，现代国家建立的各种制度为冒险和人类安全提供了实现环境和规范性框架，但也带来了运转失灵的风险，从而使风险的“制度化”转变成“制度化”风险。② 可见，现代社会的风险类型越发复杂，而风险的成因也越加隐蔽，正如艾瓦尔德所说，“任何事情本身并不是风险，世界上本无风险。但另一方面，任何事情都能成为风险，这取决于人们如何分析危险，考虑事件”③。这种复杂性与不确定性增加了风险化解的难度，成为困扰社会治理乃至阻碍社会发展的难题。风险由风险因素、风险事件和风险损失三部分构成，其中风险因素是风险事件发生的潜在原因，是指引发或增加风险事件发生的可能性或扩大损失幅度的条件；风险事件是风险因素的表现形式，是造成风险损失的直接的或外在的原因；风险事件的结果是风险损失所导致的，是指非预期的、非计划的和非故意的经济价值的减少。因此，市域社会治理的风险防控包括风险因素的预防、风险事件的控制以及风险损失的补救，提升市域社会治理的风险防控能力，主要包括提升社会治理风险因素的预防能力、提升社会治理风险事件的控制能力以及提升社会治理风险损失的补救能力。

“市域社会治理”是 2018 年 6 月 4 日中央政法委秘书长陈一新在延安干部学院全国新任地市级党委政法委书记培训示范班开班式上首次正式提出的概念：“市域社会治理是国家治理在市域范围的具体实施，是国家治理的重要基石。”④ 自党的十八届三中全会提出“完善和发展中国特色社会主义制度，推进国家治理体系和治理能力现代化”的总目标以来，我国积极创新国家治理内容，高度重视社会治理的风险防控能力的建设。早在 2013 年 12 月中央经济工作会议上，习近平总书记就提出“稳增长、促改革、调结构、惠民生、防风险”的要求。2014 年 5 月，他在河南考察谈到发展问题时提到“在战术上要高度重视和防范各种风险，早作谋划，未雨绸

---

① ［德］乌尔里希·贝克．自由与资本主义：与著名社会学家乌尔里希·贝克对话［M］．路国林，译．杭州：浙江人民出版社，2001：138.

② 贝克，吉登斯，拉希，等．自反性现代化：现代社会秩序中的政治、传统与美学［M］．北京：商务印书馆，2001.

③ 杨雪冬，等．风险社会与秩序重建［M］．北京：社会科学文献出版社，2016：2.

④ 陈一新．推进新时代市域社会治理现代化［N］．法治头条，2018-06-05.

缪，及时采取应对措施，尽可能减少其负面影响”。2015 年 5 月 27 日，他在浙江召开华东 7 省市党委主要负责同志座谈会时谈道，谋划“十三五”时期发展，要清楚掌握面临的风险和挑战，把具有复杂性的难点估计得更加充实一些，把各具特色的风险思考得更深入一些，把各方面的风险情况考量得更周全一些，要做到统筹兼顾。在党的十八届五中全会第二次全体会议上，习近平总书记专门强调社会治理风险的防控工作，会议通过的《关于制定国民经济和社会发展第十三个五年规划的建议》中 14 次提及“风险”，强调“更加有效地应对各种风险和挑战”，分别提出要“增强国有经济……抗风险能力”“有效运用和发展金融风险管理工具，实现金融风险监管全覆盖，防止发生系统性区域性金融风险”“完善宏观调控，防控风险”“建立风险识别和预警机制，以可控方式和节奏主动释放风险，重点提高财政、金融、能源、矿产资源、水资源、粮食、生态环保、安全生产、网络安全等方面风险防控能力”“完善风险防范体制机制”“加强社会保险基金风险管理”“落实重大决策社会稳定风险评估制度”等防风险问题。① 2016 年 1 月 22 日，习近平总书记就政法工作作出重要指示，强调全国政法机关要增强忧患意识、责任意识，防控风险、服务发展，破解难题、补齐短板，提高维护国家安全和社会稳定的能力水平，履行好维护社会大局稳定、促进社会公平正义、保障人民安居乐业的职责使命。2017 年 1 月，国务院办公厅印发的《国家突发事件应急体系建设“十三五”规划》，为新时代国家应急体系建设提供了蓝图，要求按照“补短板、织底网、强核心、促协同”的思路，加强应急管理基础能力、核心应急救援能力、综合应急管理保障能力、社会协同应对能力和涉外突发事件应急能力建设。② 同年 9 月，习近平总书记在会见全国社会治安综合治理表彰大会代表时提出的 3 点要求中，再次强调要“清醒看到存在的困难和面临的挑战，坚决打好防范和管控重大风险攻坚战”，要“提高预测预警预防各类风险能力，增强社会治理预见性、精准性、高效性”。党的十九大报告更是提出“我们党要团结带领人民有效应对重大挑战、抵御重大风险、克服重大阻力、解决重大矛盾，必须进行具有许多新的历史特点的伟大斗争，任何贪图享受、消极懈怠、回避矛盾的思想和行为都是错误的”。“从现在到二〇二〇年，是全面建成小康社会决胜期……特别是要坚决打好防范化解重大风险、精准脱贫、污染防治

① 中共中央关于制定国民经济和社会发展第十三个五年规划的建议［M］．北京：人民出版社，2015．

② 龚维斌．当前社会治理的新特点新趋势［N］．北京日报，2019-04-29（14）．

的攻坚战，使全面建成小康社会得到人民认可、经得起历史检验。”“加强预防和化解社会矛盾机制建设，正确处理人民内部矛盾。”“健全公共安全体系，完善安全生产责任制，坚决遏制重特大安全事故，提升防灾减灾救灾能力。”“加快社会治安防控体系建设，依法打击和惩治黄赌毒黑拐骗等违法犯罪活动，保护人民人身权、财产权、人格权。”“健全国家安全体系，加强国家安全法治保障，提高防范和抵御安全风险能力。”分别对人民内部矛盾、公共安全以及国家安全防控层面对我国社会治理风险防控能力的建设提出了更高的要求。步入新时代，面对艰难险阻，以习近平同志为核心的党中央立足国内风险防范经验，指出“备豫不虞，为国常道”，“面对波谲云诡的国际形势、复杂敏感的周边环境、艰巨繁重的改革发展稳定任务，我们既要有防范风险的先手，也要有应对和化解风险挑战的高招；既要打好防范和抵御风险的有准备之战，也要打好化险为夷、转危为机的战略主动战”。[①] 2019 年 1 月 21 日，习近平总书记在省部级主要领导干部坚持底线思维着力防范化解重大风险专题研讨班开班式上发表的重要讲话中，就防范化解政治、经济、社会、科技、意识形态、外部环境、党的建设等领域的重大风险，作出了深刻分析，并提出明确要求。

社会风险治理是社会治理的重要组成部分。而“市域作为我国行政体系中的中间层级，是落实顶层设计的中坚力量和推进基层治理的前沿力量。市域层面具有较为完备的社会治理体系，具有解决社会治理中重大矛盾问题的资源和能力，是将风险隐患化解在萌芽、解决在基层的最直接、最有效力的治理层级，处于推进基层治理现代化的前线位置”[②]。因此，市域社会治理风险防控能力的建设是国家治理体系和治理能力现代化的重要环节，是国家治理的风险防控能力在市域范围的自然延伸、具体实施与因地发展，包括风险事件发生前，风险治理主体通过采取各种方法、措施规避或降低风险事件发生的可能性以及风险事件发生后，风险治理主体通过相应的措施，控制、减少实际发生的损失。

2. 提升市域社会治理风险防控能力的必要性

风险防控能力是社会治理能力的重要构成部分，要实现市域社会治理能力现代化就必须要提升市域社会治理的风险防控能力。进入新时代，我国工业化、城镇化、信息化程度不断加深，经济与社会结构，思想与利益格局发生深刻变动，随之而来

---

① 习近平．以时不我待只争朝夕的精神投入工作 开创新时代中国特色社会主义事业新局面［N］．人民日报，2018-01-06.

② 陈一新．推进新时代市域社会治理现代化［N］．法治头条，2018-06-05.

的新形势、新情况以及新任务为我国社会治理带来了前所未有的风险挑战。党的十九大报告将坚决打好防范化解重大风险攻坚战列为三大攻坚战之首。因此，提升市域社会治理风险防控能力对于增进民生福祉、全面深化改革以及新型城镇化建设具有重要意义。

第一，提升市域社会治理风险防控能力，是增进民生福祉的根本手段。根据马斯洛的需求层次理论，当人们较低层次的需求得到满足后便会寻求更高层次的目标。步入新时代，我国社会主要矛盾已经转化为人民日益增长的美好生活需要和不平衡不充分的发展之间的矛盾。人民群众对美好生活的向往对我国社会治理提出了更高层次的要求。党的十九大报告指出："我国稳定解决了十几亿人的温饱问题，总体上实现小康，不久将全面建成小康社会，人民美好生活需要日益广泛，不仅对物质文化生活提出了更高要求，而且在民主、法治、公平、正义、安全、环境等方面的要求日益增长。"人民群众的需求是国家治理的出发点和落脚点，要满足人民群众安全方面的需求就需要积极提升社会治理的风险防控能力，而我国"新型社会矛盾风险的传导性、流动性不断增强，从酝酿发酵到集中爆发周期不断缩短，牵涉的利益群体、资金往来、具体诉求等各类矛盾要素不断超越传统县域层级能够解决的职权范围"①。因此，以设区的市为单位进行风险防控能力的建设更能因地制宜地化解风险问题，保证社会治理的高效性。一方面，完善的市域风险防控机制能在风险事件发生前，通过立法、资源统筹等措施规避潜在风险因素或降低风险事件发生的可能性，保障和增进民生福祉；另一方面，在风险事件发生后，通过应急措施，控制和减少风险造成的损失，达到维持社会稳定的目的，从而保证国家长治久安、人民安居乐业。

第二，提升市域社会治理风险防控能力是全面深化改革的必然要求。自党的十八届三中全会提出全面深化改革的总目标是完善和发展中国特色社会主义制度、推进国家治理体系和治理能力现代化以来，我国全面深化改革的主要任务便是破解一切不合时宜的意识形态和体制机制弊端，构建适宜新时代发展的科学规范、系统完备、运行高效的制度体系，而制度变革与社会转型必然带来社会制度与社会结构的重组，当既有体制被打破，新的制度尚不成熟时，便会导致制度交替衔接不畅，产生制度建设的"真空地带"，并引发社会结构失衡等问题，增加社会运行风险。当下我国正处于全面深化改革的攻坚期，面临着改革推进时间更加紧迫、改革对象更

① 姜方炳．理解"市域社会治理现代化"的三个着力点［J］．探索，2019（5）：36-37.

为广泛、利益分配格局更加复杂等现实难题，社会转型带来的各方面的风险挑战也越发复杂与尖锐。而这些风险矛盾严重阻碍了我国全面深化改革的进程，因此，加强市域社会治理风险防控能力的建设，通过提升社会治理过程中对风险因素的预防能力、提升社会治理风险事件的控制能力以及提升社会治理风险损失的补救能力，将全面深化改革引发的风险伤害降到最低，扫清推进全面深化改革的障碍，从而保证全面深化改革总目标的稳步实现。

第三，提升市域社会治理风险防控能力是新型城镇化建设的重要保障。改革开放以来，人口的迁移成为一种趋势，人口除了由农村向城市迁移，还包括不同城市间人口的迁移以及城市向乡村的人口迁移。2017 年我国的流动人口已达到 2.45 亿，每 5 个半人中就有 1 个是流动人口。外来人口迁移给当地经济建设作出贡献的同时也带来了一些治理问题。一方面，受城乡二元户籍制度的影响，社会流动人口往往被排除在当地的社会保障和制度之外，尤其是非正规就业流动人口的管理问题往往处于一种无序状态，面临的风险环境更为脆弱；另一方面，随着新型城镇化建设的推进，户籍制度逐步松动，流动人口呈现规模加大、速度加快的趋势，而社会组织的发展与社区功能的发育趋于滞后，难以全面承担起相应的治理职能，增加了城市社会风险及社会治理的难度。因此，提升市域社会治理的风险防控能力，一方面将新型城镇化建设过程中出现的痛点、难点问题集中于市域层面，各个击破，以及时化解由城镇化引发的社会风险；另一方面会促进市域社会治理能力的提升，使各地在市域社会治理实践工作中更具有针对性，从而为推进新型城镇化提供重要保障。

（二）群众工作能力

随着城市化进程的不断加快，我国数千年来以农村人口为主的城乡结构已经发生逆转。这一变化意味着城市已成为各类新型社会矛盾风险的产生地、聚集地和爆发地，由此，“市域社会治理”成为国家治理的时代命题。矛盾发生的主体是人民群众，从这一关联分析可知，市域社会治理的工作基础是人民群众，群众工作是市域社会治理的根本性工作，而群众工作能力是联系二者的重要纽带。提升群众工作能力有助于解决市域社会治理的难题根源，了解人民群众最关心的现实问题，有利于营造政府与群众良好的互动氛围，进而打造共建共治共享的社会治理格局，共同构建充满活力且和谐有序的美好社会。

1. 群众工作能力的科学内涵界定

群众工作能力是领导干部了解、熟悉和掌握民情，关心群众生产、生活，理顺群众情绪，化解社会矛盾，维护群众利益，带领群众科学发展的综合素质。[①] 具体而言，它包括知悉民情的能力、情感调动的能力和化解民忧的能力：第一，知悉民情的能力是做好群众工作的前提。知悉民情既要求领导干部悉心听取民众的意见和诉求，坚持群众是政策源头最佳发言人，也要求他们实地融入人民群众当中，坚持从群众中来、到群众中去。只有广泛听取群众意见，调研发现群众面临的现实问题，并以民意为基础，制定相关改善民生策略和具体工作，才能保证相关工作的落实贴合群众所需。第二，情感调动的能力是做好群众工作的基础。情感调动能力是指搭建与人民群众情感交融的桥梁，感受民众的喜乐和疾苦，使人民群众信任治理工作人员并积极地参与社会治理工作。这就要求领导干部具备亲和力，放下官架子，多多深入基层亲近群众，与人民群众做朋友，在此基础上，才能在日常宣传国家法律的工作中，动员人民群众主动遵守、积极执行相关政策法规。第三，分解民忧的能力是做好群众工作的根本。“扎扎实实解决好群众最关心最直接最现实的利益问题、最困难最忧虑最急迫的实际问题”[②] 就是人民群众最欣喜的事情和对人民官员最殷切的盼望。这就考验领导干部是否具备处理问题、解决民生困难的基本能力和为官的基本道德责任意识，做到时时处处、切切实实关心群众生活，紧抓民生之本、解决民生之急、排除民生之忧。

综上所述，市域社会治理的群众工作能力是指群众工作主体坚持群众路线，维护群众根本利益，创新群众工作方法，有效组织动员群众参与社会治理，能够为群众提供看得见、摸得着、可享受到的心物合一的服务的综合素质能力。

群众路线是我们党的生命线，也是市域社会治理必须遵循的基本工作路线，同理，群众工作能力也是市域社会治理工作中不可或缺的能力。我国历届党和政府、国家领导人始终坚信“群众工作是社会主义事业的决定力量”。毛泽东同志强调“一切依靠最广大群众力量去解决问题，放手将解决问题的责任交给各分区，交给广大群众”[③]；邓小平同志结合党的奋斗历程指出：“群众路线和群众观点是我们的传家宝”；江泽民同志则以“以人民群众为本”的理念告诫各级干部一定要牢记，

---

① 张秀珍．领导干部群众工作能力存在的问题及提升途径［J］．中共云南省委党校学报，2015（1）：83-86.

② 刘向兵，赵健杰．论习近平新时代中国特色社会主义思想对工会工作的指导作用［EB/OL］．（2018-04-13）．http：//www.china.com.cn/opinion/theory/2018-04/13/content_ 50875515.htm.

③ 毛泽东．自己动手，克服困难（1945 年 4 月 9 日）［A］//中共中央文献研究．毛泽东文集（第 3 卷）．北京：人民出版社，1996：280-281.

联系群众，宣传群众，组织群众，团结群众①；胡锦涛同志申明“群众利益无小事，凡是涉及群众的切身利益和实际困难的事情，再小也要竭尽全力去办”；② 习近平同志十分重视做好群众工作。2013 年，习近平总书记在中共中央举行纪念毛泽东同志诞辰 120 周年座谈会上强调：“不论过去、现在和将来，我们都要坚持一切为了群众，一切依靠群众，从群众中来、到群众中去，把党的正确主张变为群众的自觉行动，把群众路线贯彻到治国理政全部活动之中。”③ 这就进一步奠定了群众工作在社会治理过程中的重要地位。

党的十八大明确提出：“要围绕保持党的先进性和纯洁性，在全党深入开展以为民务实清廉为主要内容的党的群众路线教育实践活动，着力解决人民群众反映强烈的突出问题，提高做好新形势下群众工作的能力。”继而 2016 年，党的十八届六中全会明确要求党的各级组织、全体党员特别是领导干部必须提高做群众工作的能力。④ 另外，2018 年，中央政法委秘书长陈一新提出：“推进市域社会治理，既是践行群众路线的大舞台，也是提高群众工作能力的好载体。”⑤ 将群众工作能力作为提高市域社会治理能力水平的“七大能力”之一，既是基础，也是关键。2019 年 1 月，习近平同志在出席中央政法工作会议时回答了这一关键缘由，他指出：“要贯彻好党的群众路线，坚持社会治理为了人民，善于把党的优良传统和新技术手段结合起来，创新组织群众、发动群众的机制，创新为民谋利、为民办事、为民解忧的机制，让群众的聪明才智成为社会治理创新的不竭源泉。”⑥ 同年 7 月，习近平同志再次强调巩固党和国家机构改革成果，推进国家治理体系和治理能力现代化，而在市域社会治理的背景下，群众工作的特征、内涵、方式也都发生了显著的变化，群众工作能力是直接关乎社会治理成果与人民满意程度的关键因素。

---

① 江泽民．以人民群众为本（1994 年 1 月 1 日）［A］//江泽民．江泽民文选（第 1 卷）．北京：人民出版社，2006：364.

② 胡锦涛．在“三个代表”重要思想理论研讨会上的讲话（2003 年 7 月 1 日）［A］//中共中央文献研究室．十六大以来重要文献选编（上）．北京：中央文献出版社，2005：372.

③ 习近平．在纪念毛泽东同志诞辰 120 周年座谈会上的讲话［EB/OL］．(2013-12-26)．https：//www. xinhuanet. com/politics/2013-12/26/c_ 118723453_ 3. htm.

④ 《关于新形势下党内政治生活的若干准则》《中国共产党党内监督条例》——中央纪委监察部网站 https：//www. ccdi. gov. cn/special/sbjlzqh/topnews_ sbjlcqh/201611/t20161103_ 89040. html，2016-11-03.

⑤ 陈一新．加快推进社会治理现代化［J］．公民与法（综合版），2019（6）：3-5.

⑥ 新华社．习近平出席中央政法工作会议并发表重要讲话［EB/OL］．（2019-01-16）https：//jhsjk. people. cn/article/30559257.

2. 提升市域社会治理群众工作能力的必要性

在新的历史条件下，群众工作能力是各级领导干部最基础、最核心的能力，是需要着力提高的“第一能力”，[①] 也是市域社会治理工作中不可或缺的能力。如何提高市域社会治理水平，增强市域社会治理能力，关键在于提升群众工作能力。

第一，提高群众工作能力是开展市域社会治理工作的客观需要。群众工作是一切社会工作的基础，市域社会治理工作归根到底是对人做的工作，然而，不得不承认群众工作的艰难性和困难度越来越明显，将直接影响市域社会治理工作的开展，具体体现在以下 3 点：（1）群众工作的对象改变。过去城乡二元结构下单一的农民阶层在城市化浪潮中逐渐分化为农民工、企业家、农民等多元化新群体，[②] 这些多元化的服务对象有着各自差异化的利益诉求。（2）群众工作的环境改变。随着信息化社会的知识普及和传播，广大群众获取信息渠道增多、信息量增大，社会治理应对的环境已经由计划经济时代相对封闭的环境做群众工作转向全球化、网络化的开放式社会环境，人民群众的活动范围从实体社会进入了虚拟社会。（3）群众工作的要求改变。党的十九大报告上作出“我国社会主要矛盾已经转化为人民日益增长的美好生活需要和不平衡不充分的发展之间的矛盾”的重要论断。从中我们可得到两大信息：一是人民群众的要求不再是求解放或满足物质生活，进入新时代，人民群众的利益诉求日益多元化；二是人民群众生活水平较大提升，但城乡和地区之间发展差距仍然较大。

由此可见，当前我国社会阶层分化、复杂的工作环境、群众需求的多元化等问题已逐渐显露出来，如何根据我国社会发展的客观实际，协调社会差距，调解社会矛盾是市域社会治理工作开展的重要内容。这就要求我们准确把握新形势下群众工作的新要求、新变化，遵循群众工作的社会规律，提高应对复杂多变的群众工作的能力。

第二，提高群众工作能力是创新市域社会治理模式的内在要求。传统的社会治理模式已不再适应现代社会的发展趋势，创新市域社会治理治理模式已迫在眉睫。一是县域治理模式无法适应城市化的进程。“郡县治则天下安。”自秦朝以来，我国

---

① 陈永弟．群众工作能力是“第一能力”［J］．唯实（现代管理），2012（11）：4.

② 吴欢欢．创新群众工作机制，推进社会治理精细化［J］．长沙理工大学学报（社会科学版），2016，31（4）：72-76.

一直沿袭县域治理模式。但随着城镇化进程的加快，县域治理模式在防范风险、应对突发事件、处理群体事件等方面的资源和能力明显不足。相对而言，市域在立法、司法、行政、人事、财政等方面，具有更大的决定权和决策权，更具备整合资源的优势。二是单向的社会治理模式落后于时代的发展。习近平总书记在中共中央政治局第三十六次集体学习时指出："随着互联网特别是移动互联网的发展，我国社会治理模式正在从单向管理转向双向互动，从线下转向线上线下融合，从单纯的政府监管向更加注重社会协同治理转变。"① 在人口流动潮汐化和信息传播即时化的社会治理背景下，市域社会治理面临的形势任务发生了很大变化，以县域为单元的治理模式和传统的单向治理模式开始面临更多挑战。②

在具备系列优势和科技机遇的前提下，群众工作能力的强弱直接关系到创新市域社会治理模式的成效。因为无论是处理市域层面的社会事件还是充分发挥网络优势，都离不开群团工作活力。正如习近平总书记在参加十二届全国人大二次会议上海代表团审议时所强调的"加强和创新社会治理，关键在体制创新，核心是人，只有人与人和谐相处，社会才会安定有序"。

第三，提高群众工作能力是增强市域社会治理能力的重要保障。在复杂的社会背景下，现实中的社会治理问题和网络领域衍生的系列问题提高了各类新型社会矛盾的发生频率，对市域社会治理能力提出了新的要求。具体而言，一方面，城市已成为人群集聚、矛盾爆发的主要阵地，要求提升市域社会治理能力，有效解决社会突出问题。国家统计局公布的数据显示，到 2011 年末，我国城镇人口占总人口比重达到了 51.27%，首次超过 50%；截至 2018 年末，全国大陆总人口为 139538 万人，其中城镇常住人口为 83137 万人，常住人口城镇化率达到 59.58%。③ 另一方面，互联网已成为意识形态话语权争夺的主战场，要求提升市域社会治理能力，保证网络信息安全和正确舆论引导。据最新统计，截至 2018 年 6 月，我国网民规模达 8.02 亿，网络普及率为 57.7%。其中，手机网民规模已达 7.88 亿，网民通过手机接入互联网的比例高达 98.3%。④

在此背景下，民众作为矛盾发生的源头，做好群众工作的能力成为维护社会稳

① 熊光清. 习近平网络社会治理思想研究［J］. 社会科学家，2017（12）：43-47.

② 【创新社会治理】"山东版"的"市域社会治理现代化模式"呼之欲出［EB/OL］.（2019-05-07）. http：//3g. sdpeace. gov. cn/contents/4/116223. html.

③ 数据来源：《中华人民共和国 2018 年国民经济和社会发展统计公报》。

④ 中国互联网络信息中心（CNNIC）发布的第 42 次《中国互联网络发展状况统计报告》。

定，缓解群众矛盾的重要保障。提高群众工作能力不仅是党员干部最基础、最核心的能力，更是市域社会治理工作中不可或缺的能力。

（三）破解难题能力

市域社会治理的提出，就是应对新形势下出现的复杂性、综合性和特殊性的问题，这些问题在现有的基层社会治理框架下难以有效解决，因此，可以说，“破解难题”是市域社会治理的内在要求。提高破解难题能力，善于解决市域社会中的突出问题，是市域社会治理水平的集中反映。

1. 破解难题能力的科学内涵

随着我国工业化、城镇化、信息化程度不断加深，经济与社会结构，思想与利益格局发生深刻变动，随之而来的新形势、新情况以及新任务为我国社会治理带来了一系列治理难题，提升市域社会治理的破解难题能力对破解这一系列难题起到了至关重要的作用。党的十八大以来，习近平总书记立足党和国家事业发展全局，就推进国家治理体系和治理能力现代化提出一系列新理念、新思想、新战略，为破解市域范围内的社会治理难题提供了行动指南。党的十九大报告指出新时代我国社会治理需要跨越的重点难题，并多次强调提升社会治理的破解难题能力是社会治理的重要内容，事关全面建成小康社会的实现目标。可见，市域社会治理是国家治理的重要基石，破解难题能力的建设水平对于推进我国社会治理能力现代化的作用日益凸显，因而，要实现社会治理能力现代化就必须提升市域社会治理的破解难题能力。

难题是进步的阶梯。市域社会治理难题的破解是推动市域社会治理能力现代化的力量源泉。随着我国工业化、城镇化、信息化程度不断加深，经济与社会结构，思想与利益格局发生深刻变动，我国社会治理涌现出一系列治理难题。而难题的形成并非突如其来，问题到难题的演变经历了一个从量变到质变的过程，因此，市域社会治理难题的破解除了难题形成后的应对措施，还应包括难题形成前的预防控制。从难题破解的过程来看，市域社会治理破解难题能力是指社会治理工作人员通过调查研究的方式发现社会问题，再针对具体问题进行有针对性的分析，抽离出问题本质，最后能根据问题性质作出治理决策的能力，主要包括：

一是社会治理难题的发现能力。发现问题是破解社会治理难题的关键环节，这就需要我们根据社会现象展开调查研究，正所谓“一语不能践，万卷徒空虚”。习近平总书记对调查研究一直高度重视，他在 2017 年主持中共中央政治局民主生活会时指出“要在全党大兴调查研究之风，推动全党崇尚实干、力戒空谈、精准发力”。因此，社会治理难题的发现能力是通过调查和研究的手段，透过现象发现潜在问题，搞清楚问题是什么的能力。

二是社会治理难题的分析能力。在社会难题的治理过程中，分析问题的能力是发现难题症结的必要环节，这就需要社会治理人员掌握科学的思维方法，主要包括辩证思维、底线思维、创新思维、法治思维等思维方法。只有运用科学的方法对问题进行分析，才能发现问题的本质，从而为解决难题提供正确的应对措施。

三是社会治理难题的化解能力。社会治理难题的应对措施是建立在发现问题和分析问题的基础之上的，也就是说，社会治理人员需要根据社会治理问题的分析结果进行决策并实行社会治理行为。而社会治理难题的化解是破解治理难题的最后一道环节，直接影响到破解难题的效果，这就要求社会治理人员通过战略谋划、顶层设计将各方资源融会贯通，形成合力，以提升破解社会治理难题的能力。

自党的十八届三中全会提出“完善和发展中国特色社会主义制度，推进国家治理体系和治理能力现代化”总目标以来，我国积极创新国家治理内容，逐个击破社会治理的重点、难点问题。2014 年 4 月 1 日，习近平总书记在欧洲学院发表重要演讲时指出，中国已经进入改革的深水区，需要解决的都是难啃的硬骨头，这个时候需要“明知山有虎，偏向虎山行”的勇气，不断把改革推向前进。“图难于其易，为大于其细。天下难事，必作于易；天下大事，必作于细。”2016 年 1 月 22 日，习近平总书记就政法工作作出重要指示时强调，全国政法机关要增强忧患意识、责任意识，防控风险、服务发展，破解难题、补齐短板，提高维护国家安全和社会稳定的能力水平，履行好维护社会大局稳定、促进社会公平正义、保障人民安居乐业的职责使命。2016 年 7 月 1 日，习近平总书记在庆祝中国共产党成立 95 周年大会上庄严宣示：“改革往往都是从易到难。我们的改革要更加注重系统性、整体性、协同性，敢于涉深水区、啃硬骨头。我们要以勇于自我革命的气魄、坚忍不拔的毅力推进改革，敢于向积存多年的顽瘴痼疾开刀，敢于触及深层次利益关系和矛盾，坚决冲破思想观念束缚，坚决破除利益固化藩篱，坚决清除妨碍社会生产力发展的体制机制障碍。”习近平总书记在党的十九大报告中指出：“我们的工作还存在许多不足，也面临不少困难和挑战。主要是：发展不平衡不充分的一些突出问题尚未解决，发展质量和效益还不高，创新能力不够强，实体经济水平有待提高，生态环境保护任重道远；民生领域还有不少短板，脱贫攻坚任务艰巨，城乡区域发展和收入分配差距依然较大，群众在就业、教育、医疗、居住、养老等方面面临不少难题；社会文明水平尚需提高；社会矛盾和问题交织叠加，全面依法治国任务依然繁重，国家治理体系和治理能力有待加强；意识形态领域斗争依然复杂，国家安全面临新情况；一些改革部署和重大政策措施需要进一步落实；党的建设方面还存在不少薄弱环节。这些问题，必须着力加以解决。”“我们党要团结带领人民有效应对重大挑战、抵御重大风险、克服重大阻力、解决重大矛盾，必须进行具有许多新的历史特点的伟大斗争，任何贪图享受、消极懈怠、回避矛盾的思想和行为都是错误的。”“从现在到二〇二〇年，是全面建成小康社会决胜期……特别是要坚决打好防范化解重大风险、精准脱贫、污染防治的攻坚战，使全面建成小康社会得到人民认可、经得起历史检验。”这些重要指示指出了新时代我国社会治理需要跨越的重点难题，并重申了坚持党的领导在破解难题过程中的重要地位。2018 年 4 月 10 日，习近平总书记在博鳌亚洲论坛 2018 年年会开幕式上的主旨演讲中再次指出：“在新时代，中国人民将继续自强不息、自我革新，坚定不移全面深化改革，逢山开路，遇水架桥，敢于向顽瘴痼疾开刀，勇于突破利益固化藩篱，将改革进行到底。”这些都展现了我们党在新时代全面深化改革过程中不畏难题、不惧挑战，不达目的不罢休的坚定决心。2019 年 7 月 1 日，习近平总书记在“不忘初心、牢记使命”主题教育工作会议上的讲话中指出：“‘一语不能践，万卷徒空虚。’要教育引导广大党员干部了解民情、掌握实情，搞清楚问题是什么、症结在哪里，拿出破解难题的实招、硬招。”可见，提升破解难题能力是社会治理的重要内容，而“市域作为我国行政体系中的中间层级，是落实顶层设计的中坚力量和推进基层治理的前沿力量。市域层面具有较为完备的社会治理体系，具有解决社会治理中重大矛盾问题的资源和能力，是将风险隐患化解在萌芽、解决在基层的最直接、最有效力的治理层级，处于推进基层治理现代化的前线位置”①。因此，市域社会治理的破解难题能力的建设是推动国家治理体系和治理能力现代化进程的重要力量，是国家治理的破解难题能力在市域范围的细分，提升市域社会治理的破解难题能力有利于分解国家治理难题，并在市域范围内逐步击破，从而更好地实现全面深化改革总目标。

2. 提升市域社会治理破解难题能力的必要性

破解难题能力是社会治理能力的重要构成部分，要实现市域社会治理能力现代化就必须提升市域社会治理的破解难题能力。进入新时代，我国工业化、城镇化、

① 陈一新．推进新时代市域社会治理现代化［N］．法治头条，2018-06-05.

信息化进程不断加快，经济与社会结构，思想与利益格局发生深刻变动，随之而来的新形势、新情况以及新任务也增加了我国社会治理难度。尤其是党的十九大报告突出强调“提升社会治理的破解难题能力是社会治理的重要内容，事关全面小康社会的建成”。因此，提升市域社会治理破解难题能力对于坚持党的领导、全面深化改革和全面建成小康社会起到了促进作用。

第一，提升市域社会治理破解难题能力是坚持党的领导的内在要求。习近平总书记在党的十九大报告中指出：“中国特色社会主义最本质的特征是中国共产党领导。”“中国共产党人的初心和使命，就是为中国人民谋幸福，为中华民族谋复兴。”进入新时代，社会治理难题层出不穷，经济发展进入新常态，民生领域短板凸显，全面深化改革进入攻坚期，对中国共产党的领导水平和执政能力提出了更高的要求，而坚持党的领导是推进国家治理现代化的根本保证，是妥善处理好国家治理难题的必然选择，因而坚持党的领导对于提升市域社会治理破解难题能力就显得尤为重要。正如习近平总书记在参加博鳌论坛 2018 年年会开幕式时所言：“在新时代，中国人民将继续自强不息、自我革新……逢山开路，遇水架桥，敢于向顽瘴痼疾开刀，勇于突破利益固化藩篱。”因此，坚持党的领导，积极创新国家治理现代化理念，充分运用法治思维，密切联系人民群众，增强驾驭风险的本领，从而有序推进市域社会治理过程的规范化、制度化，提升市域社会治理破解难题能力，最终实现市域社会治理现代化的内在要求。

第二，提升市域社会治理破解难题能力是全面深化改革的根本动力。党的十八届三中全会提出了“完善和发展中国特色社会主义制度，推进国家治理体系和治理能力现代化”，自此以后我国各项改革举措均围绕这一总目标进行规划和设计。党的十九届三中全会再次强调，深化党和国家机构改革是推进国家治理体系和治理能力现代化的一场深刻变革，而改革的目的从来都是解决中国当下现实存在的问题，正如习近平总书记在主持中共中央党外人士座谈会时所说：“解决我国发展面临的一系列突出矛盾和问题，实现经济社会持续健康发展，不断改善人民生活，要求全面深化改革。中国共产党人干革命、搞建设、抓改革，从来都是为了解决中国的现实问题。可以说，改革是由问题倒逼而产生，又在不断解决问题中而深化。”可见，坚持问题导向，以问题倒逼改革，是推动改革进程的突破口，而为了更好地解决改革攻坚过程中的各类难题，推进中国特色社会主义制度发展的进程，就需要提升破解市域社会治理难题能力，从而为治理国家现代化建设提供发展动力。

第三，提升市域社会治理破解难题能力是全面建成小康社会的实现路径。自党的十八大首次将“全面建设小康社会”转变为“全面建成小康社会”以来，“建设”向“建成”的转化，实现了一种由量变到质变的跨越，这意味着对我国社会治理要求更高。其中，党的十九大报告强调“从现在到二〇二〇年，是全面建成小康社会决胜期……特别是要坚决打好防范化解重大风险、精准脱贫、污染防治的攻坚战，使全面建成小康社会得到人民认可、经得起历史检验”。只有强调和突出全面建成小康社会的战略地位，明确实现这一目标过程中的各类难题，并紧紧围绕全面建成小康社会过程中所出现的新问题、新情况，不断提升社会治理破解难题能力，最后逐个击破市域社会治理领域中的难题，才能保证全面建成小康社会目标的如期实现。

（四）舆论导控能力

“经济成分多样化，经济利益主体多样化，社会生活方式和组织形式多样化必然引起社会舆论和价值观念的多样性。”① 如何有效对舆论进行导控，关乎人心的凝聚，共识的凝聚，力量的凝聚。加强舆论导控是确保国家安全和社会稳定的重要手段，也是当前社会治理的主要工作面向。市域社会治理要实现地市范围内的人心凝聚、力量团结、共识达成，就必须提升舆论导控能力，做好舆论导控工作。

1. 舆论导控能力的科学内涵

社会治理是国家治理的重要方面，是社会建设的重大任务，良好的社会治理是国家长治久安、社会和谐稳定、人民安居乐业的前提和保障。国家统计局公布的数据显示，截至 2018 年末，全国大陆总人口数为 139538 万人，其中城镇常住人口为 83137 万人，乡村人口为 56401 万人，城镇常住人口占总人口比重达到 59.58%，② 城市人口迅速膨胀，城市范围不断扩大。

在当前城市化的背景下，市域层面是基层治理最直接有效的治理层级，市域社会治理作为国家治理的基石，作为承上启下的枢纽，是党和国家长治久安的决定性因素。陈一新指出，要推进市域社会治理现代化就要从推进治理理念现代化、推进

---

① 王娟，骆郁廷．论新形势下我国网络舆论引导能力的提升［J］．思想理论教育导刊，2012（11）：111-114.

② 数据来源：国家统计局网。

治理体系现代化和推进治理能力现代化三方面着手。① 其中，推进治理能力现代化需要增强“七大本领”：提高统筹谋划能力、提高群众工作能力、提高政法改革能力、提高创新驱动能力、提高破解难题能力、提高依法打击能力和提高舆论导控能力。② 舆论是社会群众对于公共事务情绪、态度、观点的总和，社会群众是市域社会治理的主体之一。随着互联网和新媒体的快速发展，舆论传播呈现出渠道多、分布广、速度快等特点，舆论声量不断增大，无形的舆论所拥有的力量不容小觑。因此，在市域社会治理中应进一步提高舆论导控能力，让积极的新闻舆论引导社会意识，让正确的舆论导向推动市域社会治理现代化发展。

党的十八大以来，习近平总书记高度重视新闻舆论工作，多次对“舆论导控”作出重要论述。2013 年 11 月 15 日，他在关于《中共中央关于全面深化改革若干重大问题的决定》的说明中指出：“要加强网络法治建设和舆论引导，确保网络信息传播秩序和国家安全、社会稳定。”这表明了舆论导控对维护社会稳定的积极意义。2014 年 2 月 27 日，在中央网络安全和信息化领导小组第一次会议的讲话中，习近平总书记提出：“舆论工作是一项长期任务，要创新改进网上宣传，把握好网上舆论引导的时、度、效。”其中“时、度、效”也可以理解为舆论导控能力的 3 个维度。2016 年 2 月 19 日，在党的新闻舆论工作座谈会上，习近平总书记强调：在新的时代条件下，党的新闻舆论工作要引领导向，把政治方向摆在第一位，牢牢坚持正确舆论导向。正确的舆论导向是舆论导控发挥正面作用的重要前提。2018 年 6 月 15 日，在致《人民日报》创刊 70 周年的贺信中，习近平总书记提出：要“构建全媒体传播格局，不断提升传播力、引导力、影响力、公信力。”

“舆”可解释为众，《晋书・王沈传》“听舆人之论”中的“舆人”指的是众人。舆论就是众人对于某一话题的观点、论断、态度的总和。舆论导控指的是对社会舆论的引导和对社会意识的控制。舆论导控能力包括对舆论及行为的正向引导能力和对意识形态的控制力、影响力。

通过对市域社会治理和舆论导控能力的概念辨析，本研究将市域社会治理的舆论导控能力定义为充分运用大数据、互联网和新媒体传播优势，通过拦截负面舆论，宣传正面舆论，在市域层面的公共事务管理活动中凝聚人心，团结力量，稳固社会基础，化解社会矛盾，减少社会风险，进一步提高社会治理水平的能力。

---

① 陈一新．推进新时代市域社会治理现代化［J］．公民与法（综合版），2018（8）：3-6.

② 同①.

2. 提升市域社会治理舆论导控能力的必要性

第43次《中国互联网络发展状况统计报告》显示，截至2018年12月，我国网民规模达到8.29亿，其中城镇网民规模为6.07亿，城镇地区互联网普及率为74.6%。[①] 这一数据说明，市域社会治理范围不仅包括地理范畴的居住人群，还包括活跃于网络平台的社会群众。然而，“随着新媒体快速发展，国际国内、线上线下、虚拟现实、体制外体制内等界限愈益模糊，构成了越来越复杂的大舆论场”[②]，对市域社会治理的舆论导控能力提出了新的挑战。

第一，提升市域社会治理舆论导控能力是管理体制创新的前提。习近平同志在2014年3月5日参加十二届人大二次会议上海代表团审批时强调：“加强和创新社会治理，关键在体制创新，核心是人。”其中的“人”指的就是参与市域社会治理的社会群体，即以政府领导为核心，凝聚社会多方力量，吸引社会组织和个人参与市域社会治理工作的多元主体。与此同时，制造舆论和引导舆论的依旧也是这一人群。从这一关联来看，要促进市域社会治理管理体制的创新必须加快提升舆论导控能力，使官方舆论与社会舆论有效对接，对社会舆论进行积极引导。进而达成社会共识，提高社会凝聚力，动员社会民众与政府协商合作，共同参与市域社会治理工作，推动市域社会治理管理体制创新。

第二，提升市域社会治理舆论导控能力是自治机制构建的支撑。市域社会治理现代化要求广大干部和社会群体循法而行，完备的法律体系是社会治理的自律和他律机制，这对于舆论的管理也同样适用。信息技术的发展使得舆论的传播呈“井喷式”，舆论的质量很大程度上影响社会群众的情绪、行为，积极理性的舆论能促使市域社会治理朝着健康有序的方向发展，反之则会减弱市域社会治理成效。因此，提升舆论导控能力，能进一步规范舆论秩序，健全舆论传播管理制度，实现舆论他律与自律建设，完善市域社会治理自治机制构建，实现市域社会治理综合治理。

第三，提升市域社会治理舆论导控能力是政治方向把控的舵手。“舆论导向正确是党和人民之福；舆论导向错误是党和人民之祸。”正面的舆论力量能够弘扬主旋律，传播正能量，凝心聚力。提升市域社会治理舆论导控能力既能满足人

---

① 数据来源：第43次《中国互联网络发展状况统计报告》。

② 中共中央文献研究室．习近平总书记重要讲话文章选编［M］．北京：中央文献出版社、党建读物出版社，2016：422，429.

民群众的表达权和知情权，又利于政府引导正向的社会舆论。一方面，在给予人民足够的表达空间的同时，增进政府对群众心理、诉求的了解并作出正确分析，采取实际行动，满足人民需要；另一方面，通过在公信力强的机构平台发布权威信息，不但保证了人民的知情权，还从根本上减少了负面舆论的产生和虚假信息的传播，使人民群众有更多获得感、幸福感、安全感，① 促进社会和谐稳定。因此，良好的舆论导控能力能正确宣传党的方针政策，弘扬新风正气，是稳固政治方向把控的舵手。

第四，提升市域社会治理舆论导控能力是社会基础稳固的基石。舆论的信息监测和辅助决策功能是市域社会治理过程中稳固社会基础的必要条件。提升舆论导控能力，一方面能加强对舆论制造、传播方的引领、管理能力，并及时准确把握舆论信息，判断舆论性质，对可能出现的负面舆论进行预警；另一方面能增强舆论信息应急处理能力，及时发布权威性的信息，引导舆论，掌握舆论的主导权和话语权，最大限度地减少负面舆论的传播对公众产生的误导，有效防止由于负面舆论的蔓延造成的社会风险，稳定群众情绪，维持社会稳定，让舆论信息的产生和传播朝着有利于市域社会治理工作的方向进行。

（五）资源整合能力

随着我国社会治理重心向基层下移，我国城市基层社会治理的艰巨性和复杂性日益凸显。在市域范围内推进社会治理体系和治理能力现代化正面临着政府资源有限、治理效果受限、社会资源利用效率低的“两限一低”的情况。因此，提升市域社会治理的资源整合能力，显得迫切且重要。

1. 资源整合能力的科学内涵

市域社会治理是国家社会治理的重要组成部分，是社会治理的顶层设计在市域范围内的具体实施，是创新基层社会治理的重要途径。提升市域社会治理体系和治理能力的现代化水平，关键在于以党政组织、经济组织、社会组织、群团组织、自治组织、社区居民等多元参与主体构成的社会治理行动体系为基础，充分整合各方资源，构建信任、互利、合作、有序的治理关系和治理秩序。②从社会学的视角来看，作为国家社会治理体系重要组成部分的市域社会治理，其治理成效在很大程度

① 荣婷，刘锐．基于舆情的社会治理刍议［J］．重庆社会科学，2018（6）：43-49.

② 陈朋．整合社会资源 创新治理创：江苏省南通市“大调解”机制的实践探索［EB/OL］．（2016-08-01）．http：//theory. people. com. cn/n1/2016/0801/c401815-28600803. html.

上是由其资源整合能力决定的。因为能否积极挖掘各方资源并进行有效整合，是完善市域社会治理体系、提升市域社会治理能力的逻辑起点。也就是说，市域社会治理的资源整合能力，决定着市域社会治理体系和治理能力的现代化水平。换言之，要有效发挥好市域社会治理在国家社会治理体系中的积极作用，就必须提升市域社会治理的资源整合能力。

资源整合是指对不同渠道、不同层级、不同特征的资源进行鉴别与选取、配置与汇整，并将这些不同来源的资源塑造为统一利用的新的资源体系的过程。① 同理，市域社会治理中的资源整合是指在多主体共同行动的市域社会治理网络中，通过诸多途径将依附于不同行动主体的治理资源进行鉴别、选取、配置、汇整，使得不同来源的治理资源有机结合，形成多元行动主体协同的社会治理合力。具体而言，市域社会治理中的资源整合就是在市域范围内把社会治理体系中不同来源的、不同特征的、发挥不同价值的治理资源发动起来，进行有机配置和利用，使它们发挥协同效应，进而实现社会治理资源利用的最大化、治理效果的最优化。由于市域社会治理的资源是多方面的，因此对其整合也包括多个方面，既包括行政部门之间的协同联动、数据共享，也包括政府、市场、社会等多个参与主体之间的协同联动和资源共享。从当前社会治理的实践情况来看，我国市域社会治理仍面临着体制机制“碎片化”、市场和社会治理权限不足、共治力量缺乏协同联动等诸多资源整合方面的难题。

市域社会治理资源整合能力的提出可追溯至习近平总书记的系列重要论述。2016 年 4 月 19 日，他在网络安全和信息化工作座谈会上的讲话中又提到了资源整合的重要性，要求“强化信息资源深度整合，打通经济社会发展的信息‘大动脉’”。同年 7 月 29 日，他在河北唐山市考察时强调要“落实责任，完善体系，整合资源，统筹力量”。并指出：“社区是党和政府联系、服务居民群众的‘最后一公里’，要健全社区管理和服务体制，整合各种资源，增强社区公共服务能力。”2017 年 12 月 9 日，在主持中央政治局第二次集体学习时，习近平总书记强调，要“推进数据资源整合和开放共享，保障数据安全，加快建设数字中国，更好服务我国经济社会发展和人民生活改善”。2018 年 7 月 6 日，他在主持召开中央全面深化改革委员会第三次会议时再次指出：“要激发制度活力，敢于突破，主动作为，在优化资

① 付丙海，谢富纪，韩雨卿．创新链资源整合、双元性创新与创新绩效：基于长三角新创企业的实证研究［J］．中国软科学，2015（12）：176-186.

源配置上下功夫，用制度来盘活资源、提高效能。”为了将这些重要观点和论述进一步落实到社会治理中，2019 年 4 月 17 日，中央政法委秘书长陈一新在给政法领导干部专题研讨班作专题辅导报告时强调：“要注重统筹推进，统筹整合各方面资源力量，形成社会治理整体合力。”

2. 提升市域社会治理资源整合能力的必要性

我国社会治理现代化建设的第一阶段目标（2019—2021）主要包括社会治理体系基本健全、社会治理能力明显提升两大关键目标。而要保障这两大关键目标顺利实现，就必须重视社会治理资源整合能力的提升。从这个意义上说，提升市域社会治理资源整合能力，是健全市域社会治理体系和提升市域社会治理能力的必然要求和重要途径。

第一，提升市域社会治理资源整合能力，是健全市域社会治理体系的必然要求。党和政府所确定的健全社会治理体系的基本目标包括以下 3 个重要方面。一是在社会治理体制机制建设中，党委的领导者角色进一步完善，政府的责任主体地位进一步明确，社会和市场的协同地位以及公众的参与地位进一步得到保障。二是党建引领、德治建设、法治建设、心治建设、自治建设和智治建设不断完善，共建共享的现代化多元治理体系基本形成。三是与社会治理相关的法律、法规、政策进一步创新，基本制度体系、运行机制进一步健全，社会治理不断迈向规范化。① 其中，第一个方面的目标所要追求的是厘清社会治理各主体的角色定位和职责范围，推动形成参与广泛、职责清晰、合作协商、资源整合的现代社会治理体系。由于社会治理体系的有效运行依赖于多元主体之间的协作、各种治理资源的统筹、各种技术机制之间的配合，因此，第一个方面的目标实现离不开治理资源整合能力的提升。第二个方面的目标所要追求的是通过党建、德治、法治、心治、自治和智治的有机融合实现系统治理、依法治理、综合治理和源头治理。这种有机融合的效果的一个重要表现就是治理资源整合能力得到重要提升。而第三个方面的目标的本质是要将实现社会治理资源整合能力提升的优秀做法上升到制度层面，使这种能力能够长久有效地发挥作用。

第二，提升市域社会治理资源整合能力，是增强市域社会治理能力的重要途径。市域社会治理能力是由多个层面的行动者共同组成的行动者网络在实际治理活动中

---

① 陈一新．加快推进社会治理“七个现代化”［EB/OL］．https：//baijiahao.baidu.com/s? id = 1631080269236489374&wfr = spider&for = pc.

所体现出来的实际行动能力。影响市域社会治理行动者网络行动能力的因素也是多元的，其不仅受不同行动者间价值理念的相似性影响，也受到多元行动者间行为的协同性和秩序性影响，但这些均不是最重要的影响因素。从资源理论来看，影响这种行动能力的最重要因素是多元行动者之间资源的共享性和整合性。因此，提升市域社会治理资源整合能力是提升市域社会治理能力的重要途径。换言之，只有不同行动者在市域社会治理的行动者网络中实现彼此资源的有效互补、共享与整合，才能切实提高市域社会治理行动者网络的行动能力。[①] 上述分析表明，我们要想在社会治理现代化建设的第一阶段（2019—2021）实现“党领导下维护国家安全和社会安定的统一意志进一步强化，对社会治理主体、工作力量、各方资源的战略统筹能力明显增强，党委领导治理能力、政府负责治理能力、群团组织助推治理能力、社会组织协同治理能力、城乡社区居民自治能力明显提升”这一任务，就必须意识到资源整合是提升社会治理能力的必由之路。

（六）信息处置能力

当前社会，信息已经成为一种重要资源，对信息的掌握和加工，关乎治理决策的有效性、科学性和合理性，信息化已经成为社会治理体系和治理能力现代化的重要推动力量。如何收集、筛选、分析、利用信息，实现信息资源在地市级层级上的共建共享和有效处置，是市域社会治理的关键任务。加强信息处置能力建设，是市域社会治理能力现代化的重要内容。

1. 信息处置能力的科学内涵

市域社会信息处置能力是市域社会治理能力的重要构成部分，要实现市域社会治理能力现代化就必须要提升市域社会治理的信息处置能力。党的十九大报告提出“打造共建共治共享的社会治理格局”的目标，要求“加强社会治理制度建设，完善党委领导、政府负责、社会协同、公众参与、法治保障的社会治理体制，提高社会治理社会化、法治化、智能化、专业化水平”。其中，社会治理的社会化、法治化、智能化和专业化要求社会治理人员必须善于以大数据、云计算、物联网、人工智能等新技术防控社会风险，不断提高市域社会治理的信息处置能力水平。随着社会文明和信息技术的不断发展进步，人类社会开始步入信息爆炸时代，各式各样的信息充斥在网络空间和现实空间中，持续冲击和包裹着人们的大

---

① 张继亮．社会资本提升社会治理能力［EB/OL］．https：//www.hbskw.com/P/31908.html.

脑，并塑造着人的世界观、人生观和价值观，对人的决策和行为产生至关重要的影响。但是，信息存在有用信息、无用信息和错误信息之分，有用信息能够帮助组织和个人了解事物的本质，进而对其决策和行为产生积极的作用；而无用和错误信息则会对组织和个人产生误导，阻止其对事物和环境的变化作出正确的判断，致使组织和个人作出错误的决策和行为。因此，要充分利用信息的价值，就必须对信息进行科学的处置，取其精华，去其糟粕。在市域社会治理领域中，社会治理人员的决策和执行行为也都是以相关的社会信息为前提和基础，这就要求社会治理人员必须培养和提升自身的信息处置能力，从纷繁复杂的信息库中筛选出有用的信息来支撑决策和执行行为。

信息是对客观世界中各种事物的运动状态和变化的反映。根据控制论创始人维纳（Norbert Wiener）的观点，信息既不是物质也不是能量，是人类在适应外部环境以及感知外部环境而作出协调时与外部环境交换内容的总称。而信息论奠基者香农（Clause Shannon）认为，信息是一种能够用来消除不确定性的东西，是一个事件发生概率的对数的负值。美国信息管理专家霍顿（F. W. Horton）给信息下的定义是："信息是为了满足用户决策的需要而经过加工处理的数据。"也就是说，信息是人们在适应外部环境的过程中，为了消除不确定性而把对客观事物属性、状态和结构等的认识进行加工而形成的各种形式的数据。客观世界的不确定性以及人类理性的有限性，使人们对特定事件的认识有滞后性，而信息的综合判断和处置有助于管理者在决策过程中科学地认识客观世界。[①]"信息处置"一词来源于计算机信息技术科学领域的"信息处理"这一专业术语，其内涵随着计算机信息技术的发展而得以拓展。在计算机信息技术出现之前，人们先通过感觉器官获得信息，然后通过大脑和神经系统对信息进行传递与存储，最后通过语言、文字和行为等形式发布信息。[②]随着计算机信息技术的不断发展，计算机从最初的以"计算"为主的一种计算工具，发展为以信息处理为主的、集计算和信息处理于一体的工具，人们也因此逐渐改变了信息处理方式，由通过大脑和神经系统对信息进行传递与存储转为借助计算机和互联网进行信息处理。在计算机信息技术科学领域，信息处理是指对信息进行接收、存储、转化、传递和发布的一个过程。乔以斯和韦尔指出，信息处理是人们

① 阮光册．危机管理中的信息处理策略研究［J］．情报科学，2015（7）：39-43.

② 陈积明，林瑞仲，孙优贤．无线传感器网络的信息处理研究［J］．仪器仪表学报，2006，27（9）：1107-1111.

接受来自环境的刺激，组织材料、发现问题、形成概念、解决问题以及运用言语和非言语符号的方式。从定义看，乔以斯和韦尔采用了信息加工心理学的观点，即认为人的认知过程与计算机加工信息的过程相似，也具有对信息进行输入、储存、加工、输出的功能。① 而社会治理信息处置目标不仅是对信息进行接收、存储、转化、传递和发布，更重要的是依据现有的相关信息作出科学的决策。因此，市域社会治理信息处置就是指市域社会治理人员通过现代化的信息网络技术等对本市社会治理信息进行收集、筛选、分析和利用，并据此作出相关决策的过程。市域社会治理信息处置能力指市域社会治理人员通过现代化的信息网络技术对本市社会治理信息进行收集、筛选、分析和利用，并据此作出相关决策的能力，包括社会治理信息的收集能力、信息的筛选能力、信息的分析能力和信息的利用能力。

（1）社会治理信息的收集能力。信息收集是信息处置的首要环节。对于信息收集，学术界并没有形成一个统一的概念。在苏联出版的情报学词典中，“信息收集”被定义为：“为完成某项工作任务（作出一项决定，采纳一项科研成果和进行一项实验设计研究），从各种信息源处获得信息的过程”。这实际上是把信息收集看作一种任务，一种业务工作。我国出版的《简明信息词典》对“信息收集”词条的解释为：“根据一定目的汇集原始信息的过程。”学者潘大钧认为，“信息收集指的是接收主体通过一定程序，采取科学的方法和必要的手段，从外部信息源中收集适用信息的过程。”② 学者甘英则强调信息收集的目的性，认为信息收集是人们根据一定的需求，对信息源中的特定信息进行感知、辨析、选择、追索的过程。③ 综上所述，我们认为信息收集是指人们出于一定目的的需要，采取一定的方法和必要的手段，从信息源中获取特定信息的过程。因此，社会治理信息的收集是指社会治理人员出于社会治理目标的需要，采取一定的方法和必要的手段，从社会中获取人口信息、地图信息、社会事件和部件信息（公共服务、社会事务、安全稳定、应急管理、党建组织、依法行政、社情民意等信息）的过程。而社会治理信息的收集能力也就是指利用各种现代化技术手段从社会中获取人口信息、地图信息、社会事件和部件的能力。

（2）社会治理信息的筛选能力。社会治理信息筛选是社会治理信息处置的中

① 胡秀威．乔以斯、韦尔的信息处理教学模式理论初探［J］．外国教育研究，1999（2）：14-16.

② 潘大钧．商品信息学［M］．北京：科学出版社，1988.

③ 甘英．关于信息收集及信息收集学的探讨［J］．情报理论与实践，1998（6）：324-325+333.

间环节，包括信息剔除和信息分类两个方面，即从众多社会治理信息来源中挑选出符合既定需要的信息、剔除虚假无用重复的信息以及按照属性的不同对信息进行分类，以达到去伪存真、合理分类目标。① 一方面，由于受社会信息爆炸、信息收集人员专业性不强和信息传递失真等主客观因素的共同影响，收集、传递上来的信息当中夹杂着与社会治理无关、虚假、重复的信息，如果社会治理人员根据这些虚假、无关的信息来进行治理，将会产生严重的不良后果；另一方面，通过信息收集环节收集上来的社会治理信息是未经过加工处理的原始信息，人口信息、地图信息和社会事件等各类信息混杂在一起，而要利用这些信息就需要按照范围、属性和时间顺序的不同对其进行归纳、分类。因此，必须根据准确性、新颖性和相关性的原则，对社会治理信息筛选，去伪存真，合理分类。社会治理信息的筛选能力就是社会治理人员借助计算机等信息筛选工具对社会治理信息进行去伪存真、归纳分类的能力。社会治理信息筛选能力越高，社会治理信息筛选效率也就越高。

（3）社会治理信息的分析和利用能力。社会治理信息的分析能力是以社会治理信息为研究对象，利用信息分析方法发现和预测情报信息，从而消除在规划、咨询、决策过程中的不确定性的能力。② 通过信息分析，可以实现社会治理信息的增值，把简单的信息丰富化，帮助社会治理人员发现社会治理问题和预测社会事件的发展趋势。信息利用是信息处置的最终环节，也是信息处置工作的归宿和目的。社会治理信息利用能力是指为了某种特定的社会治理目的，将经过分析的社会治理信息应用于实践，以实现预定目标，使信息价值得以体现的能力。③ 也就是说，社会治理人员需要根据社会治理信息的分析结果进行决策和做出社会治理行为。社会治理涵盖社会的方方面面，牵涉面极其广泛，大到宏观的国计民生，小到个人的衣食住行。因此，社会治理信息具有无与伦比的复杂性和多样性。这就要求社会治理人员拥有更加强大的信息分析和利用能力。

党的十八届三中全会通过的《中共中央关于全面深化改革若干重大问题的决定》指出："全面深化改革的总目标是完善和发展中国特色社会主义制度，推进国家治理体系和治理能力现代化。"市域社会治理是国家治理在市域范围内的具体实

---

① 徐玉萍，刘瑞华．竞争情报整理中信息筛选的指标体系研究［J］．图书馆学研究，2009（1）：60-62.

② 陈鹤阳，朝乐门．信息分析的若干核心问题探讨［J］．情报理论与实践，2016（2）：38-43.

③ 曾秋霞．试论新世纪领导干部的信息利用能力［J］．科技管理研究，2007（8）：228-230.

施，是国家治理的重要基石，是推进基层治理现代化的前线指挥部。[①] 社会治理信息处置能力作为市域社会治理能力的重要组成部分，其水平的高低直接影响着市域社会治理能力现代化目标的实现。通过对相关政策文件和学术文献的研究，我们发现社会治理信息处置能力的提出与网格化管理息息相关。2013 年，党的十八届三中全会提出“改进社会治理方式”的目标，要求“坚持源头治理，标本兼治、重在治本，以网格化管理、社会化服务为方向，健全基层综合服务管理平台，及时反映和协调人民群众各方面各层次利益诉求”。[②] 这是首次将网格化管理写入党的文件，标志着网格化管理从原来个别地方的创新探索转向中央对地方社会治理的普遍要求。[③] 至此，网格化管理作为社会治理的一种有效手段被广泛应用于各个领域。在维护社会治安方面，网格化管理已成为社会治安防控体系的重要组成部分。2013 年 12 月，中共中央办公厅、国务院办公厅印发的《关于创新群众工作方法解决信访突出问题的意见》指出，要“全面推行网格化管理模式，完善信访和人民调解、行政调解、司法调解联动工作体系，实现小事不出村、大事不出乡、矛盾不上交”。2015 年 4 月，中共中央办公厅、国务院办公厅印发的《关于加强社会治安防控体系建设的意见》强调，“把网格化管理列入城乡规划，将人、地、物、事、组织等基本治安要素纳入网格管理范畴，做到信息掌握到位、矛盾化解到位、治安防控到位、便民服务到位。”同年 8 月，《全国青少年毒品预防教育规划（2016—2018）》指出，要将处于失学、失业、失管状态的城市社区青少年纳入网格化管理。在生态环境治理方面，网格化管理也在发挥其独特的作用。2016 年 12 月，中共中央办公厅、国务院办公厅印发的《关于全面推行河长制的意见》指出：“加强河湖水环境综合整治，推进水环境治理网格化和信息化建设，建立健全水环境风险评估排查、预警预报与响应机制。”2018 年 1 月，中共中央办公厅、国务院办公厅印发的《关于在湖泊实施湖长制的指导意见》中强调，“湖泊所在市、县、乡要按照行政区域分级分区设立湖长，实行网格化管理，确保湖区所有水域都有明确的责任主体”。同年 6 月，中共中央、国务院《关于全面加强生态环境保护 坚决打好污染防治攻坚战的意见》中提出，加强工业企业大气污染综合治理，要实行拉网式排查和清单式、台账式、网格化管理，等等。

---

① 陈一新．新时代市域社会治理理念体系能力现代化［J］．社会治理，2018（8）：5-14.

② 摘自党的十八届三中全会《中共中央关于全面深化改革若干重大问题的决定》。

③ 叶岚．城市网格化管理的制度化进程及其优化路径［J］．上海行政学院学报，2018（4）：27-38.

网格化管理通过细分治理单元，设立专门机构，统一工作标准，委派网格巡查员等，对责任网格内的事项进行巡查，将发现的问题通过特定的信息系统传送至处置部门予以处置，并对情况实施监督和考评，① 是基于网格信息资源共享的政务协同治理。② 数字化、精细化、动态化是网格化管理的主要特点。③ 2015 年，国务院在《促进大数据发展行动纲要》中提出，要建立“用数据说话、用数据决策、用数据管理、用数据创新”的管理机制。而网格化管理面向的是基层社区及其居民，其中每一个网格都是社会治理信息采集的基本单元，是网格内部件、人户、组织、业态、事件等信息的集聚平台。④ 随着网格化管理在全国范围铺开，成千上万的网格形成，并无时无刻不在生产信息，这就决定了网格化管理必须依托强大的社会治理信息处置能力。因此，市域社会治理信息处置能力是实行市域网格化管理的应有之力。

2. 提升市域社会治理信息处置能力的必要性

市域社会治理是国家治理的重要基石。要实现国家治理体系和治理能力现代化，就必须推进市域社会治理体系和治理能力现代化。作为市域社会治理能力的构成之一，提升市域社会治理信息处置能力对实现市域社会治理的现代化有着重要影响。党的十九大报告提出了“提高社会治理社会化、法治化、智能化、专业化水平”的要求。一定程度上，实现市域社会治理现代化就是要提升市域社会治理的社会化、法治化、智能化、专业化水平。因此，提升市域社会治理信息处置能力有利于提升市域社会治理的社会化、法治化、智能化、专业化水平。

第一，提升市域社会治理信息处置能力，是提升市域社会治理社会化水平的有效途径。社会治理社会化的本质是共治，即“多元治理主体在党和政府的领导下，多元要素协同、共生，共同参与社会公共事务的治理，也即是让人民群众参与决策和治理的过程”⑤。按照协同治理理论的观点，社会治理主体是多元化的，公民、社会组织和社会团体等都是社会治理的主体。公民作为社会治理的重要主体，他们能否充分地参与公共事务的治理将会严重影响社会治理社会化的水平。

---

① 叶岚．城市网格化管理的制度化进程及其优化路径［J］．上海行政学院学报，2018（4）：27-38.

② 樊博，郭琼．基于城市网格化信息共享的协同管理机制研究［J］．情报杂志，2007（12）：12-14.

③ 张丽，韩亚栋．网格化治理：“织网工程”和创新动因［J］．求索，2018（3）：54-60.

④ 孙柏瑛，于扬铭．网格化管理模式再审视［J］．南京社会科学，2015（4）：65-79.

⑤ 段传龙．论我国社会治理社会化的路径［J］．中州学刊，2018（8）：80-84.

随着网格化管理的实施，城市被划分为一个个的网格，每一个网格都有本网格内的居民担任网格员，这些居民网格员的一个重要任务就是收集网格内的人户、组织、治安状况、事件等社会治理信息。居民网格员通过对网格内社会治理信息进行收集、筛选和上传，参与本网格公共事务的治理，为决策者决策提供重要的决策信息。可以说，网格化管理是人民群众参与社会治理的一种有效形式，有利于提升社会治理的社会化水平。而提升市域社会治理信息处置能力很重要的一点就是要提升城市网格员的社会治理信息收集能力。城市网格员的社会治理信息收集能力的提升将进一步提升他们参与公共事务治理的能力，这也就意味着他们有更多的机会参与社会治理。因此，提升市域社会治理信息处置能力是提升市域社会治理社会化水平的有效途径。

第二，提升市域社会治理信息处置能力，是提升市域社会治理法治化水平的有效途径。社会治理法治化是指通过法律的社会治理，是以法治精神为支撑、以法治规则为基石和以法治秩序为保证。① 党的十八大报告对于法治提出了新的要求，即“科学立法、严格执法、公正司法、全民守法”。而社会治理信息处置能力与社会治理法治化的联系体现在科学立法和严格执法两个方面。首先，科学立法是社会治理法治化的前提。社会治理只有在科学法律的引领下，才能实现法治化。根据我国法律的规定及立法实践，法律制定的基本程序是法律草案的提出、法律草案的审议、法律草案的表决与通过、法律的公布。其中，从法律草案的提出到法律的公布这一过程是建立在一定社会信息基础之上的，是对社会现实问题的反映。而市域社会治理信息处置能力的提升能够为立法者和立法机构提供充足、有效的社会信息，帮助其了解社会现状、发现社会问题和了解人民群众的诉求。立法者和立法机构在信息充分的基础上，提出立法草案并对草案进行审议，这样能充分地提高立法的科学性。其次，严格执法是社会治理法治化的基本要求。严格执法是对执法机关和执法人员的要求，执法人员要严格执行法律法规，对违法犯罪的行为要及时打击、严厉惩处。而提升市域社会治理信息处置能力既能够快速发现存在的违法犯罪问题，及时通知执法机关和执法人员；又能为执法机关和执法人员提供相关信息，帮助执法机关和执法人员依法对违法犯罪作出处罚。因此，从科学立法和严格执法两方面来看，提升市域社会治理信息处置能力能够有效地提升市域社会治理的法治化水平。

---

① 刘雪松，宁虹超．社会治理与社会治理法治化［J］．学习与探索，2015（10）：69-73.

第三，提升市域社会治理信息处置能力，是提升市域社会治理智能化水平的有效途径。社会治理智能化是在现代治理理念的基础上，将移动互联网、云计算、大数据等信息化技术与基层社会治理内容相结合，形成集智能化、信息化、数据化为一体的新的治理模式。[①] 社会治理智能化就是要将现代化的移动互联网、云计算、大数据等信息技术应用到社会治理当中，一定程度上来说，现代化移动互联网、云计算、大数据等信息技术的应用程度可以代表社会治理的智能化水平。而移动互联网、云计算、大数据等信息技术能够在社会治理中发挥巨大作用，依靠的就是它们的强大信息处置能力，包括信息的收集、筛选、分析和利用能力。而市域社会治理信息处置能力是社会治理人员借助现代化的信息网络技术对社会治理信息进行收集、筛选、分析和利用，并据此作出相关决策的能力。通过移动互联网、云计算、大数据等现代化信息技术，市域社会治理人员能够快速地收集到社会治理信息；同时借助这些技术手段对收集的社会治理信息进行分析，并在此基础上作出决策。可以说，提升市域社会治理信息处置能力也是提升对移动互联网、云计算、大数据等现代化信息技术的应用能力，也就是提升市域社会治理的智能化水平。

第四，提升市域社会治理信息处置能力，是提升市域社会治理专业化水平的有效途径。随着自然科学和社会科学的不断发展与进步，人们精力的有限性与知识的趋于无限性的矛盾越来越突出，社会分工成为解决这一矛盾的必然选择。而社会分工造就了专业化，即让专门人才解决专业问题。社会治理专业化的本质是利用专业组织和专门人才，通过专业化的方式和技术，提升社会治理的效率和水平。[②]社会治理专业化包括让专门人才处理专业性的社会问题和利用专业技术、方法达到社会治理目标两个方面。因此，提升市域社会治理的专业化水平，首先要加强专业化人才队伍建设，建设高素质的专业化干部队伍和社会治理各类人才队伍；其次要提高综合运用专业化工作方法的能力，熟练运用各种现代化的社会治理手段。[③] 很显然，提升市域社会治理信息处置能力能够提升市域社会治理的专业化水平。首先，社会治理信息处置需要专业的信息处置人才，提升市域社会治理信息处置能力最重要的是要加强社会治理的信息化人才队伍建设，提升社会治理人员的社会信息收集、筛

---

① 唐有财，张燕，于健宁．社会治理智能化：价值、实践形态与实现路径［J］．上海行政学院学报，2019（4）：54-63.

② 郝国庆．提高社会治理专业化水平［J］．党政干部论坛，2018（11）：28-29.

③ 周汉华．专业化是必然要求［N］．人民日报，2017-11-01（19）.

选、分析和利用能力。其次，社会信息处置需要专业的信息处置设备和技术，提升市域社会治理信息处置能力还要加强信息处置系统的建设，利用现代化的信息技术手段收集、筛选和分析社会信息。最后，提升市域社会治理信息处置能力能够对社会信息进行快速辨别、分析，从而筛选出专业的问题让专门人才去处理。

第五章　推进市域社会治理现代化的理念践行

理念是行动的先导。发展理念是否对头，从根本上决定着发展成效乃至成败。要推进市域社会治理现代化，就必须树立正确的价值理念和行动理念。党的十八大以来，习近平总书记以马克思主义巨大的理论勇气和高超的政治智慧，就社会治理现代化提出了一系列具有开创性、引领性的新理念，形成了系统完整、逻辑严密的科学理论体系。总体来说，要推进市域社会治理现代化，就必须加强理念建设，践行“铸魂”“民本”“协同”“融合”“服务”“创新”六大理念。

一、践行“铸魂”理念

树立市域社会治理“铸魂”理念是实现市域社会治理理念现代化的必然要求，也是构建全民共建共治共享社会治理格局的题中应有之义。自党的十八大以来，在全面从严治党的重大战略部署下，坚定共产党人的理想信念成为党的建设的鲜明特征。办好中国的事情，关键在党，重点在全面从严治党，根本在坚定共产党人的理想信念。党的十九大报告提出，构建共建共治共享社会治理格局，就是要求中国共产党在创新社会治理过程中发挥核心领导作用，调整领导角色，在科学的理论设计指导下，为社会治理体系的建设提供良好的政治环境，推动多元治理主体的良性运行与协调发展。因此，树立市域社会治理的“铸魂”理念就是要依靠党建引领，筑牢理想信念这个共产党人的灵魂，提升市域社会治理的现代化水平。这就必须坚持党对市域社会治理的领导地位；必须依靠文化自信坚定理想信念；必须完善市域社会治理“铸魂”理念培训考核体系；必须搭建市域社会治理“铸魂”理念智慧服务平台；必须借助媒介力量扩大“铸魂”理念影响力。

1. 坚持党对市域社会治理的领导地位

中国特色社会主义最本质的特征是中国共产党领导。中国共产党的领导是国家治理体系现代化的关键，是建设中国特色社会主义治理体系的必然选择。可以说，只有坚持党的领导才能把握国家治理的方向。党的十八大以来，党中央多次强调要

“加快形成党委领导、政府负责、社会协同、公众参与、法治保障的社会管理体制”。党的十九大报告再次强调“加强社会治理制度建设，完善党委领导、政府负责、社会协同、公众参与、法治保障的社会治理体制”。由此可见，虽然社会管理模式实现了“社会管理”到“社会治理”的创新，并呈现出多元化的社会治理格局，但是中国共产党的领导主体地位并未发生改变。因此，树立市域社会治理“铸魂”理念必须坚持党对市域社会治理的领导地位。具体来说，树立市域社会治理“铸魂”理念必须在实践中做到以下3个方面：第一，各级党委政府应该承担领导主体的责任，将社会主义核心价值观以政策方针和规章制度的形式融入社会治理中，为“铸魂”过程创造良好的政策环境。第二，要建立相应的社会主义核心价值观宣传教育体系。2019年3月18日，习近平总书记在主持召开学校思想政治理论课教师座谈会时强调，“学校党委书记、校长要带头走进课堂，带头推动思政课建设，带头联系思政课教师”①。学校作为传道授业的重要组织，是教育引导广大青少年树立正确的世界观、人生观和价值观的重要载体，做好青年一代的思想政治工作，就需要从课堂入手，发挥教育的力量。同时，各企事业单位是社会治理的主体，也应将“铸魂”嵌入企事业党组织以及党员的生活和工作过程中。第三，要借助党政媒体的力量。新闻媒介作为文化传播的重要载体，应该积极引导舆论方向，发挥其在“铸魂”过程中的思想“掌舵”功能。

2. 依靠文化自信坚定市域社会治理的理想信念

2017年1月6日，习近平总书记在中国共产党第十八届中央纪律检查委员会第七次全体会议上指出：“要依靠文化自信坚定理想信念。领导干部要不忘初心、坚守正道，必须坚定文化自信。没有中华优秀传统文化、革命文化、社会主义先进文化的底蕴和滋养，信仰信念就难以深沉而执着。党员、干部要不断提升人文素养和精神境界，去庸俗、远低俗、不媚俗，做到修身慎行、怀德自重、清廉自守，永葆共产党人政治本色。”② 市域社会治理“铸魂”理念并不是孤立存在的，而是伴随着社会的进步而不断丰富和发展的。社会主义理想信念由中华优秀传统文化发展而来，是推动我国社会治理现代化进程不断前进的精神动力。因此，树立市域社会治理“铸魂”理念，必须通过学习经典建立文化自信来坚定理想信念。因此，这就必须在实践中做到以下3个方面：一是要学习马克思主义经典著作。正如习近平总书记

① 2019年3月18日习近平总书记在学校思想政治理论课教师座谈会上的重要讲话。

② 习近平总书记在十八届中央纪委第七次全会上发表重要讲话。

在纪念马克思诞辰200周年大会上所言，“共产党人要把读马克思主义经典、悟马克思主义原理当作一种生活习惯、当作一种精神追求，用经典涵养正气、淬炼思想、升华境界、指导实践”。[①] 因此，只有以马列主义、毛泽东思想、邓小平理论、“三个代表”重要思想、科学发展观以及习近平新时代中国特色社会主义思想等理论武装头脑，才能树立起市域社会治理“铸魂”理念的主体。二是要继承和发扬中华优秀传统文化、革命文化以及社会主义先进文化。“求木之长者，必固其根本；欲流之远者，必浚其泉源”，中华优秀传统文化、革命文化以及社会主义先进文化与社会主义理想信念之间是根与叶、源与流的关系，只有通过不断的学习才能领略其文化内涵，留住传统文化的根，才能凝聚全社会成员的道德意志和行动力量，推进国家治理理念体系的现代化进程。三是要通过文化建设，培育适合现代化的新型的公众参与型政治文化。“所谓政治文化，就是一个国家中的阶级、团体和个人，在长期的社会历史文化的影响下形成的某种特定政治价值观念、政治心理和政治行为模式。”[②] 政治文化对于实现公民有效参与的社会治理，保持社会政治稳定起着非常重要的作用。因此，必须尽快培育适合治理现代化要求的公众参与型政治文化，依靠文化自信坚定理想信念，从而增强公民的主体意识，不断提高公民参与社会治理的素质和能力。

3. 完善市域社会治理“铸魂”理念培训考核体系

社会主义理想信念的坚定程度影响着市域社会治理效能的发挥，即社会主义理想信念是否深入社会治理主体内心决定了市域社会治理“铸魂”效能的发挥。因此，党和政府应该建立市域社会治理“铸魂”理念的教育学习机制，适时对社会治理主体和人民群众进行教育培训与竞赛考核，不断提升其对社会主义理想信念的认知程度。这就要求：一是学校“要配齐建强思政课专职教师队伍，建设专职为主、专兼结合、数量充足、素质优良的思政课教师队伍。要把统筹推进大中小学思政课一体化建设作为一项重要工程，推动思政课建设内涵式发展”[③]。二是建立健全社会治理主体的社会主义理想信念的教育和培训体系，充分发挥各级党组织在企事业单位中的引领作用，并通过结业考核来检验培训效果。三是建立“铸魂”理念竞赛机制，定期举办市域社会治理“铸魂”理念知识竞赛，并建立分级奖励机制，鼓励社

① 习近平总书记在纪念马克思诞辰200周年大会上的讲话。

② 加布里埃尔·A. 阿尔蒙德. 比较政治学：体系、过程和政策［M］. 曹沛霖，郑世平，译. 北京：东方出版社，2007.

③ 2019年3月18日习近平总书记在学校思想政治理论课教师座谈会上的重要讲话。

会治理主体与人民群众自发开展相关理论学习，以提升社会治理的“铸魂”水平。四是善于运用智慧学习平台，通过“学习强国”等智能软件的信息互通，及时更新“铸魂”理念，为人民群众提供长效学习机制。

4. 搭建市域社会治理“铸魂”理念智慧服务平台

新时代是数字化、智能化的时代。我国社会结构的快速转型，人民生活方式不断变化，新旧矛盾激烈碰撞，传统的社会治理手段已然不能有效应对意识形态的治理问题，因此，利用大数据技术打造市域社会治理“铸魂”理念智慧服务平台，成为提升市域社会治理“铸魂”能力的重要手段。这就要求：一是建立先进的信息化理论体系。市域社会智慧治理是未来的必然趋势。但是，智慧治理作为新生事物，无论是理论还是实践应用都处于初期阶段，因此，如何在实践中运用该项技术，各地仍然还处于探索与学习的过程。故而在应用智慧治理技术之前，首先需学习借鉴其他市域的成功案例，开展理论研究工作，然后通过前期丰富的理论探讨、大量的经验分析以及风险预估工作，建立起完备的理论体系支撑智慧治理系统，再因地制宜地建立信息化基础设施。二是建立网络化协同治理格局。云计算、移动互联网以及大数据技术的强大数据收集、存储和分析能力，能对现有的政府组织结构进行整体优化。因此，要充分发挥大数据的治理效能，就需要打破各部门间的横向壁垒，通过建立跨部门大数据管理平台，实现不同部门间的数据共享，打破“信息孤岛”，为各领域提供大数据统一服务。三是提升智能智慧服务水平。通过加强智能软件的应用，拓宽收集各类信息的来源，并通过综合分析研究，为人民群众提供个性化服务及一对一服务，精准、精细地开展市域治理活动。

5. 借助媒介力量扩大“铸魂”理念影响力

大众传媒的迅猛发展，提升了信息的传播速度与便捷程度，微博、贴吧、论坛、公众号等网络平台具有开放性、自由性和原创性的特点，使人民群众获得了更多的话语权，个人的诉求得以迅速地表达。因此，要提升市域社会治理的“铸魂”水平，应积极借助媒介的力量，这就必须从以下 4 个方面着手：一是发挥党媒信息源的引导力量，主流媒体要加大社会主义理想信念的宣传力度，为其他合规媒体提供及时准确的信息来源，引导舆论走向良性发展态势。二是创造弘扬社会主义价值理念的文艺作品，通过耳濡目染，在潜移默化中将社会主义价值理念铸入人民群众的灵魂。三是建立信息公开制度，拓宽意见表达渠道，一方面主流媒介通过发布准确的、公开的新闻信息，提升人民群众对政府的信任度；另一方面要疏通群众的意见表达渠道，满足人民合理、正当的诉求。四是加强网络媒介监管，包括对媒介从业人员的监管和受众、意见领袖及媒介主体的监管，在媒介受众层面，尤其是要充分利用大数据、云监控对过激言论发表者以及偏离社会主义法治方向、价值标准的言论进行及时疏导与管控，避免危机心理被进一步激化，从而引发恶性伤害事件；在媒介主体层面，需要通过培养专门的网络治理人员严格把关媒介信息，必要时还可使用行政手段加以管控，从而完善网络治理机制，提升舆论导控能力，从信息源头做好意识形态风险防控工作，助力市域社会治理“铸魂”能力的提升。

二、践行“民本”理念

市域社会治理面临的是错综繁杂的社会环境，但是，市域社会治理的最终落脚点是清楚的，即要以人为本，全心全意为人民服务，努力提高人民群众的满意程度。也可以说，市域社会治理就是要践行“民本”理念。然而，要践行“民本”理念，就必须强化参与群体的民本意识、坚持法治和德治的刚柔并重、推进智能化的治理以及建立可视化的工作机制。

1. 增强市域社会治理主体的“民本”意识

树立市域社会治理的“民本”理念，关键是要使参与主体从思想上认识到“民本”理念的本质内涵，继而营造“治理为民”的氛围。具体而言，增强市域社会治理主体的“民本”意识，就必须从以下3个方面着手：一是从公民的角度出发，树立主人翁意识。人民的主体地位不仅是“全心全意为人民服务”的根基，也是激励人民积极参与社会治理的理论与现实依据。也就是说，树立人民的主人翁意识，有利于其积极参与治理，有利于形成多元共治的局面。二是从公务人员的角度出发，要强化治理为民的意识。毛泽东同志讲过：“如果把自己看作群众的主人，看作高踞于‘下等人’头上的贵族，那末，不管他们有多大的才能，也是群众所不需要的。”① 这就确定了党员干部是为人民服务的工作者，而不是民众的上司。同时也就要求必须彻底消除残留的“官本位”思想，从而树立起“民本位”思想，并将“民本位”思想作为公务人员的行动指南。三是从社会的角度出发，共同营造“治理为民”的良好氛围。例如，可以通过对焦裕禄这类“亲民爱民、无私奉献”的经典人

① 毛泽东．在延安文艺座谈会上的讲话（1942年5月）［A］//毛泽东选集（第3卷）．北京：人民出版社，1991：864.

物的传扬，使社会成员内化正直而积极的价值理念。

2. 实现“民本”理念与智能化的融合

借助网络和科技手段，推进市域社会治理工作的“智能化”，是市域社会治理树立“民本”理念的必然趋势。具体来看，实现“民本”理念与智能化融合的路径有以下三个方面：一是利用科技手段，做好民意信息的收集工作。如今一部手机就是一个思想，这就需要市域社会治理工作者利用网络便捷的优势，通过网站信访、官方微信公众号、微博号等各大平台，吸引人民群众的参与，抓取民众正当的诉求，收集广泛的民意信息，凝聚民智的力量，使治理决策在贴合民众需求的同时实现社会治理的智能化。二是重视网络阵地，接受民众的反馈与监督。接受民众监督的过程既是鼓舞民众积极参与社会治理的过程，也是接收民众对政策实施的意见和民情反馈的过程。在互联网背景下，通过将市域社会治理工作的进程实时上传至网络平台，使群众了解和掌握所需要的信息，真正实现“让互联网成为了解群众、贴近群众、为群众排忧解难的新途径，成为发扬人民民主、接受人民监督的新渠道”①。三是社区治理智能化，提供便民服务。社区治理单位可通过网络平台，实现网上申请、网上受理、网上反馈，群众足不出户即可网上预约办理相关业务。比如在安全防卫方面建立“社区民警—物业—居民”微信交流群，推送社区公告、警务动态及防范宣传信息，大力激发治安志愿者参与义务巡防、矛盾纠纷化解、安全隐患排查、提供违法犯罪线索等群防群治工作的主动性、积极性。

案例 5-1：

南昌市红谷凯旋社区的“刷脸入住享平安”

近年来，随着人口的大流动，小区实有房屋、实有人口、出租屋、流动人口管理一直是治安管控的重点和难点。江西省南昌市红谷滩新区充分运用 VR、大数据、人工智能等信息化技术手段，创新搭建红谷凯旋 VR 智慧社区警务管理服务平台，对小区人、车实行刷脸、刷车，智能管理、智能防控，极大地震慑了犯罪，实现了小区零案发。

---

① 习近平要求发挥互联网三项新功能_ 新闻频道_ 央视网（cctv. com）http：//news. cctv. com/2016/04/23/ARTISa9viLF6KyaIhgjFbWWU160423. shtml.

一、坚持科技导向，打造智慧平台，全时空感知数据

一是小区VR建模可视化。联合科技公司运用VR技术，对红谷凯旋小区进行VR全景应用建模，搭建红谷凯旋VR智慧社区警务管理服务平台，立体化、可视化、数字化展现小区实有人口、实有房屋、实有车辆、实有单位信息。一图查看楼栋信息、房屋套数、住户人数和租客信息，分色块显示自住房、空置房、出租房类别；一键调取居民户籍省份分布情况和车辆车牌归属地，实时查询进出小区人员、车辆的信息和停留时间、活动轨迹；一表显示小区内单位名称、法人姓名、身份证号码、详细地址；一网办理居住证、身份证等证照业务，实现智能管控、智慧服务。

二是数据采集智能化。在小区出入口、单元楼道口、主要道路、车库等关键部位，广泛安装视频监控、车闸卡口、电子围栏、人脸门禁等人工智能感知设备，全息自动将房屋、人员、车辆等实时信息汇入VR平台，为社区管理服务注入源源不断的鲜活数据，基础信息采集变被动为主动、变手动为智动。

三是管理服务智慧化。赋予政府职能部门、街道社区、物业等平台相应权限，共享小区各类数据资源，各部门建立各自管理应用模型，动态监测、分析研判小区人、车、物等要素变化情况，科学掌握居民生活服务需求，便捷提供劳保、医保、水电物业费等服务，全流程记录和规范小区安防、社区服务等工作，倒逼社区管理基础工作落实，最大限度为群众提供便利。

二、坚持实战导向，创新四个维度，全方位精细管理

一是智慧识别、人过留影。运用小区各出入口、单元楼道口、车库的人脸识别系统前端采集设备，逐人抓拍、实时上传人脸图片，对“一人多证”“黑名单”“灰名单”人员和尾随业主进入单元门或在小区异常徘徊人员，平台可自动预警，并可在平台中搜索与指定人脸图片相符的所有图像，自动生成指定人员活动轨迹图，实现对人员的快速查找和定位，有效压缩了非法传销、违规经营和违规散发小卡片等违法活动空间，小区治安防控精细化水平不断提升。

二是智慧比对、车过留牌。通过小区进出口高清微卡口，统一抓拍，自动比对所有进出小区车辆车牌，实时将图像和车牌信息上传至平台，自动锁定套牌车辆、布控车辆及车辆运行轨迹，并通过全国车辆数据库进行车辆牌照、车型的静态比对、模糊搜索，一旦发现有嫌疑车辆进入小区，即时触发报警，自动推送至辖区派出所，就近实施排查或抓捕，实现自动预警、精准布控。

三是智慧分析、机过留号。建立相关信息采集设备，对进出小区触碰采集围栏

的手机进行实时分析比对，及时掌握跟踪重点人员、特殊群体和违法犯罪嫌疑人等管控对象的实时活动轨迹。

四是智慧研判、卡过留痕。小区严格实行刷脸、刷卡进入，平台自动汇集小区全时全域人员进入数据，通过预设的数据模型，对进出人员信息数据智能分析、关联、比对，自动排查异常情况，重点对外来访客、租客流量分析研判，及时发现居住人员较多的群租房、合租房，推送信息至派出所民警上门核查，第一时间消除传销人员、不法分子聚集的隐患。

三、坚持为民导向，构建五大板块，多元化拓展应用

一是重点人员实时预警。围绕“预测、预警、预防”等关键环节，将小区“房屋、人员、车辆”等数据与公安大数据库关联，24 小时滚动比对分析，一旦发现在逃人员、布控人员、异常人员等可疑人员或车辆进入小区，平台即刻自动报警，由小区保安、物业管理人员先期处置，派出所民警视情跟进处置，紧急、重大情况直接推送分局信息化警务中心，实现分级分层快速响应处置。

二是出租房屋旅店式管理。在小区推广租房旅店式管理模式，小区物业前台作为虚拟宾馆前台，为承租人提供租房信息，出租人和承租人签订租房合同后，物业按租房合同为承租人办理人脸门禁和车牌授权，时限 3 个月。到期后租客须主动报备相关信息，公安机关可以随时调取，出租房屋和承租人信息的准确性、时效性大幅提升，成功牵住了出租房屋、流动人口管理的“牛鼻子”。

三是小区访客动态核查。优化小区单元楼道、地下停车场等区域监控探头角度，建立全方位视频合围，利用人脸识别系统对所有进出小区的人员进行高清拍摄、自动识别，外来访客进入小区后活动轨迹在智慧平台全程展现，并实时显示访客具体信息（人脸、进入时间），如有异动或与登记访问的情况不匹配，小区保安可第一时间发现，第一时间跟踪核查。

四是保安人防智慧管控。将每日值班保安信息（姓名、联系方式）导入平台，利用视频巡控，对小区保安在岗在位、行为规范、履职尽责等情况全程网上巡查，自动推送给物业公司科学管理考核。同时开发入侵报警、徘徊监测等智能视频巡控模块，自动布防布控，建立 24 小时“人机结合”巡逻机制，有效解决小区巡逻力量不足的问题。

3. 构建“民本化”的工作机制

要在市域社会治理中树立“民本”理念，就必须将群众工作的具体内容形成可

视化、流程化、标准化的线上材料，形成协调有序、监督有效、责任落实的工作机制。这就需要各职能单位或部门顺应网上办公的趋势，开发适应本市实际情况的网络运营平台，并在此基础上形成可视化的运行机制。具体实施可参考江西省上饶市开展网格化服务管理形成的“上报、受理、分流、帮办、反馈、验收、考核、归档”等流程化的工作方式。其突出特色在于建立“3+3+3”的工作机制，即网格员每日巡查时间不少于 3 小时；受理群众线上报送的诉求不超过 3 小时；事件处理完成不超过 3 小时。巡查路径通过手机定位信息获取，避免了网格员弄虚作假的可能；受理时限的要求能够及时回应群众诉求和监督群众工作进程；事件完成度和各区的评比积分有利于调动工作人员的积极性和各区的集体荣誉感。同理，市域社会治理可以通过与民众实地接触，规定群众诉求的受理时限，营造评比氛围来树立“民本”理念，具体方式包括以下 3 个方面：一是加强民众实地接触，坚持“从群众中来，到群众中去”的工作方法。治理工作只有深入群众的生活圈，真真切切地体验老百姓的生活，才能了解广大人民群众所需要治理的问题、所希望的治理途径。二是要借助网上办公的便捷性，改变政府公务人员治理效率低下的问题。三是营造各市评比氛围，提高治理工作人员对民生的重视程度。通过出台具体的考核办法，以此营造市与市、区与区、县与县之间的评比氛围。并在评比过程中对产生的问题进行交流。

三、践行“协同”理念

树立市域社会治理的“协同”理念不仅是实现市域社会治理理念现代化的必经之路，也是构建全民共建共治共享社会治理格局的题中应有之义。树立市域社会治理的“协同”理念，必须立足于市域社会治理的现实需要，从政治、经济、社会、文化和生态等多重治理目标出发，协同多元治理主体的治理空间和治理权力，以此提升市域社会治理中的社会化、法治化、智能化、专业化水平。从根本上来说，树立市域社会治理的“协同”理念，必须坚持党对市域社会多元治理主体的领导地位，明确多元主体参与市域社会治理的职能定位，完善多元主体参与市域社会治理的法治体系，建立多元主体参与市域社会治理的培训体系。

1. 坚持党对市域社会多元治理主体的领导地位

中国特色社会主义最本质的特征是中国共产党领导，党的领导是国家治理体系现代化的关键，是建设中国特色社会主义治理体系的必然选择，只有坚持党的领导才能明确国家治理的方向性和解决国家治理的复杂性问题。党的十八大以来，党中央多次强调“加快形成党委领导、政府负责、社会协同、公众参与、法治保障的社会管理体制”。党的十九大报告提出：“加强社会治理制度建设，完善党委领导、政府负责、社会协同、公众参与、法治保障的社会治理体制。”虽然社会协同治理理念改变了过去政府在社会治理中的“独角戏”角色，但是党委在我国社会治理格局中的领导地位是不能动摇的。这是因为，中国共产党是实现国家治理体系现代化中的领导主体，人民群众则是实现国家治理体系现代化中的主体力量。因此，树立市域社会治理“协同”理念必须坚持党对市域社会治理主体的领导地位。让市域社会中的各基层党组织在顶层设计指导下，结合自身发展的实际，因地制宜地确定各社会治理主体的责任与义务；立足于基层治理的现实需要，从政治、经济、社会、文化、生态等多重治理目标出发，因地制宜地推动各治理主体遵循协同治理的路线规划、工作安排与政策指导。

2. 明确多元主体参与市域社会治理的职能定位

当前，社会治理的问题呈现出广泛性、复合性和共生性等特点，党和政府很难以一己之力统揽所有的治理工作，因而需要积极引导多元主体参与市域社会的治理工作，以实现市域社会治理工作效能的最大化。党的十八大以来，中央政府曾多次强调要“加快形成党委领导、政府负责、社会协同、公众参与、法治保障的社会管理体制”。这就表明，国家治理的主体发生了变化，市场、社会组织与公民也成了社会治理的主体。同时，树立市域社会治理“协同”理念必须明确多元治理主体在市域社会治理过程中的职能定位。具体来说，市域各级政府要对自身的治理能力有明确的认识，明确自身政策制定、统筹决策与市场监管的职能，其主要方式包括以下 5 个方面：一是通过积极搭建信息服务平台、疏通民意表达渠道的方式，弱化行政权力，将政府变身为市域社会治理的“服务者”，为多元主体开展协同治理提供相应的协商合作平台；二是通过政策宣传，强化社会组织和公民个人在社会治理中的责任意识，积极引导多元主体参与治理，实现政府与公民的良性互动；三是通过市场监管优化市场环境，充分调动多元主体通力合作的积极性，最大限度地协调各方利益关系；四是开放市域社会治理空间，建立多元治理主体的准入标准，善于将那些难以处置或治理成本较高的事务交由社会完成；五是公民个人要树立“主人翁”意识，积极为政策的制订、出台建言献策，并对党政行为进行监督，敢于发现问题，协同助力打造“阳光政府”。

3. 完善多元主体参与市域社会治理的法治体系

依法治理是现代化国家治国理政的基本方式，法律是治国之重器，法治是国家治理体系和治理能力的重要依托。治理方案的落实需要法律的监督，因此，完善多元主体参与市域社会治理的法治体系是顺利开展协同治理工作的保障，也是市域社会治理法治化水平得到提升的必然要求。首先，建立多元主体参与市域社会治理的准入制度。一是政府部门要对社会公共事务进行判断，区分出可移交的社会治理事务；二是对本地区社会组织的治理能力进行科学评估，选择合适的社会主体参与治理工作；三是政府部门要规范工作流程、精简行政审批程序、搭建网络申请平台，增强多元主体进入市域社会治理领域的便捷性。其次，构建多元主体参与市域社会治理的权责机制。一是建立信息公开制度，政府部门要及时公开社会治理主体参与社会事务的过程，避免寻租设租行为，同时增强各类社会治理主体之间的相互监督，及时指出工作中的问题与失误，进而及时处理和更正；二是建立专项经费制度，政府要根据本市的经济发展状况和社会治理需求，制定相关政府购买服务的年度预算，专款专用，严格监督经费的使用情况，并定期公示；三是建立科学、规范的奖惩机制，考核各社会治理主体的工作绩效，不断提高社会治理的效率，对通过考核的社会治理主体进行物质和精神奖励，反之则进行处罚或取消其参与社会治理事务的资格，以保障社会治理的有效性。最后，建立一支德才兼备的高素质法治工作队伍，“奉法者强则国强，奉法者弱则国弱”，只有建立强大的法治工作队伍，才能提升法律运行的实效。通过普法宣传教育，拓展人民群众的法治思维，引导多元主体依法参与市域社会协同治理。

4. 建立多元主体参与市域社会治理的培训体系

社会治理的内容广泛而复杂，涉及政治、意识形态、经济、科技、社会、外部环境、党的建设等多个领域，这就对社会治理人才以及社会组织参与市域社会治理的专业化水平提出了更高要求。市域社会治理主体能力的培养决定着市域社会治理的专业化水平，即是否在市域范围内形成了一套社会治理的专业人才培养体系。因此，政府应适时对具有代表性的社会组织负责人和群众进行教育培训，不断提升其协同治理能力。具体来说，应从质、量两个层面着手。在质量上，对社会组织进行能力培训，确保市域社会治理参与主体的专业性。一是建立健全有关社会组织从业人员的教育与培训体系，通过结业考核，提升培训质量；二是建立市域社会治理从业人员的考核制度，通过定期考核实现优胜劣汰，保障从业人员具备应有的专业性；

三是简政放权、适度让权，让更多的社会组织及人民群众参与社会治理工作，在实践活动中锻炼自我，进而不断提升市域社会治理能力。

在数量上，主要是吸引更多具有高素质的人才不断加入社会组织的队伍，为社会治理增添新的力量。一是将社会治理内容所涉及的领域进行归纳分类，这个过程中，也需要强化多元社会治理主体的认同感，加强多元主体之间的相互合作与交流，保证各个领域都有与之相匹配的专业型治理人才。二是优化社会组织的体系结构，不断补齐短板。目前我国社会组织仍存在发展不充分、不平衡的问题，公益性社会组织的发展程度要明显落后于互益性经济类组织。要“支持和发展志愿服务组织”“重点培育和优先发展行业协会商会类、科技类、公益慈善类、城乡社区服务类社会组织，成立时直接依法申请登记”。[①] 三是建立竞赛机制，挖掘高素质人才。定期举办市域社会治理专业知识竞赛，并建立分级奖励机制，为高素质人才进入市域社会治理领域拓宽渠道，以提升社会治理的专业化水平。

5. 搭建多元主体参与市域社会治理的智慧服务体系

新时代是数字化、智能化的时代。当前，我国社会结构快速转型，人民生活方式不断变化，新旧矛盾激烈碰撞，导致传统的社会治理手段已然无法应对新问题。因此，通过大数据技术创建城市社会治理的信息平台，不断提升市域社会治理的智能化水平，建立智慧城市社会治理体系，已成为提升市域社会协同治理能力的重要手段。这就要求：一是建立先进的信息化理论体系。市域社会智慧治理是未来的必然趋势。但是，智慧治理作为新生事物，无论是理论还是实践应用都处于初期阶段，因此，如何在实践中运用该项技术，各地仍然处于探索与学习的过程。故而在应用智慧治理技术之前，首先需学习借鉴其他市域的成功案例，开展理论研究工作，然后通过前期丰富的理论探讨、大量的经验分析以及风险预估工作，建立起完备的理论体系支撑智慧治理系统，再因地制宜地建立信息化基础设施。二是建立网络化协同治理格局。云计算、移动互联网以及大数据技术的强大数据收集、存储和分析能力，能对现有的政府组织结构进行整体优化。因此，要充分发挥大数据的治理效能，就需要打破各部门间的横向壁垒，通过建立跨部门大数据管理平台，实现不同部门间的数据共享，打破“信息孤岛”，为各领域提供大数据统一服务。三是提升智能、智慧服务水平。不断加强智能软件的应用，尤其是在社会救助领域，通过提供电子政务服务，及时委托市域社会协同治理主体开展医疗、教育、就业等救助服务。

---

① 中共中央关于全面深化改革若干重大问题的决定［M］. 北京：人民出版社，2013.

案例 5-2：

萍乡市安源区的“段华胜工作室”

近年来，江西省萍乡市安源区积极探索在新形势下开展帮教工作的新途径、新方法，大胆借助民间组织、社会力量参与帮教工作，打造了社会帮教工作特色品牌——“段华胜工作室”。帮教工作具有涉及对象的特殊性、涉及部门的广泛性、操作实施的难度性、家庭和社会认识的负面性等特点，历来是让政府和社会头疼的“老大难”问题。而截至目前，“段华胜工作室”累计结对帮教失足人员800余名，先后安置326名失足人员就业，重新犯罪率为零；累计开展帮教活动380余次、宣教活动1160余场，覆盖人群达98万余人次；其辐射的社区矫正志愿者更是高达1.5万余人。这一治安成果的取得，主要在于其明确的责任分工，安源区高度重视社会帮教工作，要求综治、司法、禁毒等相关部门“主要领导亲自抓，分管领导直接管”，并将社会帮教工作纳入相关部门领导班子年度考核内容。督促各相关部门领导要亲自参与社会帮教年度工作计划的研究制订，为各个阶段的工作开展积极谋划；要全力协调解决工作中遇到的困难，从组织上保障社会帮教工作顺利开展；要积极帮助社会组织完善机制，逐步建立起帮教签约、上门帮教、重点帮教等制度。同时为了使社会帮教组织充分发挥作用，安源区不断加大投入力度，将社会帮教工作经费列入年度预算，帮助“段华胜工作室”解决了办公场所和宣教场地，购置了一批办公器材，解决了活动经费问题，为社会帮教工作的开展创造了良好条件。每年都会采取“请进来，走出去”的模式，邀请相关领域的专业人士，对帮教志愿者进行培训，让他们掌握服务帮教对象时所需的技巧能力；到先进地市考察学习交流，学习借鉴先进的经验做法，并根据本地实际进行创新落实。有效解决了社区矫正等工作发展面临的“人手少、任务重、专业力量薄弱”等瓶颈性问题，逐步形成良好的民事民议、民事民办、民事民治的基层社会治理机制。

四、践行“融合”理念

市域社会治理是一种“融合性”治理。所谓“融合性”治理，是指在面对治理事务的时候，需要党政力量的融合，需要治理主体之间的融合，需要治理体系的融合，需要治理方式方法的融合。因此，在市域社会治理过程中，必须践行“融合”理念。具体来说，在党政力量的融合方面，要坚持党在市域社会治理中的领导地位；

在治理主体之间的融合方面，注重协调多元主体之间的权责关系；在治理体系的融合方面，要坚持自治、德治、法治、心治、智治“五治融合”手段创新；在治理方式方法的融合方面，注重发挥科学技术在市域社会治理中的创新作用。

1. 注重协调市域社会治理中多元主体之间的权责关系

在市域社会治理过程中，要明确多元主体的权责主体、利益分配关系，充分发挥政府主导、社会协同作用。政府在经济资源、社会资源和组织资源等方面占据优势，有能力在治理过程中发挥重要作用，发挥政府在治理中的主导作用能够为人民群众提供更安全、更有保障的社会环境。但是政府主导并不意味着政府“一家独大”或政府“说了算”，而是政府进行职能转变，由管理型政府向服务型政府转变、“全能政府”向“有限政府”转变，保障社会公共服务的供给，同时将资源分配给其他组织。如在提供公共服务时，政府必须改变传统的自上而下的单向式管理方式，形成以公共服务为核心的服务型行政模式，将管理寓于服务之中，在服务中实现管理，通过创新公共服务的方式，提供更好的公共物品，提升公共服务的水平。① 同时，要以“激活社会活力”为目标，通过向社会力量购买服务的方式让渡权力于社会。另外，政府要为企业组织和社会组织参与社会治理提供制度支撑和资源支持。政府通过加大对供给公共服务企业的制度支持和激励力度，促进企业参与治理的积极性和能力的提升，具体内容包括推行责任合作，对公共服务责任履行较好的企业，应优先签约优先合作，如此能够推进责任市场的形成，也可以给企业承担公共服务责任以动力；积极促成有利于企业承担公共服务责任的投资融资环境，鼓励资本向责任绩效好的企业流动；引导全社会对勇于承担公共服务责任的企业予以关注，促进责任消费，培育责任市场。

2. 坚持“五治融合”手段创新

市域社会治理“融合”理念的实现，需要体系和机制保障。市域社会治理是一个由自治、德治、法治、心治、智治构成的“五治”体系，自治、德治、法治、心治、智治都是实现市域社会治理的有效手段。然而，自治、德治、法治、心治、智治治理手段皆有其效度，也有其限度，单独运用某一手段，难以达到治理的最佳效果。在市域社会治理中，将自治、德治、法治、心治、智治五种治理手段结合起来，促进自治、德治、法治、心治、智治相辅相成、优势互补，实现自治、德治、法治、

① 关信平．当前我国增强社会组织活力的制度建构与社会政策分析［J］．江苏社会科学，2014（3）：83-89.

心治、智治的良性互动和有机统一。自治、德治、法治、心治、智治“五治”融合能够形成强大合力，提升社会治理成效。坚持依法治理和以德治理相结合，既发挥法律法规的强制作用，也重视道德的教化和感召作用，做到遵纪守法与崇德尚礼相辅相成。同时，法治和德治不是简单的强制与灌输，而是增强全民法治意识和道德自觉，即将治理相关法律制度、道德规范和集体规则内化于心，从观念上对公民进行行为塑造，从而达到和谐社会秩序的治理目标。从心治功能来说，即要立足于治理主体立场，尊重并顺应治理主体心理和情感等因素，注重对个人或群体的内在引导。自治以实现基层组织和人民群众自我治理、自我服务、自我教育、自我监督为目标。自治需要与法治、德治和心治相结合，才能获得良好的治理效果。“五治融合”并非简单的形式相加，而是形成“你中有我，我中有你”的状态，实现治理效果的几何式增长。“五治融合”将发挥市域社会治理最大能量，营造“共建共治共享”治理格局，激发市域社会发展活力，更好更快地推进市域社会现代化。

在融合理念引领下，景德镇市融合社会组织搭建社会心理服务平台，市、县、乡、村四级综治中心已全面建立心理服务咨询室，采取向第三方专业机构购买服务的方式，聘请心理咨询专业人员开展心理咨询服务。针对重点特殊人员开展社会心理预警和疏导，通过有效的心理预警和干预，该市未发生一起个人极端事件。市高新区根据外来务工人员多、心理问题复杂的现状，创新开展“心理服务进企业活动”，受到广大企业的欢迎。鼓励社会组织参与社会治理，一方面，突出大力培育和发展社会组织的意见，不断加大政府购买社会服务力度；另一方面，在社区综治中心设立社会组织工作室，畅通专业类社会组织参与基层社会治理的渠道和途径。如市综治办依托“蓝天救援队”在社区广泛开展社会救援和心理辅导；市委维稳办引入 4 家第三方稳评机构，参与稳评工作。

3. 注重发挥科学技术在市域社会治理中的创新作用

随着计算机技术、互联网覆盖、物联网应用、大数据平台和人工智能等科学技术的发展，市域社会治理的手段逐渐丰富。政府企图独占信息资源，通过单一的行政管理方式进行市域社会治理，这已然成为不可能。因此，政府需要转变思维和治理方式，以适应新时代形势。然而，互联网技术在为市域社会治理提供信息支撑和方式创新的同时，也为治理主体能力提出了新的挑战。如何对多渠道的互联网信息进行整合，如何从海量信息中筛选出有用有效的信息进行事物发展趋势的判断以及如何利用信息进行科学决策，这都对社会治理人员信息处置能力提出了新要求。

在市域融合社会治理的技术实践中已有一些值得借鉴的例子，南昌市运用VR、大数据、人工智能等信息化技术手段，创新搭建红谷凯旋VR智慧社区警务管理服务平台，对小区人、车实行刷脸、刷车，智能管理、智能防控，极大地震慑了犯罪，实现了小区零发案。上饶市研发出一套社区网格化服务管理信息系统，这套系统主要包括“一个中心”和“两个App”。“一个中心”即在县（市、区）设立统一的社区网格化服务管理指挥调度中心，实质是指挥调度平台。无疑，单纯依赖政府资源和能力是难以做到对海量信息进行有效识别、分析、利用及决策的，而是需要政府与社会力量“融合”。这就需要做到以下几点：一是实现互联网各媒介资源的融合，推动信息内容、技术应用、平台终端、人才队伍共享融通；二是发挥政府在信息获取、信息管理方面优势的同时，充分发挥专业人才的智慧，让各类专家、技术精英、智囊团等加入信息的分析、决策及执行过程中，以确保数据来源的可靠性、数据分析的科学性及数据利用的有效性；三是实现政府部门间的数据资源“融合”，进行政府部门之间信息分享，打破“信息孤岛”“数据烟囱”，提高数据使用效率。唯有如此，才能最大限度、最有效率地使用互联网信息资源，提升市域社会治理能力。

五、践行“服务”理念

创新社会治理服务理念，改变服务供给模式，提升服务专业化水平，重视社会心理服务体系的建设是树立市域社会治理“服务”理念的基本道路，是优化特殊人群服务的重要手段，是提升社会治理水平的重要途径。

1. 寓管理于服务，创新服务理念

创新服务理念是提升特殊人群服务水平的基石。从社会治理的角度看，由于特殊人群在法律地位、生理心理、社会角色、基本诉求等方面的特殊性，对特殊人群服务应做到双管齐下、“恩威并施”。通俗地说，所谓双管齐下是指针对特殊人群，有关部门必须转变以往“重管控、轻服务”的模式，从而融管理于服务之中，以管理优化服务，以服务促进管理，实现平等化管理服务，构建社会化服务、项目化运作、人性化帮扶的特殊人群管理服务机制。这就必须在社会治理的实践过程中做到以下两点：一是对特殊人群进行严格的管理教育，提高预知预测预警预防各类风险的治理能力。部分特殊人群通常具有越轨行为，难以做到遵纪守法，往往会引发社会矛盾，带来社会问题，破坏社会稳定。例如，一些不良青少年由于自我约束能力差，容易做出反社会的冲动行为，进而误入违法犯罪的歧途。此时家庭、学校、社会的管控和引导显得至关重要。再比如，对于肇事肇祸精神病患者的管理必须更加严格、更加规范，减少肇事肇祸危害社会安全的可能。二是立足于提升特殊人群生产生活服务，让特殊人群感受到社会的温暖。特殊人群由于生理或心理的特殊性，往往被社会边缘化。例如，刑满释放的人员通常具有“监狱人格”，性格自卑、无法正视自我、情绪波动较大、感受到“被歧视”，无法顺利就业谋生、结交亲友、融入社会，从而产生更加强烈的报复社会的危险心理。因此，地方政府应从精神、生活、发展、教育等多方面着手，帮助特殊人群完成再就业，回归社会；给予特殊人群“被尊重感”，融入社会；培养特殊人群的社会责任感，回报社会。从而实现“源头治理”、“治本”安全。

2. 转变服务供给模式，实现协同服务

习近平总书记在系列重要讲话中指出要着力提升社会治理“四化”水平。“四化”指的是社会化、法治化、智能化、专业化，这是新形势下提升社会治理水平的客观要求。特殊人群服务是一项复杂的、全局性的社会工程。转变服务供给模式，实现协同服务、社会化服务，是完善特殊人群服务的有效手段之一。这要求地方政府协调各方力量，实现各级政府、各个部门的有效配合，同时充分发挥社会力量，形成政府与社会的超强合力，主要内容包括 3 个方面：一是贯彻落实“三位一体”纵向服务体系。地方政府应遵循“上下联动、条块结合、重视基层”的工作机制，建立区–街道–社区三级服务机构，加强各级政府部门的纵向联系，构建系统化的特殊人群服务流程。二是强化地方政府部门横向联动。形成党委政府领导，主管部门主抓，其他部门配合的齐抓共管的特殊人群服务工作格局，缩小部门间配合不紧密导致的服务“盲区”，减少“遗漏”“错漏”现象的发生。三是充分动员社会力量，营造温暖包容的社会环境。社会组织能够在一定程度上弥补政府在资源配置、协调方面的不足。地方政府可以通过购买服务，将服务供给模式从过去传统的政府供给转变为多方参与的多元供给模式。例如，地方政府可以通过与一些社会培训机构、技校等签署协议，对特殊人群进行就业培训，或是与民营企业达成合作，给予特殊人群安置帮教。同时，对于特殊人群，社会组织可以进行定期走访、组织社区公益活动、开展学习教育，让特殊人群通过志愿活动等形式参与矫正工作，“无差别”融入，感受社会温暖，消除心理障碍。

3. 健全特殊人群服务机制，提升服务专业化水平

提升社会治理“四化”水平中的专业化对于提升特殊人群服务同样适用。专业化的特殊人群服务可以从目标、过程、结果等方面提高特殊人群的管理水平，从而进一步优化社会治理效果。特殊人群服务的专业化水平可以从“硬实力”和“软实力”两方面衡量。其中，“硬实力”包括良好的制度安排、先进的信息化手段，“软实力”则包含专项基金的投入及服务队伍的专业化程度。“硬实力”与“软实力”相辅相成，缺一不可。因此，要提升特殊人群服务专业化水平，一是不断强化信息化管理手段。充分运用互联网、大数据等新兴技术，推进特殊人群管理服务信息化建设工程，将特殊人群的信息准确、全面地录入专门的信息平台，实现各部门信息互联互通，减少“遗漏”现象，实现精准服务到每一个人。二是建立针对特殊人群管理者的考核机制。通过设置包括服务态度、帮扶安置率在内的衡量指标，对特殊人群管理者进行定期绩效考核，并根据绩效采取相应的奖惩措施，督促特殊人群管理者提升服务态度和责任感。三是建立特殊人群服务专项基金。一方面应适当增加特殊人群服务者的薪资，招聘专业人才作为专职服务人员。特殊人群服务者需要向特殊人群提供就业帮扶、医疗援助、思想教育、心理辅导等多方面服务，这对特殊人群服务者的专业性提出了较高要求。目前社会组织中的服务人员存在专业水平不高、实践能力较弱的问题，故应增加特殊人群服务者的培训费用投入，加大社会组织服务人员专业培训力度。另一方面应适当加大对特殊人群支持力度。例如，可以通过进行社会再分配增加对特殊人群的经济补助。再比如，可以适当提高对特殊人群就学、就业、医疗等基本生活领域的补贴。

4. 加强社会心理服务体系建设，塑造良好社会心态

加强社会心理服务体系建设是提高社会治理水平的基本要求和必要趋势。党的十九大报告强调：“要打造共建共治共享的社会治理格局就要加强社会心理服务体系建设，培育自尊自信、理性平和、积极向上的社会心态。”① 《中华人民共和国国民经济和社会发展第十三个五年规划纲要》中也提出要健全社会心理服务体系，加强对特殊人群的心理疏导和矫治。正确的世界观、人生观、价值观是提高心理健康水平的必要条件，是塑造积极社会心态的组成元素。理性健康的人格和积极良好的社会心态，有助于促进社会和谐稳定，是社会治理深入推进的基础和前提。因此，重视民众，尤其是特殊人群的心理健康，应及时进行疏导和矫治，帮助特殊人群调

① 伍麟，刘天元．社会心理服务体系建设的现实困境与推进路径［J］．中州学刊，2019：81-87.

整社会心态，加强社会心理服务体系建设是提升社会治理能力的必要手段和有效途径。要推动社会心理服务体系建设工作顺利展开必须挖掘问题，创新思路，稳扎稳打，弥补不足，这就需要从以下 4 个方面着手：一是调整认知偏差。地方政府领导、公职人员应充分认识心理学和社会心理服务对社会治理工作的价值，准确鉴别“社会心理服务”与普通“心理健康服务”的差异，在政策落实过程中杜绝“懒政”行为。二是培养专业人才。社会心理服务工作对专业性要求较高，地方政府在吸收各高校、专业机构的人才之余还应注重人才培养和人才储备，不断扩充政府人才队伍。同时，地方政府需注意降低服务成本，加强“供给侧结构性”改革，鼓励带动心理咨询公司和民间公益组织等社会力量参与其中。三是优化社会心理服务模式。在社会心理服务体系的建设中应该坚持“一盘棋”思路，① 聚焦和服务于全体市民，对于一些困境群体适当倾斜。同时，社会心理服务不可仅限于微观心理问题的诊断疏导，对于人生观、价值观、社会心态等宏观心理问题也需要涉及，比如一些刑满释放、重大精神病患者往往存在对社会不满、心态失衡或害怕自己被排斥、自卑的问题，这就需要社会心理服务体系“建档立卡”“重点盯防”，持续跟进其心理状况，定期进行心理疏导。四是重视文化宣扬。地方政府应充分利用互联网、新媒体等传播工具弘扬优良文化，通过精神文化引导，帮助特殊人群树立正确的世界观、人生观、价值观，建立乐观向上的生活理念，从而保持健康的心理和积极的社会心态。

六、践行“创新”理念

近年来，随着科学技术的进步和社会公众观念的转变以及社会矛盾的变化，我国社会治理正面临着新的形势和新的环境。如何加速推进社会治理现代化进程，在保持社会稳定、维护社会秩序和营造公平正义的社会环境以及增强社会活力等方面取得实质性进展，需要对新形势有清醒的认知，并在此基础上对社会治理的理念及实践进行相应的调整与创新。② 因此，在面对新的形势、新的问题、新的局面的情况下，市域社会治理必须寻求突破。而寻求突破必然不能建立在以往的老观念、老办法等的基础上，需要在原来的基础上不断创新。在市域社会治理过程中践行“创新”理念，就必须坚持“以人民为中心”推进市域社会治理持续创新；就必须打造

① 刘天元．社会心理服务体系建设的现实困境与推进路径［J］．中州学刊，2019（7）：75-81.

② 姚迈新．以习近平社会治理观为指导 创新社会治理理论与实践［J］．行政与法，2019（7）：19-26.

共建共治共享的市域社会治理格局；就必须坚持自治、德治、法治、心治、智治“五治”融合进行市域社会治理手段创新；就必须依托互联网信息技术实现市域社会治理工具和载体创新。

1. 注重治理格局创新

“共建共治共享”的基本意涵是由多元主体共同参与治理，治理成果由全体人民共同享有，它体现了“以人民为中心”的根本宗旨。“共建”即共同参与社会建设。创新社会治理思路，扩大公共服务市场开放，通过政府购买服务、健全激励补偿机制等办法，鼓励和引导企事业单位、社会组织、人民群众积极参与社会建设。① 社会治理事关广大人民群众的切身利益，必须依靠广大人民群众的积极参与和共同建设。“共治”即共同参与社会治理。“共治”的创新性提出，是党的十九大在社会治理议题上的又一大突破和创新，强调社会组织的自我调节功能和居民自治能力。现代社会治理是一项纷繁复杂的系统工程，牵扯主体多、涉及领域广、造成的影响大。面对这些新情况新问题，亟须推动治理方式从传统管控思路向现代共治模式转变。② “共治”的实现，建立在“党的领导、政府负责、社会协调、公民参与”社会治理主体结构的基础之上。我国进入了社会结构转型关键时期，经济体制、社会结构、利益格局及人的思想观念都发生了深刻变化，社会矛盾呈现出复杂性、多样性、不确定性等多重特征。在高度复杂性和高度不确定性的治理情景下，只有多元主体参与治理，才能更好地维持社会秩序稳定。这需要在党的领导的基础上，政府转变职能，继续完善公共服务体系建设，推动行政管理体制改革，发挥政府对社会组织的引导作用。社会组织充分发挥主体的广泛性、治理渠道的多样性与形式的灵活性，激活社会活力，为人民群众提供了高质量的公共服务，促进了政府与公民的良性互动。公民参与治理是市域社会治理的重要保障。它能够有效制约政府权力，防止权力滥用与政治腐败；公民参与公共政策的决策过程，增加治理的民主性与合法性；公民参与有助于培养公民意识，提升公民自身素质与治理能力。总之，坚持党的领导、政府主导有助于利用社会治理的积极因素，实现社会治理效益最大化。“共享”是治理的目标指向。治理不是为了少数人的利益，而是为了全体人民群众的利益，为全体人民群众服务，要让人人享有，努力做到“一个都不落下”。这需要加强民生建设，以民生改善化解社会矛盾，促进社会公平正义。

---

① 徐汉明，邵登辉．打造共建共治共享的社会治理格局［N］．人民日报，2018-06-21.

② 夏锦文．坚持走中国特色社会主义社会治理之路［N］．新华日报，2017-11-01.

南昌市西湖区莱茵半岛小区以齐抓共管共筑平安小区，打造共建共治共享幸福家园。面对莱茵半岛小区严重的治安隐患，当地党委、政府及政法综治部门多次深入小区开展摸底调研，采取量体裁衣的方式，探索基层社会治理新机制，创造性地在莱茵半岛小区组建了“居民自治、公安指导、政府监管”三位一体的小区自治防控格局。一是完善基层自治组织机构。莱茵半岛社区党支部根据小区居民意愿，在属地党工委、派出所的协助下，以社区党员为主成立了自治管理物业委员会，制定了工作方案和章程，并选举产生楼栋长、单元长，共同承担小区物管责任，拉开了小区自治序幕。二是建立完善协商议事机制。新的自治物委会成立后，属地派出所牵头召开业主代表会议，就需求的相关服务和管理事宜，进行沟通，聚贤纳言、集思广益、民主协商、平等议事，确立了“非营利低标准收费、高度自治及全民参与”的基本原则。三是搭建基层自治议事平台。为规范物委会议事规则，物委会在建立协商议事制度的基础上，搭建了莱茵半岛小区“一厅二线”议事平台（居民议事厅、线上微信平台和线下圆桌会），采取“三事（大事、小事、私事）分流”的办法，“居民议事厅”每月至少开展一次，相关成员、利益主体共同出席，围绕议题畅所欲言，协同商议解决方案，为实行居民自治发挥了重要作用。四是建立社区群防群治模式。小区组建了 3 支巡逻队伍，分别是专职保安员队伍、楼栋长（单元长）巡逻队伍、居民义务巡逻队伍。18 名专职保安员负责保安岗亭、停车场（点）的值守，并根据发案情况，在各自责任片区实施弹性巡逻；楼栋长、单元长在各自楼栋、单元附近进行义务巡逻；采取“一户派一人、一年巡一次”的办法，组建居民义务巡逻队，与派出所巡逻队和小区保安巡逻队一起，利用散步、锻炼等空闲时间在小区内开展义务巡逻。莱茵半岛小区自实行居民自治以来，环境彻底好转，居民关系融洽，面貌焕然一新，群众的获得感、幸福感和安全感不断提升。

2. 注重治理手段创新

市域社会治理是一个由自治、德治、法治、心治、智治构成的“五治”体系，自治、德治、法治、心治、智治都是实现市域社会治理的有效手段。然而，自治、德治、法治、心治、智治治理手段皆有其效度，也有其限度，单独运用某一手段，难以达到治理的最佳效果。在市域社会治理中，要将自治、德治、法治、心治、智治五种治理手段结合起来，促进自治、德治、法治、心治、智治相辅相成、优势互补，实现自治、德治、法治、心治、智治的良性互动和有机统一。自治、德治、法治、心治、智治“五治”融合能够形成强大合力，提升社会治理成效。坚持依法治理和以德治理相结合，既发挥法律法规的强制作用，也重视道德的教化和感召作用，做到遵纪守法与崇德尚礼相辅相成。同时，法治和德治不是简单的强制与灌输，而是增强全民法治意识和道德自觉，即将治理相关法律制度、道德规范和集体规则内化于心，从观念上对公民进行行为塑造，从而达到和谐社会秩序的治理目标。从心治功能来说，要立足治理主体立场，尊重并顺应治理主体心理和情感等因素，注重对个人或群体的内在引导。自治是以实现基层组织和人民群众自我治理、自我服务、自我教育、自我监督为目标的。自治需要与法治、德治和心治相结合，才能获得良好的治理效果。如基层自治需要通过法治加以规范与保障，规范自治组织的行为，使之不越权、不缺位，保障村民自治权利的行使；需要发挥道德规范和约束作用，增强自治和法治的道德底蕴，为自治和法治提供情感支持和社会认同；需要加强心治引导和心理建设，以抓住人民群众的内在需求和心理诉求，增强人民群众的心理素质，促进心理和谐及人际关系和谐。通过自治、德治、法治、心治、智治“五治”良性互动和融合，推动社会治理创新，获得社会治理效益最大化。

江西省赣州市信丰县新田镇以“自治、法治、德治”为抓手，由“上访村”变成了法治村、平安村、和谐村，为市域社会治理创新提供了借鉴，其主要做法包括3个方面：一是以自治为核心，夯实乡村治理的群众基础。坚持以村民自治为根本，组建村务监督委员会、“五老”顾问组、村民调解委员会、乡风文明理事会、乡村振兴发展促进会等村民自治组织；坚持让能人变“头雁”、让贤人唱主角、让村民变“股民”、让美景变“钱景”等措施，团结各方力量，充分发挥村民主体作用。二是以法治为保障，规范乡村治理的发展路径。通过强化法治宣传、转变矛盾疏导方式、强化网格化治理等具体措施，把乡村治理纳入法治轨道，以法律作为规范村民行为的准绳，使敬畏法律、信仰法律、尊重司法成为基本取向，引导和推动乡村形成依法办事、依法解决纠纷的良好社会氛围。三是以德治为引领，搭好乡村治理的道德平台。以“道德评议、移风易俗、文化传播、文明创建、诚信建设、依法治理”六大活动为抓手，开展讲故事、亮家风、晒家训等主题活动；通过建设“四墙四馆”，即“爱心墙、功德墙、笑脸墙、签名墙”“村史馆、生活馆、红色文化馆、农耕文化馆”强化德治引领。市域社会治理在坚持自治、法治、德治的基础上，还需要注重辅之以“心治”。

赣州市社会治理进行治理手段创新，在自治、法治、德治基础上，还不断加强心治建设，其主要做法包括6个方面的内容：一是以党政抓统筹、综治抓牵头、考核抓落实等方式注重系统推进；二是以建好专业协会、依托综治中心、拓展服务平台等措施抓整合全覆盖；三是通过配强骨干队伍、培育社会队伍、丰富服务形式等加强队伍建设；四是通过广泛宣传、精准科普、专题辅导等形式抓基础强认同；五是通过全面筛查识别、分级预警防范、精准关爱帮扶等措施抓心防化风险；六是通过在“三治”结合中抓好风气引导、在突发事件和重大矛盾处理中抓好情绪疏导、在舆情引导中抓好“三同步”等进行良好的社会心理心态培育。赣州市加强心治建设，提升社会心理服务体系建设水平，积极培育自尊自信、理性平和、积极向上的社会心态，有力地促进了社会安定和谐。

3. 注重治理工具创新

依托互联网、大数据、云计算等新技术，以满足政府管理、社会治理、公共服务及居民生活需求为目标，是实现市域社会治理工具和载体创新的主要途径。然而，“科学技术都是‘双刃剑’，一方面可以造福社会、造福人民；另一方面也可以被一些人用来损害社会公共利益和民众利益”①。市域社会治理创新，需要控制互联网潜在风险，发挥互联网信息技术优势。我国市域社会治理实践证明，基于网格化的城市智慧治理，能够有力地推进市域社会治理创新，促进社会治理现代化，这主要表现在两个方面：一是以网格化促进市域社会治理创新。网格化管理是运用互联网技术进行的市域社会治理模式创新典范，它以社会治理和服务平台为基础，以统筹各类服务资源作为切入点，立足于满足居民、企事业单位、社会组织的需求，构建集社会管理、社会服务、社会综治、社会组织、便民服务等于一体的智慧化综合管理、服务和提供决策依据的平台。② 二是以大数据推进市域社会治理现代化。大数据技术的有效运用，有助于实现各部门的系统平台资源的整合，满足居民高质量的公共服务需求，提升社会公共政策的制定能力，实现市域社会治理科学化、精细化和高效化。网格化市域社会智慧治理坚持“服务于民”治理理念，以制度方式加强网格治理主体的责任与服务意识；运用智慧平台建设综治防患体系，提升市域社会安全系数；通过立法和责任落实，规范网民发布信息的责任，确保发布信息的合法性、真实性、准确性、规范性；实现数据开放和共享，提高数据使用效率，坚持“用数据分析、用数据决策、用数据治理、用数据创新”。

江西省新余市罗坊镇打造智慧服务平台，推进社会治理现代化。罗坊镇坚持

---

① 习近平．在网络安全和信息化工作座谈会上的讲话［N］．人民日报，2016-04-26.

② 李宇．互联网+社会治理应用探索［J］．行政管理改革，2016（7）：63-67.

“服务罗坊、平安罗坊、产业罗坊、幸福罗坊”治理理念，打造了包括网格化平台、综合服务门户、综合执法、微信工作平台、手机 App 及数据分析等子系统的智慧服务平台。具体做法如下：一是打造服务罗坊，建设一站式服务平台，让服务更智慧。其一是通过建章立制，规范办理。制定了《罗坊镇便民服务管理实施细则》，规定了接待—咨询—告知—取号—受理—回复（办结）的服务流程。其二是通过绩效管理，激发动力。对便民服务中心工作人员实现绩效管理，考核绩效与每个人评优评先、管理费发放、年终绩效工资发放直接挂钩。其三是用数据服务于民，便民利民。服务流程本着“让数据多跑路，让群众少跑腿”的服务理念，使用大数据进行管理，推行“一窗受理、一站审批”的政务服务模式。二是实行网格化管理，打造平安罗坊，构筑“天罗地网”综治防患体系。将全镇 34 个村委分为 274 个网格，明确了每个网格的具体执法人员，执法人员必须每天按作息时间到岗到位，工作轨迹由智慧平台实行实时监控，发现案情通过智慧平台及时报告到指挥中心，指挥中心再调度执法人员及时处理，处理结果计入个人绩效考核。本着“人防+技防”的管理机制，智慧罗坊平台在全镇 261 个自然村安装了 1000 个监控点及视频监控平台，覆盖了所有自然村。监控点可实时监控到点上所发生的各种案情，监控点执法人员可通过手机 App，实时掌握案情动态，执法人员及时将案情图片、语音等信息报告给指挥中心，指挥中心按分工负责制，快速调配人员对案件进行处理。三是打造产业罗坊，促进产业转型升级发展，让产业更智慧。一方面，罗坊建立了“互联网+产业”平台，通过智慧平台，将互联网与罗坊现代循环生态农业相结合，打造罗坊镇现代智慧循环生态农业；另一方面，罗坊建立了数据分析系统，对全镇循环生态农业、休闲旅游产业、文化产业等进行全面分析，了解产业发展情况，结合国际国内相关政策和业态，作出数据分析、判断和决策。四是打造幸福罗坊，满足群众日益增长的美好生活需求，让生活更智慧。一方面，罗坊建立了工作指挥大平台，将全镇各项工作作战图列入智慧平台系统，便于领导掌握、调度工作，解决群众反映的生活与生产问题，促进全镇脱贫攻坚、新农村建设、颐养之家等各项工作和谐开展；另一方面，罗坊通过智慧平台系统，对全镇所有老人、贫困户及低保户等困境群众家庭生活情况进行监控，全面掌握他们的生活情况，便于开展志愿服务、关爱行动等，促进全镇社会和谐稳定，提升群众的整体幸福感。

第六章 推进市域社会治理现代化的体系建设

体系建设是推进市域社会治理现代化的目标导向，关系到推进市域社会治理现代化的能力建设和运行机制建设。从理论探索与实证调研的结果来看，体系建设是当前推进市域社会治理现代化的关键“短板”之一。因此，要推进市域社会治理现代化，就必须加强“一建五治”的体系建设，即指在党建引领下，加强自治、德治、法治、心治与智治建设。

一、坚持党建引领

坚持把党建引领作为市域社会治理体系建设的根本遵循，深化“党建引领+”体系建设，注重将党的政治优势和组织优势转化为市域社会治理优势，努力打造“共建共治共享”社会治理格局。

（一）坚持党建引领的基本要求

党建引领在市域社会治理中的基本要求体现在以下几个方面：一是党组织在社会治理中发挥领导作用；二是党员在社会治理中发挥模范带头作用；三是党员在社会治理中发挥凝聚人心作用。

第一，坚持党建引领，需要党组织在社会治理中发挥领导作用。党组织在社会治理中发挥领导作用是党建引领市域社会治理的根本要求，是保障社会治理坚持正确的政治方向，坚持“以人为本”的基本条件。从市域社会治理的视角来看，党组织在社会治理中的领导作用并未充分地体现出来，例如，由于党员凝聚力不足、参与组织活动积极性不高以及能力不够，因而农村基层党组织涣散，党组织在社会治理中的组织功能、引导功能以及协调功能发挥不足；部分机关单位党组织没有建立起集体领导制度，在社会治理的领导与决策过程中未充分发挥其他党员的民主参与作用、未充分了解与听取广大群众的需求，导致党组织在社会治理中的方向导向错误，治理效率低下。因此，在市域社会治理实践中，坚持将党组织摆在社会治理的核心位置，确保党组织在社会治理中发挥领导作用。一方面，对于农村与城市社区、企业、事业单位以及社会组织基层党组织来说，必须切实代表好、解决好所在区域、单位或者组织人民群众的根本利益，真正贯彻好社会治理“民本”理念，努力实现社会治理基本目标。另一方面，对于党政机关的党组织来说，一是必须把握好正确的政治导向，切实加强所在单位工作人员的思想教育，落实好“为人民服务”的执政宗旨，激发广大工作人员参与社会治理的积极性与能动性；二是必须从宏观上把握整体工作布局，要摸清人民群众的实际需要，认真分析当前工作及服务与人民群众期望之间的差距，注重治理方式的改善和治理能力的提升；三是加强对社会治理问题的精确预测、科学研判和长期规划，提高预防与化解社会风险的能力。

第二，坚持党建引领，需要党员在社会治理中发挥模范带头作用。党员在社会治理中发挥模范带头作用，不仅是党的先进性的根本体现与要求，更是党保持与人民群众血肉联系以及实现人民群众根本利益的实践基础，尤其是在基层社会治理中，党员以其优秀政治品质、职业品质、道德品质、精神品质，在治理过程中发挥模范带头作用，它成为广大人民群众的强大精神支柱和力量源泉，激发人民群众迎难而上、攻坚克难，不断取得市域社会治理新成果。然而，在市域社会治理实践中，仍然存在部分党员未能秉承党的宗旨，缺乏为社会主义事业作贡献的坚定信念，以至于在工作与生活中，往往将个人私利摆在第一位，缺乏社会建设以及为人民服务的积极性，甚至出现个别党员干部以权谋私、侵害人民群众利益的现象。这些党员不仅没有在社会治理中起到带头作用，反而成为社会治理的绊脚石，带来了更多的治理问题。因此，从市域社会治理的视角来看，要发挥党员在社会治理中的模范带头作用，就必须达到以下要求：一是必须增强政治意识，贯彻执行党的基本路线和各项方针、政策，带头参加改革开放和社会主义现代化建设，带动群众为经济发展和社会进步艰苦奋斗[①]；二是必须将党员工作与社会治理目标紧密联系起来，在工作中，将广大人民群众的利益放在首位，积极、主动地解决人民群众面临的现实困难与问题；三是必须保持和党组织的密切联系，积极参加党组织生活，从而使党员在思想上政治上行动上与党组织保持一致。

第三，坚持党建引领，需要党员在社会治理中发挥凝聚人心作用。前文已经阐述过，我国当前社会治理面临着诸多问题，其中一个基础问题就是治理对象的“碎片化”，而弥合“碎片化”的主要途径就是要促进社会团结与人心的凝聚。也可以

---

① 洪向华．论中国特色社会主义最本质的特征［J］．北京联合大学学报（人文社会科学版），2019，17（2）：7-15.

说，如果能够通过党员参与社会治理达到凝聚人心的目的，将使治理环境得到进一步改善，使治理成效达到一个更高的水平。从社会治理的实践来看，党员确实能够在治理实践中将群众凝聚起来，而其基本要求主要体现在以下几个方面：一是需要党员持之以恒地做到为人民的利益着想，解决群众的实际问题，如部分老党员干部坚持真心实意对待老百姓、替群众排忧解难，以此赢得人民群众的信任和尊重，从而在人民群众中拥有较高的公信力和号召力；二是需要党员具有较高的政治觉悟以及道德修养，能够抛开个人私利，做到全心全意为人民服务；三是需要党员加强学习，提升自身能力，以至于面对新的环境、新的问题时，仍能够为群众解决时代性问题。

（二）坚持党建引领的路径选择

从市域社会治理的视角来看，要发挥党建在市域社会治理中的引领作用，关键就是要加强党组织的建设，尤其是县（区）、乡（镇）、村各级企事业单位、社会组织的党组织建设，并将社会治理嵌入党组织的建设过程中。此外，还必须激发广大党员参与社会治理的积极性，提升广大党员参与社会治理的能力，增强社会治理的效能。

第一，将社会治理嵌入党组织的建设中，是发挥党建在市域社会治理中的引领作用的重要基础。党组织是党指导社会治理的重要枢纽，只有加强党组织建设，社会治理的理念才能够得到深入贯彻。从市域社会治理的视角来说，加强党组织建设必须从 4 个方面着手。一是必须提升党组织的引领力，保障党组织在社会治理中的领导作用。这就要全面开展党支部标准化、规范化建设，加大“两新”党组织的组建力度，推进“软弱涣散”基层党组织整顿转化，确保党的基层组织有形有效覆盖，要优化基层党组织带头人队伍，增强基层党组织书记岗位吸引力，选优配强带头人。① 二是必须在打造共建共治共享的社会治理格局中，发挥好各级党组织价值倡导和行动倡导功能。价值倡导要倡导美德义行、互助友爱、和谐共处的社会价值观，行动倡导要求各级党组织和广大党员要扮演好行动模范的先锋带头作用，用切实的行动去引领广大群众共建共治美好家园，共享社会治理的成果。② 三是必须将党组织活动与社会治理紧密结合起来。党组织可以根据现实治理需要，确立党员主

① 陈东辉．基层党建引领社会治理创新的探索与路径［J］．理论与改革，2019（3）：181-188.

② 叶敏．新时代党建引领社会治理格局的实现路径［J］．湖南师范大学社会科学学报，2018，47（4）：18-24.

题活动，并根据治理问题的难易程度，确立主题活动周、主题活动月、主题活动年。党组织应该在主题活动中，对治理问题认真研究、科学规划、督促落实。四是必须建立党组织活动奖惩措施，严格约束广大党员参与社会治理的纪律性，激发广大党员参与社会治理的积极性。对坚持为人民服务、为人民谋利益的党员，或者在社会治理或者治理主题活动中切实解决人民群众实际困难、协调人民群众利益的党员，要给予精神褒奖或者物质补偿；对于政治觉悟低、脱离人民群众、一心为己、漠视人民利益的党员，或者在社会治理或治理主题活动中精神懈怠、行动迟缓的党员，要给予相应的处分。

第二，激发广大党员参与社会治理的积极性，是发挥党建在市域社会治理中引领作用的根本基础。只有依靠广大党员广泛地参与社会治理，才能充分发挥广大党员的智慧与力量，才能够汇集起社会各界的治理力量。因此，这就必须要采取具体措施激发党员参与社会治理的积极性。一是要建立健全保障党员政治发展的制度与程序。要通过建立健全规范的制度与程序，保证那些真正靠得住、有本事、能干事、干成事的党员能够凭借自己的工作业绩顺利得到升迁。二是要扩大从党员中竞选产生党代表的比例。要使各级党代会的代表更多的是由党员来担任，同时改变领导干部代表在党代表构成中占 70%绝对多数的状况，大幅提升广大党员对党内政治运作的满意度。三是要建立面向党员的公开“赛马”机制，为所有希望在政治上有所建树的党员提供平等竞争的平台，让所有党员无差别地同台竞技，使真正有能力、有志愿、有抱负的党员获得认可。①

第三，提升广大党员参与社会治理的能力，是发挥党建在市域社会治理中的引领作用的持续动力保障。只有不断提升广大党员参与社会治理的能力，才能使党员在社会治理中与时俱进，处理好、解决好不断出现的新挑战和新问题，这就必须从以下 3 个方面来提升党员参与社会治理的能力：一是要提升党员的政治理论水平。在社会主义新时代，社会治理需要以马克思主义基本原理、毛泽东思想、邓小平理论、“三个代表”重要思想、科学发展观以及习近平新时代中国特色社会主义思想为理论指导、行动指南，这就要求党员认真学习马克思主义的科学世界观与方法论，在治理过程中彰显马克思主义科学理论武器的实践力量。二是要增强专业知识的学习能力。2013 年 3 月 1 日，习近平总书记在中央党校发表重要讲话，他指出，要结合工作需要来学习，不断提高自己的知识化、专业化水平。要坚持干什么学什么、

① 张书林．部分党员原子化倾向：肇因、危害与治理［J］．探索，2012（2）：33-37.

缺什么补什么，有针对性地学习掌握做好领导工作、履行岗位职责所必备的各种知识，努力使自己真正成为行家里手、内行领导。① 三是要增强联结人民群众的能力。人民群众是社会治理的起点与落脚点，因此，党员只有深入人民群众当中，与人民群众联结起来，才能将社会治理网络建立起来。这就需要党员摆正思想与姿态，多向人民群众请教与学习；需要党员加强调查研究，多到人民群众中去跑一跑，多听取人民群众的意见与需要，并将此作为社会治理的重要导向。

案例 6-1：

江西省上饶市万年县的“党建+”

针对社会治理不断面临的新问题新挑战，江西省上饶市万年县将党组织服务管理的触角延伸到基层末梢，确保基层社会治理的正确方向。② 通过“党建+”的创新举措，不断融入新的时代元素，逐步形成了“党政动手、依靠群众、源头预防、依法治理、减少矛盾、促进和谐”的新格局。其主要举措包括以下 3 个方面。

一是推行“党建+民主决策”，打牢社会治理的民心基础。在全省率先推行党员“首议”制，对村级大事实行“两委出题，党员首议，群众决策”，发展了基层民主，发挥了党员先锋模范作用，保障了群众享有知情权、参与权、表达权、监督权，党员带着干、产业引着干、政策扶着干，帮助群众发展经济、增加收入、改善生活，促进共建共治共享，建设良序社会，全县矛盾纠纷比上年减少 9%。

二是推行“党建+精神文明”，打牢社会治理的思想基础。群众对自己的利益最关切，对矛盾纠纷产生的原因、存在的症结最清楚，解决起来最有智慧。万年县以“民心讲堂”“五老评理会”为平台，组建了一支由党政干部、新乡贤、民间艺人等组成的 300 多人的宣讲队伍，定期到村居开堂上课达 3300 余次，平日深入社区、街巷、居民家中收集意见，围绕教育、就业、社保、医疗、住房等领域，开展政策“微宣讲”活动，努力把社会情绪引入理智、平和、建设性的轨道上来。

三是推行“党建+民主法治”，打牢社会治理的法治基础。引发社会矛盾的导火

① 刘正妙，褚贻炜．新时代党员干部增强学习本领的根本遵循：深入学习贯彻习近平总书记关于党员干部增强学习本领的重要论述［J］．党建，2019（3）：34-35.

② 金伯中，蒋国长．坚持创新发展新时代“枫桥经验”　加快推进基层社会治理现代化：纪念毛泽东同志批示学习推广“枫桥经验”55 周年暨习近平总书记指示坚持发展“枫桥经验”15 周年大会精神综述［J］．社会治理，2018（12）：36-39.

索，往往就是不依法办事。为了引导人们养成通过法治途径主张权利、解决纷争的习惯，万年县选派党员律师、法官、检察官到全县154个村（居）委会担任法律顾问，与群众结对子、交朋友。实施农村“法律明白人”培养工程，组建以村（居）“两委”干部、党员、教师、退伍军人、劳动模范、“五老人员”为主的3000余人的培训员队伍，确保为每个家庭培养1名“法律明白人”。

二、加强自治建设

自治是社会治理特征的核心体现，它体现了社会治理的多元主体、多中心、合作和持续互动的本质特征。实现社会治理的现代化转型，有赖于社会自治的实现和高度发展，[①] 因而，实现市域社会治理现代化目标，就必须加强自治建设。

（一）自治的测量指标

如果自治是个体或者集体在法律、道德以及政策制度的框架内，以自己的意志和意愿解决私人或公共事务、满足私人或群体需求的行动模式，那么，市域社会治理的自治指标就可从自我组织水平、自我服务水平两个方面来考察。

第一，自我组织水平。自我组织水平是指在一社区或者一地区内，具有共同正当利益或合理旨趣的社会成员形成的网络联结数量和质量。因此，在市域社会治理中，自我组织水平的衡量维度主要包括建构自我组织的难易程度和自我组织存在的数量两个方面。从构建自我组织的难易程度的维度来看，其具体衡量指标包括两个方面：（1）正式制度的开放程度。正式制度是指一些成文的规定，既包括中央和地方的法律、法规、政策等，也包括企事业部门的规则规定。正式制度的开放程度，主要是指国家的法律法规、政策制度，以及官员对社会组织的态度是积极的或者消极的，抑或是中立的。例如，从制度政策来说，社会组织登记注册制度、税收优惠政策、资金筹集制度、监督制度和法律体系的宽松与否是衡量正式制度开放程度乃至自我组织水平的重要指标。[②] 从政府部门的实际态度来说，是否对社会组织登记进行严格审批、是否对社会组织运行进行严密监督、是否默许部分未登记社会组织的存在等是正式制度开放程度乃至自我组织水平的重要衡量指标。（2）非正式制度的支持程度。非正式制度，又称非正式约束、非正式规则，是指人们在长期社会交

---

① 周庆智．基层社会自治与社会治理现代转型［J］．政治学研究，2016（4）：70-80+127.

② 陈成文，黄开腾．制度环境与社会组织发展：国外经验及其政策借鉴意义［J］．探索，2018（1）：144-152.

往过程中逐步形成并得到社会认可的约定俗成、共同恪守的行为准则，包括价值信念、风俗习惯、文化传统、道德伦理、意识形态等。① 这具体可以通过以下方式进行考察：人际关系网络密度，即社区成员为了公共利益进行联结和集体行动的能力；社区成员是否具有集体主体倾向，即社区成员为谋求公共利益而牺牲自身利益意愿的强弱；社区成员的公共道德素质，即在追求公共利益的集体行动中出现“搭便车”现象的可能性。

第二，自我服务水平。自我服务水平是指个体或集体以自己的意志与意愿解决个人或公共事务，满足私人或群体需求的行动能力，它是衡量自治水平的核心指标。从市域社会治理的视角来看，不管是个人还是集体/组织的自我服务，都应具有合法且合理的个人或公共目的，都应具有解决个人或公共事务的专业知识和专业能力，以及规则、决心和意志。由此看来，可以从以下指标来衡量自我服务水平：（1）是否具有明确合理的目的。不管是个人还是集体组织，如果在自治中不能够明确自身的目的，那么自我服务的路径选择将会出现偏差乃至错误。同时，自治的目的必须是合理的，否则自我服务就很可能损害到他人的正当利益。（2）是否拥有实现目的的专业知识和能力。在自治实践中，个人或集体行动难以实现其需求的另外一个障碍就是缺乏专业知识。例如，社会组织在自治实践中，缺乏社会组织运行与管理的基本知识，缺乏社会公共服务的专业知识和专业能力，那么，该社会组织将面临生存和发展的困境，难以实现组织的自治功能。（3）是否掌握了实现目的的基本规则。个人或者集体在解决个人或公共事务的行动中，很容易因为不了解行动所需要遵循的规则而失去自治的意义。这些基本规则主要是指相关的法律法规、政策制度等。（4）是否具有实现目的所需的意志力或凝聚力。从个体角度来说，自治是需要一定意志力的，这既包括通过对法律与道德的内化形成的自我约束，也包括长时间进行自我约束的坚持。从组织的角度来说，自治是需要凝聚力的，这主要是指组织内部科学合理的沟通与管理，组织的资源输入与维持，组织文化的提炼与建构。

（二）自治的路径选择

自治虽然是非政府力量在市域社会治理中以自身意志解决个人或公共事务满足私人或集体的需求的行动模式，但是，这并不意味着政府的完全缺位、行政力量的

① 张浩．制度移植与本土资源：中国政治发展的制度逻辑［J］．青海社会科学，2013（3）：30-35.

完全退场。实际上，自治在很大程度上需要政府规制、支持以及引导，当然，也离不开市场与社会的自觉、自信以及自强。具体来说，实现自治的第一步是明确政府与社会在治理中的界限和任务，以防止政府力量对社会自治领域的过度干涉和侵入而产生社会组织自治动力不足问题。第二步是增强社会内部的黏合度，激发社会活力。第三步是促进社会组织发展，提升社会组织自治能力，增强社会自治力量和能力。

第一，厘清政府与市场、社会的边界。从理论上来说，政府既存在显性边界，即政府的工作人员、设备、资产、各种形态的组织资源以及政府所拥有的其他实际法定资源，也存在隐性边界，即政府在法律框架内发挥的作用和影响力的范围，具体表现为行使的行政权力和标示行政权力的行政职责，也就是指政府对整个国家和社会的法定直接控制范围。① 但是，要在实践中厘清政府与市场、社会的边界是一个非常复杂却又必要的问题。厘清政府与市场、社会的边界需要坚持权力边界、职责边界、能力边界、效率边界的理论指导，更加需要探索有效的实践途径。从市域社会治理的自治视角来看，厘清政府与市场、社会的边界并不是由政府单方面给出一个权力或职责清单，而是需要基层政府（县、乡两级）与居委会、村委会、村民代表、企业代表通过沟通、协商以及谈判划定大致的事务责任范围，从而在此基础上明确社会自治的范畴，为个人、集体各司其职奠定基础。

第二，促进基层自治能力的发展。中国基层自治的自发性和能力主要体现在村民或居民自治中，可以说，基层社会潜藏着大量可以凝聚起来的自治组织和自治力量，如民间平安志愿者组织、群防群治组织、矛盾纠纷化解组织等。因此，如何激活基层自治组织与自治力量是重要的实践课题。总体来看，这需要从以下3个方面着手。一是以转变工作方式为重点，发挥党组织对自治的领导核心作用。例如，党组织要充分发挥自身政治资源优势，采用去行政化的方式在基层自治中更好地发挥领导核心作用。二是以价值认同为基础，激发自治主体的能动性。例如，在社区中塑造“平等、互助、和谐”的共同体文化，维护好邻里关系，维护公共利益与秩序。三是以完善制度建设为核心，确保基层自治规范有序地发展。例如，理顺政府职能部门之间的关系，做到权责明晰，完善基层自治的相关配套

---

① 何哲．政府边界问题及行政体制改革的基本原则研究：基于政府权力边界、职责边界、效率边界与能力边界分析［J］．北京行政学院学报，2016（4）：55-65.

制度，做到规范有序。[①]

第三，促进社会组织的发展。党的十九大报告指出："加强社区治理体系建设，推动社会治理重心向基层下移，发挥社会组织作用，实现政府治理和社会调节、居民自治良性互动。"由此可见，社会组织是基层社会自治的重要力量。因此，这就需要优化制度环境来促进社会组织的发展，例如，完善社会组织的税收优惠政策，充分发挥税收优惠政策对社会组织的激励和引导作用；[②] 构建全方位的社会组织监督机制，提升社会组织的公共性和公信力；拓宽社会组织的资金筹集渠道，保障社会组织的健康运行；健全促进社会组织发展的法律体系，突出社会组织在社会治理格局中的主体性地位。[③] 此外，还需要提升社会组织参与社会治理的能力。例如，要完善社会组织内部的规章制度体系，建立配套完备的社会组织内部各项规章制度和工作规范体系，如理事会制度、监事会制度、会员代表大会制度、述职制度、财务管理和公开制度、报告制度等；要大力培养专业人才，树立品牌意识，以社会组织的价值观和感召力招纳志同道合的优秀人才；要促进社会组织与其他社会组织、企业和公众之间的合作协同，进一步凝聚社会力量。

三、加强德治建设

德治是以柔性非强制的方式引导和规范人们的态度和行为，能够树立社会行动的善恶标杆，引导民众形成正确的情感态度，从而促使人们在日常生活中恪守行为准则，实现社会良好秩序。市域社会治理需要加强德治建设，实现在社会治理中讲道德、尊道德、守道德的生活，形成人人守则、人人守德、人人向善的良好风尚，推进市域社会治理行稳致远。

（一）德治的测量指标

当前，我国从社会治理理论层面和实践层面，都大力提倡加强德治建设，然而关于德治建设的基本指标或者说重点，却没有进行明确界定和阐述。从整体来看，市域社会治理中的德治建设要围绕公共秩序与社区风气两个方面展开。具体而言，就是要从公共秩序良好与否，社区风气文明与否来衡量社会治理中的德治水平。

---

① 顾燕峰．让基层自治成为群众的现代生活方式：基于上海市基层自治的实践［J］．中央社会主义学院学报，2014（6）：103-107.

② 吴谦．居民参与社区治理研究［J］．劳动保障世界，2019（8）：76.

③ 陈成文，黄开腾．制度环境与社会组织发展：国外经验及其政策借鉴意义［J］．探索，2018（1）：144-152.

第一，公共秩序良好。公共秩序是衡量一个地区德治水平最直接的指标。公共秩序是一个地区尤其是城市的道德名片，人们往往根据公共秩序的好坏来评价一个地区的文明水平与人文素质。一是公共场所排队有序。公交站台、火车站、医院、超市、服务窗口……在这些人员密集的公共场所，有序排队能彰显个人文明与修养。虽然排队、不插队成为大多数市民的自觉行为，但在一些公共场所也存在少数人插队现象，他们完全不顾别人的感受，常常以急事为由随意插队，甚至为插队而与他人发生争执、恶语相向。因此，可以通过公共场所的排队秩序来考察一个地区的德治水平。二是交通规则遵守状况。交通规则既是法治的范畴，也是德治的范畴。可以说，遵守交通法规是每一个市民应该具备的最基本的道德素养，违反交通法规不仅是现代社会的不文明现象，更重要的是，这种行为会给国家或者个人造成财产损失，对人身安全带来重大威胁。① 因此，交通规则遵守状况反映了一个地区的德治水平。三是公共卫生规则遵守状况。公共卫生也是一个法律法规与道德规范相交集的范畴。公共卫生的一般性价值原则和具体道德规则由公共卫生伦理所明确，公共卫生伦理的核心价值是公共善（公共健康），即公共善优先于个体善，这要求公众自觉追求公共善，维护公共健康。根据公共卫生伦理的价值选择，当个体善与公共善发生冲突时，个体应当服从公共，个体善应当服从公共善，公共对于个体应当具有优先性，这不仅因为基于功利论的公共善大于个体善，更重要的是违反了公共善的个体“善”是不具有善性的。② 因此，保持社会公共生活的环境整洁、舒适和干净，保障社会成员的身体健康，讲究公共卫生，保护生活环境，是社会公共生活中人们应当遵循的最基本的行为规范，③ 也是社会道德风尚的一个重要方面。

第二，社区风气文明。社区风气是衡量一个地区德治水平的深层次指标。一个社区的风气主要包括家庭的和谐程度、邻里的和睦程度以及社区的风俗文明程度。一是家庭和谐。衡量家庭和谐的指标包括：①尊老爱幼。作为子女，不仅要对父母长辈给予物质上的支持，更重要的是给予精神上的关爱。作为父母长辈，要关爱下一代的成长，关心子女教育，不能一味地宽松或严格，而是要宽严相济。②男女平等。即在家庭生活的各个方面，女子和男子人格独立、地位平等，享有同等的权利，

---

① 包茂河．初中物理演示实验教学中的改进与创新［J］．求知导刊，2015（23）：112.

② 张斌．公共卫生实践中诸主体的道德责任［J］．医学与哲学（A），2013，34（7）：34-35+41.

③ 赵平，李晓晖．论高职院校大学生的社会公德教育［J］．教育与职业，2009（26）：57-58.

负有同等的义务。要摒弃“重男轻女”的传统思想，使家庭中的男女享有教育、就业及财产等方面的同等权利。特别是在生育观上，要真正做到“生男生女都一样”，切勿生儿子兴高采烈，生女儿懊丧不已。[①] ③夫妻和睦。夫妻是家庭关系的核心，夫妻和睦是家庭幸福的重要前提和保证。夫妻关系应以平等互爱为基础。[②] ④勤俭持家。勤俭持家是我国家庭的传统美德。勤俭持家关键是要树立具有现代文明的消费观，科学合理地安排家庭经济生活，坚持“量力而行、量入为出、勤俭节约、适度消费”的消费原则。[③] 二是邻里和睦。我国自古以来就以邻居之间和睦相处为传统美德，民间流传着许多名言，如“邻里好，赛元宝”“远亲不如近邻”“千里修书只为墙，让他三尺又何妨”等。衡量邻里和睦的指标包括：①互相尊重。这就是要尊重邻居的人格，尊重邻居的生活方式和生活习惯，如看电视、听音乐、唱卡拉OK等声音要适当，浇花、养鸟等不要给邻居带来麻烦[④]。②互相帮助。这就是要破除“各人自扫门前雪，休管他人瓦上霜”的旧观念，视邻里的事情如自己的事情，视邻里的困难为自己的困难，从小事做起，积极主动帮助邻里。[⑤] 三是风俗文明。风俗是特定社会文化区域内历代人们共同遵守的行为模式或规范。[⑥] 人们往往将由自然条件的不同而造成的行为规范差异，称之为“风”；而将由社会文化差异所造成的行为规则之不同，称之为“俗”[⑦]。因此，风俗文明主要是指社区的礼节、习惯等应与政治、经济、文化、社会、生态发展现状相适应。具体来说，衡量风俗文明的指标包括：①风俗习惯与法律不冲突。风俗习惯与法律发生冲突的现象并不罕见，举一个例子来说，我国不少地区有重男轻女的传统风俗，认为“嫁出去的女就是泼出去的水”，因此，不少家庭对未成年女性的教育投入不积极。1986年7月1日开始施行《中华人民共和国义务教育法》以来，未成年女性接受义务教育遭受了传统风俗习惯的抵制，不少家长的“女子无才便是德”“读书无用论”等传统观念与法律产生了冲突。即便在当下，家长侵害子女受教育权利的现象在部分地区仍然存在。因此，风俗习惯与法律不冲突，就是意味着不能以风俗习惯

---

① 王乃武．家庭美德基本内容：东营心理咨询［DB/OL］．https：//blog. sina. com. cn/s/blog_614b1c7901018c84. html.

② 同①.

③ 同①.

④ 同①.

⑤ 同①.

⑥ 付琳纳．当代民族文学的陌生化表达及其英译再现阐释：以《额尔古纳河右岸》徐穆实英译本为例［J］．燕山大学学报（哲学社会科学版），2019，20（2）：56-64.

⑦ 景云．浅议陈淳的外王思想［J］．闽台文化交流，2012（3）：43-47.

为由去侵害他人的法定合法权益。②风俗习惯与经济能力相适应。风俗习惯与经济能力不相适应的问题较为显著，例如，人情往来礼金攀比和天价彩礼便是其中典型代表。当前，不少地区的人情消费标准逐年攀升，请客送礼的支出消费增加了家庭的经济压力；不少地区人情消费圈子逐步扩大，亲情、友情、乡情、同事情、领导情、师生情等基本人情圈及衍生人情圈半径逐渐拉大，维系的成本逐年攀升，人情消费甚至已占到农村家庭年收入的1/4左右；部分地区人情消费名目逐渐增多，满月、百天、生日、嫁娶、贺寿、丧葬、乔迁、升学、拜师、参军、建房、生意开张等，都要办场酒、收笔礼金。[①] 因此，社区的风俗习惯应该不能增加个人或家庭的经济负担，人情与礼节往来要与经济能力相适应。③风俗习惯与生态建设不冲突。风俗习惯与生态建设之间的冲突关系主要是基于当前生态脆弱性而言。某些风俗习惯拥有悠久的历史，其在发端或者传承期间并未有或者未发现明显的生态环境威胁性，然而后来逐渐带来严重的生态环境危害，比如焚烧秸秆极易引燃周围的易燃物；破坏土壤结构，造成农田质量下降；产生大量有毒有害物质，威胁人与其他生物体的健康，对生态环境带来了一定的负面影响。因此，风俗习惯要坚持与生态环境保护和建设相适应。

（二）德治的路径选择

实现德治的根本要求是社会成员道德水平较高，以及在此基础上的社会组织内部道德氛围较好。因此，要推动市域社会治理中的德治发展，其根本途径就是要提高公民道德修养、推进家庭美德建设、加强社会公德教育以及完善职业道德规范。

1. 提高公民道德修养

公民的道德修养水平体现在其各种各样的社会关系中，如与父母、邻居、同学、老师、同事等之间的关系，可以说，公民的道德修养水平是市域德治水平的根本基础，因而，提高公民道德修养是推动市域社会德治建设的关键因素。从社会学的角度来说，提高道德修养是一个社会化的过程，其贯穿着人的一生。然而，道德社会化的关键时期是在青少年时期，因此，这就要将青少年的道德社会化作为提高公民道德修养的核心，同时要坚持加强成年人的道德再社会化。

第一，要抓好青少年的道德社会化。抓好青少年的道德社会化的关键在于家庭

① 陈起风．莫让人情消费成为农村脱贫奔小康的“拦路虎”［N］．中国社会报，2018-01-29（002）．

和学校的正确教育、引导。一方面，家庭要促进青少年的道德社会化。对过于调皮或行为不受管教的“熊孩子”的关注不应在孩子的行为表现上，而应聚焦于“熊孩子”的家庭教育问题上。实际上，“熊孩子”是一个较为普遍的家庭道德教育问题，其主要是因为父母或监管人员缺乏时间、溺爱及本身道德缺陷等，导致对青少年疏于管教、教育不当、引导有误，使青少年在道德认知以及道德行为方面出现偏差。因此，这就需要家庭加强对青少年的道德教育与正确引导，树立青少年正确的道德认知观念；需要父母或监护人以身作则，以文明行为作为示范，塑造青少年正确的道德行为。另一方面，学校要促进青少年的道德社会化。应试教育过于重视青少年的知识学习能力，而忽视了对青少年道德品质的教育和行为塑造。应试教育往往被视为道德社会化的一个主要障碍，以思想道德课程的开设和教学为例，不少地区的思想品德课程成为摆设，即使开设了相关课程，教师的重视程度也不高，同时教师在教学中，以灌输为主，忽视以“学生为中心”的启发式教学，缺乏与青少年的互动。此外，道德课程往往限制在课堂内，缺少具有启发性和实质性的课外实践环节，导致对青少年道德认知与道德遵从触动性不够。因此，这就需要学校在青少年的道德社会化方面作出实质性的改革：一是必须将思想道德课程作为中小学生的基础课程，扎实落实到具体的教学环节中，杜绝流于形式走过场的现象；二是必须培养或培训合格的思想道德课程教学师资队伍，由“专门的人讲专业的课”，杜绝将思想道德课程作为一门“随便”课程交由任意老师教授；三是必须改进思想道德课程的教学模式，要探索启发式、互动式、实践式的教学模式，杜绝宣讲式、灌输式的教学模式。

第二，要抓好成年人的道德再社会化。前文在谈到“熊孩子”的家庭道德教育问题的时候就指出，父母或监护人的道德缺陷可能会对青少年的道德观念与行为产生负面的示范与引导作用。成年人的道德缺陷，不仅是社会关系陷入“道德风险”的重要原因，也很可能不利于青少年的道德社会化。也就是说，成年人的道德缺陷不仅不利于当前的社会德治建设，也威胁到未来的社会德治建设。因此，抓好成年人的道德社会化十分必要。一方面，要加强对成年人的道德教育。就成年人道德教育而言，社区教育可以融通学校、家庭、社会等教育，可以融汇文明创建、社会公益、学习典型、节庆纪念、礼仪礼貌等活动，可以涵盖“八小时”内外，“全方位”“全天候”对成年人社会公德、职业道德、家庭美德的修炼进行引导、培育、督促、校正，社区可以创建具有共同社会理想、高尚伦理追求、和谐人际关系、健康情趣格调的社区文化，为成人的道德修炼、行为养成营造良好的社会氛围。[①] 另一方面，要加强对成年人违反道德规范行为的惩罚。对于违反道德规范的行为缺乏相应的惩罚制度，或者说有惩罚制度，但是难以落实和贯彻执行，这都将让人们存在侥幸心理，难以遵守道德规范。因而，必须加强对成年人违反道德规范的惩罚。从目前来看，首先最为关键的是要建立起社会信用体系，将公民道德遵从纳入信用管理体系中；其次是利用现代信息技术手段，全方位地对个人道德的行为进行监督与记录；最后是将个人道德行为状况与个人信贷、公共服务、社会福利等的享有资格挂钩，以此抑制个人违反道德的观念与行为。

2. 推进家庭美德建设

家庭是社会的细胞，家庭的幸福是社会稳定的基础。崇尚家庭美德教育，追求充实健康的精神文化生活，有利于家庭和睦，有利于社会和谐，有利于推进社会的文明进步。[②] 因此，推进家庭美德建设，是市域社会治理中加强德治的必然要求。2015 年 2 月 17 日，习近平总书记在春节团拜会上强调“我们都要重视家庭建设，注重家庭、注重家教、注重家风”。2016 年 12 月 12 日，习近平总书记又在会见第一届全国文明家庭代表时强调“帮助孩子扣好人生的第一粒扣子，迈好人生的第一个台阶。”“在为家庭谋幸福、为他人送温暖、为社会作贡献的过程中提高精神境界、培育文明风尚。”“自觉承担家庭责任、树立良好家风”。[③] 由此可见，家庭美德建设的关键是要培育优良家风家训。

第一，要培育优良家风。习近平总书记在十八届中央纪委第六次全会上强调：“每一位领导干部都要把家风建设摆在重要位置，廉洁修身、廉洁齐家，在管好自己的同时，严格要求配偶、子女和身边工作人员。”领导干部家庭的家风崩毁，不仅祸害其家族利益，而且还直接损害党和政府的形象，[④] 而普通家庭家风不正、管教不严，子女很容易招惹祸端，扰乱社会秩序。因此，培育优良家风，是家庭美德建设以及德治发展的社会基础。从市域社会治理的角度来说，培育优良家风决然不是一蹴而就的过程。当前，一些地区要求每家每户培育优良家风，但是如何培育却并

① 朱涛，张秀芝．论新时期成人道德教育：兼谈学习《公民道德建设实施纲要》的体会［J］．中国成人教育，2002（3）：6-8.

② 邝洁．家庭美德教育及其和谐家庭的构建［J］．湖南师范大学教育科学学报，2010，9（1）：127-129.

③ 杨红燕．基于家庭教育理念下的高校文明校园建设的思考［J］．教育现代化，2019，6（60）：152-153+156.

④ 邢炎．大力弘扬优秀家风［J］．中共山西省直机关党校学报，2016（6）：63-64.

没有下文，从而导致培育优良家风落入了形式主义的窠臼。总体来说，培育优良家风是一个由点到面，由近至远的过程。所谓由点到面，关键是公职人员家庭、党员家庭要起到模范带头作用。一是广大党员以及公职人员始终坚定共产主义信仰、中国特色社会主义信念；要牢固树立公仆意识，自觉克服特权思想，低调做人，自觉做到廉洁自律、清白做人、干净做事，并为子女做出好的榜样，树立一个好的形象，发挥较强的说服力和教育示范作用，为树立清廉家风奠定良好基础。① 二是广大党员以及公职人员必须从严治家，对配偶、子女、亲属从严要求、教育和管理，筑牢家庭的“廉洁墙”，以免“后院起火”、养痈遗患。三是建立公职人员家风考核制度，将培育与传承优良家风作为党员公职人员奖惩、职位晋升的重要参考依据。四是通过广大党员以及公职人员家庭的良好家风带动普通群众家庭的家风培育，并通过精神与物质手段激励普通群众家庭倡导仁爱、勤俭、诚信、孝顺等传统价值观，同时吸纳民主、平等、和谐、法治、责任、宽容、感恩、独立、自律等新时代价值理念成为家风内容。②

第二，要树立优良家训。家训家规是我国古代以家庭为范畴的道德教育形式，也是中华道德文化传承的一种方式。我国历史上流传下来的家训家规，作者多是文化名人或有名的官员，社会影响较为广泛。这些家训家规的功能远远超出对本家族的教育作用，而成为社会教育的一种独特形式，为社会提供了家庭教育范本和楷模。尤其是这些家训家规对其家族的繁衍发展起到了重要的保障作用，容易引起后世更多人的关注和效法，从而使得这些家族内的训规成为道德教育的普遍教材。③ 可以说，优秀的家训、家范，是滋养今人和后代的宝贵精神财富，是我们涵养家风、建设家庭的一个重要路径。当前，树立优良家训，不仅是对培育优良家风的凝练与升华，也是家风得以传承延续的规范性纲领。因此，树立优良家训，是家庭美德建设以及德治发展的制度（非正式制度）基础。树立优良家训的根本途径主要包括两个方面。一是要构建立足现代文明与时代进步的家规家训，注意辨析与舍弃传统家教中那些不符合现代教育理念的糟粕，从传统优秀的家规家训中挖掘出正确的义利观、权力观、价值观内涵。我国古人的家教特别重视道德养成和价值观引导，尤其是突出传统美德教育，这些都是值得重视的经验，应当继承发扬。但是由于历史的局限，

① 邢炎．大力弘扬优秀家风［J］．中共山西省直机关党校学报，2016（6）：63-64.

② 朱慧卿．把家风建设摆在重要位置［N］．人民日报，2016-02-19（003）.

③ 陈来．从传统家训家规中汲取优良家风滋养［DB/OL］．http：//theory. people. com. cn/n1/2017/0126/c40531-29049795. html.

有些家训家规的内容已经过时，因而，需要对传统家规家训有正确的认知，对待古代家训家规，应取其精华，去其糟粕，批判地继承和弘扬。批判地继承其育人精髓，以更好地挖掘其在新时代的育人功能。① 二是要加强对优秀家规家训的宣传，让优良家训融入百姓日常生活中，发动群众充分挖掘具有本地特色的家规家训，用立、挂、晒等多种形式，让漫画版家规家训走进家家户户。不仅通过悬挂家规家训推进文明正能量的传递，还要组织评比，推出一批典型，为传承家训、家风提供身边模范和学习标杆。激发群众的争创热情，弘扬优秀传统和家风，让“言传身教、身教为贵”“育人为本、德育为先”，以及蒙以养正、励志勉学、廉洁奉公等良好的风尚得到弘扬和普及，提升市民素质，提高城镇文明水平。另外，新闻媒体要主动跟进，深入一线，以“访”为推手，探访一批德高老人、成功人士、幸福人家，讲述他们的德行、兴家、成功与家训的故事。同时，在媒体展示家规家训，让更多的人知家规、定家训、传家风。

3. 加强社会公德教育

社会公德是指存在于社会群体中间的道德，是生活于社会中的人们为了群体利益而约定俗成的应该做什么和不应该做什么的行为规范。② 与“私德”相对，“公德”主要是调整个人与国家、组织、集体、民族、社会等关系的道德。因此，从市域社会治理的角度来说，加强社会公德教育有利于地区的德治发展。

加强社会公德的关键因素是要立体式构建社会公德教育体系。社会公德教育毫无疑问是一项艰巨、复杂、长期、系统的工程，不可能一蹴而就，也不可能由单一力量来解决。作为一个宏大且涉及面广的教育体系，首先，在顶层设计层面需要国家和政府予以重视与推进。在公德的理论宣传、内容解读、氛围营造等环节动用上层力量达到造势效果，并结合政绩考核的指挥棒作用、现代媒体的普及性特点等，强化整个社会的公德意识。其次，在中间层面应发挥专门教育机构的育人作用。利用各级各类学校的教育资源，通过课程教学、主题活动、实践参与等多种方式加强青少年社会公德教育。再次，在底层层面要注重家庭教育无可比拟的独特作用。因为父母是孩子的第一任老师，其点滴言行将直接投射并影响孩子的态度、观念、价值选择，因此我国要加快对教育系统中相对较弱的家庭教育研究，使塑造孩子最初

---

① 王琪延，韦佳佳. 家规家训与生活满意度研究：基于结构方程模型的实证分析［J］. 调研世界，2018（3）：16-21.

② 石雨薇. 徐特立德育思想内容及其当代价值［J］. 学理论，2013（17）：367-368.

道德形态的父母能够承担起社会公德教育的部分责任与使命，懂得较为科学的培养方式，这种“先入为主”的方式往往比后期刻意矫正更能取得事半功倍的效果。[①]最后，要加快出台和实施与社会公共生活相关的法律法规。通过法治来保障社会公德教育的推进，提高人们在公共生活领域的道德遵从度，促使人们在日常生活中形成遵守社会公共道德的良好习惯。

4. 完善职业道德规范

涂尔干在《职业伦理与公民道德》中开篇就提出：“存在两种规范，一种是政治性规范，一种是职业性规范，分别对应政治行为和职业行为，我们决不能忽视以职业为代表的大部分生活。”在通常情况下，国家与社会无法为经济生活设定规范，只能通过职业群体对经济生活中的道德进行规范与调节。“我们所援引的各种事实已经足以证明，职业团体并不是不能产生道德影响的。”这就需要职业道德作为社会规范发挥作用。“职业伦理与公民道德共同构成了每个历史时代的公共的规范生活。”[②] 当前，职业道德的行业性、价值中立、技术理性等特征也给自身带来了诸多困境。其中，职业道德面临的主要困境在于它的非道德化倾向。从根本上说，道德应是关于善与恶、对与错的行为规范，善与恶、对与错本应是价值判断，它反映的本应是道德评价者的个人道德立场。而职业道德的兴起在某种意义上把价值判断变成了事实判断，出现了“非道德化”的倾向。这有两方面原因：一是缺少善恶评价。也就是说，个人因违反职业道德受到的惩罚，并不会影响社会对其评价，日常生活中人很少因为职业道德而去评价一个人其善和恶，而至多评价其对和错。这种对和错主要是技术意义上的，行为符合技术规范，便是“对”，反之便是“错”，它们不涉及对人价值抉择的对错评价。二是缺少精神内涵。即作为职业规范的职业道德不再具有精神内涵，它作为技术规范、操作规范，只是一种更好地完成工作的“工具”。

完善职业道德规范的关键是要做到以下几个方面。一是发挥各职业或行业协会在制定与完善职业道德规范的积极性。职业或行业协会在制定与完善职业道德规范的过程中必须深入具体的职业关系中，调查职业道德规范的不妥当与不完善之处。例如，教师的职业道德规范问题就必须深入与学生的关系、与家长的关系、与同事的关系、与自身专业性的关系以及与社会的关系中。而从教师与同事的道德规范来

① 孙园．社会公德教育的困境与对策［J］．江西教育，2013（33）：7-8.

② 李育书．职业道德：兴起、困境及其化解之道［J］．伦理学研究，2018（3）：118-123.

说，我国当前师德规范只涉及一条原则性的表述，即“尊重同事”，而对“不对同事发表虚假、毁谤、恶意言论”“保护同事隐私”等却未提及，[①] 因此，这就需要从这些方面去完善教师职业道德规范。二是从中华传统美德中吸取营养来完善职业道德规范。比如要注重吸纳传统美德中的“廉洁奉公”理念，使一切从业者在自己的工作中，做到廉洁自律、洁身自爱，不徇私情、不谋私利；要注重吸纳传统美德中的“敬业勤业”理念，引导从业人员发扬先贤“敬业勤业”理念，不断升华自己的道德境界，为开拓社会主义各项事业、推动全社会经济文化大发展，作出自己应有的贡献；要注重吸纳传统美德中的“诚实守信”理念，以弥补社会现实中诚信之德的缺失；要注重吸纳传统美德中的“以义制利”理念，启示全体从业人员在自己的工作与生活实践中，正确处理道德与金钱的关系，高扬清正廉洁精神，坚决做到不谋取违背社会正义的私利；要注重吸纳传统美德中的“博爱大众”理念，落实“民生至上、质量第一”的经营宗旨，使之同社会主义职业道德所大力倡导的“服务群众，奉献社会”的基本规范相承接，从而使道德建设同社会文明相协调。[②]

案例 6-2：

江西省赣州市信丰县新田镇的“德治”

江西省赣州市信丰县新田镇坪地山村以“道德评议、移风易俗、文化传播、文明创建、诚信建设、依法治理”六大活动为抓手，开展讲故事、亮家风、晒家训等主题活动。通过建设“四墙四馆”，即“爱心墙、功德墙、笑脸墙、签名墙”“村史馆、生活馆、红色文化馆、农耕文化馆”强化德治引领。其主要措施包括以下 3 个方面：一是搭好道德平台。通过搭建乡村道德长廊等公共道德文化平台，以农民群众喜闻乐见、生动活泼的方式宣扬真善美、鞭笞假恶丑。[③] 充分挖掘村中事、身边人，开展形式多样的社会公德、职业道德、家庭美德、个人品德教育和模范评选活动，发挥榜样示范带动作用，引导农民群众明礼知耻、崇德向善，促进农村社会和谐稳定。二是吹好乡风文明清风。发动群众积极参与“文明家庭”“文明媳妇”等

---

① 陈黎明．如何完善我国教师职业道德规范?：基于对五个国家教师职业道德规范的质性内容分析［J］．教育科学研究，2019（2）：74-81.

② 黄钊．当代职业道德建设应从中华传统美德中吸取营养［J］．思想理论教育，2016（5）：40-44.

③ 张天佐．完善乡村治理机制 保持农村社会和谐稳定［J］．农村经营管理，2019（3）：8-10.

文明创建与评选活动；建设文化长廊，把“文明新风进万家”等内容以壁画的形式直观形象地体现出来，教育引导人们崇尚文明，反对陋习；依托村规民约推进农村宴请、殡葬改革等移风易俗，唱响主旋律，育成新风尚，让文明乡风吹遍坪地山村。目前，该村的信用贷款做到了全覆盖，全村没有一个“老赖”，被评为“文明信用村”。三是开展崇德尚善的活动。村党支部书记带头捐资助教，扶贫济困，连续6年个人出资为坪地山村小学捐资助学、为学生购买意外伤害险、教师节慰问和奖励全村教师、奖励资助考上大学的本村学生、慰问高龄老人等，共捐款捐物20余万元，为全村村民积极投身公益事业起到了很好的示范带动作用。通过村民微信群为交通事故受伤的村民发起微信红包募捐10余万元，帮助4户大病困难户渡过难关；为全村公益事业建设募捐100余万元，引导村民走善治之路。

当前，坪地山村村民的获得感、幸福感、安全感更加充实、更有保障、更可持续，农村社会更加和谐、安定有序。每年大年初一，村“两委”就组织召开一次茶话会，邀请剧团到宗祠开展文艺演出，全村村民共100余桌同吃团圆饭，共商来年发展新规划，1000余人合照“全家福”。这种民心团结、淳朴善良、尊老爱幼、热心公益的道德风尚和乡风文明令人为之震撼。

四、加强法治建设

法治是现代社会治理体系的首要特征，法治建设是提升社会治理能力的有利路径。党的十八届三中全会提出“坚持依法治理，加强法治保障，运用法治思维和法治方式化解社会矛盾”，法治是现代社会秩序的基础性保障力量，提升了社会治理的有效性和合法性，社会治理的法治水平是决定其现代化水平的关键变量，① 没有法治，社会治理实践与目标便难以达成。因而，在市域社会治理中，要加强法治建设。

（一）法治的测量指标

社会治理法治建设指标是通过名称和指标数值，具体反映描述一个国家或地区某一时段内社会治理法治建设某一目标单位在数量、质量、类别、状态、等级、程度等方面特性及综合变动状况的量化评估系统，是一个体现社会法治法律制度本体

① 唐皇凤．法治建设：转型中国社会治理现代化的战略路径［J］．江汉论坛，2014（9）：12-17.

及运行状况质的规定性定性评价与量的规定性定量评价的范畴。[①] 也可以说，社会治理的法治指标就是用来衡量国家或地区的法治水平的客观工具。总体来看，一个国家或地区的法治水平有赖于健全的法律体系架构、公开透明的法律颁布过程、严格的法律执行过程以及良好的尚法、懂法、遵法的社会氛围，因此，从市域社会治理的视角来看，法治的具体衡量指标就蕴含在以下环节中。

第一，从法律体系架构来看，市域社会治理的聚焦应该是市域内地方性行政法规、地方性法规以及地方规章、部门规章及其他规范性文件，因此，法律体系架构方面的法治指标主要包括以下内容。（1）公共权力的行使被严格限定在法律的框架之内。对公共权力的制约与监督本来就是法治需求的一个重要原因。因此，“把权力关进制度的笼子”是法治的一个目标。进一步来说，政府必须要有比较明确的权力清单，也就是说，具体的政府机构、部门、岗位的权责要明晰。（2）社会治理方面的行政法规、地方性法规以及地方规章、部门规章及其他规范性文件完善。从市域来看法律体系的完善程度，关键要看是否围绕着区域内广大人民群众的普遍需求与切身利益构建起法律体系。（3）行政法规、地方性法规以及地方规章、部门规章及其他规范性文件的合法程度。从法学的视角来看，行政法规、地方性法规是不能与上位法相悖的。但是，从现实来看，地方各级人大、政府出台的少数法律法规还存在对抗上位法的情况，而最为突出的是政府文件、政策与国家法律的抵触。这种法律上的矛盾不仅会导致法律实施与执行混乱，更为重要的是会削弱人们的尚法信念，侵蚀法治的社会基础。

第二，从法律颁布、执行过程与结果来看，市域社会治理的法治指标主要包括以下内容。（1）公开、及时地颁布地方性行政法规、地方性法规以及地方规章、部门规章及其他规范性文件。公开、及时颁布法律法规是法治的重要环节，是人们知晓法律规范，遵从法律规范的前提。（2）严格、公正的司法。一是在社会治理过程中必须坚持“以事实为根据、以法律为准绳”的司法原则；二是全面贯彻证据裁判规则，依法收集、固定、保存、审查、运用证据，严格依法处理社会治理案件。[②]（3）保障人民群众参与司法活动。一是保障人民群众参与社会治理案件的调解、听证、涉诉信访等司法活动；二是人民陪审员制度健全完善，公民陪审权利保障充分；

① 徐汉明，张新平．社会治理法治建设指标体系的设计、内容及其评估［J］．法学杂志，2016，37（6）：31-43.

② 同①.

三是审判公开、检察公开、警务公开；四是社会治理案件司法依据、程序、流程、结果和生效法律文书依法及时公开，社会治理案件查询管理规范。[①]（4）加强人权司法保障，增强司法公信力。一是保障诉讼过程中社会治理案件当事人和其他诉讼参与人的知情权、陈述权、辩护辩论权、申请权、申诉权；[②]二是涉及社会治理的民事、行政以及刑事案件程序规范、公平公正；三是有效防范、及时纠正社会治理冤假错案；四是社会治理案件有司法救助、法律援助。[③]（5）社会矛盾纠纷的数量得到有效控制或下降。社会矛盾纠纷的产生与矛盾纠纷双方的道德水平、矛盾激发时的心理状况有较大关系，但是，法治程度是更为关键的因素，许多矛盾纠纷根源是矛盾纠纷双方不清楚自己的利益边界，不清楚自己在双方关系中的权利与义务，也就是说，或者缺乏法律、制度与规定对行为的规范，或者对法律、制度与规定的不知晓、不遵从。因此，市域社会治理中法治水平的提高，一定程度上会促进社会矛盾纠纷的数量控制或下降。（6）民事、行政以及刑事案件数量得到有效控制或下降。法治水平对民事、行政以及刑事案件数量的影响是非常显著的，尤其是严格执法，不仅有利于客观上约束人们的行为，也有利于促进人们主观上对法律的遵从。（7）社会治安环境得到有效改善，民众的安全感提升或者保持在较高的水平。

第三，从法治的社会环境来看，市域社会治理的法治指标主要包括以下内容：（1）人们尚法程度较高。尚法，简单来讲就是崇尚法律。由于尚法精神在很大程度上均属于一种心理现象，所以它又可以分为三个部分：一是人们对法律的情感，二是人们对法律的态度，三是人们在这种态度支配下的行为。[④] 与此相应，尚法的要求包括：人们感觉到崇尚法律是伟大的、庄严的，是人们应当追求的崇高精神目标；尚法应当成为一种精神上的寄托，人们对法律的敬仰和依靠应当是生活在现实世界的一种归宿；法律自然而然地影响人们的行为，不再需要任何昭示。[⑤]（2）人们对地方性行政法规、地方性法规以及地方规章、部门规章及其他规范性文件的知晓度比较高。（3）公共法律服务体系比较健全。一般来说，公共法律服务体系的具体指标又包括：一是政府为全民提供法律知识普及教育和法治文化养成所必需的公共实

① 徐汉明，张新平．社会治理法治建设指标体系的设计、内容及其评估［J］．法学杂志，2016，37（6）：31-43.

② 同①.

③ 同①.

④ 蒋伟．尚法精神与依法治国［J］．社会主义研究，1999（5）：43-45.

⑤ 同④.

体平台或公共实体载体建设；二是政府为符合特定公共法律服务规则预先设定条件的经济困难的公民和特殊案件的当事人提供的专项法律援助；三是政府通过财政购买的方式统筹组织律师、公证、基层法律服务、法律援助、司法鉴定等机构，针对特定遭遇特殊困难的公民所开展的公益性的法律咨询、刑事辩护、民事与行政代理、公证、见证、司法鉴定等一般性法律服务；四是政府组织开展旨在预防和化解民间纠纷的人民调解活动；五是政府针对群体性法律服务需求所开展的一般性法律服务。①

（二）法治的路径选择

市域社会治理的法治的路径选择必须聚焦于以下几个方面：一是要推进科学立法；二是要推进民主立法；三是要推进依法行政改革，提升依法行政职能；四是要加强执法队伍建设；五是要构建良好的法治社会环境。

第一，推进科学立法。科学立法是构建合理与完善的法律体系架构的基本原则。从市域社会治理来看，其涉及的地方性行政法规、地方性法规以及地方规章、部门规章及其他规范性文件数量较多，但是，其中部分法律法规不适用于社会情境，不仅难以起到约束人们行为，维护人们利益的作用，反而容易导致人们行为上更大程度的混乱。而法律法规与社会实际的矛盾根源在于立法不科学。所谓的立法不科学，就是立法者对立法对象的社会关系自身及其背后的客观规律缺乏清晰把握，没有寻求实现各种预定目的的最优方案。② 因此，要推进科学立法，就必须达到对具体立法活动所调整之社会关系这一事实和其背后规律的“正确性”认识，需要在立法过程中，充分借鉴自然科学和社会科学的研究方法，综合运用自然科学、社会学、统计学、经济学、人类学等不同方法对立法活动所涉及的社会事实或者自然事实进行客观的实证研究。③

第二，推进民主立法。民主立法是法治能立于人民生活、存于人民心中的根本途径。从市级行政区域来看，其每年颁布的地方规章、部门规章及其他规范性文件，不少都缺乏民主基础，甚至有些政策文件是依靠几个办公人员、领导干部“冥思苦想”出来的，严重脱离了群众基础，从而导致地方立法决策随意、地方性法规起草渠道单一、地方性法规审议形式单调等问题。因而，所谓的立法不民

---

① 刘炳君．当代中国公共法律服务体系建设论纲［J］．法学论坛，2016，31（1）：118-124.

② 裴洪辉．合规律性与合目的性：科学立法原则的法理基础［J］．政治与法律，2018（10）：57-70.

③ 同②.

主，就是立法没有充分吸纳公众的广泛参与，没有充分尊重民意、体现民意，使所制定的法律法规没有代表最广泛群众的意志和利益。[①] 从理论上来说，要促进民主立法，就必须要详细、充分了解立法调整事态所涉及的各种内外因素及其相互关系，对与法律运作相关的各种社会、政治、文化的限制性、相关性因素予以综合考察。[②] 从实践上来说，一是要加强立法立规方面的政策调研。从立法方面来看，要加强党委的领导，发挥地方人大在立法中的主体作用，会同执法部门，深入立法对象，听取立法诉求与意见；从立规方面来看，要加强党委的领导，发挥地方人大在立规方面的建议与监督作用，发挥执法部门的主体作用，深入规定与政策影响对象，听取规定与政策制定的诉求与意见。二是要根据人民群众的利益关切点来立法。例如，从环境保护方面来看，国家出台了《中华人民共和国环境保护法》《中华人民共和国水污染防治法》《中华人民共和国大气污染防治法》《中华人民共和国环境噪声污染防治法》《中华人民共和国放射性污染防治法》《中华人民共和国环境影响评价法》《中华人民共和国清洁生产促进法》，在有些市行政辖区内，不存在放射性污染问题以及较少的大气污染与环境噪声污染问题，但是人们普遍关注水质问题，希望政府加强对水源与河流保护、排污监督，那么，地方政府就应该在《中华人民共和国水污染防治法》等法律的框架下，出台切合当地需求的地方性法规或规章。

第三，推进依法行政改革，提升依法行政职能。当前，地方利益、部门利益、个人利益、单位利益等成了部分行政行为的定位和动机，一些官员把法律当成捞取地方和部门利益的工具，因此出现了大量的乱罚款、乱摊派的牟利执法；一些地方政府和部门在行政执法过程中，行政越权、滥用职权、以权代法、权钱交易、违背法定权限和行政程序等现象屡禁不止，致使执法体制不能畅通运行，严重损害了法律的严肃性和公正性；一些执法人员在执法过程中为权力寻租，造成了社会不平等。[③] 因此，政府在行政执法过程中的正当、公正性，是广大人民群众主观感受与评价法治水平的直接来源，是带领人民群众尊法、守法的直接动力。可以说，依法行政是社会治理过程中的法治实践核心。这就需要做到：一是社会治理为整体性治理，政府的各个部门都将参与治理。因此，政府在横向与纵向上都必须建立明确的

---

① 黎堂斌．地方民主立法存在的问题、成因及对策［J］．学习与探索，2018（12）：112-116.

② 裴洪辉．合规律性与合目的性：科学立法原则的法理基础［J］．政治与法律，2018（10）：57-70.

③ 卜晓颖．当代依法行政的困境与出路［J］．理论与改革，2013（6）：167-170.

权力清单，即市（州）、县（区）、乡（镇）应将清单公之于众，使公共权力与责任透明化，打开制约公共权力的窗口。二是针对政府在立法、立规、制定政策等方面的法律知识和专业化不足问题，必须建立政府法律顾问工作制度，由法律顾问专门负责政府法律规范性文件的合法性审查工作；提供重大决策的法律风险评估，并提供咨询、论证意见；参与重大的突发性事件、群体性事件、信访事件的调处等。① 具体来说，一方面，县级以上政府应设立政府法律顾问室，下设政府法律顾问团，法律顾问室负责处理本级人民政府法律事务，指导同级人民政府职能部门和下级人民政府的法律顾问工作；另一方面，乡镇人民政府、街道办事处、新区管委会、经济开发区等可以设立政府法律顾问室和政府法律顾问团。② 三是要持续推进反腐倡廉工作。反腐是社会治理的途径，也是社会治理的一部分；反腐既是法治的途径，也是法治的基本要义。从市域社会治理视角来看，反腐工作要以维护人民的利益为中心，聚焦民生领域的民生服务过程与结果；反腐工作要广泛发动广大人民群众的监督作用，尤其是要合理利用网络反腐平台，加强多元化腐败治理。

第四，加强执法队伍建设。执法队伍是社会治理中的法治关键实践者，其执法的力量、执法的水平、执法的方法都影响着社会治理以及法治水平。当前，不少行政管理部门都面临着法治力量薄弱的问题，主要是执法队伍不健全，如不少县、乡镇的警力配备不够，一些派出所民警身兼数职，以至于精力不能集中于案件处理、社会治安等治理问题上；部分行政执法人员的执法理论修养或实践经验的缺乏，在一定程度上可能导致法治应用效果欠佳，治理效率不高。例如，一些办事人员在对法律法规、政策文件理解不透彻的情况下，往往在处理相关事务时，容易产生执行偏差、错误等问题，导致法治的不公正与不公平性；部分行政执法人员过于“刚性”执法，而忽视了其他解决问题的方法。例如，在土地拆迁的过程中，一些执法人员根据政策条文一味地强行执行，忽视了被拆迁人的心理与利益诉求，导致社会矛盾与冲突加剧，这就容易引发群众“法治抵触”现象。这就需要在市域社会治理中，通过加强执法队伍建设来推进法治进程。一是要加强对执法队伍人员的配备。每个县、乡镇要根据社会治理的重点与难点，配备充足的执法人员。执法队伍中人员的配备要根据实际情况，进行不同类型的搭配，如老中青搭配、男女性别搭配等。

① 宋智敏．我国政府法律顾问制度的实践与完善［J］．法学杂志，2015，36（3）：52-59.
② 同①.

二是需要加强对执法队伍人员的素质培养。理论关是执法人员法治实践的基本关，执法人员必须掌握执法理论依据。这就需要加强执法人员的岗前培训与考核，建立高要求、高标准的执法准入制度；需要加强执法人员的在岗培训，使执法人员的水平与时俱进。三是需要提高执法人员的执法技巧。社会治理的手段既包括使社会成员服从正式制度，也包括各种社会成员认可的非正式制度。简单地说，就是包括“法、理、情”[①]，也就是说，法治是治理的刚性保障，同时也需要一些柔性的执法技巧，例如，掌握沟通技巧、谈判技巧，学会用语言、心理、感情战术等软化执法的“刚性”，使法治更顺利地嵌入社会治理，使法治更容易被广大人民群众所接受。

第五，构建良好的法治社会环境。良好的法治社会环境，是社会治理全面法治化的支撑。从结果来看，欠佳的法治社会环境主要表现在以下几个方面：一是人们不尚法，而不尚法的原因主要有两点，即法律政策执行不严格、不公正，或者部分人僭越法律政策未受到惩罚；二是人们不懂法，而不懂法的原因有两点，即包括没有渠道获得法律政策的知识，或者获取了法律政策的知识而懒于学习，无时间学习；三是人们不遵法，而不遵法的原因主要是所制定的法律政策无益于规范人们的行为、保护人们的私人利益或者公共利益。要构建良好的法治社会，也要从以下几个方面着手：一是要科学与民主立法，使人们尚法。二是要普及法律知识，使人们懂法。三是要严格执法，使人们遵法。但是，需要注意的是，普及法律知识并不能走形式主义路线，不能没有靶向，不能没有效果。总体来看，针对不同的区域、不同的群体、不同年龄的人需要有针对性地宣传法律政策知识；宣传法律政策知识需要结合宣传手册或标语、广播、互联网、电视等多种媒介；宣传法律政策知识需要有后续的评估，如采取问卷调查的方式评估人们对法律的熟悉程度，评估宣传法律政策所带来的治理效果是否有转变。

案例 6-3：

江西省抚州市乐安县的“法通村”

红色乐安，有着光荣的革命传统，红土地上铭刻着毛泽东、周恩来、朱德、邓

① 陈成文，赵杏梓．社会治理：一个概念的社会学考评及其意义［J］．湖南师范大学社会科学学报，2014，43（5）：11-18.

小平等老一辈无产阶级革命家的光辉印记，至今仍然保存了如“人总是要死”“准备一切力量与敌决战”等2149条红军标语。浓厚的红色文化内涵，也濡染浸润着乐安法院“从群众中来，到群众中去”的干事创业精神。

2016年，江西省抚州市乐安县法院围绕司法办案送达、执行两难的具体问题，坚持溯源治理，探究新时期群众路线的新发展，提出了“法官村村通、法律人人知”的司法愿景，旨在通过服务延伸让群众知法、懂法、守法、用法，让百姓重拾公正司法的信心，重树司法的权威。在深化推进中，乐安县法院秉承“枫桥经验”为了群众、相信群众、发动群众和依靠群众的优良传统，通过在每个基层村、社区聘请“特邀法官”，不断加强常态化培训和纠纷化解指导，以各“特邀法官”为示范，带动基层群众法律素养的全面提升，引领法治文明乡风民风，走出了一条解决法律服务群众“最后一公里”的新路子。其主要措施如下：

搭建“特邀法官”服务和法官辅导两大平台

司法为民既表现为司法资源的有限性、司法能力的局限性与群众法律诉求的突出矛盾，又面临取证难、诉讼累、执行难等突出问题。乐安县法院在“法通村”运行中，积极推行法官挂派村（居）委会和村干部融入司法服务两套并行机制，搭建司法服务内外两大平台，建立非员额法官培养机制，将村干部等纳入“特邀法官”队伍，实现了司法资源下沉，构建了村村有法官的服务网络。

“法通村”工作平台，由乐安县法院派出法庭成立“法通村”工作站，按照村村设员、“每村一法官”的要求，严格遵循村委会推荐、党委政府审核、法院党组任命的流程，在每个村委会、厂、居委会聘任一名村干部担任法院“特邀法官”，颁发聘书并造册管理。“法通村”工作站负责组织“特邀法官”在当地开展“村村普法”宣传，大力实施“法律六进”、巡回审判等便民服务，指导“特邀法官”对当地发生的各类纠纷进行调处或引入诉讼，并协助院机关各部门邀请“特邀法官”开展辅助工作。

“特邀法官”辅导员服务平台，按照“1+1”结对辅导的要求，组织16名干警下派驻村担任“特邀法官”辅导员，负责对“特邀法官”进行法律业务培训和辅导，对任职村（居）委会开展法治教育、法律咨询、诉讼引导、纠纷调解、案件回访、信访疏导等项工作。2017年5月，乐安县法院已完成全县176个自然村209名“特邀法官”的选聘，16名辅导员全部挂派到村，8名院领导负责分片指导，实现了两大平台全面运行，做到哪里有村，哪里就有法官，实现法官村村全覆盖。

推行常态培训、以案普法、长效激励三项机制

乐安县法院为提升“特邀法官”履职能力和水平，努力营造办事依法、遇到问题找法的浓厚氛围，以培训、普法、激励为手段，推行三项机制。

一是常态培训机制。乐安县法院实行“特邀法官”辅导员跟踪辅导、结对培训制度，每月至少与“特邀法官”联系 4 次以上，面对面交流 2 次以上，每季度完成对所结对“特邀法官”集中培训 1 次以上，指导“特邀法官”组织开展普法宣传活动 1 次以上，院机关每半年组织集中培训 1 次，并每年编发一本法律知识和审判实务手册，指导“特邀法官”自学法律知识和审判业务。2017 年以来，5 个派出法庭共举办法律业务培训 131 次 1469 人，大幅提升了“特邀法官”法律业务水平。

二是以案普法机制。乐安县法院积极组织“特邀法官”加入“法治宣传+”计划，坚持逐案普法，选择本地多发的婚姻家庭、侵权、权属纠纷以及交通肇事、贪污贿赂刑事案件，结合案件送达、开庭、调解、判后回访等各个阶段开展宣讲，让当事人知晓类型案件相关法律知识。同时，乐安县法院派出法庭在辖区建立了法律辅导示范点，“法律人人知”基本形成法院分片指导、法庭示范带动、“特邀法官”辅导员结对服务的共同推进格局。2017 年以来，乐安县法院开展巡回开庭 51 次，开展法治宣传 43 次，发放宣传资料 3 万余份。

三是奖励督促机制。乐安县法院争取县政府支持，对“特邀法官”履行职责的所有经费予以全额保障，对开展协助送达、协助调解、协助执行等协助其他工作每次 30 元，受委托送达每次 40 元，受委托调解每次 60 元，对调解成功的及协助执行完毕的，另外给予奖励，目前“特邀法官”已形成了“主动邀请是权利、主动介入是责任”的工作常态。同时乐安县将“法通村”工作作为全县各乡镇、各村（社区）综治考评的重要衡量指标，辖区党委政府每年均将拿出一笔专项经费，用于表彰辖区表现优秀的“特邀法官”，受聘村干部政治荣誉感大幅提升。

实现定分止争、质效提升、执行威慑、乡村法治四方面效果

乐安县法院充分发挥“特邀法官”扎根基层的优势，在辅导员法律业务指导下，积极参与矛盾纠纷调解、法律文书送达、案件取证、协助执行等工作，既延伸了司法服务的触角，也实现了案件审判法律效果和社会效果的有机统一。主要表现如下：

一是突出诉前调解，定分止争。乐安县法院注重诉调对接，立案时实行纠纷诉前引导分流，委派当地“特邀法官”负责纠纷的调处，并由辅导员进行跟踪指导，调解成功的依申请进行确认，未能调解的转至立案起诉；立案后，对婚姻家庭、小额债务等权利义务关系明确、争议不大的案件，依申请委托“特邀法官”进行诉前调解，并视情况制发调解书或转至审判庭室。同时，积极利用微信平台进行文书提交及留痕，特别是在2018年5月启动多元化解E平台后，全面推行诉讼服务现场与远程、网上与网下、实体与网络的立体衔接，有效解决了诉前调解地域限制问题，让多元纠纷化解进入“e时代”。2017年以来，乐安县法院“特邀法官”诉前调解纠纷289起。

二是辅助事务集约化，提升质效。乐安县法院积极发挥“特邀法官”熟悉情况的优势，在案件送达、文书提交等材料收转工作中，以代为转交或者委托送达等方式进行法律文书的流转，同时针对受送达人或者他的同住成年家属拒绝接收诉讼文书时，利用“特邀法官”兼为村（社区）干部的身份，完成留置送达。2017年以来，“特邀法官”参与送达、材料流转等辅助事务666次，有效减少员额法官花在审判辅助工作方面的精力和时间，提升审判质效。

三是破解执行难题，增强威慑。乐安县法院针对执行找人难、财产查询难、联络不通畅等问题，积极引导当地“特邀法官”参与案件的执行，由身兼村、社区干部的“特邀法官”提供被执行人资金、资产、资源信息，对隐匿转移财产、所有资产不入账、将财产权属登记在他人名下、长期在外不归等规避执行的行为履行监督职责；同时，结合村、社区“红黑榜”工作，积极推送失信人员名单等信息，有效解决山区农村失信人员公示难问题，进一步增强执行威慑。2017年以来，乐安县法院“特邀法官”协助执行送达、查询等事务193次，协助办结执行案件144件，解决执行难问题取得明显成效。

四是法官挂村辅导，推进法治。乐安县法院注重发挥司法在乡村治理中引领、规范、保障等方面的独特优势，选派青年法官驻村进行法律辅导，制订法律辅导方案，并通过联系走访、列席村级会议、起草村规村约、参谋集体经济发展等方式深度参与乡村振兴、乡域治理，得到当地群众的好评。

“法通村”自启动以来，取得4个不同层面的得益：村民法律意识增强，基层矛盾纠纷化解在源头，政府得益；“特邀法官”协助执法办案，有效解决送达、执行难题，青年法官包村服务，群众工作能力提升，法院得益；受聘村干部政治荣誉感提升，协助办案待遇有保障，“特邀法官”得益；开门讲法在身边，诉讼上门服务，村民得益。

五、加强心治建设

面对社会的快速发展和社会结构的变化，社会成员面临着巨大的心理压力，社会成员心理健康问题日益突出。另外，随着利益格局不断调整和贫富差距不断加大，一些人的心理失去了平衡，仇富心态在社会中滋长蔓延，这可能形成社会性的压力、紧张和不满，甚至出现报复社会、应激恶性案件等。这些问题如果不能及时得到解决，也会导致治安问题，甚至公共安全问题，因而，在市域社会治理中，加强心治建设势在必行。

（一）心治的测量指标

心治可以从主体建设、体系建设、能力建设和效果评价 4 个维度来进行评价分析。这 4 个维度分别代表了心治的动力与方向，心治的具体实施的细化，心治的效率保证，以及心治最终的成效，构成一个比较完整系统的评价分析指标。

1. 心治主体建设的评价分析指标

心治主体建设是指在党的领导下实施心治的社会主体及其基本的保障条件，包括社会心理服务平台建设、社会心理服务人员力量、领导机制、经费保障机制。心治主体建设是心治体系建设的核心，是心治得以运行的基本动力和正确方向的保证。四者中，社会心理服务平台建设是实施心治的组织机构；社会心理服务人员力量是在社会心理服务平台上实施心治的直接主体；领导机制是心治的政治保证，引领心治的方向，领导机制的建设力度也意味着心治纳入新时代社会治理体系的深度；经费保障机制是心治得以顺利运转的客观动力。

心治平台建设，是社会心理服务体系运行的物质基础。心治平台建设包括：（1）该地区心治平台建设的数量；（2）该地区心治平台建设的专业性；（3）该地区心治平台民众的知晓度 3 个方面。数量是心治平台建设的重要评估指标，但是光有数量是远远不够的，评估心治平台建设的重要指标必须注重平台建设的专业性。除此以外，心治平台的知晓度也是平台建设的重要评估指标，因为心治平台要面向社会大众服务，必须要有较高的大众知晓度，才能成为与民众联系的纽带。

心治人员力量是心治体系运行的中坚与动力，需要着力打造，并增加评估过程中的权重。心治人员力量评估分析包括：（1）服务某地区专业心治人员的配比[①]；（2）某地区兼职心治人员的配比；（3）某地区心治体系对热心居民的吸纳度；（4）某地区心治体系对社会志愿者的吸纳度。专业专职心治人员是指具有心理学、社会学、教育学或社会工作学科背景，通过心治方面的职业培训与认证，并在所服务地区的专职心治岗位（有事业编制）从事心治工作的人员。兼职专业心治人员一般是在心治工作量较大，少量专业专职人员难以完成工作量的情况下适当引入。热心居民是指所服务地区内，对社区（单位）情况比较熟悉，同时对心治具有较高热情的社区居民或单位员工。心治志愿者是指来自本地和外地，在地理范围角度上远大于所服务地区的对心治有热情和理想，愿意无偿付出的心治人员。

领导机制关系着心治治理的方向，领导机制健全程度意味着心治被纳入当地社会治理体系的深度。心治的领导机制评估分析指标包括：（1）当地主要领导参与心治建设的力度；（2）心治建设在当地经济与社会发展规划中的重要性；（3）心治建设在当地目标管理与绩效考核中的权重。

经费保障机制是心治运行的动力，心治的保障机制具体包括：（1）经费来源渠道的稳定性；（2）经费来源渠道的多元化；（3）专业专职心治人员的薪资待遇水平。其中稳定性是指经费保障的计划性、持久度，以及数额上的相对固定性；经费来源的渠道多元化是指既有政府部门提供的专项保障经费，也有来自社会各界的支持经费，要高度重视社会支持经费，这是心治扩大影响力、服务社会的重要渠道；专业专职心治人员的薪资待遇水平是指其岗位是否匹配其社会服务价值，一般对标同等社会服务岗位上的公务员标准。

心治平台建设、心治人员力量、领导机制和经费保障机制是心治主体建设最重要的4个方面。只有建设好心治平台才有心治人员释放专业力量的社会舞台；只有培养和吸纳大量优秀的心治人员，心治体系建设才能充盈和发展起来；而心治需要在党的引领下纳入新时代社会治理体系，保证心治的运行方向；最终，心治的持续良好运行，还离不开必要的经费保障，这是在现代市场经济条件下，维持心治平台运转的动力。

2. 心治体系建设评价分析指标

心治体系建设是心治体系建设的细化，可以从社会心理监测系统、社会心理引

① 所谓配比，是指社会心理服务人员与所要服务的该地区居民的人口数量比较，其中社会心理服务人员是分子，所要服务的该地区居民是分母。目前国内社会治理领域，尚没有统一的社会心理服务人员配比比例的权威规定，我们参考借鉴高校心理咨询师与学生的配比比例进行设定。

导系统、社会心理健康服务系统以及社会心理危机干预系统4个方面来衡量。

社会心理监测系统，是指在符合法律法规的前提下对所服务地区社会心理状况进行掌握与了解的心治系统，分为个体心理监测与群体心理监测两个方面。个体心理监测包括：（1）个体心理监测平台的搭建数量；（2）个体心理测量工具的多样化程度；（3）内隐与投射心理测验工具的配备程度；（4）个体心理监测日常工作机制完善程度。群体心理监测包括：（1）群体心理监测的覆盖面；（2）智能化监测装置的配备程度；（3）重点人群监测力度；（4）预警梯级设置的合理度；（5）群体心理监测日常工作机制的完善程度。

社会心理引导系统，是指在党的思想指引下，对所服务地区社会心态问题进行宣传教育与心态培育的心治系统，分为个体社会心理引导系统和群体社会心理引导系统。个体社会心理引导系统包括：（1）个体社会心理引导平台搭建数量；（2）个体社会心理引导方式的多样性程度；（3）个体社会心理引导方式的专业化程度；（4）个体社会心理引导日常工作机制完善程度。群体社会心态培育包括：（1）群体社会心态培育平台的搭建数量；（2）群体社会心态培育方式的多样化程度；（3）群体社会心态培育的现代媒介利用程度；（4）群体社会心态培育的大众文艺参与程度。

社会心理健康服务系统，是指针对心理健康问题，尤其是与社会治理紧密相关的心理健康问题进行沟通、化解的系统，包括个体心理健康服务系统与群体心理健康服务系统。个体心理健康服务系统包括：（1）心治室的建设程度；（2）专职服务人员的专业素质水平（专业资质等级、培训学习经历、案例积累数量）；（3）个体心理健康服务日常工作机制完善程度。群体心理健康服务系统：（1）群体心理健康服务平台的搭建数量；（2）群体心理健康服务的多样化水平；（3）现代媒介在传播心理健康知识中的利用程度。

社会心理危机干预系统，是指针对突发的社会心理问题进行紧急干预的心治系统，分为个体心理危机干预与群体心理危机干预。个体心理危机干预包括：（1）个体心理危机干预制度的完善度；（2）个体心理危机专业人员资质与训练程度；（3）个体心理危机干预的反应速度。群体心理危机干预包括：（1）群体心理危机干预制度的完善度；（2）群体心理危机专业人员资质与训练程度；（3）群体心理危机应急的反应速度。

3. 心治能力建设评价分析指标

心治能力建设是心治体系建设的深化，可以从社会心理监测能力、社会心理引导能力、社会心理健康服务能力以及社会心理危机干预能力 4 个方面来衡量。

社会心理监测能力，是指在符合法律法规的前提下对所服务地区社会心理状况进行掌握与了解的能力水平。包括以下 4 个方面的能力指标：（1）心理测量工具的使用能力；（2）内隐与投射心理测验的使用能力；（3）智能监测工具的心理化程度；（4）社会心理大数据分析处理能力。

社会心理引导能力，是指在党的思想指引下，对所服务地区社会心理问题进行积极导向的宣传教育能力，以及培育所在地区民众良好社会心态的能力。社会心理引导能力包括：（1）对党和政府相关政策的掌握与理解能力；（2）对相关专业学科知识掌握与理解能力；（3）沟通教育的能力；（4）群众或团体社会心理引导工作能力（偏重群体社会心理引导）。

社会心理健康服务能力，是解决心理健康问题，尤其是与社会治理紧密相关的心理健康问题的能力。社会心理健康服务能力包括：（1）心理共情能力；（2）实用心理技术的掌握能力；（3）职业承诺与职业奉献精神的评分；（4）群体沟通与氛围营造能力（偏重群体心理健康服务）。

社会心理危机干预能力，是指针对突发的社会心理问题进行紧急干预的心治能力。社会心理危机干预能力包括：（1）社会心理危机的应急反应能力；（2）社会心理危机的现场协商沟通能力；（3）社会心理危机干预技术使用能力；（4）社会心理危机的团体协作能力（偏重群体心理危机干预）。

4. 心治效果评价分析指标

心治的效果评价是对心治体系运行结果的考评，关系到心治体系建设的成败。心治的效果评价可以从社会心理监测效果、社会心理引导效果、社会心理健康服务效果以及社会心理危机干预效果能力 4 个方面来衡量。

社会心理监测效果，是指在符合法律法规的前提下对所服务地区社会心理状况进行掌握与了解的成效状况评价。社会心理监测效果包括：（1）极端行为个体的有效预警率；（2）极端社会心理群体事件的有效预警率；（3）为其他心治系统提供信息的有效率。

社会心理引导效果，是指在党的思想指引下，对所服务地区社会心理问题进行积极导向的宣传教育的成效，以及培育所在地区民众良好社会心态的成效。社会心理引导效果的评价具体包括：（1）个体社会心理素质水平；（2）民众公共文明习惯养成水平；（3）社区与公共空间社会心理素质水平；（4）自尊自信、理性平和、积极向上、亲善友爱的社会心态的培育水平。

社会心理健康服务效果，是指解决心理健康问题，尤其是解决与社会治理紧密相关的心理健康问题的成效。社会心理健康服务效果具体包括：（1）该地区民众心理障碍的发生率；（2）该地区民众心理障碍的康复率；（3）民众整体心理健康水平；（4）民众心理健康知识知晓度。

社会心理危机干预效果，是指针对突发的社会心理问题进行紧急干预的心治效果。社会心理危机干预效果包括：（1）个体极端社会心理事件的发生率；（2）个体极端社会心理事件的成功处置率；（3）群体社会心理事件的发生率；（4）群体社会心理事件的成功处置率；（5）社会心理事件处置的社会反响度。

心治评价分析指标体系表

一级	二级指标	三级指标
主体建设	1. 心治平台建设	1. 心治平台建设 1.1 心治平台建设的数量 1.2 心治平台建设的专业性 1.3 社区心治平台的民众知晓度
	2. 心治人员力量	2. 心治人员力量 2.1 专业专职心治人员配比，1∶10000（合格），1∶5000（良好），1∶3000（优秀） 2.2 专业兼职心治人员配比，1∶5000（合格），1∶2000（良好），1∶1000（优秀） 2.3 心治体系对网格内热心居民的吸纳度 2.4 心治体系对心治志愿者的吸纳度
	3. 领导机制	3. 领导机制 3.1 当地主要领导参与心治建设的力度 3.2 心治建设在当地经济与社会发展规划中的重要性 3.3 心治建设在当地目标管理与绩效考核中的权重
	4. 经费保障机制	4. 经费保障机制 4.1 经费来源渠道的稳定性 4.2 经费来源渠道的多元化 4.3 专业专职心治人员的薪资待遇水平

续表

一级	二级指标	三级指标
体系建设	1. 社会心理监测系统	1. 1 个体心理监测 1. 个体心理监测平台的搭建数量 2. 个体心理测量工具的多样化程度 3. 内隐与投射心理测验工具的配备程度 4. 个体心理监测日常工作机制完善程度 1. 2 群体心理监测 1. 群体心理监测的覆盖面 2. 智能化监测装置的配备程度 3. 重点人群监测力度 4. 预警梯级设置的合理度 5. 群体心理监测日常工作机制的完善程度
	2. 社会心理引导系统	2. 1 个体心治引导 1. 个体心治引导平台搭建数量 2. 个体心治引导方式的多样性程度 3. 个体心治引导方式的专业化程度 4. 个体心治引导日常工作机制完善程度 2. 2 群体社会心态培育 1. 群体社会心态培育平台的搭建数量 2. 群体社会心态培育方式的多样化程度 3. 群体社会心态培育的现代媒介利用程度 4. 群体社会心态培育的大众文艺参与程度
	3. 社会心理健康服务系统	3. 1 个体心理健康服务 1. 心治室的建设程度 2. 专职服务人员的专业素质水平（专业资质等级、培训学习经历、案例积累数量） 3. 个体心理健康服务日常工作机制完善程度 3. 2 群体心理健康服务 1. 群体心理健康服务平台的搭建数量 2. 群体心理健康服务的多样化水平 3. 现代媒介在传播心理健康知识中的利用程度
	4. 社会心理危机干预系统	4. 1 个体心理危机干预 1. 个体心理危机干预制度的完善度 2. 个体心理危机专业人员资质与训练程度 3. 个体心理危机干预的反应速度 4. 2 群体心理危机干预 1. 群体心理危机干预制度的完善度 2. 群体心理危机专业人员资质与训练程度 3. 群体心理危机应急的反应速度

续表

一级	二级指标	三级指标
能力建设	1. 社会心理监测能力	1. 心治监测能力 1.1 科学心理测量工具的使用能力 1.2 内隐与投射心理测验的使用能力 1.3 智能监测工具的心理化程度 1.4 心治大数据分析处理能力
	2. 社会心理引导能力	2. 心治引导能力 2.1 对党与政府相关政策的掌握与理解能力 2.2 对相关专业学科知识掌握与理解能力 2.3 专业引导教育技巧的使用能力 2.4 群众或团体心治引导工作能力（偏重群体心治引导）
	3. 社会心理健康服务能力	3. 心治健康服务能力 3.1 心理共情能力 3.2 实用心理技术的掌握能力 3.3 职业承诺与职业奉献精神的评分 3.4 群体沟通与氛围营造能力（偏重群体心理健康服务）
	4. 社会心理危机干预能力	4. 心治危机干预能力 4.1 应急反应能力 4.2 现场协商沟通能力 4.3 危机干预技术使用能力 4.4 团体协作能力（偏重群体心理危机干预）
效果评价	1. 社会心理监测效果	1. 心治监测效果 1.1 极端个体与群体心治事件有效预警率 1.2 为其他心治系统提供信息的有效率
	2. 社会心理引导效果	2. 心治引导效果 2.1 个体良好心理素质、公共文明习惯的水平 2.2 自尊自信、理性平和、积极向上、亲善友爱的社会心态的培育水平
	3. 社会心理健康服务效果	3. 心治健康服务效果 3.1 个体心理障碍的发生率 3.2 民众整体心理健康水平 3.3 民众心理健康知识知晓度
	4. 社会心理危机干预效果	4. 心治危机干预效果 4.1 个体极端心治事件的发生率 4.2 群体心治事件的发生率 4.3 群体心治事件处置的社会反响度

（二）实现“四个转变”：加强心治建设的时代使命

要适应推进新时代市域社会治理现代化的需要，心治建设就必须正视现实，紧跟新时代步伐，着力于实现“四个转变”。

1. 从目标上实现由关注个体心理健康到关注国民社会心态的转变

维护个体心理健康是实现良好国民社会心态的基础，但是良好社会心态的实现，并不能简单等同于单个健康心理个体的累积，是因为在累积过程中，融入了家庭、组织机构、社会公共空间、国家等新因素。[①] 因此，良好社会心态总目标的实现，离不开社会各层面的社会心态目标的实现，即经由家庭、组织、社会公共场所、国家4个层面的心治目标的实现而汇聚成良好社会心态总目标的达成。

（1）实现家庭层面和谐和睦与传承美德的社会心态目标。家庭是社会的基本细胞，通过依恋关系的建立、亲子关系的培养、儿童人格培养等为良好社会心态的培育融入了个体层面所不具备的家庭心理因素，上述因素深刻影响家庭的和睦和谐、传统美德的文化传承。[②] 因此，良好家庭层面社会心态目标的实现，需要心治注重最基本的社会单元——家庭心理文化建设，树立和谐和睦、传承美德的家庭层面的社会心态目标。

（2）实现组织层面的团结互助、积极向上的社会心态目标。组织层面的村庄、社区、企事业单位等通过社会认同、社会比较、内群体偏爱等社会心理因素融入了个体层面难以具备的群体心理因素，上述因素深度影响组织内部的融洽程度、竞争力度和发展动力。因此，需要做好组织机构层面的心治，制定适合组织机构发展的团结互助、积极向上的社会心态目标。

（3）实现社会公共场所遵从公序良俗，坚守理性平和的社会心态目标。社会公共场所是所有社会成员共同的活动空间，但由于彼此陌生人的社会身份特征，易受从众心理、替罪羊心理、破窗效应等社会心理因素的影响，而不同于熟人环境中的社会行为表现，易出现非理性平和、扰乱社会公共秩序的社会行为。因此，良好公共场所社会心态目标的实现，需要重视社会公共场所心治，建立遵从公序良俗、坚守理性平和的社会心态目标。

（4）实现国家层面的自尊自信、理性平和、积极向上的社会心态目标。国家不是抽象的，是由具体的公民、家庭、组织与具体的公共空间构成的，国家层面良好社会心态目标的实现，除了受个体、家庭、组织与社会公共场所等各层面社会心态目标实现的影响，其自身由于处于其构成部件所不具备的宏观历史地位，不可避免

① 周晓虹. 转型时代的社会心态与中国体验：兼与《社会心态：转型社会的社会心理研究》一文商榷［J］. 社会学研究，2014（4）：1-23.

② 翟学伟. 爱情与姻缘：两种亲密关系的模式比较：关系向度上的理想型解释［J］. 社会学研究，2017，32（2）：128-149+244.

地受到集体主义-个人主义、松-紧文化等宏观社会心理文化因素的影响，上述社会心理文化因素制约了国民社会心态。① 实现国家层面良好社会心态目标，除了逐步实现其各构成层面的社会心态目标，还需要打造好宏观的社会心理文化环境，为培育国家层面的良好社会心态目标奠定社会心理文化基础。

维护个体心理健康是实现良好国民社会心态的基础。在此基础上，由于逐步拓展的社会结构性因素，社会心态的培育已经超越了维护个体心理健康的既有理解水平，而需要关注家庭、组织机构、社会公共场所等以及国家宏观层面的社会心态建设，立体性地展现出心治建设的目标，为心治建设指明方向。

2. 从内容上实现由聚焦于心理障碍与疾患到多元化心治的转变

心理障碍与疾患是目前心理健康服务体系重点聚焦的内容。相较而言，顺应新时代社会治理的发展要求，心治被赋予了新时代的使命，具备更宏大与广阔的视野，除了对心理障碍与疾患进行心治，还需要从不同的角度和层面丰富与发展心治内容建设，实现其在新时代社会治理中的创新意义。

家庭是社会的基本细胞，和谐和睦的幸福家庭分担着实现“共建共治共享”社会治理格局的基础，心治应关注新时代家庭的心理文化建设。2016 年 12 月 12 日，习近平总书记在第一届全国文明家庭表彰大会上指出：“中华民族历来重视家庭。中华民族传统家庭美德铭记在中国人的心灵中，融入中国人的血脉中。”社会心理学相关学科在家庭心理研究方面已经积累了大量的理论与实践经验，例如亲密关系的融洽、抚养方式的指导、优秀心理文化的代际传递，等等，紧随时代的发展，我们还需要发掘心治服务于社会基本细胞（家庭）中的心理功能，增强心治在文明家庭建设中的实效，更好地发挥心治对于传承优秀家庭文化心理的作用，“把美好的家庭道德观念从小就传递给孩子，引导他们做人的气节和骨气，帮助他们形成美好心灵，促使他们健康成长，长大成为对国家和人民有用的人”。

组织机构的心治。组织机构是心治的重要对象，也是支撑心治运转的基本社会力量。除了为组织机构成员提供心理健康服务内容，组织机构还应加强以下心治内容：根据组织机构自身工作性质进行有助于直接提高工作效率的心治，例如，合理利用社会助长规律进一步安排好组织机构内部的人员搭配；为特定岗位进行专门的心理减压服务；开展职场人际关系的心治建设以提高组织机构成员的工作满意度；

---

① Gelfand, M. J., Raver, J. L., Nishii, L., et al. Differences Between Tight and Loose Cultures: A 33-Nation Study. Science, Vol. 332, No. 6033, 2011.

职业生涯规划的心治，为组织机构成员的职场稳定性奠定社会心理基础；借助社会心理科学知识服务于高层决策，减少群体极化思维，提高决策科学性；以及组织机构自身应重视团队整体的心理文化氛围的建设，促进组织机构更有效运转。

社会危机问题中的社会心理干预服务。个体层面的自杀维权、人质绑架等除了其自身影响，也可能引发比较广泛的负面社会影响；集群行为的爆发，如处理不当，很可能引发大范围的社会骚乱。心治服务应有针对个体、群体层面社会危机事件的应急干预方案，一方面着力于心理谈判员的岗位建设、技能培训；另一方面着力于群体的从众心理、情绪感染、去个性化等特定社会心理规律，有针对性地做好应急预案；着力于网络大数据信息的利用，以监测特殊群体事件的发展动态，为应急干预反馈及时信息动态。

针对国家急需、突出社会问题的心治。[①] 在社会经济发展过程中，不可避免地伴随着种种社会问题，有的还反复出现、表现突出，给社会的稳定发展带来了阻碍。比较典型的社会问题，诸如医患纠纷、拆迁征地冲突、非正常上访等是基层社会治理中面临的棘手问题。除了其中的经济利益纠葛，人与人之间消极的社会心理关系也是其中不可回避的问题，心治可以发挥其应有作用，帮助解决社会问题中涉及人与人之间的纠纷矛盾。（1）医患纠纷。一些导致矛盾升级的社会心理偏差，如医患之间的防备与不信任；[②] 患者对医疗专业技术的认知匮乏，医生对专业医学知识科普解释能力偏弱；患者既有的医闹行为模式的习得；部分患者家属情绪偏激甚至肆意放纵情绪发泄等，需要心治人员从医患信任的建立、情绪的安抚技巧、纠纷调解途径的认知指导等对医患纠纷中的社会心理问题进行专业化解。（2）拆迁征地冲突。拆迁双方利益冲突不仅是经济补偿的数量问题，其中还潜藏着经济利益的博弈认知、情感层面的故土情结、迁徙环境的行为适应等社会心理问题。心治服务应针对拆迁征地过程中暴露出的种种社会心理症状，通过认知、情感、行为层面的专业知识与技术，提高其博弈成本、降低博弈期望，尊重理解、细心沟通，提前构建新环境的美好预期等具体策略来减少拆迁征地过程中的利益摩擦与社会冲突。（3）非正常上访。上访人员除了客观利益诉求，其主观方面的偏执性格、对上访问题的认知观念，是心治服务应关注的内容。专业心治人员应从非正常上访人员的重大家庭

---

① 辛自强．社会治理中的心理学问题［J］．心理科学进展，2018，26（1）：1-13.

② 汪新建，王丛，吕小康．人际医患信任的概念内涵、正向演变与影响因素［J］．心理科学，2016（5）：1093-1097.

事件、个人成长经历、重要亲密关系中寻找有助于妥善解决问题的心理突破口。以上问题是基层社会治理中的典型代表，心治作为社会治理体系中的构成机制之一，应努力发挥其在调解人与人之间矛盾纠纷方面的独特功能，配合其他社会治理机制，创新新时代社会治理方式。

此外，心治应发展社会心理专业知识的科普宣传；利用社会心理知识更有效传播公序良俗，引导公众的行为规范；有体系地建立对网络媒介等公开传播信息的社会心理层面的指导；增强休闲娱乐文化对大众心理影响方面的研究，并有针对性地引导积极的休闲娱乐文化等汇纳百川，多渠道充实心治的建设内容，实现从聚焦于心理障碍与疾患向多元化的心治内容的转变，有力推进社会治理创新，实现其战略意义与新时代使命。

3. 从手段上实现由传统经验主义工作方式到现代智能化大数据治理手段的转变

社会治理手段的创新离不开基层社会治理中的实务经验，这些宝贵的经验酝酿于基层实际，服务于基层民众，更离不开千千万万的基层工作者。其中不少基层工作者在一线实践中创造了新颖的工作模式，在党的政策方针指导下，化解了基层社会治理中诸多复杂尖锐的社会心理问题，涌现出一批颇具社会影响力的先进工作者。例如，江西省萍乡市戒毒工作者段华胜同志，新余市心理健康服务工作者黄志勇同志、医疗纠纷调解工作者李时洪同志，抚州市普法与基层社会矛盾调解工作者黄寿孙同志以及鹰潭市法律纠纷调解工作者黄新发同志等。这些同志在基层社会治理过程中表现出了热心服务、乐业敬业、无私奉献的人格品质与高超的心治技能。他们应用社会心理方法技术，及时觉察，善于引导、化解与应急干预复杂的个体心理问题与社会矛盾纠纷，取得了瞩目的实践成效，相应地积累了诸多社会治理领域中独到的个人实务经验，并通过常年的实践检验在周围民众中获得了有口皆碑的称赞与信任。这些同志的个人经验涉及各种复杂的观念调整、情绪控制、情感调解、价值引导、社会互动以及对党与政府的政策理解与执行。发现并推广各地区为人民群众广为称道、长期信任并经过长时间实践检验的有关社会心理的实务经验，可以为心治源源不断地输送创造性的心治知识与技巧，是建设好心治的资源宝库。

上述个人实务经验，虽然很接“地气”，具有与所服务的人文社会环境高度融洽的本土特性，但不可避免又受困于个人的主观局限性。具体表现为：（1）在化解实际问题时存在解决问题的范畴局限性，即其方法技巧一般不易超越问题情境；

(2) 用于解决问题的方法在表达上缺少规范性，话语体系比较模糊，限于自我思考，不利于外界交流；(3) 对困扰人们的社会心理问题在长期规划发展上具有短视性。以上的局限性根源在于实践活动的时空局限，经济条件的限制，以及当地社会经济发展水平制约了人们对心治的需求等，在整体上呈现出主观主义经验特征。践行新时代使命，服务基层社会治理过程中，心治的建设既需要重视扎根于本土实际的个人实务经验，也应顺应时代发展潮流对主观经验进行提升，搭建与科学社会心理学对话的桥梁，融入更现代化的社会治理手段：大数据平台。大数据在社会治理中发挥了非常重要的作用，可以说它具有“顺风耳”、“千里眼”以及超强“记忆大脑”功能，成倍提高了社会治理效率，大幅提升了社会治理成效。典型的大数据应用如“天网工程”“雪亮工程”，以及社区“网格化”治理中所展现的由信息获取端口（高清摄像探头等）及其存储设备所构成的大数据。借鉴既有社会治理中大数据应用范例，对转化升级社会治理的主观实务经验应具体开展以下实践：(1) 发掘、收集、汇总优秀基层社会工作者的主观实务经验，为以数字化形式构建各地先进社会治理实务工作者的数据库奠定基础；(2) 采用质性研究方法等及其计算机化的软件，对社会治理先进工作者的复杂心理过程和化解尖锐社会问题的社会互动技巧与经验进行描述、分析与归纳，以分门别类地提炼出各地先进社会治理实务经验的理论维度，构建先进的心治数据库；(3) 在社会心理学的基础上，吸收各方专业力量，尤其是信息科学技术，拓展心治数据库的信息获取端口、优化服务操作界面以及进一步完善心治的大数据平台，实现社会治理的主观实务经验向理性智能化信息服务的转化升级。治理手段上理性智能化的升级，可以让千千万万实务工作者所创造的优秀主观经验更广泛、便捷地服务于人民大众，也使冰冷的机器信息化手段融合人类在社会实践中所创造的更多温情与本土情怀，体现出贴近人心的人性化关怀，让人们在“共建共治共享”的社会治理格局中治有所获，共享成果，体会获得感。

4. 从主体上实现由零散的个体化服务到规范的组织化服务的转变

从心治的既往历史看，少数具有市场敏锐性的个体依靠自身的心治技能与天赋，利用市场机遇自发性地开展了心治服务，形成了个体层次的心治机构与组织。但就整个心治建设而言，个体层次的心治服务存在利益局部化、发展“碎片化”等诸多局限性，难以适应新时代发展的要求，需要有根本性的转变。响应新时代号召，心治建设在目标上的宏观化、内容上的多元化、手段上的智能化，使心治建设跃上新台阶。相应地，心治需要在主体建设上有规范的组织机构、社会力量为其承载，克服自发个体化带来的“碎片化”发展，实现从零散的个体化向规范的组织化的转变。心治的主体建设的规范化应包括以下 3 个方面：主体成分的规范化、层级规范化以及交流学习的规范化。

从心治的组成成分来看，在政府负责的基本体制下，应吸纳多方社会心理力量，共同参与心治。（1）在条件优越的基层组织实施心治专人专职；在一般条件下由基层社会治理一线工作者通过相应的社会心理实务培训、考核实现一人多能，履行一人多职，担当基层社会治理中心治的主体力量。（2）组建基层心治实务督导团队，由资深的心理咨询师、精神科医生、社会工作师以及基层社会治理先进工作者构成。心理实务督导团队的组成需要高度重视心治的实践技能与人格品质。（3）组建由心理学、精神医学、社会学、社会工作研究者组成的心治建设的学术研究团队。（4）由基层社会工作志愿者、民间社会组织、民间心治机构、慈善机构等构成的心治建设的支援力量。

从组成心治的层级来看，建立各级政府负责的心治中心并着重体现“治理重心向基层下移”的指导思想。（1）省（自治区）、市（州、盟）、县（区、旗）建立相应的心治中心，其核心职能侧重为基层心治组织机构提供支持与服务，此外还包括实施必要的政策指导，促进经验交流、提供技能培训、推动社会联络、加强数据整理以及对外宣传等职能。（2）在“适应社会治理重心向基层下移”的指导精神要求下，不宜一一对应行政管理机构的层级结构平均分配力量，而应以基层的心治组织机构为重心，主要力量配比下移到基层，应让基层心治组织机构获得最大的人力、物力资源。

从心治各层级间的交流互动来看，基层心治组织需要同各层级心治建设服务机构进行紧密联系。（1）基层与上层的交流互换。基层心治层级应当有同县、市、省级乃至国家级层面的心治中心进行工作经验交流的机会，优秀的基层心治工作者可以和上层进行定期岗位交流。（2）基层与科研学术团队的交流。实践出真知，与心治有关的科研机构应高度重视基层心治经验，努力对接基层心治中的实际问题，培养一支能够紧贴基层心治实践工作的科研队伍。（3）基层与督导团队的交流互换。一线实践经验丰富、经过多年实践工作检验的心治工作者可以直接进入县、市、省乃至国家层级的心理实务督导团队，融入内部、深度交流，促进实务督导团队紧贴基层实践工作，并面向其他地区的心治工作者介绍先进工作经验。业务督导团队的其他心理健康专家、精神科医生、社会工作师等也需要定期或者不定期地深入基层开展实际工作。（4）基层与其他社会力量的交流。社会治理是一项多方参与的重大社会实践。基层心治应当与其他民间组织、慈善机构、志愿者团队、公司企业的服务团队以及其他先进的心治力量进行充分交流、互动，吸纳多方有益成分、构建合理有序层级、强化内部交流互动，实现整体规范化发展，推动心治主体从零散个体化向规范化的转变，打造共建共享共治的社会治理格局，推动新时代社会治理创新。

六、加强智治建设

伴随科学技术的进步，技术治理已经成为为更高的公共治理目标服务的社会治理非常有效的工具、方法或手段。① 互联网时代的到来，让互联网技术成为人们创新社会治理方式的重要依靠力量。因而，在市域社会治理中加强智治建设，充分利用“互联网+”时代下的云计算、大数据、人工智能技术，推进治理的科学化和智能化。

（一）智治的测量指标

从智治的基本内涵分析中，我们发现智治是在“以人为本”理念和“多元主体协同治理”理念引导下的一种技术治理。因此，市域社会治理中智治应该从理念践行和技术基础两个指标层面进行构建。

1. 理念践行指标

“以人为本”和“多元主体协同治理”的社会治理理念是智治的理念先导，它们贯穿智治的全过程，它们的践行程度决定了智治的实现程度。而对“以人为本”和“多元主体协同治理”理念的践行程度的衡量可以从“社会满意度”和“社会参与度”两个方面进行考察。因此，理念践行指标包括以下两个子指标。（1）社会满意度。社会满意度是人们在对社会满足其需求的程度有所认知的基础上所产生的心理体验。② 根据马斯洛的需求层次理论，人的需求由低到高可以划分为生理需求、安全需求、社交需求、尊重需求和自我实现需求。在社会治理领域中，生理需求主要涉及的是社会保障方面的内容；安全需求主要涉及的是社会治安和法治方面的内容；社交需求、尊重需求和自我实现需求主要涉及的是基础设施建设和精神文明建

① 刘永谋，李佩．科学技术与社会治理：技术治理运动的兴衰与反思［J］．科学与社会，2017（2）．

② 李宁宁，张春光．社会满意度及其结构要素［J］．江苏社会科学，2001（4）：143-148.

设方面的内容。（2）社会参与度。在这里，社会参与度是指除政府之外的社会组织、公民等社会主体在智治中的参与程度。衡量智治的社会参与度可以从社会主体的参与数量、参与广度和参与深度3个层面展开。参与数量即参与智治的社会主体的数量；参与广度即社会主体参与智治的覆盖面，代表社会主体参与领域和事务的多少；参与深度即社会主体参与智治的深入程度，代表社会主体参与智治中某一领域和事务的深入程度。

2. 技术基础指标

现代化技术是智治的基础和核心。如果没有现代化技术的支撑，智治将会成为无源之水、无本之木。因此，对市域社会治理中智治衡量指标的构建必须把技术因素考虑在内。硬件和软件是技术水平的具体体现，是智治的运行载体。硬件是支撑智治的物质基础，它包括计算机设备、监控设备、指挥调度设备、移动终端设备、网络连接设备等办公设备和办公场所。软件是连接各种硬件设备并使其发挥作用的“大脑”，是支撑智治的管理系统，它包括各种电子政务 App、便民服务 App、政府门户网站、信息共享系统、指挥调度系统，等等。例如，智治的一个典型——杭州互联网法院，它的建设离不开相应的软、硬件的支撑。在线庭审、在线裁判和网上送达需要计算机、摄像设备等硬件设备；对案件来源、证据、调解、送达、审理、卷宗等进行全审判流程数据化管理需要大数据管理系统。硬件和软件相互支撑，共同构成智治的技术基础。

（二）智治的路径选择

党的十八届三中全会指出：“全面深化改革的总目标是完善和发展中国特色社会主义制度，推进国家治理体系和治理能力现代化。”智能化技术是现代化的重要标志。因此，要推进国家治理体系和治理能力现代化，就必须把智能化技术融入社会治理中，提升社会治理智能化水平。作为一种新的市域社会治理模式，智治充分把智能化技术融入市域社会治理中，是提升市域社会治理体系和治理能力现代化的必然选择。而要推动市域社会治理向智治转变，就必须加快治理理念创新和智能化平台建设。

1. 加快市域社会治理理念创新

理念是行动的先导。只有树立了“以人为本”的价值理念、“多元主体协同治理”和“技术治理”的治理理念，才能推动市域社会治理向智治转变。这就要求：一是要树立“以人为本”的价值理念。不管是何种社会治理模式，不管社会治理模式如何进行创新，都必须始终坚持“以人为本”的价值理念，它是社会治理的逻辑起点。“以人为本的价值向度伴随着不断变化发展的人民需求为制度及其体制和运行机制的发展和创新提供依据，增加了制度运行的空间，凸显了制度的弹性，是国家治理现代化的逻辑起点。”① 一方面，智治的主体是人，支撑智治的硬件和软件都需要人来生产，智治的全过程都离不开人的参与；另一方面，智治最根本的目的就是“一切为了人民，为了人民的一切”。二是要树立“多元主体协同治理”的治理理念。党的十九大报告指出，要“打造共建共治共享的社会治理格局”。“共建共治共享”突出强调的是一个“共”字，即强调要让社会组织、公民个体和政府等多元主体共同参与社会治理。因此，要打造共建共治共享的社会治理格局，就必须要树立“多元主体协同治理”的治理理念。在智治这一模式中，科技公司、公民和政府等都是社会治理的主体，他们在社会治理中都是一个个独立的个体。而只有树立了“多元主体协同治理”的治理理念，才能使这些独立的个体融为一体，共同致力于推进智治发展。三是要树立“技术治理”的治理理念。智治的本质就是技术治理。只有树立了“技术治理”的理念，治理者才会更多地利用先进的科学技术，才会进行更多的治理技术创新。

2. 加快市域社会治理的智能化平台建设

由硬件和软件构成的智能化平台是支撑智治的基础，只有加快智能化平台的建设，智治才有强大的运行基础。智治的智能化平台涵盖民生服务、社会治安、环境卫生等多个领域，涉及人们生活的方方面面。这就要求智能化平台的建设必须做好 3 个方面的工作。一是要加大财政投入力度，保障智能化平台建设的资金充足。智能化平台涉及许多高科技和“黑科技”，如精准的人脸识别技术、大数据分析与处理技术等，这些技术的研发和应用需要充足资金的支持。二是要实现信息数据的互联互通。智能化平台是一个以大数据应用为特征的综合性社会治理平台，覆盖领域广，它的建设必须要推动民政数据、公安天网数据、司法数据等政府各职能部门数据互联互通，以实现技术融合、业务融合、数据融合。三是要提升服务能力。智能化平台的建设要坚持“最多跑一次”、“马上办、一次办、网上办”和“数据多跑路，群众少跑腿”等便民原则，切实提高服务群众的效率和水平，让人们足不出户就能办事、办成事。

---

① 邓俊丽，阎树群．以人为本视角下国家治理现代化的逻辑建构［J］．理论与现代化，2016（2）：38-44.

第七章　推进市域社会治理现代化的能力建设

能力建设是推进市域社会治理现代化的着力点，它直接关系到推进市域社会治理现代化的实效性问题。从理论探索与实证调研的结果来看，能力建设也是当前推进市域社会治理现代化的关键“短板”之一。因此，要推进市域社会治理现代化，就必须加强“五个提升”的能力建设，即提升风险防控能力、提升群众工作能力、提升破解难题能力、提升舆论导控能力、提升资源整合能力。

一、提升风险防控能力

安全是社会治理的基本要求和重要目标。有了安全才谈得上以人为本、以人民为中心，才谈得上更高质量、更有效率、更加公平、更可持续发展，才能共建共治共享。① 当前，我国社会治理过程中面临的风险具有多样性、复杂性、隐蔽性等特征，且风险爆发周期呈逐步缩短、风险波及范围呈不断扩大的趋势，这对我国市域社会治理风险防控能力建设提出了更高要求。

（一）风险防控能力的测量指标

凡事预则立，不预则废。制定市域社会治理风险防控能力的测量指标体系，是社会治理效果导向的必然要求。正如习近平总书记所说：“我们既要有防范风险的先手，也要有应对和化解风险挑战的高招；既要打好防范和抵御风险的有准备之战，也要打好化险为夷、转危为机的战略主动战。”② 因此，制定一套可量化、可操作的风险防控测量指标体系尤为重要。

1. 风险防控人才的培养状况

2016年5月6日，习近平总书记就深化人才发展体制改革作出重要指示，指

---

① 王维国，王石磊．推进新时代社会治理新实践［J］．内蒙古社会科学（汉文版），2019，40（1）：7-12.

② 习近平．以时不我待只争朝夕的精神投入工作 开创新时代中国特色社会主义事业新局面［N］.人民日报，2018-01-06.

出："办好中国的事情，关键在党，关键在人，关键在人才。"市域社会治理风险防控人才的培养决定着市域社会治理风险防控能力的专业化水平，也就是说，是否在市域范围内形成一个风险防控的专业人才发展体系，是否培养和储备了一支高素质的专业化干部队伍和社会治理人才队伍，影响着风险因素的预防、风险事件的控制以及风险损失的补救效率。一方面，无论风险防控的哪个阶段都需要科学、高效的信息收集与分析，专业、理性的认知与预判以及高水平、高质量的应急措施；另一方面，风险防控涉及政治、经济、意识形态、社会、科技、外部环境、党的建设等领域，而这些领域都需要具有风险防控知识的专业人才来应对风险防控难题。可见，风险防控人才的培养是提升风险防控效率的关键。因此，可以从风险防控人才培养的数量和质量上进行测量。在数量上，主要考察风险防控涉及的各个领域是否具有与之相匹配的专业性人才；在质量上，通过风险防控专业知识竞赛和专业技能考核来保证人才发展体系的建设。

2. 风险防控系统的建设程度

党的十九大报告提出，要建设网络强国、数字中国、智慧社会。在此大背景下，风险防控系统的建设是智慧社会建设的题中应有之义，也是提升风险防控效率的重要手段。一方面，风险防控系统作为风险因素收集与分析的重要载体，通过借助计算机强大的运算和分析能力大幅提升了收集和分析社会治理问题的时效性和准确性；另一方面，风险防控系统完备的数据库能为社会治理人员作出正确的应对措施提供决策化依据。因此，社会治理风险防控系统的完备程度决定着其风险防控能力的高低，可以从硬件系统与软件系统两个层面入手测量风险防控系统的建设程度。硬件系统主要包括互联网的搭建、监控设备的覆盖与安装、移动终端和计算机等硬件设施的配备。软件系统主要包括大数据、云计算、人工智能等现代智慧技术的应用以及信息管理平台、数据共享平台的搭建。通过对市域社会风险防控体系的硬件、软件系统建设完备程度的考察，可以评估出市域社会治理风险防控能力水平。

3. 风险防控效果的测定内容

效果即某种动因或原因产生的结果。制定以效果为导向的测量指标是提升风险防控能力的必然要求。首先要实行目标化管理，把市域社会治理风险防控目标分解为可量化、可评价的阶段性目标，并制定时间表、路线图，扎实推进市域社会风险治理。其次要实行责任化考核，对各类责任主体所完成的市域社会风险治理任务进行严格检查评估，落实相关责任，以保证市域社会治理效果。最后要构建制度体系，即市域社会风险治理过程中是否构建了系统完备、科学规范的市域社会治理风险防控制度体系，从而为广大干部和工作人员提供相应的价值标准和行动准则。通过对这 3 项内容的测定，形成目标性、要素性的监控指标，同时通过向群众发放问卷，对指标的效度、信度进行调查验证，形成科学规范的风险防控指标的权重比值，为衡量市域社会治理风险防控能力提供具体的数据支撑。

（二）提升风险防控能力的对策

市域社会治理风险防控是社会治理的风险防控能力在市域范围的自然延伸与具体实施，是依托具体的城市区域而发生的风险防控活动的统称，提升市域社会治理风险防控能力是实现市域社会治理能力现代化的必然要求，是实现市域社会治理社会化、法治化、智能化和专业化的有效途径。这就要求，必须立足市域社会治理的现实需求。一方面，提升市域社会治理风险防控能力应从事前预防入手，在风险事件发生前，主动进行查漏洞、补短板，将不稳定因素遏制在萌芽状态；另一方面，完善事后补救机制，在风险事件发生后及时堵风险，将损失控制在最小范围。具体包括：一是保障和改善民生，稳定社会治理秩序；二是强化风险认知意识，落实风险的建构工作；三是坚持共建共治共享，引导多元主体联动；四是强化风险责任意识，落实风险问责机制；五是提升舆论导控能力，完善网络预防机制；六是推行普法宣传教育，提升法治建设水平。

1. 保障和改善民生，稳定社会治理秩序

我国民生领域还存在不少短板，人民群众在教育、就业、居住、养老、医疗等方面还存在不少难题，而民生问题的解决与否与社会的和谐稳定、国家的长治久安紧密相连，因此，在增强市域社会治理风险防控能力的过程中，要将保障和改善民生放在首位。尤其是在城镇化进程加快的背景下，首先要做好流动人口的安置工作，研究出台可操作的户籍制度改革措施，将流动人口管理纳入本地经济社会发展总体规划之中。其次要健全流动人口医疗保险转移支付体系，完善流动人口子女受教育体系，以实现流动人口住房的“同城同待遇”，让那些长期工作、居住、生活在城市的流动人口真正融入本地人民群众的生活之中。最后要通过大力发展教育事业以减少贫困的代际传递，提升就业质量以缩小贫富收入差距，加强社会心理服务体系建设以培育积极健康的社会心态，完善社会保障体系以实现社会的公平正义。只有保障了人民群众的基本生活，不断满足人民群众对美好生活的需要，才能为市域社会治理风险防控体系的建设创造良好的社会环境，提升其风险防控能力。

2. 强化风险认知意识，落实风险的建构工作

在乌尔里希·贝克看来，“风险是可以社会界定和建构的”①。风险的可建构性是指风险可以通过人为的认知加以建构，而这种人为建构的风险可通过经验认知，采取相应的措施加以化解甚至避免。当前我国正处于体制转轨和社会转型的深刻变革时期，面临传统性社会风险与现代性社会风险并存的局面，新中国成立以来，党和政府在领导人民进行长期的社会主义革命、建设和改革发展事业的过程中，为我们积累了丰富的风险化解经验，正如习近平总书记在第七十届联合国大会一般性辩论时所言：“历史是一面镜子，以史为鉴，才能避免重蹈覆辙。”因此，我们在着眼于当下社会发展实际的同时，还应系统梳理新中国成立以来党和政府实施社会治理的发展脉络，对历史经验进行总结、归纳和把握，并结合习近平新时代中国特色社会主义思想，丰富市域社会风险治理理论内涵，积极寻求市域社会风险治理的前瞻性启示，从而提升我们对社会风险的理性认知水平。以史为鉴，才能时刻保持对潜在风险的预见性和紧张感，才能强化风险认知能力，落实风险的建构工作，从而及时将社会风险化解在萌芽状态。

3. 坚持共建共治共享，引导多元主体联动

一方面，知识的有限性往往导致人们无法对社会风险进行预判，加之现代社会风险的复合性、广泛性和共生性等特征，导致政府也难以以一己之力应对部分风险事件，大大影响了风险治理的成效；另一方面，风险治理的成效直接影响着人民群众对政府工作的信任感和认同感。因此，为了实现社会风险治理成效的最大化，需要政府积极引导多元主体参与市域社会治理的风险防控工作。首先，要转变治理理念，弱化行政权力，变身为风险治理的“服务者”。通过积极搭建信息服务平台，疏通民意表达渠道，并配备专业化的网络信息管理专员对民意进行收集整理，最大限度地获取社会上的风险事件相关信息，真正打破信息孤岛，实现各层级间的信息联动与共享。其次，要构建多元化主体准入标准，筛选具备一定资质和符合条件的个人及社会组织参与风险防控的团队，充分调动多元主体通力合作的积极性，最大限度地协调各方利益关系。最后，要通过政策宣传，强化社会组织和公民个人在社会治理中的责任意识。通过建立良好的市场环境，完备的监管机制，积极引导多元主体参与风险治理，保证多元主体能够有序、合法、合规地参与社会协同治理工作，使多元主体之间的良性互动更加积极，从而达到优化社会治理工作的效果，实现风险治理成效最大化，增强政府公信力。

---

① 乌尔里希·贝克．风险社会［M］．南京：译林出版社，2004.

4. 强化风险责任意识，落实风险问责机制

无论是风险事件发生前的风险预防工作，还是风险事件发生后的应急处理工作，相关治理主体在治理过程中都存在一定程度的风险责任意识缺位问题，这就必然导致风险预警工作的失灵，甚至会增加风险损失。因此，树立风险责任意识是提升市域社会治理风险防控能力的又一重要方面，要通过风险责任意识的培养，提升各级领导干部、工作人员风险识别的敏锐度、准确度。要通过落实风险防控的问责机制，对风险治理过程中的失职、渎职事件，进行严厉追究与问责，倒逼领导干部、工作人员对潜在的风险早发现、早预防和早处置。要改变当下单一的风险事件化解方式，要通过对风险源头的探究，精准识别哪些是自然风险，哪些是因为对潜在风险因素放任、错估而导致的人为风险事件，厘清失责责任，防止风险治理异化，通过社会治理风险防控能力的测量指标对领导干部、工作人员的风险治理工作进行量化评估，并纳入升职考核，既要避免问责泛化、简单化，又要避免问责缺位、问责不严。

5. 提升舆论导控能力，完善网络预防机制

随着信息社会不断发展，媒介影响力也随之越来越大。媒介接近权使得个人的诉求得以迅速表达，而当前我国正处于社会结构的快速转型期，新旧观念碰撞激烈，生活方式和社会结构不断更新变化，竞争就业、学业等心理压力加剧，导致部分社会成员对当下社会现实产生了强烈的不满情绪，当这种负面情绪进入网络社会引起其他社会成员的共鸣时，就会形成一个强大的磁场吸引更多成员，最终可能成为引发某一恶性事件的导火索，增加报复社会行为、应激恶性案件等风险。因此，提升市域社会治理风险防控能力首先必须提升主流媒体对舆论的导控能力。一方面，主流媒体在风险爆发时要及时发布准确的新闻报道，为其他合规媒体提供新闻信息来源，做好畅通人民群众的意见表达渠道、提供矛盾调解服务、及时进行信息澄清工作，以消除人们的恐慌心理；另一方面，加强对网络信息的监管，正所谓没有规矩不成方圆，舆论没有法外之地，主管部门不仅要履行对新媒体的监管职责，将虚假、歪曲言论止于源头，还要做好网民的监管工作，尤其是要充分利用大数据对过激言论发表者进行实时监控，避免其危机心理被进一步激化，及时防控因心理问题而引发的恶性伤害事件。

6. 推行普法宣传教育，提升法治建设水平

提升法治建设水平是市域社会治理风险防控能力建设的先决条件，无论是风险治理的主体还是客体都需要法律来规范其行为、保障其权益。首先，要逐步完善市域层面上的风险防控法律法规，明确风险防控行为主体的职能、职权范围，保证市

域社会治理风险防控工作有法可依。其次，要建立一支德才兼备的高素质法治工作队伍，“奉法者强则国强，奉法者弱则国弱”，只有建立强大的法治工作队伍才能提升法律运行的实效。最后，要推行普法宣传教育，提升人民群众的法治思维，引导人民群众在发生矛盾纠纷时利用法律手段，以理性的方式维护自身权益，避免矛盾激化引发风险事件，“推动全社会形成办事依法、遇事找法、解决问题用法、化解矛盾靠法的良好法治环境”①。

案例 7-1：

江西省赣州市大余县的“访前法律工作室”

近年来，为引导信访群众摒弃“大闹大解决、小闹小解决、不闹不解决、信访不依法”的错误思想，努力营造“办事依法、遇事找法、解决问题用法、化解矛盾靠法”的良好社会氛围，维护正常信访秩序。2017 年开始，大余县在赣州全市率先试行访前法律服务，取得了信访总量逐步下降、信访部门压力逐渐减少、信访事项办理效率明显提高的良好成效。访前法律服务，是指通过改革信访流程，采取政府购买服务的方式引入法律团队，开展访前甄别指导、访中依法化解、访后跟踪评估，为来访群众提供免费、优质、便捷的访前法律服务，探索出“一二三四五六”访前法律服务工作法，打通法治渠道解决权力诉求“最后一公里”问题。“一”即一个载体，创设“访前法律工作室”，选好专业法律团队。“二”即两个保障，访前法律服务人员保障和经费保障。“三”即三个环节，紧紧抓住访前、访中、访后三个环节，实现法律服务的全覆盖。访前精准识别，访中精准参与，访后精准评估。“四”即通过访前法律服务工作，达到四个转变的目标。一是信访工作从“被动”向“主动”的转变；二是信访出口从“单一”向“多元”的转变；三是信访人从“信访”到“信法”观念的转变；四是信访秩序由“乱”向“治”的转变，实现依法治县目标。“五”即五项服务。一是信访快速通道服务。做到“三个及时”，即诉求转达及时、接触面对及时、问题解决及时。二是及时调解服务。实现“三个节约”，即节约维权时间、节约维权成本、节约行政资源。三是维权导航服务。做到“三个明确”，即维权方向明确、维权方式明确、维权预期明确。四是免费法律服务。实现“三个畅通”，即诉求表达畅通、维权途径畅通、法律服务畅通。五是心理疏导服务。达到“三个理性”，即诉求内容理

① 习近平 2019 年 5 月 7 日至 8 日在全国公安工作会议上的讲话。

性、表达方式理性、行为举止理性。“六”即六项工作制度。即登记接谈制度、会商制度、例会制度、跟进制度、衔接制度和考评制度。一年多的实践证明，大余县“一二三四五六”访前法律服务工作法，改变过去由信访部门接访包办的做法，将信访群众首先导入法律工作室，工作室成员利用其熟悉法律法规的优势，提供法律咨询并甄别分流，极大地提高了个体访、初信初访的办理效率，有效推进了诉访分离。通过法律工作室的桥梁纽带作用，有效缓解了群众与政府直接“对立”的冲突，提高了信访案件的化解效率。

二、提升群众工作能力

随着城市化进程的不断加快，我国数千年来以农村人口为主的城乡结构已经发生逆转。这一变化意味着城市已经成为各类新型社会矛盾风险的产生地、聚集地和爆发地，由此，“市域社会治理”成为国家治理的时代命题。另外，矛盾发生的主体是人民群众，从这一关联分析可知，市域社会治理的工作基础是人民群众，群众工作是市域社会治理的根本性工作，而群众工作能力是联结二者的重要纽带。提升群众工作能力有助于解决市域社会治理的难题根源，了解人民群众最关心的现实问题，有利于形成政府与群众良好的互动氛围，打造共建共治共享的社会治理格局，共同构建充满活力、和谐有序的美好社会。

（一）群众工作能力的测量指标

“意莫高于爱民，行莫厚于乐民。”密切联系群众，听心声、知需求、办落实是群众工作能力的根本所在。具体而言，测量市域社会治理群众工作能力的指标我们可以从人的满意、事的落实、法的遵守、情的投入四方面分析。

1. 人的满意

人的满意是指上级领导、合作的同事、群众及相关利益者的满意程度，根据各利益相关者的身份、评价综合分析并判断群众工作主体的群众工作能力。就市域社会治理的群众工作能力而言，可以认为是上级、同事，尤其是群众对工作主体的工作表现的综合评价。温家宝同志说过，“群众满意不满意、高兴不高兴、答应不答应是衡量政府工作的唯一标准”。习近平同志任福建省省长时，谈到自己的从政理念曾强调：“要时刻牢记自己是人民的公仆……把‘人民拥护不拥护、人民赞成不赞成、人民高兴不高兴、人民答应不答应’作为想问题、干事业的出发点和落脚点。”① 那就是说，群众是市域社会治理工作中真实的“体验官”，能够直观地感受到治理工作人员的工作能力，人民群众的满意度是衡量市域社会治理成效的根本标准。因此，赢得群众的满意反馈不仅是群众工作能力的具体表现，还是市域社会治理的工作方向。

2. 事的落实

事的落实指在处理市域社会治理工作具体事务中，从方法是否恰当、任务是否完成、效率和效果是否统一等方面判断其群众工作能力。一是工作方法恰当。“调查研究就像‘十月怀胎’，决策就像‘一朝分娩’。”这就要求群众工作主体在市域社会治理的实践中掌握正确的工作方法，跟随时代科技的发展，从群众中来，到群众中去，充分调查研究民意信息，通过线上线下相结合的方式共同推进社会治理工作。二是任务完成度。群众工作主体在规定时间之前完成上级、群众交代的任务，不拖拉、不敷衍、及时落实相关问题，是证明工作人员的能力能否胜任群众工作的重要因素。虽然任务的完成度也占据很大部分的衡量指标，但是，也不能唯任务完成论，还需遵循第三个判断标准：效率和效果的统一。有效率无效果，群众不受益等于无用功。“一切空话都是无用的，必须给人民以看得见的物质福利。”无效率有效果则需要对工作人员的能力进行考量。

3. 法的遵守

法的遵守是指在做好市域社会治理中的群众工作时要考虑措施是否合法、过程是否公正透明、结果是否公正公平。2014 年 1 月 7 日，习近平总书记在中央政法工作会议上指出：“人民群众的公平意识、民主意识、权利意识、法治意识不断增强，对促进社会公平正义、实现安居乐业的要求越来越高。”以此为依据，市域社会治理工作中依法行事、公正透明不仅是工作人员的义务，也是群众本该享受的权利。一是措施合法。所采取的措施符合法律规定，站在群众的角度，不伤及他们的合法权益。二是过程公开透明。在社会治理政策的实施过程中保证群众的知情权，公开透明是听取群众的意见和建议的前提，只有让群众知道有这么一回事，他才会了解自身可得到的福利。这既是对受益群体负责的表现，也是社会治理工作的要求。三是结果公正公平。结果是否公正公平，只能是最后的定夺，不像措施和过程可以迷途知返，它直接关乎工作人员自身职业能力和群众的期待和支持。正如 2013 年习近平同志在全国政法工作电视电话会议上要求：“进一步增强人民群众安全感和满意度，进一步提高政法工作

① 杨筱怀．习近平：我是如何跨入政界的［J］．领导文萃，2000（11）：62-67.

亲和力和公信力，努力让人民群众在每一个司法案件中都能感受到公平正义，保证中国特色社会主义事业在和谐稳定的社会环境中顺利推进。”

4. 情的投入

情的投入是指“想群众之所想，急群众之所急”①。习近平同志在《学习和掌握马克思主义立场观点方法是深入学习中国特色社会主义理论的根本要求》中提出：“党员领导干部要真正站在人民大众立场上，首先要对人民群众有真挚感情。”②“民心是最大的政治成就”，群众工作主体只有投入情感，才有机会获取民心，其表现可从沟通、倾听、信任三方面进行衡量。一是加强沟通，主动融入群众。毛泽东同志曾在1951年特别强调与民众沟通的重要性：“解决人民内部矛盾，不能用咒骂，也不能用拳头，更不能用刀枪，只能用讨论的方法，说理的方法。”沟通是宣传政策、融入群众、理顺群众情绪的重要桥梁，是市域社会治理工作中协调社会矛盾不可或缺的重要手段。二是用心倾听，尽力了解群众。1944年毛泽东同志说：“我们十分注意倾听人民的意见……通过各种会议、报纸和群众的来电来信等等一切能听到人民呼声的渠道，总是能发现群众的真正的意见。”③1978年邓小平同志再次强调：“一个革命政党，就怕听不到人民的声音，最可怕的是鸦雀无声。”④实践证明，只有扮演好倾听者，群众才会是那个倾诉者，工作人员才能了解群众真实的意见，进而做好群众工作。三是获取信任，密切联系群众。2013年5月14日，习近平总书记在天津和高校毕业生、失业人员座谈时指出“做实际工作情商很重要”，情商的体现之处是群众工作主体能否获取群众信任。“领导干部的一言一行、一举一动，群众都看在眼里、记在心上。”群众工作主体只有投入满腔热情联系群众，提供贴心的服务，才能赢得群众，发自内心地信任。因为，“要群众信任，决不仅仅靠权力，更主要的是靠你的人格魅力和工作能力，靠你做群众工作的方法和本领”⑤。

（二）提升群众工作能力的对策

市域社会治理工作首先面对的是众多且复杂的人群，治理工作人员的群众工作能力将直接关乎着市域社会治理的效果与反响。市域社会治理的群众工作能力并不是个体能力所决定或是掌控的，要通过思想层面的理念强化、工作方式的与时俱进、

① 罗东凯．中国共产党人的精神家园［M］．广州：广东人民出版社，2012.

② 习近平同志2010年3月1日在中共中央党校春季学期开学典礼上的讲话。

③ 毛泽东．毛泽东文集（第3卷）［M］．北京：人民出版社，1996：189.

④ 1978年12月13日，邓小平在中央工作会议闭幕会上发表的重要讲话。

⑤ 吴志菲．习近平：从黄土高坡到上海滩［J］．党史纵横，2007（5）：16-21.

合作队伍的优质专业、制度机制的保驾护航等方面，全方位提升整体的群众工作能力。

1. 强化治理为民的服务理念

提高市域社会治理群众工作能力的首要前提是群众工作主体从思想上认识到“水可载舟，亦可覆舟”的真知，树立治理为民的服务理念。始终坚持“全心全意为人民服务”是中国共产党对待人民的根本宗旨和行为准则，强化治理为民的服务理念正是在市域社会治理工作中对服务宗旨的一种具体诠释。毛泽东同志讲过：“如果把自己看作群众的主人，看作高踞于‘下等人’头上的贵族，那末，不管他们有多大的才能，也是群众所不需要的。”[①] 这就确定了党员干部的身份是民众的朋友，而不是民众的上司。在工作中，可以通过“自律和他律”两大法宝让治理为民的理念生根发芽，即道德层面的教育与引导和制度层面的强制与规范。一是通过教育培训强化群众工作主体的价值追求。一方面，教育培训作为提升群众工作能力的基础平台，能够使干部队伍大面积、系统化、快捷地提高群众工作的综合水平。[②] 另一方面，在社会压力较大和思想文化多元的情况下，尤其是在市域社会治理工作中，面对大范围的工作对象，困难系数逐步增加，对群众工作主体的要求也越来越高。此时，就需要发挥道德的教化作用，感召群众工作主体不走偏向、为民服务。二是通过制度约束群众工作主体的工作行为。2014 年 10 月 8 日，习近平总书记在党的群众路线教育实践活动总结大会上强调“制度是硬约束而不是橡皮筋”，就是利用制度的刚性规定党员干部的工作要求。仅仅靠“自律”不能完全保证社会治理工作依法进行，还需要制度的“他律”措施加持。在市域社会治理工作中，有一把标准的尺子丈量群众工作主体的工作行为，促使其不可为之事皆不沾手，破除“人情大于规则”的不良风气。如此，将外部约束与工作主体的内在动力有机结合，实现自律与他律的相辅相成，强化治理为民的服务理念。

2. 运用与时俱进的工作方法

提高市域社会治理群众工作能力的必然要求是紧随科技革命的步伐，推进市域社会治理群众工作方法“智能化”。2016 年 4 月 19 日，习近平总书记在网络安全和信息化工作座谈会上强调：“各级党政机关和领导干部要学会通过网络走群众路线，

---

① 毛泽东．毛泽东文集（第 3 卷）［M］．北京：人民出版社，1996：864.

② 王耀．基于政府信任视角的群体性事件治理对策研究［J］．中国管理信息化，2017，20（6）：190-191.

经常上网看看，了解群众所思所愿，收集好想法好建议，积极回应网民关切、解疑释惑。”① 习近平总书记所提的网络群众路线就是密切联系群众的历史延续，也是群众工作方法与时俱进的鲜明特征。为了实现群众工作方法的智能化，市域社会治理工作应在保证网络信息安全的基础上，实现经验和实践、虚拟与现实相结合的全新工作方式。一是创新经验和实践相结合的工作方法。学习各地成功的治理范例和借鉴西方国家社会治理的有益经验是快速提升群众工作能力的渠道之一，经验传授和交流的方式则可以借助网络平台将实践发生的案例直观地展现出来，达到实时沟通、快速学习的效果。例如，开设微信课堂、直播等方式实现全员参与、互动和交流；开发实景再现的小游戏或小视频引导全员学习重要经验。“体验即实践”使工作人员学习经验的行为常态化，使群众工作能力提升的过程既愉悦又有趣。二是虚拟与现实相结合的工作方法。正如 2016 年 4 月 19 日，习近平总书记在网络安全和信息化工作座谈会上强调：“让互联网成为了解群众、贴近群众、为群众排忧解难的新途径，成为发扬人民民主、接受人民监督的新渠道。”② 一方面，利用大数据把社情、警情、案情、舆情等数据全面汇聚起来，在此基础上通过信息数据的分析，密切关注网络言论与网民态度，及时研判市域社会稳定态势，超前谋划应对之策，③ 助力群众工作主体判断决策的科学性。另一方面，网络是政府工作人员联系群众不可忽略的重要阵地。网络信息的快速传递方便市域群众及时了解治理过程，参与讨论过程，了解工作进展，最大限度地化解矛盾、解决问题。如此，群众更加具备参与感，工作主体就更容易与人民群众交友，走进群众的“朋友圈”，听取他们真实的建议，有针对性地提升群众工作能力，更加有效率地完成工作任务。

案例 7-2：

江西省上饶市广丰区的“三化”工程

紧紧围绕新时代社会治理形势新变化、新情况，以回应群众对美好生活的需要为目标，江西省上饶市广丰区打造“专业化、智能化、群众化”的工作新模式。

---

① 习近平要求发挥互联网三项新功能_ 新闻频道_ 央视网（cctv. com）https：//news. cctv. com/2016/04/23/ARTISa9viLF6KyaIhgjFbWWU160423. shtml.

② 同①。

③ 陈一新．推进新时代市域社会治理现代化［J］．公民与法（综合版），2018（8）：3-6.

以“专业化”提高服务能力

新时代社会矛盾的变化，对平安建设工作提出更高更专业的要求，上饶市广丰区排山镇致力于提升工作专业化水平，筑牢平安建设的根基。一是队伍专业化。按照平安建设工作的要求，排山镇通过加强培训教育和实践操作，打造出了一批懂专业知识和熟悉基层群众的矛盾调解员、安全监察员、治安巡防队员等，与此同时，要求国土、民政、计生、供电等部门业务人员轮流进驻。定期召开协调会调解问题，共同参与矛盾纠纷和安全隐患的排查化解，使综治办由过去的“单打独斗”向现在的“合成作战”转变。二是平台专业化。探索配备教育培训室、平安展览馆、咨询室等专业化平台。既利于组织干部职工前来学习培训或定期组织考试，检验其学习成效和业务能力，也利于定期组织群众、学生前来参观学习，引导他们认清“黄、赌、邪、毒”的危害，增强自我防范意识。同时，设置法律咨询、心理咨询等平台，有效解决群众切实所需。2018 年，通过各类平台为群众提供各类专业化服务1100 余人次。三是设备专业化。通过采购一辆治安专用巡逻车，安排专职人员在不同片区进行日夜巡逻。与此同时，车上配备专业设备，通过人防、物防、技防，维护一方平安。加之广播有关治安防范的内容，沿途散发扫黄打非、双提升、反邪禁毒等方面的宣传单，向社会各界传递平安创建的强烈信号。

以“智能化”提高工作效率

充分发挥智能媒介在社会治安防控体系建设中快速、便捷、高效的优点，进一步提高社会治安防范的科学化水平。治安防控智能化，把公共安全视频监控建设作为综治中心的重要任务，在全镇已有“天网工程”21 个摄像探头的基础上，将公安机关地网视频监控图像也接入综治中心，并配备大型显示屏，安排专人坐班记录。同时，每日安排带班领导和派出所、治安巡防队深入全镇各地开展治安巡防，做到线上线下全覆盖，不留死角。另外，各村居配备义务巡防员和治安信息员，通过编织“天罗地网”，常举震慑之刀，形成严密的高压防范态势，有效地遏制了犯罪的发生。近年来，该镇发生的重大隐患和意外事故全部通过数据平台分析研判，由综治部门及时协调村居、部门整合力量，及时化解到位，做到无一例矛盾隐患上交。

以“群众化”夯实工作基础

充分发动社会多元主体参与社会治理，健全以群众自治为主体、社会各方力量共同参与的新型治理模式。一是依靠群众化解矛盾纠纷。深入推广人民调解“以奖代补”的成功经验，紧紧依靠党员代表、村民代表、网格员等组织力量，广泛调动一切积极因素，将矛盾化解在萌芽状态。2018 年，全镇共聘请人民调解员 146 人，通过他们化解各类基层矛盾纠纷 936 起，发放人民调解奖金 18000 元。二是动员群众做好平安宣传工作。面向群众招募平安工作志愿者，有规律地举办群众性平安建设知识竞赛、文化活动，让群众亲身感受到平安建设的浓厚氛围，做一名平安排山创建的践行者、宣传者。2018 年，该镇共发展平安志愿者 418 人，包含禁毒、普法、治安、心理咨询、社区服务等各方面。三是鼓励群众打击违法犯罪。拓宽信息渠道，设立举报电话和微信公众号留言平台，从群众手中收集黑恶线索、安全隐患情报、吸毒邪教人员聚集情况等信息，促使违规犯罪现象无处藏匿。通过群众摸排举报，在 2018 年共抓获各类犯罪人员 8 人，查处各类非法窝点 18 个，社会风气得到了有效净化。

3. 打造优质专业的工作队伍

人才是根基，市域社会治理工作离不开优质专业的人才队伍支撑。提升市域社会治理群众工作能力的重要途径是解决群众工作主体的人才资源问题，实现群众工作专业化，可以从吸引优质工作人员、培养专业化队伍和发展志愿者队伍 3 个方面着手。一是吸引优质工作人员。群众工作人力资源直接影响部门群众工作质量。这就要求在招聘阶段把好第一关，积极吸引更多贴合群众工作性质与时代发展要求的工作人员，比如，社会工作者或社会工作专业师生从事融入群众的工作岗位；网络新型人才满足当前大数据时代对人才的迫切需求。二是培养专业化队伍。在社会主义市场经济条件下，群众工作对象的多样化、群众利益多元化，协调解决群众诉求的难度也在增加，要求社会治理必须具备专业化的工作队伍，调节群众情绪，化解社会矛盾。通过举办培训、开展活动等方式进一步提升群众工作的专业化能力，重点培训直接接触群众的工作人员，增强专业理论功底与实务经验相结合的能力，以适应本土化群众工作的时代变化和需求。三是发展志愿者队伍。志愿者服务来自群众、植根群众、服务群众，[①] 是市域社会治理的最好形式之一。志愿者服务具备“教育的潜性化、服务的便民化、动员的社会化”的优势，有助于激发市域社会治理的群众工作活力。[②] 比如充分利用社区居民、在校学生等群体组建志愿者服务队伍，建立起长期稳定的志愿服务群体。以上 3 种举措，不仅有助于现有群众工作队

① 黄帅．志愿服务发展与党的群众工作创新：新加坡和上海志愿服务的比较［J］．党政论坛，2015（4）：46-49.

② 钟宇慧．社会工作视角下共青团提升青年群众工作能力研究［J］．青年发展论坛，2018，28（3）：56-66.

伍的人员稳定和素质提高，还充分发掘了源源不断的志愿者群众队伍，是提升市域社会治理群众工作能力必要的组织基础。

案例 7-3：

江西省瑞金市壬田镇的“夕阳红”服务团

江西省瑞金市壬田镇“夕阳红”服务团于 2017 年 4 月组建，10 月正式成立，由 19 名热心、公道、正派的“五老”组成。自组建以来，服务团共化解矛盾纠纷 300 余件，协调群众诉求 80 余件，政策巡讲 20 次，乡风文明演出 15 起，该镇信访量比上年同期下降了 40%。在日常生活中，服务团成员深入田间地头，在调解纠纷、化解矛盾、宣传政策等方面取得良好效果，被当地群众称为自行车上的“老年天团”。当然，成立服务团的目的既要保证队伍的政治定力，也需要加强保障，激发服务团成员的工作热情。

一是人员保障。服务团成员均由镇党支部牵头，各村（居）召开党员、离退休干部大会，按照“品行正、热情高、身体好、口碑响、讲得清”的标准推选服务团成员，确保成员能落实好党的事、动员好党员声、理顺好群众意。充分发挥他们熟悉情况、信息灵通、感染力强、易被群众接受和理解的优势，通过与左邻右舍百姓的紧密联系，主动参与农村基层一线的矛盾纠纷排查与调解，尤其是在群体事件、项目建设等工作中积极担当、敢于作为，做好群众的说服、解释、教育和疏导工作。

二是绩效保障。每一位服务团成员联系挂点一个村，服务团成员参与村“两委”工作例会，有权监督村“两委”政务、村务、财务运行，帮助村“两委”明方向、解难题。将服务团工作开展纳入党建目标责任制考核内容，将各村（居）党支部支持配合“夕阳红”服务团工作列入年终目标考评。同时，每月定期召开一次夕阳红服务团联席会议，所有成员集中学习理论政策、跟踪服务工作落实情况、总结经验做法、研究处理社会综合治理工作、谋划服务社会发展等工作。每年开展一次表彰评比活动，对年内完成 2 件及以上的矛盾纠纷调处或者化解 1 件群体性事件的“夕阳红”服务团成员予以奖励，评选出 5 名工作成效显著的团员予以表彰。

三是基础保障。首先，“夕阳红”服务团成员必须保证自身身体健康，这样才能无传染、无障碍地服务他人。为此，每年镇党委、政府将组织所有“夕阳红”服务团成员进行一次健康检查，使老同志切实感受到组织的厚爱和敬重，进一步调动好、保护好、发挥好老同志的工作积极性和主动性。其次，为树立典型、激发热情，镇党委、政府在镇、村两级综治中心建立了规范的办公场所，为服务团成员提供良好的办公环境。

4. 建立机制健全的制度保障

提高市域社会治理的群众工作能力的制度保障是健全群众利益表达和群众参与机制，听民意、集民智、聚民力，实现群众工作科学化。陈云同志说过："担负重要责任的领导要用 90%的精力进行调查研究，掌握真实情况，用 10%的时间和精力用于作决策。"这就说明群众工作科学化的关键是调查并掌握群众的真实情况，而要想获取真实的"情报"则需要制度作为保障。一是健全群众利益表达机制。2019 年 11 月，习近平总书记在上海市考察调研时强调"要抓住人民最关心最直接最现实的利益问题"。社会矛盾产生的根源是利益的纠纷，可从利益表达渠道、利益补偿、冲突调解三方面调和利益纠葛。首先，拓宽社情民意表达渠道。网络途径成了最便利的倾诉方式，这就要求群众工作主体不但要做好线下的沟通交流工作，更要关注各媒体平台的运营情况，捕捉群众的利益诉求信息。其次，完善利益补偿法律法规。进行调解利益补偿的前提条件是有相关完善的法律法规有章可循，在紧急情况下还考验群众工作主体的知识储备，保持持续充电的学习能力。最后，完善多元化纠纷调解机制。积极协调相关部门建立关于开展矛盾冲突多元化解的联席会议机制，依托基层群众的人民调解机制，明确相关行业、部门、人员的职责、任务与分工提升工作实效。① 群众工作主体既是政府层面的出面人，也是调解机制的联络人。例如，江西省赣州市章贡区从 2013 年开始设立了颇具赣州特色的"老师傅调解室"，构建为老百姓发声的群体。这些"老师傅"由退休老警察、老党员、老干部、老律师构成，备受社会的尊重和爱戴。他们可以充分发挥自身的良好声誉和了解社区基本情况的优势，退休不退岗，积极投身社会治理工作中。2018 年，在"老师傅"的带动下，章贡区社区民警走访群众近 23 万余户，发放宣传资料 35 万余份，警情回访案件当事人 2797 件次，提供便民服务近 1300 余次。二是健全群众参与机制。群众参与既是鼓舞群众参与社会治理的过程，也是群众监督治理人员的途径，健全群众参与机制成为提升市域社会治理群众工作能力的必要保障。首先，保障群众的话语权，听取群众意见。规范群众参与社会治理程序，杜绝"不说白不说，说

① 以多元解纷机制满足多元司法需求——法治网 http://www.legaldaily.com.cn/zfzz/content/2019-09/27/content_8005424.htm.

了也白说”的现象，使人民群众的诉求有人听也有人解决。其次，群众事情群众做，实现群众意愿。在市域社会治理工作中，通过整合社区资源，发挥各社区的治理特色，给予有能力的社区或群众自治空间。如推选本市有威望和信誉的群众做治理工作的代言人和引路人，在他们的带领下使政府工作人员更加快速地融入群众集体。由此，以群众参与为起点，保障群众的利益表达权，架起密切联系群众的桥梁，让广大群众真实、客观地表达自己的所思、所喜、所忧、所怨、所盼，充分行使权利、反映诉求、检举监督、建言献策、参政议政。①

三、提升破解难题能力

在市域社会治理中，政府面临着不断涌现出来的新形势、新情况和新难题。对此，需要知难而进、迎难而上、敢于直面问题，想方设法解决问题，正如 2013 年 10 月 7 日，习近平总书记在亚太经合组织工商领导人峰会上所言，要有“敢于啃硬骨头，敢于涉险滩，敢于向积存多年的顽瘴痼疾开刀”的魄力和气势，在市域社会治理实践中提高破解难题的能力。

（一）破解难题能力的测量指标

由于我国正处于快速城镇化的过程中，广大的乡村地区正在经历由“乡”到“城”的转变。伴随着这一转变而来的是市域社会治理过程中出现的一系列治理难题，包括人口流动加速引发的市民化难题、城市服务能力不足引发的城市病难题以及历史遗留问题引发的矛盾化解难题。要破解这些难题，就需要建立一套以效率和效果为导向的测量指标。

1. 效率指标

效率是指投入与产出的比例。在投入方面，对市域社会治理破解难题能力的测量主要是通过市域社会治理的人才队伍建设和社会治理智慧系统的建设情况来体现。在产出方面，对市域社会治理破解难题能力的测量主要是由破解难题的速度来体现。(1) 市域社会治理人才队伍的建设状况。一方面，市域社会治理的人才培养决定着破解市域社会治理难题的专业化水平，制约市域社会治理的专业人才发展体系的形成，影响社会治理过程中发现问题、分析问题、破解难题效率；另一方面，社会治理难题又涉及政治、经济、社会、科技、党的建设等领域，每一个领域都需要具备

---

① 孙佑民．党员干部要吃透民情增强群众工作能力［EB/OL］．(2017－3－31)［2024－04－02］．http：//dangjian. people. com. cn/n1/2017/0331/c117092－29183261. html.

一定社会治理能力的人才来应对治理难题。因此，人才的培养是提升破解难题效率的关键，可以从社会治理人才培养的数量和质量上进行测量。在数量上，主要考察社会治理难题涉及的各个领域是否具有与之相匹配的专业性人才；在质量上，则可以通过社会治理知识竞赛和专业技能考核来保证人才发展体系的建设。(2) 市域社会治理智慧系统的建设状况。党的十九大报告提出，要建设网络强国、数字中国、智慧社会。在此大背景下，市域社会治理智慧系统的建设是智慧社会建设的题中应有之义，也是提升破解难题效率的重要手段。一方面，作为问题信息收集与分析的重要载体，智慧系统通过借助计算机强大的运算和分析能力大幅提升了收集和分析社会治理问题的时效性和准确性；另一方面，智慧系统完备的数据库资源能为社会治理人员作出正确的应对措施提供决策化依据。因此，社会治理智慧系统的完备程度决定着其破解难题能力的高低，并对市域社会治理智慧系统的测量具有重要意义，可以从硬件系统与软件系统两个层面入手。硬件系统主要包括互联网的搭建、监控设备的覆盖与安装、移动终端和计算机等硬件设施的配备。软件系统则主要包括大数据、云计算、人工智能等现代智慧技术的应用以及信息管理平台、数据共享平台的搭建。通过对市域社会治理智慧系统的硬、软件系统建设完备程度的考察，可以评估出市域社会治理破解难题能力水平。(3) 市域社会治理破解难题的速度。市域社会治理破解难题的速度是指从发现社会问题、分析社会问题、出台社会难题应对措施到破解社会治理难题全过程所消耗时间长短，它是社会治理破解难题效率的产出指标。从一个社会问题的出现并被发现，到问题的分析再到破解，这一过程速度越快，耗时越少，效率就越高。反之，这一过程耗时越久，那么社会治理难题破解得越慢，这一难题引发的后果就越严重，越不利于社会的稳定。因此，通过测量市域社会治理破解难题全过程的速度，可以评估市域社会治理破解难题能力。

2. 效果指标

效果即某种动因或原因所产生的结果。形成一套以效果为导向测量指标是提升市域社会治理破解难题能力的必然要求。市域社会治理破解难题的过程包括治理难题的发现、治理难题的分析、治理难题举措的应用。测量市域社会治理破解难题能力的效果可以从社会治理难题发现的精准性、社会治理难题分析的科学性和社会治理难题应对措施的执行度来考量。

首先，发现问题是破解社会治理难题的前提。一般来说，社会治理难题的表现形式呈现多样化的特征，需要社会治理人员提升自我辨别潜在社会治理难题的能力，可以通过社会治理人员信息收集的效度来测定，即通过有用信息收集的比例来把控社会治理难题发现的精准度。其次，社会治理难题分析的科学性决定了社会治理难题应对举措的有效性，因此，在社会难题的治理分析过程中，必须测量社会治理人员是否掌握了科学的思维方法，可以通过书面考核或竞赛的形式评估社会治理人员的辩证思维能力、底线思维能力、创新思维能力、法治思维能力。社会治理难题应对措施的应用是破解治理难题的最后一道环节，社会治理难题应对措施的执行度影响着破解社会治理难题的结果。因此，一要坚持效果导向。通过目标化管理，把市域社会治理破解难题的目标分解为可量化、可评价的阶段性目标，并制定时间表、路线图，确保市域社会治理难题的破解能够扎实推进。二要实行责任化考核。各执行主体应对市域社会治理破解难题任务的完成进度、质量、效果进行检查评估，以责任到位确保市域社会治理效果到位。三要构建制度体系。即市域社会治理破解难题过程中是否构建了系统完备、科学规范的市域社会治理制度体系，用以规范社会治理人员在破解难题过程中的价值标准和行动准则，从而实现对市域社会治理破解难题能力效果指标的测量。

（二）提升破解难题能力的对策

市域社会治理难题破解能力是国家治理的破解难题能力在市域范围的延伸与拓展，是对地级市范围内所实施的治理活动的统称。近年来，随着城市化水平的不断提高，城市治理需求不断提升，城市治理难题不断涌现，而市域社会治理破解难题能力建设的滞后，使得城市问题堆积，不仅阻碍了城市建设的良性发展，也为城市风险的爆发埋下了隐患。因此，市域社会治理水平亟待提升，尤其是提升其破解难题能力。

1. 坚持理论先导，丰富市域社会治理现代化理论内涵

学界对市域社会治理现代化这一理念的研究还处于起步阶段，关于市域社会治理难题的发现能力、分析能力以及应对能力的相关研究都较为滞后，理论研究的不足制约市域社会治理的政策思路与路径选择。因此，我们在着眼于当下社会发展实际的同时，还需要系统回顾新中国成立以来党和政府实施社会治理的历史进程，深刻总结社会治理破解难题的历史经验，并结合习近平新时代中国特色社会主义思想，丰富市域社会治理现代化理论内涵，积极借鉴市域社会治理的前瞻性启示，从而为破解市域治理重难点问题提供有效路径。

2. 坚持党的领导，构建多元主体协同参与的治理格局

中国特色社会主义最本质的特征是中国共产党领导。党是办好中国事情的关键，党的领导是建设中国特色社会主义治理体系的必然选择，只有坚持党的领导才能有

效解决国家治理上的方向性和复杂性问题。然而，新时代社会治理问题具有广泛性、复合性和共生性等特点，党和政府很难以一己之力解决所有的治理难题，因而为了达到市域社会治理破解难题成效的最大化，需要积极引导多元主体参与市域社会治理的难题破解工作。

首先，明确多元主体的职能定位。党的十八大以来，中央文件多次强调要“加快形成党委领导、政府负责、社会协同、公众参与、法治保障的社会管理体制”，这代表国家治理的主体发生了变化，党和政府不再是社会治理的唯一主导力量，社会组织与公民个人也是社会治理的参与主体，党和政府负责政策制定、统筹决策与市场监管，社会组织和公民个人同样也要为政策决定建言献策，并对党政行为进行监督。其次，政府要转变治理理念，弱化行政权力，成为社会治理的“服务者”。一方面，要积极搭建信息服务平台，疏通民意表达渠道，实现政府与公民的良性互动；另一方面，准入标准的主体要多元化，从而能筛选出符合要求的社会组织及个人参与社会治理的队伍，通过市场监管优化市场环境，充分调动多元主体通力合作的积极性，最大限度地协调各方利益关系。

案例 7–4：

江西省井冈山市的警民“共治”

江西省井冈山市公安局针对经济社会发展和城市化进程中矛盾纠纷激增、政府维稳压力过大的新问题，在实践中探索出了一条适合井冈山新形势下化解群众矛盾、做好群众工作的新途径、新方法——“民警人人都是110，群众个个都是治安员”。

一是帮助组建“治安调解理事会”民间组织，做到矛盾不上交。“110服务点”的民警主动靠前服务，在每一个大一点的自然村积极引导组织成立了“治安调解理事会”这个民间组织，每个“治安调解理事会”有3~5名成员，成员由村里“五老”组成，即老长辈、老教师、老退休人员、老退伍军人、老村长，对重大而复杂的纠纷，还聘请了“治安调解协调员”若干名。在民警的指导下，理事会充分发挥“五老”威望的作用，及时化解“六小纠纷”，即农村的邻里、宗族、家庭、婚姻、经济和土地山林小纠纷等。切实确保小事不出组、大事不出村、矛盾不上交，从源头上最大限度地减少不和谐因素。目前，共建立治安调解理事会198个，共有理事860余名，协调员810余名，治安员1700余名。

二是壮大巡防员、保安员等辅警力量，做到阵地无空当。（1）组建治安巡防队。2009年，组建成立了130名人员的治安巡防队，布警茨坪、龙市、新城区三城区，全市32个居民区，加强街面巡逻、设卡堵截、蹲点守候指导，仅去年（2018年）就破获各类刑事案件70余起，抓获违法犯罪嫌疑人100余名。（2）推进保安服务。向宾招单位、娱乐场所、企事业单位、民爆使用单位、物业小区、学校派驻了500余名保安，确保重点单位、重点部位、金融网点等安全无事故。（3）整合治安志愿者。引导组织村组、居民小区、景区、林区的护林员、防火员、巡防员、管理员、调解员、城市综合执法队员近3000人，成为广泛发动群众的中坚力量。

三是创新警务模式，做到"虚拟社会"不缺位。群众工作既做到面对面，又键对键，充分运用信息网络等科技手段，积极探索出"互联网+微警务"警务工作法，搭建了"指尖上的派出所"，全面推行"一村一群，一群七员"微信创建法，每个自然村建立一个微信群，加入派出所责任警员、户籍员、交通警员、巡防员、宣传员、乡镇驻村员、村委会成员"七员"，为群众提供五"微"平台服务，及时发布社区各项警情动态，引导网民参加讨论各类问题，了解辖区治安情况，及时预防违法犯罪的发生，收集群众对辖区警务工作的意见和建议，实现了"让数据多跑腿、让群众少跑路"的满意成效，服务效能和工作效率得到了最大限度的提升。2018年，共建立公安微信群206个，实现村村覆盖，群众关注3.2万余人，为群众提供"微服务"和"微办理"达3.6万余次。

四是激励群众热情，做到治安大格局无盲点。既充分激发了群众参与治安的热情，又及时推出群众参与治安的奖励措施，并对群众的检举揭发、提供线索、调解纠纷、协助破案、抓获逃犯、提供信息，都一一由局领导当面给予奖金，及时兑现，保护群众的积极性。据统计，全市群众举报80余起、抓获违法犯罪嫌疑人130余人、破获各类案件60余起、现已发放奖金12万余元。民警做群众工作的热情得到了充分肯定和认可，极大地调动了广大群众参与治安的积极性，营造了全民抓治安的良好大格局。

3. 坚持问题导向，聚焦市域社会治理重难点问题

坚持问题导向，"难题是进步的阶梯。是迎难而上，还是遇难而退，考验着我们的担当，也检验着我们的能力。我们要按照'敢于啃硬骨头，敢于涉险滩，敢于向积存多年的顽瘴痼疾开刀'的要求，着力解决市域社会治理中的突出问题，推动取得突破性进展。"① 社会是人的社会，聚焦市域社会治理的重难点问题就必须将城

① 陈一新. 新时代市域社会治理理念体系能力现代化［J］. 社会治理，2018（8）：5-14.

市人口的治理问题放在首位。改革开放以来，人口的迁移成为一种趋势，2017 年中国内地的流动人口已达到 2.45 亿，每 5 个半人中就有 1 个是流动人口。外来人口迁移为当地经济建设作出贡献的同时也带来了一些治理难题。受户籍制度的影响，流动人口往往被排除在当地城市的社会保障和制度之外，尤其是非正规就业流动人口的管理问题往往处于一种无序状态，而随着新型城镇化的推进，户籍制度出现松动，城市流动人口呈现规模加大、速度加快的趋势，而社会组织的发展与社区功能的发育具有滞后性，难以全面承担相应的治理职能，进一步增加了城市社会治理风险及社会治理难度。要化解这一难题需要做到以下两个方面。

一是要做好流动人口的安置工作，实现流动人口的市民化。受城乡二元户籍制度的影响，农村户籍流动人口子女无法与城市居民平等地享有受教育权利、医疗资源和住房资源。因此，各市要将流动人口管理纳入本地经济社会发展总体规划中，研究出台可操作的户籍制度改革措施，完善流动人口医疗保险转移支付体系，方便流动人口的异地就医。完善住房保障制度，实现流动人口住房的“同城同待遇”，让那些长期在城市工作、生活和居住的流动人口能够真正融入城市生活。

二是要做好民生工作，保障城市困境群体的美好生活需要。近年来，困境群体报复社会行为、应激恶性案件发生的频次有所增加，这一困境群体因利益诉求无法达到预期而产生的风险事件根源于我国民生工作的缺位。因此，要补齐社会保障工作的短板，做好困境群体的精准识别工作，扩大社会救助的范围，除了给予困境群体必要的经济补助，还要做好困境群体的心理服务工作，通过及时的心理疏导，避免危机心理进一步激化，防控因心理问题引发的恶性伤害事件。

4. 坚持智慧治理，发挥大数据技术的助推力量

新时代是数字化、智能化的时代，我国社会结构的快速转型，人民生活方式的不断变化，新旧矛盾激烈碰撞，传统的社会治理手段已然不再适用于当前社会现实。因此，应借助大数据全力打造城市社会治理信息平台，提升市域范围内社会治理智能化水平，建立智慧城市社会治理体系。

一是建立先进的信息化理论体系。市域社会智慧治理在未来必然呈不断上升的趋势。但是作为新生事物，其理论实践还处于发展阶段，各地市域如何在实践中运用该项技术，还处于探索与学习的过程之中。因此，在应用智慧治理技术之前，需要围绕其他地市的成功案例，开展理论研究工作，然后通过前期丰富的理论探讨、大量的经验分析以及风险预估工作，建立完备的理论支撑，再因地制宜地建立信息

化基础设施。

二是建立网络化协同治理格局。云计算、移动互联网以及大数据技术的强大数据收集、存储和分析能力，能够对现有政府组织结构形式进行整体优化，而要充分发挥大数据治理的效能，就需要打破各部门间的横向壁垒，通过建立跨部门大数据管理平台，实现不同部门间的数据共享，打破“信息孤岛”。

三是提高智能化服务水平。通过加强应用智能软件，拓宽各类信息收集的渠道，进行综合研究，为人民群众提供个性化或一对一服务，精准地开展社会治理活动，尤其是在社会救助领域，通过提供电子政务服务，可以及时开展医疗、教育、就业等救助服务。

四、提升舆论导控能力

在“人人都是麦克风”的全媒体时代，舆论导控已经成为市域社会治理必须面对的一项重要课题，如何及时发现舆情的苗头性和倾向性，及时进行有效的处置、引导，对于市域社会稳定具有重要的意义。因而，市域社会治理需要提高舆情应对能力，提升舆论导控能力。

（一）舆论导控能力的测量指标

市域社会治理舆论导控的实质就是将公众的情绪、态度朝有利于市域社会治理的方向引导。舆论导控就是在舆论的产生、发酵过程中判断舆论性质、引导舆论方向、控制舆论传播。舆论监测、舆论研判、舆论引导、舆论控制 4 个方面构成舆论导控这一有机整体。因此，舆论导控能力由舆论监测能力、舆论研判能力、舆论引导能力和舆论控制能力 4 个要素构成。本研究基于舆论导控能力四要素，构建市域社会治理舆论导控能力的测量指标。

1. 舆论监测能力测量指标

随着新媒体的发展，公众获取信息的渠道越来越多样化，信息内容也不断丰富。要维护舆论环境，保持舆论健康，舆论监测是必不可少的手段。舆论监测能力作为舆论导控能力的基础，从根本上影响舆论导控的成效。舆论监测能力的测量指标设置可从舆论监测机构设置和舆论预警能力两个方面入手。

（1）舆论监测机构设置情况。舆论监测是一项技术要求较高、专业性较强的工作，要提升舆论监测能力，必须设置独立的舆论监测机构，配备专业的舆论监测工具，掌握前沿的舆论监测技术，并招募高学历、高专业水平的工作人员。因此，舆论监控能力的测量应该综合考察舆论监测机构的设置设备情况、机构工作人员的专业性、组织工作人员培训学习舆论监测技术的次数和频率等指标。

（2）舆论预警能力。建立社会舆情预警机制，能够更深入地探索舆论的产生和变化规律，更全面地掌握舆论动态，对于社会舆情的监测具有重要价值。较好的舆论预警能力要求制定较为完善的舆论情况上报制度，并积极做好舆论风险排查，掌握舆论隐患。可以根据领导职责是否明确、舆论处置工作是否有序、是否经常对热点事件进行深入排查以及能否准确发现舆论风险等指标对舆论监测能力进行测量。

2. 舆论研判能力测量指标

网络中存在的“网络水军”和大量真假难辨的信息无形中增加了舆论导控和社会治理的难度，如何准确判别、分析舆论信息的真假好坏，成为舆论导控工作面临的一大难题，而较好的舆论研判能力有利于提高政府部门对舆论的敏感度，占领舆论制高点，化被动为主动，有力地消除舆论风险。舆论研判能力的测量可以从舆论分析能力和舆论判断能力两方面进行。

（1）舆论分析能力。对舆论事件的关键词进行准确的分析和抓取及对过去舆论热点事件的分析归纳是提高舆论分析能力的重要途径。具体而言，可通过建立舆论热点事件数据库，将近年来的社会热点事件分门别类，归纳出各类舆论事件的发酵规律、政府应对措施及效果，从而对未来舆论事件的研判和导控提供借鉴。因此，可以从有无建立舆论热点事件数据库、抓取的舆论重点是否与公众关注点相同等指标测量舆论分析能力。

（2）舆论判断能力。舆论的判断能力，一方面是指能够对某一公共事件的舆论发酵趋势进行快速的反应和判别；另一方面是指对该公共事件可能产生的舆论风险及对社会治理带来不良影响进行推断。较好的舆论判断能力必须充分掌握舆论发展规律、准确分析各方面因素，快速对舆论性质作出正确判断。舆论判断能力可以从舆论反应能力和舆论性质判别能力等方面体现。

3. 舆论引导能力测量指标

舆论引导就是把握舆论方向，让媒体的主张成为大众的主流意见。[①] 此时，媒体部门的义务在于为市域社会治理工作的开展营造良好的舆论氛围。这就要求媒体必须坚持贯彻习近平新时代中国特色社会主义思想，不断拓展载体，打开思路，增

① 汪东行，胡志方，黄成禄．主流媒体舆论引导力价值指标体系的构建：基于对舆论引导力四要素的分析［J］．开封大学学报，2018（4）：62-67.

强专业能力，创新舆论引导渠道。因此，信息传播能力和舆论引导有效性可作为测量舆论引导能力的指标。

（1）信息传播能力。信息传播能力直接影响舆论引导的效果。在当前社会背景下，除了电视、报纸等传统媒体平台，以互联网为代表的新兴媒体逐渐成为社会舆论的集中点和发酵地。充分利用互联网等新媒体平台传播速度快、传播范围广的特点，并结合传统媒体优势，通过无缝对接、优势互补、资源共享，实现全方位、多维度、多渠道的传播和交流，成为提高信息传播能力的必要手段。信息传播能力也受到传统媒体、新媒体的数量及各自的关注量、订阅量、阅读量等数据的影响。

（2）舆论引导有效性。舆论引导的有效性首先要把握好舆论引导的方向。① 正确、积极的舆论引导是解决舆论危机、攻克社会治理难题的有力推手。错误的舆论导向只会混淆视听，造成全社会信任危机。在这里，意见表达能力是判断舆论引导有效性的关键因素。媒体语言应去粉饰、少卖弄、通俗易懂、深入浅出，方便不同文化层次的广大人民群众阅读，同时媒体报道必须实事求是，不可含混不清、模棱两可，避免受众对报道产生错误理解。

4. 舆论控制能力测量指标

舆论有“正向舆论”和“负向舆论”之分，其中“正向舆论”具有权威性、真实性，而“负向舆论”往往是与真实背道而驰的谣言，势必会破坏社会的稳定。②因此，媒体应积极推动“正向舆论”，培育民主、公平、公正的社会舆论环境，同时与“负向舆论”作斗争，抵制媒体话语霸权和虚假新闻报道。舆论的控制能力可以从媒体报道的权威性和媒体报道的影响力两个指标进行测量。

（1）媒体报道的权威性。媒体报道的权威性决定了媒体报道的公信力。在虚假新闻泛滥、低俗内容涌现、新闻炒作盛行、负面舆论集聚的新媒体环境下，政府必须承担起提升舆论质量的重任。要提高媒体报道的权威性，必须坚持报道信息的准确性、及时性、有效性和权威性，不可胡编乱造；对报道的相关观点需要客观求证，充分征求各领域专家的专业意见和权威人士的观点看法，避免观点的片面性和主观性。因此，媒体报道中权威信息及权威人士或专家观点意见数量可以作为媒体报道权威性的测量依据。

---

① 汪东行，胡志方，黄成禄．主流媒体舆论引导力价值指标体系的构建：基于对舆论引导力四要素的分析［J］．开封大学学报，2018（4）：62-67.

② 同①.

（2）媒体报道的影响力。要提高媒体报道的影响力必须保证媒体报道的真实性和舆论控制的效力。评估媒体报道的影响力可以通过收集、分析报道发布后受众群体在各平台上的评论，观察它们与媒体报道表达的意见是否一致，并统计与媒体报道持相同意见的受众的数量、比例，从而进一步推断媒体报道对舆论的控制效力。

舆论控制能力测量指标表

一级指标	二级指标	三级指标	指标解释
舆论监测能力	舆论监测机构设置	专设舆论监测机构	有/无
		专业人员数量	具体数量
		培训学习情况	培训次数和频率
	舆论预警能力	对热点事件深入排查情况	是/否
		舆情上报制度的制定情况	领导责任是否明确，舆论处置工作是否有序
		舆论事件发现能力	能否发现舆论事件
舆论研判能力	舆论分析能力	建立舆论热点事件数据库	有/无
		抓取舆论关键词的能力	抓取的舆论重点是否与公众关注点相同
	舆论判断能力	舆论反应能力	介入舆论发酵所需时间
		舆论性质判别能力	对舆论性质的判别是否真实客观
舆论引导能力	信息传播能力	媒体平台数量	新媒体、传统媒体的具体数量
		媒体平台影响力	新媒体、传统媒体的关注人数
	舆论引导有效性	引导方向的把握能力	是否准确把握舆论引导正确方向
		意见表达能力	理解报道的受众比例
舆论控制能力	媒体报道的权威性	媒体报道中权威信息数量	具体数量
		媒体报道中权威人士、专家意见的数量	具体数量
	媒体报道的影响力	报道的真实性	受众反馈与报道的一致性
		舆论控制的效力	与媒体持相同意见的受众的数量

（二）提升舆论导控能力的对策

随着互联网的迅速发展，新兴媒体成为市域社会治理的新战场。市域领导干部应充分认识提高舆论导控能力的重要性，利用互联网优势，不断提高新媒体的品牌创新能力、话题设置能力、引关圈粉能力，[①] 增强媒体对突发事件舆论导控有效性。善于运用新媒体开展政法工作和社会治理宣传工作，宣扬政治方向、通达社会情况、传递民众意愿、疏导公众情绪，营造理性和谐、积极健康的舆论环境，进一步提升市域社会治理现代化水平。要提升市域社会治理舆论导控能力应做到：

1. 坚持“化险为机”，切实提高新媒体网络优势运用能力

良好的舆论导控能力要求能及时、详细地掌握舆情信息，并快速、准确进行处理，将社会舆论朝正确、积极的方向引导。互联网的发展为市域社会治理舆论导控带来了新挑战和新机遇，可以说互联网是市域社会治理舆论导控的“最大变量”，也是提升市域社会治理舆论导控能力的“最大增量”。因此，要深刻认识“得互联网者得天下”这一时代命题，下定决心将工作重心转移到互联网新媒体上来，[②] 让互联网这个“最大变量”变成提升市域社会治理舆论导控能力的“最大增量”。

一要清醒认识到互联网是市域社会治理舆论导控中面临的“最大变量”。社会舆论导控难度不断增加，为市域社会治理带来新挑战。首先，与过去传统的报纸、杂志、广播、电视等传播方式不同，互联网时代信息以“裂变式”进行传播，信息一经发布，其传播范围、扩散人群都难以计数。其次，信息传播渠道多元，传播速度加快，舆论从酝酿阶段、形成阶段到影响阶段的时间差不断缩短。最后，互联网信息发布者众多、发布方式多样，畅所欲言的网络环境使得信息质量难以得到保障，一些消极、极具偏向性的言论也混杂在大量信息中，将受众的情绪朝错误的方向引导，形成不利于社会稳定的舆论环境。因此，充分意识到互联网对舆论场的负面影响是提升市域社会治理舆论导控能力的前提。

二要充分运用互联网优势，让互联网成为提升市域社会治理舆论导控能力的“最大增量”。互联网建起了舆论导控新格局，一方面，通过大数据分析舆情的产生原因、热点问题、发散倾向等为舆情的预警、研判提供依据；另一方面，通过大数据统计舆情的传播范围、重点区域、分布人群等，可为舆论导控指明更加精准的方向。同时，利用新媒体大众化、差异化传播的特点，有针对性地对不同用户进行差

① 陈一新．推进新时代市域社会治理现代化［J］．公民与法（综合版），2018（8）：3-6.

② 同①.

异化的信息投放，更快捷精准地澄清谣言，消除负面舆论，促进社会和谐稳定。因此，应不断强化互联网思维，学网、知网、懂网、用网，充分把握互联网规律，准确运用互联网优势，发挥新媒体作用，抢占信息化条件下宣传舆论的制高点，进一步提升市域社会治理舆论导控能力。

2. 秉持“内容为王”，逐步提升新媒体品牌创新规划能力

大数据时代下的新媒体运作技术、手段相比于传统媒体都更为先进，但媒体行业要站稳脚跟，拥有更大影响力，就必须坚持“内容为王”理念，不断提升内容质量。另外，同样的内容通过不同的展现方式收获的传播效果也不尽相同，因此，新媒体要在保障内容品质的基础上进行品牌创新，丰富内容表达和呈现方式，让内容更贴合时代需求，满足受众需要。如此才能在庞大的信息群中脱颖而出，吸引受众注意，推动受众转发，拓宽覆盖面，扩大影响力，进而提升舆论导控能力。

一要把握新趋势，明确品牌定位，提高宣传的针对性。当前，新媒体受众数量庞大、文化水平多层、兴趣爱好多样、审美需求多元，面对“众口难调”的现实情况，新媒体应锁定目标群体和目标对象，根据受众需求进行自身定位，运用差异化策略找到自己在社会和行业中的位置。同时还要深入探究不同受众的习惯，不断研究受众信息需求的变化，作出阶段性的调整和有规划性的创新；不断丰富传播内容，拓宽传播路径，努力满足受众多方面、多层次、多样化的信息需求；不断拓宽受众范围，提升新媒体传播的吸引力和导控能力。

二要打造一批正能量、专业性强、富有创新精神的创作团队。首先，新媒体团队应具有主动为党和政府分忧的意识，弘扬中国精神，宣传时代正气，传播党的政策，拉近政府与人民之间的距离，促进人民对党和政府的理解，提升人民对党和政府的满意度，维护社会稳定。其次，新媒体需要培养一批具有互联网思维、精通大数据技术、富有创新精神的编辑，不断推出优质、新颖、有吸引力的原创作品，扩大自身影响力，或邀请网络影响力大、正能量的微博大 V 加入，在有负面舆情出现时，及时撰写高质量、正能量文章，正向引导社会舆论。

3. 捕捉“热点议题”，全面加强新媒体话题设置引导能力

媒体无法左右公众的思想，但新闻报道中话题的设置能很大程度地改变公众对于某一事件的看法，转变公众的原有判断。话题设置是媒体导控舆论方向的重要手段，是媒体影响舆论的根本价值体现。首先，新媒体话题设置必须尊重客观事实，不可无中生有、凭空捏造。其次，必须尊重新闻传播规律，给新闻自由充足的空间，

善待舆论监督。最后，要尊重新闻受众，将事实传播给读者，将思想空间留给受众。

一要从公众关注的视角出发设置话题。这就要求媒体首先要有新闻眼光，聚焦社会热点时事，重视公众关注焦点，提高新闻敏锐度。其次是找准报道角度和切入点，把握时机，设置公众关注的新闻话题，引导公众发表意见和观点，引发公众共鸣。同时，媒体应该创新性设置话题，不断拓展内容来源，从新颖的角度解读社会热点事件，深入浅出，做到既有深度又有广度，吸引公众眼球，引导公众思考。

二要灵活运用网络提高媒体的话题设置能力。网络是媒体延展、深化话题设置的重要工具，它具有互动性、发布者与受众普遍的特点，深受年轻人的喜爱和欢迎，而年轻人恰恰是社会治理的中坚力量，因而，运用网络设置新闻话题，能够充分调动年轻人的积极性，提升他们的参与度，促使他们在市域社会治理中发挥重要作用。提升媒体运用网络设置新闻话题，就需要掌握网络信息传播、网民互动的特性，设置具有新意、能引发网民共鸣的新闻话题。

4. 坚持“圈粉为本”，着力增强新媒体“引关圈粉”战斗能力

当前，微信公众号、微博大 V 等新媒体通常致力于吸引受众，增加账号关注度，这是因为粉丝量的多少，是测量新媒体影响力的重要标尺，也是检验新媒体舆论导控能力的重要参数。因此，市域领导应该切实增强新媒体“引关圈粉”的意识和能力，着力培育一批拥有可观粉丝数的微信公众号或微博大 V 账号，保证新媒体拥有足够大的关注度和阅读量，最大限度地扩大新媒体的覆盖面积，加大新媒体的辐射力度，进一步提升新媒体的舆论导控能力。

一要善用多元化的表达“引关”。一篇优秀的新闻报道或文章，往往需要在标题上做足“文章”，合理运用当下最流行的“网络用语”，让公众看见标题就被吸引，引发公众好奇心，让公众愿意“点”进来。吸引公众点进来之后，还需要让公众能够看下去。这就要求新媒体善用多元化的表达方式，紧跟时代步伐，了解网络用语，不断学习制作图片、Flash 动漫、小视频等新技术，在语言表达上和视觉呈现上都能够投“公众所好”。与此同时，新媒体巧用大数据技术，对不同兴趣爱好、需求偏好的受众进行差异化推送，精准“引关”。

二要以多种手段“圈粉”。市域领导要重视新媒体舆论导控在市域社会治理中的作用，集中力量重点扶持一批关注度高、影响力大的政府新媒体，通过整合资源提高这些政府新媒体在网络舆论场的核心竞争力。同时，政府可以定期对这些新媒体进行考核，对“圈粉”能力强的新媒体采取激励措施，鼓励各新媒体不断探索

"圈粉之道"，分享从"圈粉"—"固粉"—"圈新粉"这一流程的经验，学习与粉丝互动沟通技巧，进而提升粉丝黏性和忠诚度及吸引新粉丝的潜力，扩大舆论"影响力"。

五、提升资源整合能力

随着我国社会治理重心向基层下移，我国城市基层社会治理的艰巨性和复杂性日益凸显。在市域范围内推进社会治理体系和治理能力现代化正面临着政府资源有限、治理效果受限、社会资源闲置利用效率低的"两限一低"的情况。因此，提升市域社会治理的资源整合能力，显得迫切且重要。

（一）资源整合能力的测量指标

对市域社会治理资源整合能力的测量可以从机构整合、功能整合、制度整合、政社整合 4 个维度展开。

1. 机构整合能力

面对组织机构分散设立、孤立运作，难以形成合力的社会治理困境，社会治理创新对内必须打破传统管理体系中形成的部门分割局面，对外要重视政府、市场、社会三者的协同与资源整合，实现内外协调、沟通、互补。也就是说，面对市域社会治理的实践困境，破解的切入点在于提升机构整合能力。对机构整合能力进行测量，主要是观察政府机构设置、职能配置、人员编制是否提高了社会治理能力和水平。具体测量内容包括 4 个方面。一是评价"明确各职能部门对口事项，权责统一，费随事转，严肃问责"的实施情况。二是评价"提高市县乡政府运行效率，推进编制资源向乡镇和街道倾斜，统筹使用各类编制资源，充实加强基层一线工作力量"的实施情况。三是评价"深入推进'放管服'改革，推进'互联网+政务服务'建设，持续开展'减证便民'行动"的实施情况。四是评价"提供普惠均等、便捷高效、智能精准的公共服务"的实施情况。

2. 功能整合能力

市域社会治理在大力推进机构整合的同时，还必须同步进行功能整合。功能整合要在最大程度上发挥社会治理行动者网络中不同行动者间的功能优势，使整个行动者网络内部实现功能互补。对功能整合能力的测量，必须从以下 3 个方面进行。第一，党建融合。在社会治理行动中，政党所发挥的功能表现为组织政府、整合利益、联系民众并引导其参与。主要测量内容为"加强基层党组织建设，强化政治引领，发挥党的群众工作优势和党员先锋模范作用，推动基层党建和基层社会治理深度融合”的情况。第二，技术融合。技术融合的目的是提升我国基层社会治理的智能化水平。智能化是社会治理方式现代化的重要手段，因此，必须加快推进社会治理智能化建设，打造跨界融合的智能化治理新模式，以解决各类跨区域、跨行业、跨组织、跨群体的社会治理难题。主要测量内容为“充分利用云计算、移动互联网、视频监控、终端设备等现代技术”的情况。第三，专业融合。专业融合即要求具有不同专业能力的行动主体通过彼此合作共同化解各类社会治理问题。主要测量内容为综合运用专业化工作方法化解各类矛盾纠纷的能力。

3. 制度整合能力

制度整合能力是将不同的规则进行有机融合，形成不同规则的有序执行，减少执行结果的不确定性。市域社会治理能力的持续性发挥需要加强各种制度的有效整合，形成制度合力。整体而言，市域社会治理中的制度整合就是要为“党组织统一领导、政府规划负责、职能部门协调配合、社会各方共同参与”在制度执行上扫清障碍，实现不同制度的有效衔接。一方面党的政策要能有效传达到各个机构和部门；另一方面不同职能部门的制度制定要融会贯通，消除执行壁垒、各自为政的状态。对制度整合能力的测量，必须要从以下4种制度进行相互支持、互动共进，第一，矛盾纠纷排查制度。市、区（县）、街道（镇）不同层级的矛盾纠纷排查制度安排的科学性，是否能够有效实现从街道（镇）、区（县）到市一级矛盾纠纷排查的分级过滤。第二，听证对话制度。市、区（县）、街道（镇）不同层级的官民对话制度是否能够进行上下贯通与有效衔接。第三，危机处置制度。对于容易产生群体性事件的各类工程项目是否能在不同处置部门找到对应的应急方案，不同层级的应急方案是否能够在层与层之间形成良好的衔接，以堵住风险漏洞。第四，绩效考评制度。是否在市域范围内建立起各部门统一的社会治理绩效评估体系。

4. 政社整合能力

能否推动政府与社会实现良好合作是社会治理创新的重要议题，也是决定社会治理绩效的核心要素。① 对政社整合能力的测量，需从以下两个方面着手。第一，测量“充分发挥社会组织作用，推进社会组织健康发展，引导激励社会组织参与社会治理”的实施情况。具体包括两大块：（1）社会组织的党建情况，是否体现了党

① 陈朋．整合社会资源 创新治理创：江苏省南通市“大调解”机制的实践探索．人民网，http：//theory. people. com. cn/n1/2016/0801/c401815-28600803. html.

对各类社会组织的全面领导；社会组织综合监管情况，包括日常考核、评估管理、社会监督；社会组织运行是否依法合规、服务是否专业。(2) 对社会组织的孵化培育、人才引进、资金支持情况，是否依托综治中心等设置社会组织培育和工作场所；社区社会组织的发展情况，城市社区和农村社区的社会组织数量；政府对社会组织参与公共服务、开展公益服务的支持情况，是否建立了完善的社会组织购买服务清单，社会组织购买的公共服务占整个政府公共服务支出的比例。第二，测量企事业单位自主自治积极性的调动情况。具体包括建立企业社会责任评估和激励奖惩机制，推动企事业单位及园区等开展平安创建工作，鼓励引导企业参与社会治理，更多地承担社会公益、科技创新、辅助决策等社会责任。

(二) 提升资源整合能力的对策

市域社会治理中的资源整合是一项系统性工作。它不仅包括人、财、物等有形资源，还包括促进社会凝聚和整合的意识形态、价值理念、文化传统等无形资源。[①] 因此，市域社会治理中的资源整合既要重视对人、财、物等有形资源的整合，也要重视对意识形态、价值理念、文化传统等无形资源的整合。

1. 优化市域社会治理资源整合的组织架构

(1) 注重组织搭建。组织是一个群体实现行动目标的基石。一个群体的组织化程度影响着群体行动的效果。在市域社会治理中，各方资源的整合涉及各方参与主体的利益，需要有一个强有力的组织机构（部门）来处理不同主体之间的利益冲突。这就需要搭建一个专门针对社会治理资源整合的组织机构。这个组织机构要能够在创新社会治理资源整合战略理念、推动社会治理资源整合专业化、调整社会治理资源整合策略、激励社会治理资源整合主体行动方面作出积极回应。组织搭建是为市域社会治理资源整合提供制度保障的基础。

(2) 注重大部门治理。从整体性治理理论的视角来看，依托不同政府机构和部门整合形成的大部门治理，能够构建一个执行有效的协同治理机制，从而克服不同机构和部门的治理“碎片化”问题，进而有效提升治理资源的整合效率。市域社会治理的大部门治理要破解传统社会管理中由部门分割带来的碎片化问题，要将参与市域社会治理事务的相关机构和部门进行大部门整合，形成专门的市域社会治理事务管理机构。依靠大部门治理，负责不同市域社会治理事务的职能部门和机构之间

① 李珍刚，叶良海．公共治理中的资源整合与共享问题：基于困局经济学的视角分析［J］．财经论丛，2016（3）：95-103.

能够形成目标统一、资源共享、执行有效的资源整合机制。

（3）注重多元协作。在市域社会治理的行动网络中，要在党组织、政府组织、经济组织、社会组织、群团组织、自治组织之间构建合作关系。这种合作关系是党和政府提出的“共治共建共享”发展要求的内在体现，是市域社会治理中不同渠道、不同层级、不同特征的资源进行鉴别与选取、配置与汇整的前提条件。党政部门要遵循“多中心”治理理念，通过法律、法规、政策、文件，为参与市域社会治理的各个行动主体提供财税支持和合法性支持，激励引导经济组织、社会组织、群团组织、自治组织、爱心人士参与市域社会治理实践，丰富市域社会治理资源的总量和层次，推动“党委领导、政府负责、社会协同、法治保障”的市域社会治理体系早日形成。

2. 优化市域社会治理资源整合的运行机制

（1）形成可持续有活力的资源整合机制。市域社会治理的资源整合机制由战略规划、行动方案、执行策略、效果评估、回应调整等一系列息息相关的环节构成。它是社会治理资源整合行动中不同行动主体相互联系、相互影响、相互博弈的过程，直接决定着不同行为主体的行动逻辑和行为方式，影响着资源整合的可持续性。一个可持续有活力的资源整合机制能够有效克服个体主义治理行动的“碎片化”，有利于从无序化和低效化走向合作化和有效化。市域社会治理中的资源整合主体包括党政部门、市场组织、社会组织、自治组织、群团组织、公民个人等各种各样的资源所有者。在所有这些行动主体中，党政部门对提升市域社会治理的资源整合能力扮演着尤为重要的角色。党政部门因其政治和行政地位的特殊性，能够依靠其拥有的政策和制度制定权力迅速对治理资源进行规划和安排。但是还应该看到，有效的资源整合需要不同参与主体的积极回应和配合，因此，党政部门应该敢于放权，与其他资源所有者平等协商，共同达成资源整合意见。党政部门通过与其他资源所有者平等协商，有助于调动他们参与治理的积极性，使资源整合由被动转变为主动。党政部门要通过信息和资源的互享互惠激发起其他治理主体的参与积极性。要不断完善市、县（区）、乡镇（街道）、村（区）综合服务信息平台，建立起一体化的、信息化的社会治理资源指挥调配机制，吸纳经济组织、社会组织、群团组织、公民个人积极参与，使社会治理的资源整合机制变得持续而又有活力。

（2）建立健全系统化、集成化的社会治理资源指挥调度机制。要在打破部门界限和条块分割的基础上，统筹政法、环保、民政、安监、金融、计生、土地、社保等各行政部门资源，并吸引社会力量广泛参与，实现社会治理资源特别是执法资源的集约化配置、系统化整合，致力于覆盖管理盲点和真空，杜绝管理交叉与推诿，在市域范围内形成社会稳定综合治理的强大合力。[①] 比如，很多社会治理难题，如刑事案件、违法活动等通常涉及多个职能部门，其中政法部门起主要处置作用，然而由于相关职能部门之间难以形成有效的联动机制，行政部门和司法部门之间经常相互推诿扯皮。因此，迫切需要建立健全系统化、集成化的社会治理资源指挥调度机制，探索建立由政法、民政、安监等多个职能部门联动成立的社会治理指挥调度机制，实现不同职能部门之间执法的无缝对接。[②]

3. 优化市域社会治理资源整合的文化环境

（1）营造平等互信的社会合作精神。组织搭建和机制建设主要是从外在层次为市域社会治理中的资源整合提供正式制度环境支持，而平等互信的合作精神营造旨在从内在层次为市域社会治理中的资源整合提供文化环境支持，以实现从精神层面引导和激励各类参与主体对社会治理的资源整合达成一致的行动安排。这种平等互信的社会合作精神能够使不同参与主体正确认识各自的利益，正确对待和处理好整体利益和个人利益的关系，从而有助于社会整合的形成。社会合作以社会成员之间的互信为基石，然而经济社会发展带来的个体主义使得社会日益“原子化”，集体行动、互助合作越来越不被关注，社会成员之间的不信任感日趋严重。这些现实困境要求我们在提升市域社会治理资源整合能力的过程中必须特别注意营造平等互信的社会合作精神。

（2）弘扬开放文化和法治精神。在全球化和区域发展一体化的经济环境下，世界经济表现为竞争与合作并存，每个国家都不可能割裂于世界，走狭隘的自主发展之路。世界各国经济社会的发展既要依靠自身固有的资源，也必须从外界汲取其他国家的特定资源优势。总之，世界各个领域的资源越来越趋于从封闭独占转向开放共享，由“碎片化”运行转向整合利用。落实到社会治理领域，市域层面的社会治理资源多种多样，不同层次的治理资源必须开放共享，从“碎片化”运行走向整合利用，以实现社会治理资源的高效运用。同时，需要特别注意的是，全球化和区域发展一体化的有序进行需要法治保障，因此，社会治理资源的开放共享和整合利用

① 陆志孟，于立平．提升社会治理精细化水平的目标导向与路径分析［J］．领导科学，2014（9）：14-17.

② 山东农村社区社会治理创新研究课题组，侯小伏．以资源整合服务下沉推动社会治理创新：淄博市“四三二”工作格局推进社会治理创新的调查与思考［J］．东岳论丛，2015，36（7）：12-18.

必须要依法依规进行，明确好各参与主体的权力与责任，让法治精神统领市域社会治理资源整合的实践和创新。

案例 7-5：

江西省吉安市永丰县的“联化中心”

江西省永丰县坚持以人民为中心的发展思想，积极探索矛盾纠纷多元化解有效路径，整合多方资源，建立了由党委领导、政法委牵头、法院主导、社会各界共同参与的矛盾纠纷联合化解新机制，走出了一条矛盾纠纷高效化解的新路子，形成了“小事不出村、大事不出乡、难事不出县、矛盾不上交”的社会治理新格局。2013—2015 年，永丰县全县公众安全感连续 3 年位列江西省前十，永丰县 2016 年荣获江西省“平安杯”，2017 年荣获江西省社会治安综合治理先进县称号。2013 年以来，“联化中心”共化解各类重大矛盾纠纷 682 件，涉及人员 1700 余人，矛盾纠纷调处成功率达 98%以上；永丰县全县连续 6 年矛盾纠纷调处成功率达 98%以上，非正常访年均下降 24. 7%，有力地促进了社会和谐稳定。

针对过去化解矛盾纠纷平台较少、力量薄弱等问题，永丰县从体制机制入手，致力于打通县乡村三级调解脉络，有效满足群众对矛盾纠纷的化解需求。(1) 县级构建大调解平台。按照“县委牵头、法院主导、多方参与”的思路，依托法院司法确认权威性、法官队伍专业性等优势，在县法院设立由县委政法委书记任主任，县法院院长任副主任，相关县直单位负责人为成员的县矛盾纠纷联合化解中心（以下简称“联化中心”），下设经济类、民事类和行政类 3 个化解工作室，由县委政法委、县信访局和公检法司等部门抽调专业人员 5 人、返聘退休法官 2 人，常驻办公，重点受理应急、疑难、重大矛盾纠纷。受理矛盾纠纷后，首先由联化中心常驻人员进行初调。对初调不成功的，由联化中心会同有关党政部门、社会团体和行业委员会进行联合化解。化解成功的，由县法院对调解协议进行司法确认，赋予法院判决书同等法律效力。化解无效的，引导其向法院提请诉讼或申请有关部门裁决。(2) 乡级布局网格化支点。参照县级模式，以县法院派出法庭为依托，由乡镇综治办牵头，联合司法所、派出所、人民调解委员会、村委会等，组成乡镇联化中心，形成 21 个网格化支点，重点受理乡村两级一般性矛盾纠纷。乡级化解不成功的，可转交至县联化中心处理。两级联化中心成立以来，已化解各类突出矛盾纠纷 682 件，其中化解信访积案280件。(3)村级打造自治化终端。探索推进调解员“村聘民选”工作，即由村委会聘请调解员，群众发生纠纷后，由当事人按意愿，“点将式”选择1~2名调解员，介入调处纠纷。目前，全县有2777名“村聘民选”调解员活跃在村组一线，打通了234个村（居）矛盾纠纷自治化调处的“神经末梢”。2013年以来，全县每年通过“村聘民选”调解员化解邻里纠纷、婚姻纠纷、赡养扶养纠纷等矛盾上千件，筑牢了农村维稳第一道防线。

第八章 推进市域社会治理现代化的运行机制建设

市域社会治理现代化不仅是加强理念创新、体系建设与能力建设的过程，而且必须加强运行机制建设。运行机制建设是推进市域社会治理现代化的制度保障，它直接关系到推进市域社会治理现代化行动计划的落地问题。从理论探索与实证调研的结果来看，运行机制建设也是当前推进市域社会治理现代化的关键“短板”之一。因此，要推进市域社会治理现代化，就必须加强“五个健全”的运行机制建设，即健全价值引导、政策促进、法治保障、社会参与和责任分担五大机制。

一、健全价值引导机制

市域社会治理是一项庞大繁杂的系统工程，涉及社会生活的方方面面，需要借助多方力量来推动其朝着现代化的方向发展。思想共识是凝聚力量的基础，而价值共识是思想共识的体现，所以说，构建市域社会治理现代化的价值引导机制，能凝聚全社会的价值力量来支持发展市域社会治理现代化。习近平总书记在省部级主要领导干部学习贯彻十八届三中全会精神全面深化改革专题研讨班开班式上强调：“推进国家治理体系和治理能力现代化，要大力培育和弘扬社会主义核心价值体系和核心价值观，加快构建充分反映中国特色、民族特性、时代特征的价值体系。”[①]可见，社会主义核心价值观与市域社会治理现代化之间有着密切联系，互为前提、相互补充。也就是说，社会主义核心价值观的培育能推进市域社会治理现代化的发展，相反，推进市域社会治理现代化也能有力促进全社会共同践行社会主义核心价值观。其实，市域社会治理现代化是在社会主义核心价值观的引导和党的领导下，政府、社会、企业以及个人等共同参与各项社会事务。[②] 因此，在推进市域社会治理现代化的过程中，构建价值引导机制具有重大的理论意义和现实意义，这一机制

---

① 习近平．习近平谈治国理政［M］．北京：外文出版社，2015：163.

② 常静．社会主义核心价值观融入社会治理机制探析［J］．理论观察，2018（12）：22-24.

为新时代中国特色社会主义社会迈向现代化提供了思想基础和方向引领。

（一）价值引导机制的科学内涵

“价值”一词从哲学释义视角来看，是源于价值哲学，表达了数、数字、数量在场的词汇，并反映在人类的思维和语言中。从政治视角来看，人们对政治事务的基本价值判断是始终坚持中国共产党的领导，高度认同党的全面领导地位。而从社会视角来看，价值标准是指社会主体处理事情、评价事情、判断事实与衡量事态的基本尺度。① 可见，人们基于某一事实的判断和认定过程所体现出的个人价值观是思想凝聚和升华的反映，而个人价值观的建构深受社会制度、规范以及法律的影响。其中，坚持党的全面领导和社会主义核心价值观的培育和践行是建构和影响个人价值观的途径。因此，关于市域社会治理现代化的价值引导机制，主要包括以下两个方面。

1. 坚持中国共产党的全面领导

自改革开放以来，中国共产党就已逐步明确，国家治理的总体布局是党的领导、人民当家做主和依法治国的有机统一。② 从本质内涵来看，社会治理是指在执政党领导下，由政府组织主导，吸纳社会组织等多方面治理主体参与，对社会公共事务进行的治理活动，是“以实现和维护群众权利为核心，发挥多元治理主体的作用，针对国家治理中的社会问题，完善社会福利，保障改善民生，化解社会矛盾，促进社会公平，推动社会有序和谐发展的过程”③。党的十八届三中全会也明确提出：“党的领导是全面推进依法治国、加快建设社会主义法治国家最根本的保证……坚持党的领导，是社会主义法治的根本要求，是党和国家的根本所在、命脉所在，是全国各族人民的利益所系、幸福所系，是全面推进依法治国的题中应有之义。”可见，在社会治理事务中，党始终都承担着统领全局、把控方向和协调各方的重任。

党的十八届三中全会指出：“全面深化改革的总目标是完善和发展中国特色社会主义制度，推进国家治理体系和治理能力现代化。”其实质是改善人民的生活水平，实现社会主义现代化。而市域社会治理现代化是全面深化改革中的重要组成部分，其目的是更好地促进社会和谐稳定，以实现人民生活幸福、安居乐业。党的全

① 宁友金，王永友．社会主义核心价值观融入社会治理：价值、困境与实现［J］．思想政治教育研究，2019（1）：34-39.

② 王浦劬．国家治理、政府治理和社会治理的含义及其相互关系［J］．国家行政学院学报，2014（3）：11-17.

③ 姜晓萍．国家治理现代化进程中的社会治理体制创新［J］．中国行政管理，2014（1）：24-28.

面领导地位决定了能否继续推进市域社会治理现代化工作，离开了党的坚强领导，也就缺少了建设社会主义事业的思想引领，很容易使市域社会治理现代化陷入发展困境，最终偏离轨道，根本无法实现我国改革发展的目标。正如毛主席曾指出的："指导伟大的革命，要有伟大的党，要有许多最好的干部。"① 可见，市域社会治理现代化的发展，需要党内干部的决策和指导，这是中国特色社会主义多年实践的一条基本经验。我国基本政治制度之一是中国共产党领导的多党合作和政治协商制度，按党组织的层级分类，可分为中央机构、地方机构和基层机构，而治理现代化的基本要求是强调多元主体共同参与治理，所以，根据党组织的机构类型，党中央在社会治理现代化的过程中自然扮演着绝对领导者的角色，统筹国家治理大局，即对社会治理中出现的疑难问题，必须由党进行顶层设计，并由此推动社会治理的变革和发展。地方党组织应承担好监督保障职责，主要体现在两个方面：一是积极督促政府在社会治理中扮演主导者角色，使各级政府全面履行好自身职责，特别是变掌舵者为划桨者；② 二是充分协调各治理主体，并积极培育更多的治理主体，激发社会组织活力，从而推进多元治理主体的持续健康发展。③ 而基层党组织应在具体社会治理事务中充分发挥示范者角色，带头引导，并影响群众自觉参与其中，从而发挥党员的先锋模范作用，树立优良的形象和作风，增强其在社会治理中的领导力和凝聚力。

进入新时代，社会发展出现了新的形势和情况，这就要求必须紧跟时代发展，创新社会治理方式，推进市域社会治理现代化。对此，我国必须在坚持中国共产党的全面领导的基础上，发挥我国特色的制度优势，为市域社会治理现代化的发展保驾护航。

2. 社会主义核心价值观

我国社会主义核心价值观经历长足的确立过程，从新中国成立初期到党的十八大，我国才真正将其基本内容正式确定，其中，富强、民主、文明、和谐是国家层面的价值目标，自由、平等、公正、法治是社会层面的价值取向，爱国、敬业、诚信、友善是公民个人层面的价值准则。作为中国优秀文化的重要代表，社会主义核心价值观对国家、社会及个人都有重要的价值引领作用，能够规范人们的社会行为，

---

① 燕继荣．国家建设和国家治理［J］．北京行政学院学报，2015（1）：55-59.

② 珍妮特·V. 登哈特，罗伯特·B. 登哈特．新公共服务：服务，而不是掌舵［M］．丁煌，译．北京：中国人民大学出版社，2014.

③ 林泉．中国共产党在社会治理体系中的角色定位［J］．江西社会科学，2016（9）：186-192.

使公民自觉遵守相关法律法规。党的十九大报告明确指出："社会主义核心价值观是当代中国精神的集中体现，凝结着全体人民共同的价值追求。"可见，无论在规范个人行为还是在社会建设发展全过程，社会主义核心价值观都具有重要的统筹指导作用。

当前，我国经济已由高速度发展阶段转向了高质量发展阶段，这意味着，我国经济发展不仅关注发展速度，而且注重发展质量。作出转变发展方式的重大决策，主要是因为我国社会主要矛盾已经转化为人民日益增长的美好生活需要和不平衡不充分的发展之间的矛盾，迫切要求我国积极转变经济发展方式，以契合社会主要矛盾关系的新变化。然而，在新时代的社会背景下，新的社会矛盾会引发新的社会风险和社会问题，这就要求我国应不断提升社会治理水平，积极推进市域社会治理现代化来有效应对新矛盾、新问题。但是，我国目前的社会治理水平与社会发展水平之间存在巨大的差距，远低于与新时代社会相匹配的治理体系和治理能力现代化水平，市域社会治理范围内尤为如此。面对市域社会治理领域存在的这一差距问题，亟须一定的价值体系作为思想引领来提高社会治理水平。社会主义核心价值观作为全社会共同的价值遵循，其所体现的价值理念和价值原则，能够极大地推进市域社会治理现代化。从本质上来看，社会治理体系的完善和治理能力的提高，是一个价值引导的调整过程，治理过程需要主流价值观的引导，社会治理根本上就是价值的治理。[①] 也就是说，社会主义核心价值观与市域社会治理现代化之间相辅相成、互为表里。[②] 将核心价值理念融入社会治理过程，有助于更新各治理主体的治理理念，并保持治理理念的先进性和治理方式的科学性，这些都对全面推进市域社会治理现代化非常有益，社会也因此更加繁荣稳定。

社会主义核心价值观内化于市域社会治理现代化的过程，既反映了国家积极培育和践行社会主义核心价值观，也反映了国家高度重视社会公平正义。从根本上来说，社会主义核心价值观要求建立中国特色社会主义的现代国家、现代社会和现代公民，[③] 而在现代国家、现代社会和现代公民的相互关系下，建立起多元行动主体参与公共事务治理的组织机制、互动网络和运行方式，正体现了国家治理现代化的本质内涵。[④] 目前，在社会的变化发展越加复杂和迅速的背景下，要推进市域社会

---

① 常静．社会主义核心价值观融入社会治理机制探析［J］．理论观察，2018（12）：22-24.

② 严国萍．社会主义核心价值观与治理现代化［J］．马克思主义与现实，2018（3）：163-169.

③ 严国萍．中国梦的精神实质与制度建设［J］．科学社会主义，2014（4）：71-73.

④ 斯托克．作为理论的治理：五个论点［M］．北京：社会科学文献出版社，2010：34.

治理现代化，就必须尽快将社会主义核心价值观内化于市域社会治理。概括来说，“富强”是国家发展的最终目的，为社会治理现代化确立了根本目标，即追求实现民富国强；“民主”是社会主义制度的生命力体现，而民主参与为治理体系现代化确立了基本原则；“文明”是现代国家成熟度的表现，引导着人民追求物质、精神和生态文明的协调发展，推进着社会治理向着现代化的目标前进；“和谐”是中国传统优秀文化的核心理念，应将其积极贯穿于社会治理，这极有利于各种社会矛盾的真正解决；等等。[①] 可见，从国家层面来看，社会主义核心价值观所蕴含的价值理念，能较好地指导和保障市域社会治理现代化沿着正确轨道有序推进，并最终达到与社会发展相契合的现代化水平，社会层面和个人层面的社会主义核心价值观所蕴含的价值理念，也是如此。

（二）确立市域社会治理现代化价值引导的必要性

党的全面领导和社会主义核心价值观是我国的基本价值内容，它们一起组成了推进市域社会治理现代化的价值引导机制。所谓价值引导，其实质是通过形成共同的价值体系，以达成价值共识，从而共同推进工作的具体落实。推及社会治理层面，党的全面领导和社会主义核心价值观构成的价值引导体系，成为实现市域社会治理现代化必不可少的一部分，具有独特的功能和作用。具体来说，市域社会治理现代化这种价值引导功能作用主要体现在价值引领、共识凝聚和道德支撑。

1. 价值引领

党的全面领导与社会主义核心价值观是辩证统一的关系，离开了党的领导，社会主义核心价值观的作用将无法发挥，而没有了社会主义核心价值观，将难以发挥党的领导优势。这是因为社会主义核心价值观是在中国共产党的领导下统一提出的核心价值内涵，对我国社会经济发展具有统筹指导作用。[②] 当国家机构存在缺陷无法适应新时代的发展要求时，则通过机构改革的方式来进行完善，以满足社会的发展需要，推进社会治理现代化。实行国家机构改革的过程，不仅是推进社会治理现代化的关键环节，也是对社会主义核心价值观的实践。可见，党和国家机构改革是一座桥梁，它加强了社会主义核心价值观与国家治理现代化建设之间的联系，使社

---

① 郭建宁．社会主义核心价值观基本内涵释义［M］．北京：人民出版社，北京：2014：65-67.

② 刘九万．社会主义核心价值观在国家治理现代化中的功能［J］．延边大学学报（社会科学版），2018（5）：11-16+139.

会主义核心价值观在市域社会治理现代化中发挥出了重要的功能与作用。① 相较于农村，城市生态更加纷繁复杂，增加了市域社会治理的难度，此时，需要社会主义核心价值观来帮助人们树立正确的价值观，但是，这要求党在制定治理制度时，将价值理念融入其中，以此引导人们树立正确的价值观念，与国家层面的价值体系保持一致，营造风清气正的社会氛围，加快推进市域社会治理现代化。可见，通过树立全社会共同的价值观念，引领社会变得更加和谐有序，这将极有利于市域社会治理现代化的建设。

2. 共识凝聚

随着经济全球化的发展，社会的深度融合不断加快，导致西方文化不断冲击中国传统文化，使先前社会所固有的价值体系面临着“碎片化”的风险，最终导致形式主义、官僚主义、享乐主义和奢靡之风等风气在社会中普遍盛行。面对这些问题，必须重塑社会价值体系，阻断“四风”问题的继续恶化，这就要求加强社会主义核心价值观的引领作用，促成社会共识，凝聚更大的精神力量和监督力度，集中精力来实现治理目标。正如《青年要自觉践行社会主义核心价值观》中所提到的：“国无德不兴，人无德不立。如果一个民族、一个国家没有共同的核心价值观，莫衷一是，行无依归，那这个民族、这个国家就无法前进。”② 也就是说，社会治理不仅需要法律法规等制度性手段，外在地推进市域社会治理现代化朝着正确轨道发展，也需要依靠精神层面的价值共识，内在地推进市域社会治理现代化朝着共同目标前进。这是因为有效的社会治理必须有共同信仰作为思想引领，也必须有一种导向性、凝聚性的精神力量作为内在支撑。③ 可见，党和政府在进行顶层设计时应尽可能将社会主义核心价值观贯穿于社会治理的设计、实施和评估的全过程，使社会治理拥有更强大的精神力量，形成更高的价值共识，最终集广大人民群众的价值力量与国家一道共同推进市域社会治理现代化，充分发挥共识凝聚作用。

3. 道德支撑

社会主义核心价值观是对国家价值、社会价值和个人价值进行高度提炼的统一

---

① 段立国．国家治理现代化与社会主义核心价值观的内在联系［J］．湖北社会科学，2015（4）：157-163.

② 习近平．青年要自觉践行社会主义核心价值观：在北京大学师生座谈会上的讲话［N］．人民日报，2014-05-05（001）.

③ 宋劲松，周晶．社会主义核心价值观：推进社会治理创新的精神力量［J］．南华大学学报（社会科学版），2018（6）：51-55.

体。在西方文化的冲击下，广大人民群众的价值观念逐渐出现了不同程度的偏离，导致出现越来越多的社会失范、公序良俗瓦解问题，迫使原有的社会秩序迅速被打破，亟须构建新的社会价值体系来重塑社会规范。在此情形下，社会主义核心价值体系对维持现有社会秩序和构建新的价值遵循都具有重大的作用。从社会主义核心价值观的个人层面来看，爱国是人民对国家的固有情感的体现，也是公民对自身民族身份的认同，基于此，人们积极投身社会洪流去实现个人理想。人们将爱国情怀与个人理想内化于一体，并在积极践行中为国家的繁荣富强贡献力量。诚信是一个人基本的道德准则，也是搭建人与人之间信任的基础。在社会主义市场经济中，牢固树立诚信意识为各种交易活动的有序开展奠定了稳固基础，而在市域社会治理中，个人与政府间诚信共识的达成，为政府与社会间合作共治网络的搭建奠定了道德基础。[①] 友善是人际交往的基本准则，也是与他人和谐共处的基础条件。在社会交往活动中，友善能帮助人们协调社会关系并营造互帮互助的良好社会氛围，最终构建起和谐有序的社会。因此，在爱国、诚信和友善的社会道德准则的支持下，人们的社会行为和社会交往有了稳固的道德支撑，支持着我国社会始终保持着和谐有序的运行状态，而这一运行状态嵌入国家治理，则为市域社会治理现代化的有序推进奠定了坚固的社会基础。

（三）健全市域社会治理现代化价值引导机制的对策

目前，在推进市域社会治理现代化过程中，价值引导机制并未得到有效实现。究其根源，一方面，党在统领社会治理过程中的领导力并未获得全面施展；另一方面，社会主义核心价值观的思想精髓并未完全融入社会治理中。对此，未来在推进市域社会治理的过程中，党应着力加快自身的现代化进程，发挥示范引领作用，积极将核心价值理念嵌入社会治理理念，以保持治理方式的科学性。与此同时，也应高度重视顶层设计，科学设计制度内容，有效保证治理制度规则的先进性，让全社会共同培育和践行社会主义核心价值观，最终建立健全价值引导机制，搭建起全面推进市域社会治理现代化的思想基础。

① 严国萍．社会主义核心价值观与治理现代化［J］．马克思主义与现实，2018（3）：163-169.

案例 8-1：

江西省南昌市的“邱娥国工作法”

江西省南昌市公安局西湖分局筷子巷派出所在党的领导下，积极践行社会主义核心价值观，将“邱娥国工作法”与“枫桥经验”深度融合，着力打造人民满意的派出所。在该派出所看来，“枫桥经验”的本质是贯彻党的群众路线，“邱娥国精神”的核心是服务群众、真情为民、一心爱民。两者一脉相承、内在相通，凸显了以人民为中心的发展思想。为此，筷子巷派出所坚持以“邱娥国精神”为引领，把群众当亲人，忧群众之所忧，主动与群众交朋友，进一步巩固了践行“枫桥经验”的群众基础，因而有力地作出了一定的表率，发挥了价值引导机制的作用。

1. 着力巩固党的全面领导地位

新中国成立伊始，中国共产党就是我国的领导党和执政党，这是历史和人民选择的结果。过去，由于共产党带领中国取得了革命的胜利，而这些历史功绩在人民心中根深蒂固，自然巩固着党的全面领导地位。但是，随着时间的推移，党过去的功绩逐渐在人民心中淡化，这就必然导致党的全面领导地位的减弱。这是因为人民依据现实所取得的成绩来判定党的领导地位和执政地位的合法性，而一旦所获得的成绩不被人民充分认可，其全面领导地位就会减弱。对此，党必须从内外条件来提升自身的领导水平，并由此巩固全面领导地位。一是科学转变党的领导方式。我国国家治理体系现代化的价值目标和特征是民主、法治、公平、责任、透明、廉洁、高效、和谐①。国家治理现代化的重要着力点在于市域社会治理现代化，可以从提升社会治理的领导方式出发，来带动整体国家治理能力的提升。党的十二届七中全会首次提出党要发挥“总揽全局”“协调各方”的作用后，各部门积极深化对此的认识并赋予其更多的内涵思想。可见，要科学转变党的领导方式，应从“总揽全局”“协调各方”的理念出发，以保持自身的廉洁性、先进性和科学性为基点，积极联动政府、社会、市场以及个人等多主体共同参与社会治理，充分凸显社会治理中的民主、公平、高效等价值目标。而对于具体的社会治理事务，尽量让其他治理主体进行实践和落实，摒弃过去那种“大包大揽”的观念和做法，但党应当在其中发挥好统筹协调作用。只有如此，才能契合新时代社会治理现代化建设的目标，实

---

① 俞可平．论国家治理现代化［M］．北京：社会科学文献出版社，2014.

现党的治理能力现代化。二是积极完善党的领导制度。良好的制度能对公共权力形成较强的约束力。要保持党的先进性和纯洁性，提高党拒腐变、防慵懒的能力，就必须加强对党员干部的监督和管理，因此，应积极完善党的领导制度，从制度上对党组织机构的公权力和党员干部的执政行为进行相应的约束。具体来说，就是要在制度的科学性、严密性、协调性上下功夫，对现行制度进行认真梳理，该补充的补充，该修改的修改，形成体系完备、结构合理、配套严密、功能有效的制度体系。[①]

2. 积极践行社会主义核心价值观

社会主义核心价值观蕴含着丰富的价值理念和精神力量，在规范社会行为以及提高社会治理效能上，具有不可忽视的效果。对此，我们应积极将社会主义核心价值观内化于市域社会治理的具体行为。这是因为社会主义核心价值观是社会治理的基本内容和精神力量，积极践行社会主义核心价值观有利于推进社会治理的创新性发展。[②] 但是，社会主义核心价值观的积极践行并不是盲目的，而是要在社会治理的目标、宗旨和要求下，将其价值理念融入治理行动方略，并以实现社会治理效能最大化为归宿，从而全面推进市域社会治理现代化的进程。一是积极引导人民对社会主义核心价值观的践行。因为人民对社会主义核心价值观的践行，其本质上也是一种社会治理。在积极践行社会主义核心价值观的同时，人们会在潜移默化中提升道德水平，从而自觉遵守社会规范、维护社会秩序，这也是一种社会治理的体现。2013 年，中共中央办公厅印发的《关于培育和践行社会主义核心价值观的意见》就曾明确提出“创新社会治理，完善激励机制，褒奖善行义举，实现治理效能与道德提升相互促进，形成好人好报、恩将德报的正向效应”。文件明确阐述了社会主义核心价值观在道德建设和社会治理中的作用，并突出强调了利用完善的激励机制来引导人们提升道德素养。二是积极引导国家对社会主义核心价值观的践行。各治理主体特别是党和政府要在日常的治理工作中积极践行制度化的社会主义核心价值观，以身作则，形成良好的示范效应，由此影响其他社会治理主体，为实现善治而作出共同努力。此外，多元治理主体对社会主义核心价值观的践行，不仅凸显了国家的

---

① 中共天津市委党校党建研究所课题组．国家治理现代化与改革完善党的领导方式、执政方式［J］．中共天津市党校学报，2016（1）：3-10.

② 胡宝荣，李强．论社会主义核心价值观在社会治理中的作用［J］．中国特色社会主义研究，2014（2）：72-75.

整体风貌和责任担当，[①] 而且激发了市域社会治理的活力，更为推进市域社会治理现代化提供了源源不断的动力支持。

3. 努力加强思想政治工作

良好的文化氛围发挥着一种潜在的教化功能，驱使人自觉接受文化的熏陶，并主动学习优秀文化。现代社会学认为，人并非生来就能适应社会，而是必须依靠社会文化的内化和角色知识的学习，方能习得参与社会生活所必需的生存能力、个人品质、价值观念和社会认同的行为方式，最终逐渐适应社会生活并认同社会规范的社会化过程。[②] 而要充分发挥市域社会治理的价值引导功能，除了要深化党的领导，还应利用制度手段与非制度手段相结合的方式，将社会主义核心价值观意识融入日常生活的教化中，增强人们的核心价值观意识。也就是说，要全面加大思想政治工作的力度，帮助人们培育和树立正确的社会主义核心价值观，从而使人们在日常行动中能本能地践行社会主义核心价值观。一是利用现代技术媒介在大众教育中体现社会主义核心价值观。新媒体技术必须积极承担社会教化功能，弘扬主旋律，传播社会正能量。社会主义核心价值观是社会正能量的精神来源，应当有力借助现代科技发展，拓宽社会主义核心价值观的传播和培育渠道，将其纳入人们的终身教育体系，发挥社会主义核心价值观在社会治理现代化中的"最大公约数"作用。具体来说，借助现代技术媒介的主要做法是通过现代技术媒体，如制作标杆和榜样的生动事例的短视频，然后借助微信、抖音等短视频软件进行传播，[③] 最终以一种轻松愉悦的方式让社会大众接受社会主旋律的教育和熏陶。二是利用传统教育载体让青少年群体树立正确的价值观。学校是传统教育基地，主要承担对青少年群体的教育重任。而要实现市域社会治理现代化，首先就要实现思想的现代化，进而促进社会秩序的现代化。青少年群体正处于正确价值观的树立阶段，因此，应将社会主义核心价值观融入知识教育体系中，通过开展课堂讨论、学校主题教育以及社会实践活动等方式，让学生充分体悟到社会主义核心价值观的精神内涵，从而形成正确的价值观，最终推动市域社会治理现代化的建设。

---

① 刘涛．论社会主义核心价值观与国家治理现代化的契合［J］．湖北民族学院学报（哲学社会科学版），2017（1）：151-157+163.

② 宋劲松，周晶．社会主义核心价值观：推进社会治理创新的精神力量［J］．南华大学学报（社会科学版），2018（6）：51-55.

③ 刘九万．社会主义核心价值观在国家治理现代化中的功能［J］．延边大学学报（社会科学版），2018（5）：11-16+139.

二、健全政策促进机制

（一）政策促进机制的科学内涵

要推进市域社会治理现代化，离不开党和政府制定和出台政策的指导和规划，这主要在于政策是由专业团队依托专业知识和社会发展实际而拟定的，其体现了科学性、专业性、全面性和严谨性，能够及时解决当前推进市域社会治理现代化过程中存在的问题，并引导、帮助治理主体明确自身的治理目标，使市域社会治理现代化向着正确方向发展，防止偏离。也就是说，市域社会治理现代化需要依托国家出台的相关政策，借助专业团队的集体智慧，为其发展提供方向保证。可见，政策促进机制是推进市域社会治理现代化的方向基础。从政策的保障层次来看，可分为中央政策促进机制和地方政策促进机制。二者的区别主要在于它们的保障范围、治理目标、治理环境等方面具有明显的差别性。

1. 中央政策促进机制

随着时代的发展，社会发生了巨大变迁，导致社会矛盾也出现了新的特征和新的形态，这就需要社会政策来引领和推动社会治理方式的创新性发展，即由社会政策现代化来推动社会治理的现代化。我国社会政策的发展是渐进改革的过程，特别是中央层面的社会政策尤其如此，其改革历程鲜明地诠释了社会治理从传统到现代的递进和社会治理内容的不断拓展、替换、转向。① 而对于政府层面的社会治理来说，我国经历了政府管控型—政府管理型—政府治理型的社会治理变迁过程。这一过程表明了国家治理体系和治理理念的日臻完善和成熟，正逐步走向市域社会治理现代化，朝着善治的终极目标持续前进。从社会政策变迁的层面来看，由于社会发展的速度日益加快和形态的多样化，需要及时更新社会政策内容，以实现对社会的有效治理。因此，面对我国当前大发展大繁荣的新时代社会背景，我国社会政策的调整和优化主要是通过更新治理方式的途径，并结合现代技术手段，如大数据、云计算和互联网等，来保证社会治理方式紧跟经济社会发展的步伐，以适应时代发展的要求进而提高社会治理效率和效益。

多年来，我国中央层面的社会政策经过了连续不断的发展，笔者主要通过梳理新中国成立以来的社会政策来分析其对市域社会治理现代化的政策促进作用。早在

① 李永生．“间断—平衡”框架下我国社会治理政策的演进及优化［J］．求实，2017（7）：88-96.

新中国成立前，毛泽东在党的七届二中全会作报告时指出："党的工作重心应该由乡村转向城市，实行由城市领导乡村的工作方式……党必须用极大的努力去学会管理城市和建设城市。在领导城市工作时，党必须全心全意地依靠工人阶级，吸收大量工人入党，团结其他劳动群众，争取知识分子，争取尽可能多的能够同共产党合作的民族资产阶级及其代表人物，以便向帝国主义者、国民党统治集团、官僚资产阶级作政治斗争、经济斗争和文化斗争，并向帝国主义者作外交斗争。"尽管当时毛泽东并没有使用社会建设、社会管理等概念，但有关这方面的理论探索和实践创新已经比较丰富。[①] 1958 年，毛泽东在视察山东时曾谈道："办人民公社的好处是，它可以把工、农、商、学、兵合在一起，便于领导。"可见，人民公社是对基层社会治理的早期样态。1959 年，与农村将所有农民逐步纳入合作社相对应，党和政府也尝试通过各种办法将城市居民实现统一管理，因而出现了将就业年龄人群纳入各种单位体制内。[②] 改革开放后，我国才真正开始了社会的全面发展。正如邓小平所说："改革是全面的改革，包括经济体制改革、政治体制改革和相应的其他各个领域的改革。"[③] 1978 年，党的十一届三中全会的中心议题是"讨论是否要把全党的工作重点转向社会主义现代化建设"，尤其是作出了改革开放的伟大决策，由此启动了农村改革的新进程。1982 年，党的十二大报告指出："在我国经济和社会的发展中，人口问题始终是极为重要的问题。实行计划生育，是我国的一项基本国策。"1991 年，中共中央、国务院颁布的《关于加强社会治安综合治理的决定》提出社会治安综合治理要把"抓系统、系统抓"同"条块结合，以块为主"有机地结合起来，实行属地管理原则。到了 1992 年以后我国进入了社会管理的阶段，国家各部委开始探索多种形式的管理格局，以转变政府基本职能，建设服务型政府，如：2004 年，党的十六届四中全会提出要"建立健全党委领导、政府负责、社会协同、公众参与的社会管理格局"，至此确立了社会管理的基本方向。2007 年，党的十七大强调要"完善社会管理，健全社会管理格局，健全基层社会管理体制，最大限度激发社会创造活力，最大限度增加社会和谐因素，最大限度减少社会不和谐因素"。2013 年，党的十八届二中全会首次提出"社会治理"的概念，由此确立了其合法化地位，同时，也突出强调要"创新社会治理体制"，到了党的十九大则提出了"打

---

① 陈理．毛泽东对社会管理的艰辛探索和主要贡献［J］．党的文献，2014（3）：14-22.

② 马文瑞．为促进生产力高速度发展和改善职工生活而奋斗的十年［N］．人民日报，1959-09-25.

③ 邓小平．邓小平文选（第 3 卷）［M］．北京：人民出版社，1993：237.

造共建共治共享的社会治理格局”。可见，国家出台的这些政策都是逐步推进社会治理现代化的有力保障，见证了国家在积极推进社会治理走向现代化、智能化上所作出的努力。

2. 地方政策促进机制

根据国家建设社会治理现代化的总体要求，各省市结合自身实际情况而制订出有针对性的方案，进而强有力地推进社会治理现代化。这主要在于，我国地域辽阔，文化差异性大，导致不同背景下的人们对市域社会治理现代化的理解度和接受度也各不相同，使得各地在推进过程中遇到了截然不同的难题，这就要求各省市按照自身实际情况出台相对应的地方政策，以保障各地有效落实中央关于推进社会治理现代化的任务要求，最终以点带面、局部带动整体来全面实现社会治理现代化。2018年6月4日，中央政法委秘书长陈一新在延安干部学院全国新任地市级党委政法委书记培训示范班开班式上提出了“新时代市域社会治理现代化”，正是希望通过“市域+社会治理现代化”的组合方式，以实现从市域范围来推进国家层面的社会治理现代化。[①] 可以看出，地方政策是推进市域社会治理现代化进程必不可少的重要环节，它能按照国家总体发展要求保障市域社会治理现代化稳妥地推进。

综观各地，多年来出台了各种不同的举措来积极推进市域社会治理现代化。笔者主要通过梳理部分省市的社会政策，进一步分析这些地方政策在市域社会治理上的政策促进效果。为响应国家治理现代化的要求，上海市积极创新社会治理方式，其主要是从助推党员社区民警参与社区党建上，来提高基层自治共治水平。为了真正落实此目标，2013年上海市印发《关于鼓励党员社区民警积极参与社区党建工作的指导意见》，并结合已有的《关于本市城乡社区协商的实施意见》《关于推进居民区联席会议制度规范化建设的指导意见》《关于完善街道社区代表会议制度推进社区共治的实施办法》等重要政策，促进社区治理水平全面提升。深圳市作为我国四大超大城市之一，人口高度密集，面对如此多的来深建设者，如何构建和谐的劳动关系成为该市要面对的最迫切问题，为此，深圳市委、市政府在2010年和2014年分别出台了《关于加快转变经济发展方式努力构建和谐劳动关系的若干意见》和《深圳经济特区欠薪保障条例》两个文件来加以推动，希冀通过转变经济发展方式来促进和谐劳动关系的形成，也较好地保障劳动者的合法权益。可以看出，各省市的地方政策在解决具体的社会治理问题时效果显著，能为市域社会治理的民主化、

① 姜方炳．理解“市域社会治理现代化”的三个着力点［J］．杭州（周刊），2019（19）：36-37.

科学化和创新化提供强而有力的地方政策促进，最终积极助推市域社会治理的现代化。

（二）构建市域社会治理现代化政策促进机制的必要性

市域社会治理现代化是一项复杂多样的系统工程，需要多方力量合力推动其发展，而政策在其中承担着兜底保障功能。在我国，不管是中央政策还是地方政策，其实施过程都是采用试点推广的方式，主要做法是先对政策进行试验和创新之后再起草正式的法律条文或者规章。[①] 这主要是因为，随着经济全球化和后工业化时代的深入发展，我国社会也越发凸显出高复杂性与高不确定性，必须首先检验政策在社会治理问题上的科学性和适用性，然后才能将其推广为全国性的政策，这也是有效确保政策充分发挥保障功能的重要途径。从政策本身的功能作用来看，它能发挥社会风险控制、合理配置资源和促进社会公平的作用，从而有效促进社会治理的理念现代化、能力现代化和方式科学化，最终为推进市域社会治理现代化提供多方位的政策促进。

1. 社会风险控制

随着经济的高速发展，我国信息技术也获得了空前的发展，进而增加了社会的不确定性因素，直接给社会带来了更多的社会风险。面对社会风险不断加大，社会各界必须加大社会治理力度，特别是应当强化政府治理。然而，新时代背景下的社会风险呈现出了新的特点和形态，传统的政策工具已无法治理新形式的社会风险，这就要求政府转变社会治理方式，将现代技术工具运用到社会治理中，而此时就需要各级党委制定相应的社会政策，以引导治理主体利用技术工具来提高自身的治理能力，与此同时，这也能帮助治理主体朝着治理能力现代化的方向发展。然而，更重要的是，除保障社会治理的有效性外，社会政策还有利于及时化解社会矛盾，并对社会风险进行有效控制，从本质上来说，社会矛盾的及时协调，能有效控制或者减少社会风险，很好地保障社会的和谐稳定，从而充分反映出治理主体能力的提高，这其实也是一种逐渐推进市域社会治理现代化的过程。可见，社会政策是优化社会治理方式的必由之路，主要体现在社会政策是以控制社会风险为中心来维护社会稳

---

① 向玉琼．论经验理性的社会治理：基于政策实验的中国实践［J］．江苏社会科学，2018（6）：59-67+274.

定，进而实现对社会的有效治理。[①]

2. 公共服务供给

一般而言，社会政策或者说公共政策并不是凭空产生的，是为了解决普遍存在的社会问题专门制定的，近年来，我国一直在强调政府要下放权力，由“掌舵”转变为“划桨”，积极建设服务型政府。公共服务供给是服务型政府的工作重点，而提高公共服务供给能力自然是服务型政府的建设重点，也是市域社会治理能力现代化的重要能力表现。面对当前我国政府公共服务供给能力弱的问题，需要发挥“政策导向”功能，严格要求各级政府加强自身建设来提高公共服务供给能力，并由此拓宽供给渠道，通过政策优惠或者税收减免的方式，引导社会力量参与公共服务供给。可见，优化公共服务供给和增加公共服务设施需要依靠社会政策的强制推动、制度支持，甚至是资金倾斜，也就是说，社会政策能够发挥公共服务供给功能，使社会保持一定的公共服务供给水平。另外，政府的公共服务职能与社会治理是一体两面的，只有社会治理没有公共服务则不符合现代社会的发展方向，而只有公共服务没有社会治理则无法提供优质的公共服务。[②] 所以说，社会政策在保障公共服务供给的过程中，也能优化社会治理，有序推进市域社会治理现代化。

3. 人民生活改善

众所周知，市域社会治理现代化是以实现善治为最终目的的，而社会政策是为达到社会的有效治理而服务，都服务于我国经济的平稳发展、社会公平正义和人民生活水平的提高。改革开放以来，我国积极致力于经济发展，并出台一系列社会保障政策来全面保障贫困群体的基本生活，如《社会救助暂行条例》的出台对完善我国社会救助体系以及健全社会保障体系起到了重要的统筹指导作用，且为制定扶贫政策提供了制度基础，出台这类社会政策的目的就是为了保障人民的生活水平。当前，我国非常重视社会公平问题，而要实现社会的相对公平，首先必须要依靠社会政策来促进资源的协调分配，使贫困地区人口能借助政策优势来保障基本生活水平，由此逐步缩小城乡、区域和民族之间的发展差距。从乡村治理来看，我国近些年来不同阶段的乡村治理政策虽然关注的主体有所不同，但这些政策始终都是围绕增进

① 蒙克，汪佩奇．以社会政策为中心的社会治理体系：评《社会政策与社会治理》［J］．公共行政评论，2018（5）：171-181+190.

② 周红云．社会管理创新实质上是一场政府改革［J］．领导之友，2011（6）：19-20+28.

农民福祉、提高农民收入而展开的，尤其是2004年中央一号文件直接提出要“促进农民增加收入”。这些政策的实施取得了良好的效果。据有关数据统计，2009年至2015年间，城乡居民的收入差距逐步缩小，从2014年开始下降到了3∶1。[①②] 可见，社会政策在加强社会治理的同时，还能起到改善人民生活的作用，对于推进市域社会治理现代化来说具有不可替代的政策促进作用。

（三）健全市域社会治理现代化政策促进机制的对策

任何一项国家性制度的实施，都需要依靠连续政策的积极推动。以实现善治作为终极目标的市域社会治理涉及社会的方方面面，甚至会导致牵一发而动全身。可见，其治理难度是对国家治理能力的考验，更是对国家政策是否适应社会实际、能否精准应对社会问题的考验，如果稍微未把握住治理方向，就有可能导致治理失效，更无法推进市域社会治理现代化的建设。所以说，要全面推进市域社会治理现代化，必须首先构建全面的政策促进机制，为其发展提供明确的政策方向，并以此奠定现代化发展的方向基础。

案例8-2：

江西省赣州市南康区的“多元善治”

为了打好源头解纷牌和多元善治促和谐，江西省赣州市南康区开展了传承发展“枫桥经验”的南康实践，而为了进一步实现内外联动配合，推进矛盾多元化解，南康区委政法委高度重视诉调对接工作，成立由政法委书记任组长的诉调对接工作领导小组，出台《关于加强人民调解引入第三方调解机制的实施方案》等文件，形成大调解格局。对外延伸触角，将22个对接联络点、372个调解点、6个示范点及26个调解组织连接起来，聘请360名特邀调解员，主体是乡村干部、行业专职调解员、人民陪审员、人大代表、政协委员和律师，实现村村有调解员、各行各业有调解员，织密功能强大、资源充足的大调解网络。积极向区委、区政府争取工作支持，2018年，区财政拨付诉调对接工作经费由原来的每年30万元增加至100万元，推行个案补贴，极大地调动了调解人员的积极性。同时，通过庭审观摩、个案评析、

① 数据来源于《中国统计年鉴2017》。

② 曲延春，王成利．政策演进与乡村治理四十年：1978—2018：以中央一号文件为基础的考察［J］．学习与探索，2018（11）：66-74.

集中轮训等指导特邀调解员开展调解工作，提升调解水平，自 2018 年以来指导特邀调解员化解各类矛盾纠纷 2180 件，解纷成本低、效率高、效果好，有效提升了基层治理成效。

1. 优化市场培育导向的政策体系

众所周知，政府所要承担的责任和义务多而杂，而且精力有限，无法面面俱到，这就要求应转变政府领导方式，下放一定的权力给市场甚至是社会，建立市场培育发展机制以及提高社会自主发展能力。西蒙就曾对完全的技术理性提出了质疑，他认为：“人不是具有完全理性的经济人，也不是完全非理性的，而是有限理性的行政人。”① 在完全理性背景下，政府管了许多不该管的事情，而政府该管的事情却没有管好，这就导致政府的事责权出现了许多矛盾和分歧。这是因为，政府无法获得全部的信息去制定政策，必然导致政策的不全面问题。面对此问题，应当建立有限政府，以压缩经济、社会治理中的职能范围和活动空间，这不仅可以节约行政开支，还能使社会治理运作得更加有效。② 因此，在有限政府的背景下，政府应努力优化市场培育导向的政策体系，让市域社会治理现代化的建设过程更具活力。一是制定更多市场导向的治理政策。党的十九大报告指出：要“加强社会治理制度建设，完善党委领导、政府负责、社会协同、公众参与、法治保障的社会治理体制，提高社会治理社会化、法治化、智能化、专业化水平”。因此，要构建起多元化的社会治理格局，首先应充分激发企业积极参与社会治理的意识，这就必须着力加大政府政策的引导，制定更多市场导向的治理政策，从而增强企业的责任主体意识，使其主动参与社会治理而承担起与其自身发展相对应的社会责任。二是制定较为宽松的市场参与治理政策。营造相对宽松的参与环境是积极促进市场主体参与社会治理的重要前提条件，而相应的优惠性政策是促进市场主体参与社会治理所必不可少的前提条件，所以，党委和政府应着力通过政策来给予市场主体一定的政策优惠，放宽参与社会治理的限制因素，从而提高市场主体参与社会治理的主动性和积极性，有力激发市域社会治理的创新活力，充分保障市域社会治理现代化的顺利推进。

---

① 向玉琼. 论经验理性的社会治理：基于政策实验的中国实践 [J]. 江苏社会科学，2018 (6)：59-67+274.

② 周鲁霞. 有限政府和有效政府：中国政府治理模式变革取向 [J]. 中国行政管理，2005 (11)：32-33.

2. 建立技术联动导向的政策体系

市域社会治理现代化是一个全面的现代化，不仅是治理的理念、方式、体系、能力的现代化，也是治理工具的现代化。如果没有将现代政策工具运用其中，市域社会治理现代化就谈不上全面现代化。这是因为现代社会是一个迅猛发展的社会，其技术更新相当快速，如果社会治理水平无法跟上社会发展的速度，那么就根本无法实现对其的有效治理，更不用说推进市域社会治理现代化。对此，党委和政府应积极制定并出台政策，从国家层面引导并推进各治理主体运用现代政策工具，以全面提高它们的治理能力水平，从而使其治理能力水平与社会发展水平相契合。因此，国家应当积极健全社会治理政策，特别是建立技术联动导向的政策体系。一是国家应积极重视对技术工具的运用。要将现代技术融入社会治理，提升治理的效率，首先就必须从国家层面高度重视，将现代技术工具提升到国家战略的高度，用思想引领实践。作为社会治理的领导者和负责者，党委和政府要坚决贯彻落实党的十九大精神，带头加快“提高社会治理社会化、法治化、智能化、专业化水平”，因此，党委和政府无论在意识上还是行动上，都要带头将现代技术工具积极运用到社会治理中，形成一定的示范效应。二是国家应加紧出台技术联动导向的系列政策。我国学者陈振明指出，公共政策的制定应考虑 3 个要点：想要达到的政策目的、为达到该目的所作出的承诺、由此引起的政策权威者的行动。[①] 因此，为了加快实现社会治理工具的现代化，国家应首先采取实际行动，加紧制定并出台现代技术导向的社会政策，以引导和指导多元治理主体将现代技术工具转变成政策工具，运用到市域社会治理当中，从而提高它们的治理能力和治理水平，并朝着市域社会治理现代化的总目标大步前进。而且，随着时代的进步，治理主体也要适时更新政策工具。这是因为，政策工具不是一成不变的，而是随着技术的进步处于不断的更新中，特别是在大数据大步走来的当下，政策工具必将摆脱路径依赖和约定俗成的“上级供给”模式，逐步朝多元化、精准化方向迈进，组合形成政府“箭袋”里多样化的“箭”，最终使政府治理过程更具灵活性和精准性。[②]

3. 健全人才激励导向的政策体系

充足的人才是推进社会治理的关键，而具有完备知识的人才则为市域社会治理

① 陈振明. 政策科学：公共政策分析导论［M］. 2 版. 北京：中国人民大学出版社，2004：16.

② 曾盛聪，卞思瑶. 走向大数据治理：地方治理的政策工具创新趋势：基于多个经验性案例的考察［J］. 社会主义研究，2018（5）：86-95.

现代化的推进提供人才保障。然而，发展市域社会治理现代化所需要的人才是一种复合型的人才，这就要求他们不仅要掌握丰富的理论知识，还要具备某一专长的技术知识。面对此问题，一方面，国家应加大对现代治理型人才的培养力度；另一方面，国家应从现有治理人才出发，加强手段激励，激发他们的积极性、主动性和创造性，真正实现将知识转化为生产力，① 最终保障市域社会治理现代化的建设有足够多的人才支撑。为此，国家应积极从现有人才政策着手，加快健全人才激励导向的政策体系。一是积极细化现有的人才政策。目前，现有人才政策存在过于笼统化的问题，导致政策落实的可操作空间比较大，对于人才的个人基本福利的维护，目前尚且无法全面为他们提供保障，容易导致他们在社会治理过程中产生“惰性”情绪，甚至是“懈怠”问题，这都极不利于发挥他们的积极性和创造力，直接阻碍市域社会治理现代化的发展。对此，国家应积极对现有人才政策进行全面细化，使政策内容中的专门专条专款对应具体福利类型，保障好专业人才的积极性和主动性，激发他们主动作为，更有创造力地为市域社会治理现代化建设服务。二是积极健全人才激励政策。对于乡村治理来说，需要通过人才激励政策来留住满足农业农村发展的人才，构建有效的人才梯队，积极服务于乡村振兴发展，同样，整体上的社会治理也离不开物质激励和精神激励，这就需要国家积极健全政策激励机制，来为市域社会治理现代化的人才体系提供支撑。具体来说，人才激励政策的健全需在遵循不同类型人才的需求差异化的基础上，以需求为基本导向，建立差别化的人才激励政策，从而在充分保障拥有足量的人才服务于社会治理的同时，也能尽最大可能激励他们积极作为，发挥应有的创造力，最终为市域社会治理现代化提供足够的人才保障支持。

三、健全法治保障机制

为贯彻落实党的十八大和十八届三中全会精神，加快建设社会主义法治国家，党的十八届四中全会对依法治国理论进行了系统研究，并指出要“全面推进依法治国，总目标是建设中国特色社会主义法治体系，建设社会主义法治国家”。而关于进一步推进社会治理的改革发展问题，党的十八届三中全会通过的《中共中央关于全面深化改革若干重大问题的决定》就已将其确立为党的改革的重中之重，即“全

① 陈晓春，谢瑶．“三共”社会治理格局智能化的政策创新研究［J］．理论探讨，2019（1）：155-160.

面深化改革的总目标是完善和发展中国特色社会主义制度，推进国家治理体系和治理能力现代化”①。可见，全面推进依法治国、建设法治国家是对中国特色社会主义制度的完善，也是推进国家治理体系和治理能力现代化的关键，这是因为国家治理的一个重要目标和任务就是建设法治政府。② 社会治理作为国家治理的重要组成部分，推进社会治理现代化的过程同样需要借助法律来为其保驾护航，因此，国家应尽快健全市域社会治理的法治保障机制，为推进市域社会治理现代化提供雄厚的制度基础。

市域社会治理现代化之所以离不开法治保障机制，主要是因为市域社会治理涉及多方面，单纯依靠党和政府的领导力量和行政力量无法全面撬动治理上的利益藩篱，只有借助法律的力量扫除障碍才能实现善治。而且，社会治理体系以法治体系的建立为基础，因而推进市域社会治理现代化需要依赖于各个领域法治化的实现。③从法律体系本身来看，我国一直以来都倡导坚持依法治国、依法执政、依法行政，建设法治化国家，并充分保障和维护公民的基本权利。我国法律相当重视对法治和人权的维护，而正因如此，其所体现的法治和人权精神帮助厘清了治理内容，保障着市域社会治理在良好的制度环境下进行，更为推进市域社会治理现代化创造了相当融洽的法律环境。

（一）法治保障机制的科学内涵

无论是在西方国家，还是在中国，法治一直是国家民主政治建设的主旋律。改革开放以来，特别是党的十五大正式确立“依法治国”的基本方略后，“科学立法，严格执法，公正司法，全民守法”成为国家和人民共同践行的新方针。自此，法治与民主成为我国民主政治建设的永恒主题。然而，恰恰是因为法治与民主，我国更加注重维护广大人民的基本权利，真正推动着我国国家治理由“人治”走向“法治”，并由此完全进入法治社会的创建。而在法治社会下，无论是统治者还是普通老百姓，一切事务都必须严格遵循法律，做到“法无授权不可为”。④ 然而，正是在法治国家的建设下，我国的法律体系也因此逐步走向科学化、完备化，使得健全完备的法律体系对国家公务人员的公权力形成了严格的限制，让他们在权力的约束下

① 中共中央关于全面深化改革若干重大问题的决定［J］. 求是，2013（22）：3-18.

② 廖振明．法治行政文化：国家治理现代化的基础与保障［J］. 中共山西省委党校学报，2016（5）：91-94.

③ 陈宇博．国家治理体系和治理能力现代化的宪法保障析论［J］. 理论导刊，2014（9）：23-25.

④ 董金柱．法治是国家治理现代化的前提和保障［J］. 中共山西省委党校，2016（4）：80-83.

能严正执法、公正司法，并始终让权力在阳光下运行。同时，这也有利于规范公民的行为，使他们能够在遵纪守法中自觉约束行为。可见，法治是实现民主的前提和保证，而民主又是推进依法治理的制度基础，因而法治化社会的构建对于社会治理体系现代化提供了相应的法治保障机制。

市域社会治理现代化几乎涉及社会建设、发展的各个层面，使得其推进发展所遇到的难度也相当大，在此情形下，不得不借助外力来支持其发展。我国的法律制度能起到良好的推动作用，特别是能保障其发展过程具有稳固的制度基础。关于市域社会治理现代化的法治保障，首先体现在宪法保障上，从具体内容来看，宪法中有诸多条款为社会治理的发展明确了方向，如1999年通过的《中华人民共和国宪法修正案》正式把“中华人民共和国实行依法治国，建设社会主义法治国家”写入了宪法第五条，从此“依法治国”上升到了国家根本大法的战略高度，为社会事务的有效治理确立了宪法依据，并且为全国各地贯彻执行以及其他相关立法事务确立了根本法依据和基础。[①] 首先，是宪法保障能为社会事务治理提供最高的法律权威性，同时又能赋予治理主体的合法化地位，大大方便了国家对社会的治理。其次，是体现在相关立法保障上，随着民主政治建设的逐渐推进以及市场经济的深入发展，我国在政治、经济领域发生了翻天覆地的变化的同时，社会、文化和生态领域也发生了显著变化，这就要求国家通过制定新法或者补充已有法律的方式，来进一步健全社会治理法律制度，而这些也逐步优化着社会治理体系和治理结构，进而提高着社会治理能力。市域社会治理也是如此，地方相关的法律法规在充分给予市域社会治理体系现代化和市域社会治理能力现代化的保障下，必将直接推动市域社会治理现代化。

（二）健全市域社会治理现代化法治保障机制的必要性

与其他保障机制相比，法治保障机制在推进市域社会治理现代化中具有独特的功能与作用。法治保障机制中的人权保障和法治保障将民主与法治贯穿于建设市域社会治理现代化的全过程，这就使社会治理建设方向始终与国家发展方向保持一致，并服务于中国特色社会主义现代化事业。而且，法治保障机制还最具权威性和执行力，能够督促治理主体按照法律章程来灵活治理社会事务。正如习近平总书记所说：

① 文正邦．论国家治理体系中的区域治理及其法治及宪法保障［J］．上海政法学院学报（法治论丛），2018（6）：114-123.

“法律是治国之重器，法治是国家治理体系和治理能力的重要依托。”① 可以说，正是发挥法治保障机制的功能作用，我国市域社会治理现代化的发展才取得了诸多成果，并一直保持着社会治理体系的稳定性。具体来说，市域社会治理现代化法治保障机制的主要作用体现在加速推进依法治国、实现社会公平正义和科学转变政府职能3方面。

1. 加速推进依法治国

依法治国是国家政治建设的基本方略。众所周知，法律具有最高的权威性和统领性，统一代表了国家意志与人民意志，而依法治国中“法”就是法律，其基本内涵是依照国家的法律制度来治理国家。换言之，在法治保障机制下，国家首先会积极健全法律制度体系，这是因为只有以全面完善的法律体系为支点，依法治国才能实现有法可依、有法必依、执法必严。实际上，加强法治保障机制的过程是加速推进依法治国的过程。依法治理其实是依法治国的具体实现形式之一。市域社会治理是在区域层面上的社会治理的统称，国家积极通过健全法治保障机制来加速推进市域社会治理现代化，其着力点在于以实现国家治理现代化来创建法治国家，而依法治国的归宿也是建立法治国家，二者的价值目标是一致的，由此看来，法治保障机制最终是服务于法治国家的建设，间接地加速推进着依法治国。与此同时，法治保障机制给予各主体在治理各种公共事务中的合法性和正当性，这主要在于宪法和法律是公共治理的最高权威，任何组织和个人必须在宪法和法律范围内活动，都不得有超越宪法和法律的权威，这也是法治的本质意义。②可见，在健全的市域社会治理现代化的法治保障机制下，多元治理主体都深刻践行了“法无授权不可为”的制度理念，而这一思想所凝固的广泛共识对依法治国具有重要的推进作用。

2. 科学转变政府职能

市域社会治理现代化的基本目标之一是打造共建共治共享的社会治理格局，其中，共治是强调多元治理主体参与社会治理，形成“党委领导、政府负责、社会协同、公众参与”的多元共治格局，因此，多元共治格局的构建能极大地推动政府简

① 习近平．关于《中共中央关于全面推进依法治国若干重大问题的决定》的说明［N］．人民日报，2014-10-29.

② 俞可平．没有法治就没有善治：浅谈法治与国家治理现代化［J］．马克思主义与现实，2014（6）：1-2.

政放权，变“掌舵”为“划桨”，从而加快构建有限政府或者说责任政府。要全面实现有限政府，科学转变政府职能是实现有限政府的第一步，而市域社会治理现代化的法治保障机制，首先就要求政府下放社会公共事务的权限，以让社会和公众有更多的机会和可能参与社会事务治理。也就是说，只要形成了健全的法治保障机制体系，尽管没有政府的过多干预，各种社会事务也能得到有效治理。这是市域社会治理现代化的内在要求，也是科学转变政府职能的重要途径。而市域社会治理现代化的法治保障机制正是从建设有限政府出发，通过不断加强法治保障和人权保障，并与构建多元共治的社会治理格局相结合，这一过程正是积极致力于科学转变政府职能的实际行动，可以说，科学转变政府职能是提高政府治理能力的重要方面，并由此来进一步推进市域社会治理能力现代化。可见，市域社会治理现代化的法治保障机制能极大地促进政府科学转变职能。

3. 实现社会公平正义

公平正义是一个社会永恒的价值追求。一直以来，我国都在致力于构建和谐平等的社会，但是没有法治保障机制就无法持久地维持一个和谐平等的社会，因而就无法造就社会公平正义。这是因为公平正义是社会的政治利益、经济利益和其他利益在全体社会成员之间合理而平等的分配，意味着权利的平等、分配的合理、机会的均等和司法的公正。[①] 要实现社会公平正义，制度平等是其重要的前提条件，因为公平的制度环境是公务人员纠正行政思想和社会公民规范行事风格的硬手段，具有强而有力的效果，而推进社会治理现代化的建设是保持其持久力的根本实现途径，对此，必须依靠国家机构制定并出台相应的法律，来匡正政治利益、经济利益和社会利益等，以促进社会的机会平等、权利平等和司法平等。从治理的本质属性来看，国家治理的根本价值和最终目标是要追求和实现社会公正。然而，“人治”以自己的私利为中心，是毫无正义可言的。相较之下，法治就成为人类追求公平正义的必然选择。[②] 可见，法治与国家治理的价值追求都在于构建国家的和谐平等与公平正义，因此，将法治与社会治理现代化建设相结合，既契合于国家的建设方向，又有利于实现社会的公平正义。

---

① 俞可平．没有法治就没有善治：浅谈法治与国家治理现代化［J］．马克思主义与现实，2014（6）：1-2.

② 董金柱．法治是国家治理现代化的前提和保障［J］．中共山西省委党校学报，2016（4）：80-83.

（三）推进市域社会治理现代化法治保障机制的对策

目前，我国尚未具备健全的法律体系，未全面为市域社会治理建设保驾护航，导致其在制度建设方面基础相对薄弱，无法为其现代化发展提供足够的制度保障，因而存在制度乏力、后劲不足等问题。而一个现代化的国家治理体系，本质上是一个法治体系，法治体系是治理体系的手段和基础，治理体系是法治体系建设的目标和归宿。[①] 为此，针对这些问题，国家应尽快健全相关法律体系，从而为全面推进市域社会治理现代化提供稳固的制度基础。那么，要建立健全法治保障机制体系，立法机构应首先从助推社会治理的基本法律法规出发，进而牢固树立人们的法治思维，最后才能以此构建起中国特色的法治社会。江西省丰城市在发挥法治保障机制的作用上有比较好的做法，能发挥一定的带头示范作用。主要应从以下几个方面着手。

1. 建立健全社会治理的法律法规

良好的法律制度是改善治理方式和提高治理效能的基本条件。我国一直以来都有立法先行的传统，一项政策的贯彻执行，必须有一套保障其推行的法律制度。换言之，通过相关法律制度的保障，强化关联性负责机构的贯彻执行意识，让它们能够尽可能地拓宽运行渠道，简化政策文件落实，保证广大人民群众充分认识和理解，最终能真正将政策落到实际。只有在健全社会治理的基本制度的基础上，才能汇聚多方力量，全面带动社会各界积极参与社会治理现代化建设事业，集合来自国家、社会和公众的制度性力量与非制度性力量，最终形成合力共同推进市域社会治理现代化的建设与发展。一是积极出台社会治理的规范性文件。市域社会治理现代化的内涵相当丰富，涉及的范围相当广阔，在市域社会治理现代化的概念刚被提出来时，各地对其理解自然不一致，很可能导致市域社会治理在发展过程中会出现发展偏差问题，这时，国家在提出这一概念后，应及时组织权威专家进行专业解读，并由此形成相应的规范性文件，指导各地在推行这一理念时准确把握方向，以帮助各地的政策实践取得更多积极、正面的效果。二是积极健全社会治理的实施法律。在帮助治理相关主体准确把握现代化理念之后，良好的政策实施也是取得显著政策效果的关键性步骤。为此，国家应当积极制定并出台规范治理主体实施社会治理政策的总括性法律制度，在保证治理主体的合法性地位的同时，也能使这一政策的实施效果

① 蔡文成．良法和善治：法治视域中的国家治理现代化［J］．理论探讨，2015（4）：34-38.

保持在可控区间。三是积极完善社会治理的监督机制。完善的监督机制是规范治理主体实施行为的可靠保证。在市域社会治理现代化的推进中，国家法律制度必然下放相应实施权限给相关治理主体，如果不加以约束和限制，就必然会出现权力腐败现象，这就很可能会影响实施效果，严重的话还会极大地阻碍市域社会治理现代化的进程。因此，国家必须积极完善相应的监督机制，以形成对相关治理主体的约束和全方位监督，最终希冀能为市域社会治理现代化提供应有的法治保障机制作用。

2. 积极树立社会治理的法治化思维

党的十八大提出了“科学立法、严格执法、公正司法、全民守法”的十六字新方针，这一新方针的确立也表明了我国社会主义法治化建设进入了新阶段，标志着我国已经初步走过了过去“有法可依、有法必依、执法必严、违法必究”的立法阶段，但是，新的征程也遇到了新的阻碍。然而，“执法必严”到“严格执法”的过程正是我们面对建设法治国家所遇到的新问题的态度转变。当然，社会治理相关法律的实施主体也应如此，全面建设社会治理的法治化过程，治理主体首先应当积极培养和树立法治化思维，这样才能够顺利推进市域社会治理现代化进程，并由此获得社会的信任。要积极树立社会治理的法治化思维，主要在于：一是全面加强日常工作中的法治教育。知法和懂法是增强用法意识的首要前提，也是提高用法质量的关键因素。长期以来，法律制度设计者和治理主体一直局限于传统的治理思维，根本没有意识到运用法律武器来强化社会治理，更不用说从社区建设和发展的角度来高度认识法治与治理的关联性。① 为此，党委和政府部门分别作为社会治理的领导者和负责者，应当定期开展主题教育活动，集中学习系列法律法规，以增强多元治理主体的法治意识，也便于转换法治思维。此外，为了及时注入新时代的治理理念，满足公众合理期待，实现良好的治理效果，便需要以规则思维和权利思维指导治理实践，进而也能规范治理行为。② 二是积极培育治理主体的主动学习意识。市域社会治理现代化的推进不是一朝一夕的事情，而是一个连续不断的奋斗过程。新时代背景下，社会变化速度瞬息万变，人口流动速度不断加快，社会结构也变得更加复杂，因而对治理主体的能力要求也更加严格，这就要求，

① 刘杨．城镇化进程中的社区治理转型及其法治保障：以渝北 M 镇公租房社区为个案［J］．山东大学学报（哲学社会科学版），2018（4）：55-63.

② 周庆智．社会治理体制创新与现代化建设［J］．南京大学学报（哲学・人文科学・社会科学），2014（4）：148-156+160.

治理主体不仅要善于学习，更要主动学习，以保证自身能力紧跟社会变化发展。然而，这种能力也包括懂法、知法，更善于用法的能力，能够灵活运用法律制度力量，转换治理主体的思维，推动它们实现自身的能力现代化，以此服务于市域社会治理现代化。

3. 全面构建新时代中国特色的法治社会

除了国家和社会要积极健全和践行社会治理相关法律制度，公民个人也应当熟知并践行法律制度。法治社会的构建需要全社会的共同努力，其中，公民法治意识的培育是构建法治社会的重要部分。然而，我国社会经济空间中有许多法律无法进入的地方，[①] 导致我国在建设法治国家和法治政府的同时，无法全面建设起法治社会，这主要是我国公民的法治意识淡薄，缺乏运用法律武器捍卫自身权利的意识，阻滞着国家法律制度的运行，更降低了法律制度的实施效力，这就增加了社会治理的难度。对于社会存在的这些问题，我们应该主动寻求法治社会的构建途径，探索出行之有效的方式方法，来全面构建新时代中国特色的法治社会。一是全面加强对公民的普法宣传教育。究其缘由，公民法治意识淡薄的主要成因之一在于根本不知相关法律的存在，更不用说去学法、懂法、用法。所以说，要构建法治社会，首先要找准问题的症结，对症下药，才能实现良好的解决之道。为此，针对公民不知有其法的问题，法治宣传机构应当多维度加强法治宣传教育，塑造公民的法治意识，以法律精神为基础重塑社会公共性，[②] 创造良好的社会秩序，从而为新时代中国特色法治社会的构建提供良好的社会环境。与此同时，加强法治教育工作也有利于凝聚公民共识，为市域社会治理现代化的发展注入新活力。二是积极构建共同的法治秩序。古希腊的亚里士多德认为，一个秩序良好的共和国，应该由法律而不是人来统治。[③] 当前，我国整体上对法律的运用率依然处于比较低的水平，除了上述所说的公民的法治意识淡薄，我国社会终归还未形成供公众共同遵守的法治秩序。而要构建起新时代中国特色的法治社会，全社会共同的法治秩序必不可少，也就是说，没有共同的法治秩序就无法建成法治社会。因此，政府要与市场、社会公众深化合

① 唐皇凤．构建法治秩序：中国国家治理现代化的必由之路［J］．新疆师范大学学报（哲学社会科学版），2014（4）：19-28+2.

② 刘杨．城镇化进程中的社区治理转型及其法治保障：以渝北 M 镇公租房社区为个案［J］．山东大学学报（哲学社会科学版），2018（4）：55-63.

③ 唐皇凤．构建法治秩序：中国国家治理现代化的必由之路［J］．新疆师范大学学报（哲学社会科学版），2014（4）：19-28+2.

作，并达成关于社会规范问题一致的共识，才能逐渐构建起相互共同认可和遵循的法律制度，否则单方面根本无法构建起共同的法治秩序。

案例 8-3：

江西省丰城市的“115”党建工程

为了传承“枫桥经验”并深化乡村治理，江西省丰城市推出了党建引领“115”村级治理工程，该工程以实施“115”（即 1 个党群服务中心、1 个村级文化和农民讲师团、金牌调解室、村民理事会、阳光党务村务窗、群众微心愿 5 个服务平台）村级综合治理工程为基础，以扫黑除恶专项斗争为抓手，探索出政法部门充分发挥平安建设职能，组织、宣传部门通力协作的基层治理新路径，而为了强化法治保障作用，它着重在三大领域加强法治建设：一是强势推进扫黑除恶专项斗争，彰显法律权威；针对一些地区黑恶势力长期欺压残害群众，甚至非法把持村级组织等问题，要强势推进扫黑除恶专项斗争。建立线索管理、乡镇（街道）工作规范化、市直部门领责挂点、考核考评及追究问责等“五项机制”，抽调近百名专业力量，通过巡查发现、行业摸排、地方上报，经过缜密分析研判，发起猛烈攻势，目前已成功打掉 1 个涉黑犯罪组织、3 个恶势力犯罪集团、5 个恶势力犯罪团伙，群众对扫黑除恶的知晓率和满意率位列全省前列。二是开展治安复杂大村庄整治，优化治安环境。为打击村霸、地霸、路霸等违法行为，从 2005 年开始创新推出农村治安复杂大村庄综合整治做法，各乡镇每年至少重点整治一个治安复杂村，对治安突出的重点村庄，由市综治办牵头整治，全面收集犯罪嫌疑人证据，随后开展攻势凌厉的抓捕行动，组织召开整治动员大会，对群众宣讲法律、鼓励涉案人员投案自首。三是加强农村法治建设，推动全民守法。在丰城电视台开辟“法治丰城”专栏；开通“平安丰城”微信公众号、微博等新媒体；开展农民讲师团普法宣讲 1148 次；打造法治文化宣传阵地，全市 32 个乡镇（街道）均建立了法治主题广场（公园）；积极推进法律顾问全覆盖，全市各村（社区）全部聘请了法律顾问或法律明白人，为群众提供高效的法治服务；成立农村禁毒禁赌协会，开展禁毒、禁赌知识宣传，鼓励群众举报犯罪行为。

四、健全社会参与机制

在市域社会治理中，社会参与机制的好坏主要由社会组织的发展水平决定。正因如此，党的十八届三中全会通过的《中共中央关于全面深化改革若干重大问题的决定》指出："正确处理政府和社会关系，加快实施政社分开，推进社会组织明确权责、依法自治、发挥作用。"可以说，社会组织在推动市域社会治理现代化的进程中发挥着政府和市场无法替代的重要作用。2016 年 8 月，中共中央办公厅、国务院办公厅印发的《关于改革社会组织管理制度促进社会组织健康有序发展的意见》提出："支持社会组织在创新社会治理、化解社会矛盾、维护社会秩序、促进社会和谐等方面发挥作用，使之成为社会建设的重要主体。支持社会组织在发展公益慈善事业、繁荣科学文化、扩大就业渠道等方面发挥作用，满足人民群众多样化需求。"2017 年 10 月，党的十九大报告又明确指出，要"打造共建共治共享的社会治理格局……发挥社会组织作用，实现政府治理和社会调节、居民自治良性互动"。在 2018 年 11 月召开的纪念毛泽东同志批示学习推广"枫桥经验"55 周年暨习近平总书记指示坚持发展"枫桥经验"15 周年大会上，时任中央政法委书记郭声琨要求发挥社会组织参与社会治理的作用，并强调，要"总结一些地方做法，加强社会组织孵化基地建设，注重'增能'、'赋权'，重点扶持发展城乡基层生活服务类、公益事业类、慈善互助类、专业调处类等社会组织，更好发挥他们在维护公共利益、救助困难群众、化解矛盾纠纷、维护社会稳定中的重要作用"。[①] 可以说，市域社会治理体系和治理能力现代化推进需要不断健全社会参与机制，而要健全社会参与机制，就必须重视发挥社会组织积极的作用。

（一）充分理解社会组织参与市域社会治理的积极作用

社会组织的非政府性、非营利性、公益性与独立性等特征，决定了社会组织在社会治理体系中必然占据着重要地位。[②] 社会组织具有推动科学决策、完善公共服务、化解社会矛盾、实现公民自治的积极作用。充分理解并发挥社会组织在市域社会治理中的这些积极作用，不仅可以有效克服政府部门缺乏治理资源的困境，而且有助于快速回应各类治理难题，提升市域社会治理的专业化水平。

1. 社会组织有助于推动科学决策

社会组织具有亲民性的特征，它们通常是针对特定服务而成立的，因此，针对

---

① 中央政法委书记郭声琨：发挥社会组织参与社会治理作用，http：//www. chinanpo. gov. cn/1938/115196/newswjindex. html.

② 黄红 . 发挥社会组织在社会治理中的作用［EB/OL］.（2019-3-21）［2024-04-02］. https：//www. cssn. cn/zkzg/zkzg_ skcyskl/zkzg_ skyskl-yc/202207/t20220727-5420768-1-shtml.

特定的社会问题和公共服务需求，它们有比行政部门更容易了解“民间疾苦”、反映社会真实意见、为老百姓发声的优势。① 一方面，随着经济社会不断发展，社会治理问题开始呈现复杂化的特征，在面对海量信息和政策需求时，精力有限的政府部门难以及时进行回应，出台的社会政策往往与社会的现实需求差距较大。而社会组织的“亲民性”特点正好可以弥补政府在科学决策方面的不足，有助于政府制定出更科学合理的社会政策，从而有助于实现社会的公平正义。另一方面，由于社会组织根植于社会，能够很好地理解和认识社会问题，因此，在市域社会治理实践中，完全可以充分依靠其具有的亲民性特征，在政府和民众之间建立各种形式的沟通渠道，方便民众发表意见，政府也容易了解民众的真实需求。② 总之，依靠社会组织的专业化参与以及其在公民与政府之间搭建的组织平台，有助于实现公共政策的科学合理，为公民积极参与市域社会治理提供良好的组织平台。

2. 社会组织有助于完善公共服务

当前，社会组织已成为回应市域社会治理创新，提高公共服务供给效率和供给质量的关键法宝。一方面，随着社会物质财富的不断丰富，老百姓对公共服务的需求已不再聚焦于过去的基础性服务，而是开始向更高层次的服务转变。而社会组织作为社会的重要组成部分和参与社会治理的重要主体，在提供公共服务过程中具有较强的参与性和创新性，可以满足多层化、多元化和异质化的公共服务需求，也能够显著降低公共服务供给成本，减轻地方政府的财政压力，成为政府在公共服务领域的合作伙伴。③ 这是因为社会组织根植于基层，熟知老百姓的基本生活。因而在其提供公共服务时具有较强的针对性和时效性，尤其是在扶贫开发、社会福利、慈善救助等社会问题比较集中的领域，例如“希望工程”“红丝带行动”“农村认助孤老活动”等。另一方面，社会组织的发展有利于创新公共服务提供方式，优化公共服务供给质量。社会组织参与提供公共服务能够推动政府职能的转变，提高公共服务供给质量和促进社会基本公共服务均等化。④ 政府不断推进公共服务提供方式创新，通过合同承包、补助等方式将一些服务交给专业的社会组织去做，不仅节省成

---

① 张澧生．社会组织治理研究［M］．北京：北京理工大学出版社，2015：27.

② 张小锋，张涛．社会组织在中国网络社会治理中的作用［J］．哈尔滨工业大学学报（社会科学版），2017（6）：42-48.

③ 李小奕，谢舜．社会组织、地方财政能力与公共服务供给质量［J］．财经问题研究，2019，425（4）：79-86.

④ 郁建兴，沈永东．调适性合作：十八大以来中国政府与社会组织关系的策略性变革［J］．政治学研究，2017（3）：34-41+126.

本，提高专业性，还能够减少公共服务供给中的腐败现象。[①]

3. 社会组织有助于化解社会矛盾

过去十多年中，尽管政府为化解社会矛盾、维护社会与政治局面稳定付出了大量的人力物力，效果却并不显著。事实说明，有效化解社会矛盾、调控冲突，维护社会和谐与政治稳定，仅靠政府是不够的。[②] 社会矛盾集中表现为各群体利益的失衡，单靠行政力量不可能全面解决日益复杂的利益矛盾，如果处理不当反而可能加剧矛盾，不仅增加维稳成本，而且导致社会不和谐。[③] 社会组织参与市域社会治理有助于了解社会诉求，化解治理难题。中国正经历着一系列社会转型和变革，难免会产生各种社会问题和矛盾。作为市域社会治理的重要行动者，社会组织在其中发挥着不可替代的治理作用。比如，各类行业协会为相关专业人士搭建起了重要的参与平台，使他们可以参与权力监督、政策制定等一系列与老百姓利益息息相关的公共活动。此外，由于社会组织具有贴近公众、及时反映不同利益诉求以及整合和协调公众利益等优势，即使发生社会矛盾纠纷事件，社会组织也能够有针对性地找到矛盾发展的关键所在，快速地提供解决方案，从而在一定程度上保障公众行为的规范有序。[④]

4. 社会组织有助于实现公民自治

社会组织是国家治理体系中不可或缺的重要主体，发挥社会组织的作用不仅体现了国家治理现代化转型的趋势，更体现了公民自治的要求。[⑤] 社会组织为培养人民的公民意识提供了组织平台，是提高居民自治能力重要场所。[⑥] 一方面，社会组织在回应社会诉求、调解矛盾纠纷方面扮演着重要角色。社会组织利用自身的亲民性可以了解到不同群体的意见和需求，再借助其在政府和社会间充当的"中间人"角色，既能上帮政府又能下帮百姓，从而将党政部门的行政治理与公民自治很好地结合起来。在这个过程中，政府也可以利用社会组织这一沟通渠道，与民众有更多、更广、更直接的交流和沟通，对于维护公民利益，实现公民权利具有十分重要的作用。[⑦] 另一方面，社会组织可以调动社会成员的积极性，使民众参与社会或国家事务

① 胡特．社会组织在社会治理中的作用及实现路径［J］．管理观察，2017（3）：150-153.

② 潘修华．社会组织参与社会矛盾化解探析［J］．理论探讨，2016（2）.

③ 范铁中．社会组织参与社会矛盾化解的作用探析［J］．青海社会科学，2013（1）：28-31.

④ 胡特．社会组织在社会治理中的作用及实现路径［J］．管理观察，2017（3）：150-153.

⑤ 陈亮．理解国家治理：政治生态、主题意蕴与实践路径［J］．内蒙古社会科学（汉文版），2014，35（6）：13-18.

⑥ 王勇．试论社会组织与反腐败建设［J］．廉政文化研究，2016（2）.

⑦ 张澧生．社会组织治理研究［M］．北京：北京理工大学出版社，2015：28.

的管理，培养其政治能力，进而形成政治人格。自治是民主应有之义，群众通过社会组织，自己管理自己的事务，可以为民主政治建设打下良好的基础。① 总之，社会组织引导民众合理有序地参与社会治理，提高了公民意识，使社会自治能力得到提高。

（二）正确认识社会组织参与市域社会治理的实践困境

社会组织在推进社会治理现代化的过程中具有十分重要的作用，但落实到市域社会治理层面时仍然存在思想认识不足、监管制度不完善、组织能力不强、资源支持不足等现实困境。

1. 思想认识不足

当前，无论是政府、社会，还是社会组织自身，对社会组织在市域社会治理中的重要作用均存在思想认识不足的问题。一是相关职能部门对自我角色认识不清。一些职能部门，特别是社会治理的相关协同单位对社会组织在推进市域社会治理体系和治理能力现代化中的作用认识不足，对相关法律法规政策也不了解，对如何发展、培育、指导、监管社会组织缺少行之有效的办法。二是还有相当一部分社会组织对其自身在市域社会治理中理应扮演的角色和承担的责任认识不足。一些初创型社会组织发展运行能力欠佳，对组织愿景、规划和目标认识不清，公益意识不强，专业服务水平较低，难以承担起社会组织理应具有的社会责任。三是社会组织的社会接纳度较低。主流媒体对社会组织在市域社会治理中所发挥的正能量关注不够，公民个人遇到问题需要帮助时，还是习惯找政府，并不认为找专业社会组织更有效，对“社会组织”的作用认同度低，影响了社会组织的培育发展。四是政社关系模糊不清。虽然我们国家一直倡导建设“小政府，大社会”的服务型政府，提出政社分离，但是大多数社会组织都是官办的产物，行政力量的渗透与生俱来，在人员聘用、资金使用、组织建设等方面都缺乏相对独立性，有些社会组织一定意义上来说就属于政府职能的延伸。从而在社会组织与政府合作方面，存在政府与社会组织定位不明确，社会组织影响力有限，政府职能转变不到位等问题。

2. 监管制度不完善

一是组织运作不规范。很多社会组织缺乏正式的章程，组织架构也不健全。一些社会组织负责人法律意识淡薄，不注重合规运行，甚至违法经营社会组织。还有

---

① 张小锋，张涛．社会组织在中国网络社会治理中的作用［J］．哈尔滨工业大学学报（社会科学版），2017（6）：42-48.

一些社会组织因内部管理制度不健全导致资源动员能力差、专业服务水平低，难以承接政府转移职能，参与政府购买服务。由此要么直接重收费、轻服务，社会组织失去了其本应发挥的作用；要么挂靠政府相关部门获取资源和经费，组织运行和服务提供均依赖政府推动。二是财务管理不规范。相当一部分社会组织财务制度不健全，财务运行不合规，财务监督缺失。三是内外监督机制不健全。就内部监督机制而言，一些尚达不到正式注册条件的备案型社会组织管理松散，缺乏有效的组织内部监督体系，人事管理、奖惩激励机制基本没有。就外部监督机制而言，一方面，社会监督机制尚未形成，也由此带来社会组织的公信力不足等问题；另一方面，相关行政管理部门的监督管理体系也很不健全，政府机关中履行社会组织监管职责的人员编制不足，经费、设备缺乏，如有些市民政局社会组织登记管理人员只有 2 人，目前只能保证履行登记职责，要打击非法组织或者全面监管全市的社会组织的健康有序发展，力量远远不够。

3. 组织能力不强

虽然市域社会治理给社会组织留出了发挥作用的空间，但是，能否与政府、企业等组织相互协作，真正成为社会治理多元主体结构中的一元，除了政府创造好的环境，关键是社会组织自己要具备必要的组织能力。在胚胎学中，组织能力就是形塑胚胎的能力。在管理学中，与组织能力息息相关的概念包括组织绩效和组织运行，外界环境、资源输入、转化处理、输出反馈等各个管理程序均是组织能力的体现。[①] 从经济学的角度来看，组织能力就是组织的“投入-产出”能力。综合管理学、经济学和社会学的相关理论概念，可以将社会组织能力界定为：在外界环境的影响下，社会组织有效制定自身愿景、使命、规划和目标，并通过资源动员为社会提供非营利性产品和服务，维持组织生存发展的潜能和素质。从社会组织发展的实际情况来看，我国社会组织能力不强集中体现为组织对服务社会的使命认识不清、组织发展目标不明确，组织的专业服务水平较低，组织内部的人才激励、奖惩、晋升等一系列运行机制缺乏。

4. 资源支持不足

一是社会组织动员和整合资源的能力有限。在社会治理中，社会组织所提供的各类服务更多的是一种建立在爱心和志愿基础上的公益事业，需要动员更多的社会

① 社会组织能力建设 . 人民网，http：//theory. people. com. cn/BIG5/n/2013/0201/c355076-20402776. html.

人员、企业助力社会组织获取社会资源，再由社会组织整合社会资源集中提供服务。然而，在实践过程中，存在很多社会组织整合社会资源效率低下，融合社会资源的方式由行政动员向社会动员转型失败等问题。二是社会组织经费单一。大部分初创社会组织要依靠政府给予资金才能运行，只有少数初创社会组织有能力通过慈善、企业赞助以及会员缴费的方式获取经费。然而，政府的资金扶持毕竟有限，特别是一些地方政府对发展社会组织的政策扶持力度还比较低，很多社会组织缺少参与公益创投、政府购买服务的机会。过于依赖政府部门的资金支持，致使社会组织筹资能力差，运行不稳定，很多专业服务难以持续进行。

（三）不断优化社会组织参与市域社会治理的制度环境

市域社会治理是国家治理战略在市域层面的落地。市域社会治理的实施，关系到党和国家政策的具体落实，关系到国家治理能力现代化的实现步伐。作为推动市域社会治理创新的重要组成部分，社会组织需要良好的制度环境作为支撑才能有效发挥其在社会治理中的积极作用。基于社会组织参与市域社会治理的实践困境，必须从思想认知、监管制度、能力建设、资源支持等角度不断优化社会组织发展的制度环境，推动社会组织成为制度健全、运行规范、充满活力的市域社会治理主体。

1. 树立正确的思想认知

一是正确认识社会组织在市域社会治理中的角色。毫无疑问，社会组织是市域社会治理行动网络中不可或缺的行动主体。在市域社会治理实践中，不仅要强调党组织的领导者地位和政权组织的责任主体地位，更要强调社会组织的参与主体地位。党组织的领导者角色在于把握好社会组织的政治方向，政权组织的责任主体地位在于扮演好政策和制度的制定者角色，二者共同为社会组织参与市域社会治理提供合法性资源、制度资源以及财税资源等。在市域社会治理实践中必须切实做到尊重社会组织的参与主体地位，对具体的治理实践活动，政府不参与、不干预，放手让社会组织经营，一定条件下提供沟通、协商等辅助服务。①

二是树立正确的舆论引导观。首先，要注重对社会组织的法律法规、政策制度进行宣传，特别是要加大通过移动互联网等新媒体手段的宣传力度。其次，要在党政部门内部形成重视发展社会组织的舆论共识，提升党政干部对中央发展利用社会组织参与社会治理的政策认知水平，营造好正确的社会组织政策执行氛围。最后，

---

① 何小艳，陈子佳．社会组织在社会治理现代化中的作用［J］．管理观察，2014（33）：178-179.

市域层面的政法部门和民政部门要把好社会组织舆情收集关，注重向社会展示积极向上的社会组织风采，重视社会组织综合管理平台建设，做到典型事例及时发布宣传，违规行为及时公布惩戒措施，推动形成社会组织服务社会、阳光运行的良好社会风气。

2. 完善社会组织监管制度

公益和信誉是社会组织的命脉。提升监管是保证和提高社会组织公益服务质量和信誉度的必经之路。如果监督管理机制缺失，就会出现社会组织以公共利益的名义寻求利益的风险，这会对它们的声誉和信誉产生负面影响，并且会影响它们的可持续发展。因此，完善社会组织监管制度，为它们的发展编织完善的监督管理网络，是促进它们蓬勃发展的重要途径。

第一，建立第三方监督管理制度。随着对社会组织的双重管理变为直接登记注册或登记备案，原来归口登记、分级管理、双重负责的监管体系将不再适用，这意味着对社会组织的监管体系需要重新设计。新的社会组织监管体系需要同时具备独立性、客观性和权威性，因此建立第三方监督管理制度非常必要。借鉴发达国家的实践创新，承接第三方监管任务的机构必须是独立于政府部门和社会组织的专业机构，比如高校和科研院所的研究机构。总之，从长远来看，借鉴发达国家的成功经验，组建独立于政府部门和社会组织的常设性第三方监督机构是大势所趋。

第二，完善社会组织信息披露制度。完善社会组织信息披露制度，不仅有助于加强对社会组织的监督，也有助于落实社会公众的知情权。社会组织必须公布公司章程，及时发布组织的各项收入支出情况、活动开展情况等不侵犯个人隐私的内容。一方面，社会组织自身要建立公告栏，及时发布相关信息，接受公众监督；另一方面，行政管理部门要建立社会组织信息披露网站，将社会组织的组织运行方式、资金使用情况、专业服务情况、第三方评估情况等相关信息及时公布出来，方便群众了解情况以及提出相关意见和建议。

第三，建立社会组织信誉评价体系。发挥监督作用，既要依靠外在力量，也要依靠自我监督。要提高社会组织的自我监督动力，公布信誉度是最佳途径，因为信誉度是社会组织的生命线，社会组织对于信誉度极为重视，公布社会组织信誉度会无形中对其产生压力，从而强化其自我监督。行政管理部门要建立社会组织信誉评价体系，委托第三方机构根据公众的反馈结果进行社会组织信誉评估，并及时发布。要将信誉评价的结果与政府的资源支持进行挂钩，对信誉度高的社会组织要优先给予支持，对信誉度低的社会组织不仅不能给予资源支持，还要将其纳入黑名单。

3. 注重社会组织能力建设

一是要创新人才工作机制。早在2010年，中共中央、国务院印发的《国家中长期人才发展规划纲要（2010—2020年）》就提出了要“实施鼓励非公有制经济组织、新社会组织人才发展政策”。并进一步指出：“新社会组织人才开发纳入各级政府人才发展规划。”社会组织人才队伍建设的状况既是判断社会组织发展状况的重要标志，也是发展社会组织的根本保证。① 当前我国社会组织发展还面临着各种制约因素，特别是在市域社会治理领域发挥重要作用的公益慈善类社会组织缺乏健全、合理的人才工作机制。因此，必须不断健全社会组织人才管理体系，不断优化社会组织人才评价机制。要重视吸纳社会工作专业人才进入社会组织，依靠薪酬待遇、社会保障待遇、岗位晋升等方式留住更多的社会组织专业人才。

二是要完善孵化机制。中国共产党第十七届中央委员会第五次全体会议通过的《关于制定国民经济和社会发展第十二个五年规划的建议》指出：“培育扶持和依法管理社会组织，支持、引导其参与社会管理和服务。”事实上，自2006年以来，政府有关部门便开始重视社会组织的培育问题，并制定了相关政策。当前公益类社会组织的发展不断向前推进，在组织能力建设方面，培育机制得到了重视，并且培育方式已从自上而下的行政性培育机制向扁平的社会培育机制拓展，比如，近年来各地出现的公益组织孵化器就是这样一种新型的培育机制。② 社会组织孵化器通常也被称为枢纽型社会组织，如共青团、妇联、残联、工会等群团组织发起成立的社会组织服务平台或孵化中心等。这种枢纽型社会组织主要为社区服务类和公益慈善类社会组织提供资源支持和专业指导等。③ 扮演着孵化器角色的枢纽型社会组织不仅能帮助社会组织发展壮大，还能塑造它们的组织理念、愿景和目标，使它们坚定为公众服务的信念。

三是要重视市场培育。在社会组织发展的过程中，由于相关资源获取不足，服务方式和服务手段的业余性（志愿失灵），再加上行政体制下的强依赖性，造成诸多公益类社会组织出现可持续发展的困难。在此背景下，国内外相关学者开始探索如何将市场机制嵌入社会组织运行过程，即通过引入市场机制使它们既不偏离自身

① 王曼. 培育社会组织人才亟须优化环境［J］. 中国社会组织，2015（13）.

② 吴津，毛力熊. 公益组织培育新机制：公益组织孵化器研究［J］. 兰州学刊，2011（6）：46-53.

③ 汪晓宇. 制度环境与公益类社会组织发展的关系研究［D］. 长沙：湖南师范大学，2015.

的服务理念、又能获得充足的资源保证组织可持续生存和发展。作为一种创新性社会组织形态，社会企业在提供社会服务的同时以商业方法来实现自我造血。① 这种既遵循自身的服务理念和组织使命又兼顾组织经济效益的运行方式为实现社会组织可持续生存和发展提供了重要的思路。② 它在很大程度上解决了社区服务类和公益慈善类社会组织专业服务不足、独立性不强等问题，既增强了它们参与竞争和抵御风险的能力，也增强了社会成员之间的互相理解和支持。③ 可以说，重视社会组织的市场培育就是要重视社会组织的社会企业化运行。

4. 加强多渠道资源支持

资源获取是社会组织完成组织使命的基础。然而社会组织的非营利性使得它们难以通过经营性手段获得组织资源，它们在发展的过程中容易面临资金缺乏的实践困境。因此，必须加强对社会组织的多渠道资源支持。

第一，加大财政扶持力度。要科学研究政府购买服务和服务职能转移的实施方式，制定公平的社会组织购买服务招投标程序，构建平等的购买协商机制。要划拨出专门的财政资金支持社会组织的发展，尤其是要加大对社区服务类、公益慈善类社会组织的财政支持力度，吸引它们积极参与市域社会治理。要规范财政支持方式，明确支持范围，清晰实施举措。对专项用于支持社会组织参与市域社会治理的财政资金的使用规则要清晰具体，如物品购买标准、工资发放标准、活动补贴标准等。同时要进一步完善针对社会组织的税收优惠政策，拓宽优惠范围并加大优惠力度，为社会组织减负增能。

第二，夯实企业资源支持。企业对社会组织的资源支持方式有实物支持、资金支持和技术支持三种方式。资金支持方式以捐赠和赞助为主。直接的资金支持方式虽然有助于解决社会组织的资金难题，但对社会组织的组织能力提升无法产生直接影响，如组织结构问题、内部管理问题、专业服务问题，等等。这就需要企业对社会组织提供技术支持，包括管理技术、专业服务技术，等等。企业的技术支持有助于社会组织的能力建设，有助于社会组织建立一个高效的组织运行结构，有助于社

① 段佳佩，吕静淑．造血之“元”：本土社会企业的营销哲学：基于上海公益组织的质性探索［J］．社会工作，2015（1）．

② 林海，彭劲松，严中华．从 NPO 到社会企业：非营利组织转型策略研究［J］．科技管理研究，2010（18）．

③ 黄剑宇．社会企业：非营利组织发展的新方向［J］．湖南工程学院学报（社会科学版），2010（20）：22-26.

会组织提高专业服务能力。总之，夯实企业的资源支持不仅可以有效解决社会组织的资金缺口问题，而且可以为其提供财务管理、法律咨询、活动策划、管理运营等多方面的技术支持，从而提升其发展能力，同时也有助于营造公益氛围，激发企业的公益精神和社会责任。① 在夯实企业资源支持方面，一方面政府及相关部门要加强舆论引导，激发企业的公益慈善意识和社会责任感，引导它们积极参加社会组织的公益活动；另一方面政府及相关部门要通过税收优惠政策、金融优惠政策等吸引企业对社会组织进行捐赠和技术支持。

案例 8-4：

江西省乐平市的“帮帮团”

近年来，江西省乐平市认真贯彻落实习近平总书记关于“加强和创新社会治理，关键在体制创新，核心是人”的新理念新思想，按照党的十九大报告指出的“加强社区治理体系建设，推动社会治理重心向基层下移，发挥社会组织作用，实现政府治理和社会调节、居民自治良性互动”的要求，乐平市委政法委支持洎阳街道党工委大胆尝试，在街道通过创立、培育和发展红色社会公益组织“帮帮团”助力社区治理的生动实践，探索了壮大社区治理力量的新路径，开辟了基层治理的新天地，当前，在市委、市政府的大力倡导下，“帮帮团”这种形式将全面推开，平安志愿服务的乐曲将在全市响起。

1. 树旗帜，红色引领有力。乐平市洎阳街道“帮帮团”成立于 2017 年 8 月，是一个主要开展平安创建、交通引导、纠纷调解等志愿服务活动的公益性社会组织。在成立之初，党组织就十分注重发挥社区共产党员的先锋模范作用，积极发动社区退休老党员、在职党员加入“帮帮团”，构成了“帮帮团”最早的核心骨干力量，也为“帮帮团”烙上了醒目的“红色”底色。在“帮帮团”的发展壮大过程中，始终坚持党建引领，洎阳街道专门选派了党工委副书记对接、指导“帮帮团”工作，并在“帮帮团”筹建党支部和党小组。始终保持“帮帮团”正确的行动方向。通过开展一系列志愿活动和参与社区治理，使“帮帮团”成为传递党和政府声音的“放大器”、推动社区工作的“助力器”、纾解社会矛盾的“减压器”和为居民办实

① 陈成文，黄开腾．制度环境与社会组织发展：国外经验及其政策借鉴意义［J］．探索，2018（1）：144-152.

事的“取暖器”。

2. 抓活动，运行机制高效。自创立以来，“帮帮团”不断完善自身服务制度和工作流程，加强和规范了内部管理，并通过“组织点、自己找、群众提”等多种方式，全方位、多角度把准群众关心的热点难点问题，以有形化、多样化、系列化和常态化的活动开展，推动“帮帮团”高效运转。目前，围绕与群众生产生活息息相关的大事、小事方面，“帮帮团”广泛开展了邻里纠纷调解、帮扶空巢老人、关爱残疾人和留守儿童、垃圾分类、文明礼仪宣传、文艺活动、治安巡查、校门护生等多项志愿活动，做到了天天有行动（每天两次到城区各中小学开展校门护生行动）、周周有安排、月月有活动。同时，“帮帮团”建起了“群众说事室”，坚持每日值班，做到居民来电来访必登记，说事过程全记录，确保居民诉求“件件有回音、事事有着落”，成功调解大小矛盾130余起，赢得了广大社区居民的认可与信任，奠定了良好的群众基础。帮帮团“自我管理、自我服务、自我奉献、自我快乐”的格局全面形成。

3. 建组织，实现全域覆盖。为推动“帮帮团”健康有序发展，洎阳街道党工委坚持从完善组织架构入手，在街道建立了“帮帮团”总团，并在东湖名都社区建立了“帮帮团”孵化基地，基地根据各个社区的实际，帮助培育组建社区“帮帮团”和小区“帮帮团”分团，从上至下建立起“帮帮团”三级组织体系，将“帮帮团”的触角延伸到社区的每个角落。街道“帮帮团”总团主要负责对各团的指导、协调和服务等工作，从面上推动“帮帮团”各项工作的开展；社区“帮帮团”主要负责志愿活动的谋划、组织工作，组织各分团参与各项志愿服务活动；小区“帮帮团”分团主要负责组织“帮帮团”成员参与志愿服务活动。目前，洎阳街道24个社区都成立了“帮帮团”，各小区也建立了“帮帮团”分团，实现了“帮帮团”组织的全域覆盖，同时街道总团和社区“帮帮团”分别建立微信群，群里晒服务、谈感言、传递正能量，汇聚了全街道向好向善的强大合力。

4. 强队伍，广泛吸纳成员。随着“帮帮团”的发展壮大和服务范围的不断扩大，社区居民的志愿服务意识被有效激活，吸引了更多市民加入“帮帮团”队伍。为了确保队伍素质优良，“帮帮团”在发展会员时实行申请制和月考察制，对新报名申请加入的人员实行一个月的考察期，并把在考察期表现积极优秀的人员发展为会员，不断提高“帮帮团”的整体素质水平。经过近一年的发展，“帮帮团”从最初的十几名成员、单一性社会组织发展为拥有900多名成员的、覆盖街道所有社区的综合社会组织，总人数是街道社区工作人员总数的8倍。成员类别包括退休党员干部、物业管理人员、业主委员会成员、在职公职人员及社会积极分子等，年龄跨度上自70多岁的老人，下至20多岁的青年。“帮帮团”成员中涌现出了一批先进典型。例如，2017年10月11日中午左右，“帮帮团”成员汪顺斌在路过东湖名都小区时，突遇到该小区石女士家中煤气罐失火引发火险。情急之下，汪顺斌冲上五楼，将煤气罐安然转移到一楼，成功化险为夷，赢得社会高度赞誉。汪顺斌勇救火灾，被赞誉为“最美城管哥”，获得了全省道德模范和“江西好人”的荣誉称号。优秀的、多元化社会人士的融入，不仅改善了志愿者队伍结构，更有利于发挥各人所长，提升了志愿服务的能力，并且增强了“帮帮团”的黏性，形成了正向激励的良性循环。

5. 取实效，获得群众信赖。一是建立了联系群众的纽带。“帮帮团”成员来自群众，服务群众，在一次又一次与群众面对面的沟通中，“帮帮团”不仅成为社区需求的调查者，也成为公共服务的提供者，更是居民信赖的自家人。大量真实的社区舆情、民声民意通过“帮帮团”反馈给各级党委政府，为创新社会治理和服务居民提供了有力的决策支持，成为党和政府联系服务群众的重要纽带。二是打造了志愿服务的平台。通过广泛开展环境整治、小区创建、文体宣传等志愿活动，“帮帮团”打破了邻里隔阂，拉近了居民之间的关系，不仅激发了居民自治的意愿，更使志愿公益的理念深入人心，居民自发开展各项志愿“传帮带”活动，打造出“绿色管家”“洎阳大叔”等多个志愿服务品牌，形成了巨大的平台优势和良好的示范带动作用。身穿蓝马甲的“帮帮团”队员活动在城区的大街小巷，形成了别具风格的亮丽风景线。三是充实了社会治理的力量。“帮帮团”来自群众，服务于群众，广泛参与交通秩序维持和街巷经营秩序管理，调处矛盾纠纷，更有利于化解群众与执法管理人员的对抗情绪，实现社区共建共治共享，深受执法管理部门由衷认可。同时，也将政府从“无限政府”的角色中摆脱出来，更好地发挥宏观管理和监督职能，探索出一条基层创新社会治理的有效路径，“帮帮团”已成为基层治理的一支神奇力量。

五、健全责任分担机制

（一）责任分担机制的科学含义

责任是现代政治国家不可忽视的中心议题。正如2012年12月4日习近平总书记在首都各界纪念现行宪法公布施行30周年大会上的讲话："我们要健全权力运行制约和监督体系，有权必有责，用权受监督，失职要问责，违法要追究，保证人民赋予的权力始终用来为人民谋利益。"权责对等一直是我国民主政治建设所追求的核心原则。通俗来讲，有多大的权力，就要承担多大的责任。市域社会治理现代化建设也同样要讲求权责问题，只有治理主体将应当承担的责任落实到位，才能加快实现第五个现代化的国家战略，全力推进市域社会治理现代化。从责任视角来看，各主体积极落实对市域社会治理现代化的相应职责，完全可以视为一种责任分担。而从效用水平来看，相关治理主体的积极履责，还能为市域社会治理现代化的全面推进提供持续不断的力量支持，从而为其连续推进奠定相应的动力基础。正如习近平总书记在2015年12月3日全国政协新年茶话会上的讲话中强调的："决胜全面建成小康社会的伟大进军，每一个中国人都有自己的责任。全党全国各族人民要拧成一股绳，以必胜的信心、昂扬的斗志、扎实的努力投身新的历史进军，朝着全面建成小康社会的宏伟目标奋勇前进。"因此，推进市域社会治理现代化的过程中，应当积极有效落实各方责任，如此才能为其奠定坚固的力量基础。

一直以来，国家都在积极构建多元治理格局，到目前为止，我国已经基本形成了党委、政府、社会组织以及公众共同参与的社会治理格局，国家赋予了这些治理主体相应的权限，必然也要求其履行相对应的责任。从具体责任划分来看，可以分为政府责任、社会责任和公民责任，共同成为推进市域社会治理现代化的全链条责任分担机制。然而，社会与公民之间存在一定的责任重合，从某种意义上讲，所有公民责任履行的总和实际上就是社会责任履行，也就是说，公民责任在某种程度上可以说是社会责任，因此，笔者主要从政府和公民两个维度来阐述推进市域社会治理现代化的责任分担机制。政府和公民既是社会治理的主体，又是社会治理的对象，由此来看，它们的责任履行行为实质上就是助推社会治理现代化的过程，可见，探讨政府责任分担和公民责任分担对市域社会治理具有重要的意义。

（1）政府责任分担。政府是国家事务的执行主体，履行相应的职责是政府应尽的责任和义务。自2006年首次提出"建设服务型政府"以来，我国一直在积极构建服务型政府，主要因为政府的权力来自人民，理应再次"回归"到人民手中，因而，服务型政府的核心内容是政府必须具备全心全意为人民服务的意识，以实现社会公共利益的最大化。同样地，自从党的十八届三中全会提出要"推进国家治理体系和治理能力现代化”后，社会领域由于是国家治理的重要构成部分，很显然成为国家治理现代化的重点建设领域，更重要的是，社会治理的根本目标也是追求社会公共利益的最大化。可见，政府责任是个比较宽泛的概念，凡是国家范围内的事务皆可归属于政府责任，深刻诠释了权为民所系、权为民所赋、权为民所用、权为民所谋的国家权力价值指向。正所谓权力是履行责任的合法性条件和前提，责任是享受权利的义务和代价。① 从市域社会治理来看，政府责任是指政府组织及其公职人员履行其在整个市域社会治理现代化建设中的职能和义务，即法律和社会所要求的义务。② 与此相对应，政府责任分担机制是指构建所有政府部门及其人员的履职尽责机制，尽可能为市域社会治理现代化的全面推进提供政府责任分担。因此，只有政府在推进市域社会治理现代化中发挥了应有的责任作用，才能说政府是负责任的政府。

政府作为国家治理体系的重要组成部分，在整个国家治理系统中处于核心位置，对国家治理现代化的成效起到总体性推动作用。③ 一直以来，我国都要求应强有力地发挥政府效能，积极提高政府的治理水平，这正是源于政府处于治理现代化的核心位置，所承担的责任使命重大，所以政府只有加强自身建设，使自身能力与肩负的使命相匹配，才可以说政府的治理能力具备了现代化的水平。然而，鉴于所处位置的角色定位有所不同，政府所承担的职责也有所差异。党的十九大报告再次强调要“完善党委领导、政府负责、社会协同、公众参与、法治保障”的社会治理体制，其中，“政府负责”要求各级政府应当承担与自身层级相符合的责任，全面负责起整个社会的治理现代化任务。另外，政府作为国家的行政机关，本身具有一定的权力，应当自觉承担起所处行政范围内社会治理现代化建设的总体责任，以带领其他治理主体也积极履行各自职责。同时，作为社会治理的主体，各级政府不仅在社会治理中负有落实的各项政策、推进党的建设的根本性任务，还更多地担负着强化社会治理、提供社会公共服务以及维护广大人民群众的根本利益的责任。④ 除了这些，政府还应当运用自身的公共权力来承担协调其他治理主体的重任，以此加强相互间的交流合作，形成资源共享、优势互补的合力局面，共同肩负起推进市域社

① 林跃勤．全球治理创新与新兴大国责任［J］．南京社会科学，2016（10）：1-10.

② 张力伟．推动责任政府建设的制度创新：来自加拿大的经验借鉴［J］．理论月刊，2017（4）：183-188.

③ 潘照新．国家治理现代化中的政府责任：基本结构与保障机制［J］．上海行政学院学报，2018（3）：28-35.

④ 张鲁宁．基层政府在城市社区治理中的责任担当［J］．人民论坛，2017（13）：64-65.

会治理现代化的责任和使命。

（2）公民责任分担。我国是人民当家作主的社会主义国家，人民始终是国家的主人，因此必须充分发挥人民的主体作用，使其承担一定的国家责任与义务。公民是组成社会的主体结构，任何事物自始至终都是围绕人而产生的，因此，社会治理的对象就是公民及与公民相关的一系列社会事务。然而，一切社会事务的治理效果如何，公民群体拥有最切实的感受，因而最能正确反映出社会治理的效益水平，因此，公民应该具备参与国家和社会事务治理的责任意识。可见，公民参与市域社会治理现代化建设，并构成多元治理主体的一部分具有十分重要的现实性依据。这不仅在于公民能最真实反映治理结果，还能激发社会治理主体活力，进一步提高治理能力水平。那么，公民责任究竟是什么？这需要根据不同情境来进行具体讨论。从整个国家发展来看，公民责任是指公民应当履行与自身权利和职责相适应的、促进社会不断规范的职责，① 主要包括遵守国家法律法规、履行自身权利和义务以及承担一定的社会责任，等等。而从市域社会治理视角来看，公民责任是指公民在社会公共事务中应当扮演好自身的角色，既是对自身及与自身相关事务的负责，也是积极发挥人民主体作用的表现。可见，公民责任在市域社会治理现代化中具有特定的内涵，而且提高公民的责任参与意识，对现代化建设来说也能发挥出独特的作用。

毫无疑义，公民既是国家治理的主体，又是国家治理的客体。很显然，公民作为治理主体之一，理应承担起一定的治理责任和义务。德国学者奥特弗利德·赫德认为，责任有 3 种含义：第一种基本含义或者涉及一种特殊的责任，为特定的作用、功能和职务负责，或涉及行为的后果和附带后果负总的责任；第二种基本含义特指追究责任；第三种含义是对于过错或过失所涉及的赔偿和弥补两种惩罚。② 从奥特弗利德·赫德对责任的 3 种含义的观点来看，责任是对自身行为已产生及可能产生的后果追究的责任、处罚和弥补。然而，在市域社会治理中，这种责任既对应主体自身，又对应对象客体，要求公民既应该承担主体责任，又应该实现自身在社会治理中的价值担当。③ 对于市域社会治理现代化而言，公民在享受国家提供的各项社会福利的同时，也应当肩负一定的责任和使命，以回馈国家和社会，并帮助社会建设得更加美好。简单来说，公民责任主要包括积极参与治理活动、监督政府权力的

---

① 陈道银. 公民责任建设与构建社会主义和谐社会 [J]. 道德与文明，2008（2）：57-60.

② 奥特弗利德·赫德. 作为现代化之代价的道德：应用伦理学前沿问题研究 [M]. 上海：上海世纪出版集团，2005：12-13.

③ 许斗斗，宁杰. 国家治理中人民主体的责任价值 [J]. 学术研究，2017（1）：22-26+177.

行为以及充分发挥主体作用彰显自身价值的行为，等等。因此，通过公民责任的彰显，不仅织密了政府权力运用的保障网，还能增添社会治理主体的创新活力，从公民价值层面全力推进市域社会治理现代化，并始终保持与广大人民的密切联系以保障其按正确轨道运行。

（二）健全市域社会治理现代化责任分担的必要性

众所周知，市域社会治理是一个庞杂的系统，其现代化建设过程更是涉及多方利益与力量，这就使得责任的划分与落实显得尤为重要。责任分担主要有政府责任分担和公民责任分担。从这两种责任分担对象来看，对于市域社会治理现代化建设来说，政府承担主要责任，公民承担次要责任。这是因为政府是国家的行政机关，国家依法赋予了其一定的权力，并形成一定的权威性，人民因此对其行政行为产生了较高的信心和信任，因而政府必然要对治理事务承担总体性责任，然而，公民是国家的主人，将自身的一定权利赋予了国家机构，但并不意味着公民可以独善其身，他们仍需承担一定的责任，包括治理的参与责任和监督责任等。有了责任主体作用的积极发挥，特别是政府责任的积极履行，就能有效发挥相应的责任分担作用，加速推进市域社会治理现代化。具体来说，这种责任分担的功能作用主要体现在：推动社会治理路径创新、提高社会治理能力水平和提升各级政府服务意识。

（1）推动社会治理路径创新。从某种程度来说，社会治理现代化的过程就是社会治理路径创新的过程。其实，社会治理的创新主要体现在社会管理体制、基本公共服务体制、社会组织机制和社会保障体制，[①] 其最终目的都是实现公共利益的最大化并适应社会的变化发展，以尽可能使社会治理能力与经济社会发展水平相匹配，并由此服务于国家事业的建设发展。政府在积极寻求落实责任的过程中，面对遇到的治理难题，它们得想方法来解决治理困难。然而，这种“想方法”其实是通过创新治理方式方法、转变政府职能或者出台有针对性的政策等途径来不断地促进治理难题的化解，这就为社会治理发展提供了创新性路径，当这些难题得到解决时，社会治理自然就迈上了新的阶段。更重要的是，这也体现了政府积极作为、勇于创新的责任担当精神。相较于政府责任，公民责任在社会治理领域的贡献相对较小，但是公民智慧的力量也不可忽视，他们的集体性智慧往往是社会治理创新的源泉和动力。然而，不管怎样，政府责任和公民责任的落实，实际上都是服务于市域社会治

① 江必新，李沫．论社会治理创新［J］．新疆师范大学学报（哲学社会科学版），2014（2）：25-34+2.

理现代化，着力贡献智慧于社会治理的路径创新，最终为市域社会治理现代化的推进提供一种责任分担。可见，责任机制的构建，是促进社会治理路径创新的基本保障，全力助推着市域社会治理现代化。

（2）提高社会治理能力水平。社会治理能力的提升主要在于政府治理能力的提升，这是因为，所有治理活动都需要由政府部门领导展开。同时，作为社会治理的主要治理主体之一，政府还需要协调其他治理主体积极参与各项治理活动，可见，政府身上肩负的责任众多且重大。然而，正是因为政府肩负的责任使命重大，日常事务都尤为重要，这就要求它在日常事务中严格办事、以身作则。关于各项社会领域的治理事务，政府在积极履行自身职责的过程中获得了丰富的实践机会，然而，通过这些实际的历练，政府得以总结相应的经验并由此推动自身治理能力的提高，而政府治理能力的提高意味着社会治理能力也处于不断提高的过程。这意味着，政府的社会治理责任越重大，对政府的能力要求也就越高，而政府要较好地履行这些职责，则严格考验着政府的治理能力，因此，责任使命的积极履行不仅能够凸显出政府的责任意识，还能无形中大幅提高政府的治理能力，最终体现在社会治理能力水平的提高上。也就是说，厘清治理主体的责任界限，相当于构建相应的责任分担机制，它通过提高社会治理能力的途径，来积极助推市域社会治理现代化。

（3）提升各级政府服务意识。这就要求政府亟须从传统型社会治理走向现代型社会治理，然而，政府首先应当由管理型知识谱系转向服务型知识谱系是这种转变的重心所在。[①] 然而，在构建新时代服务型政府的背景下，服务水平是评价政府能力水平的重要指标。要提升各级政府服务意识，关键还是要依靠各政府部门责任的具体落实，而这种具体落实是要在广大人民群众切实体会到社会生活的便利性之后，才能称作政府所提供的服务落实到位。对此，政府责任分担机制的构建正是确保各项便民服务到位的可靠保证，并着力于推进市域社会治理现代化来进一步提高服务水平。因此，国家构建社会治理方面的责任机制的同时将进一步强化各级政府的服务意识，并借助这种服务意识的传达来促进政府加强自身能力建设，由此提升其责任落实能力。由此可见，服务意识的提升能产生一种连锁效应，即政府责任能在强化政府服务意识的同时，又能反过来强化责任意识，可见，市域社会治理现代化的责任分担机制与服务意识之间能产生相互促进的作用。

---

① 张康之．社会治理创新与服务型政府建设［J］．中国人民大学学报，2014（2）：1.

（三）推进市域社会治理现代化责任分担机制的对策

从以上分析可知，责任分担机制能够强化治理主体的责任意识，以激发它们积极履行自身的治理主体职责，这对于全面推进市域社会治理现代化来说至关重要，能够为其提供足够的力量基础。为此，要全面推进市域社会治理现代化，应当有效构建责任分担机制，为其发展提供连续不断的动力。因此，要有效构建责任分担机制，我们应当从权责关系划定、责任考核体系构建以及责任主体意识提高 3 个方面加以着手。

1. 科学划定治理主体权责关系

众所周知，市域社会治理事务比较繁杂，涉及多个治理主体和多方面的事务范围。在当前致力于市域社会治理现代化的建设下，多主体参与社会治理事务是现代化发展的主流趋势，这是因为，只有多主体参与市域社会治理中才能最大化激发社会治理的创新活力，全面创新社会治理方式，使其符合现代社会的发展趋势，紧跟经济发展的社会大潮。然而，当前社会治理事务的责任划分存在极不明确的问题，导致社会治理事务中普遍存在越位、缺位，且这一问题直接关系到市域社会治理现代化的进程，甚至关乎整个社会治理的大局。对此，我国应当首先科学划定多元治理主体的权责关系。一是科学划定国家机构的权力边界。权力与责任相匹配才能利于各项治理事务的发展。但是，当前我国治理事务却存在权责的大小极不平衡的问题，例如，上级政府将大多数治理重任下放到下级政府责任范围内，但并没有给予其相应的权力，这就逐渐形成了权责不对等问题。面对此问题，国家应当通过政策文件按照事权与财权相平衡的原则划定各级政府部门的权力边界，也就是说，对于社会治理事务，政策中应当明确“权随事走”的原则，即具体事务由谁执行则相应的权力就归属谁，同时这也与现代国家治理要求政府、市场、社会等治理主体在合理分配权力资源的基础上共同发挥作用的初衷相符合。[①] 二是科学划定治理主体的职责边界。职责边界的确定是治理主体正确履行职责的前提和基础。而且现代治理要求公共权力部门、市场经济主体、社会组织等治理主体在有效互动中明确各自责任，由此在赋予不同治理主体不同的权责结构定位的基础上，优化治理主体结构来提高治理效果。[②] 为此，面对当前治理主体职责边界不清的问题，国家应从治理理

---

① 景维民，张慧君，黄秋菊．经济转型深化中的国家治理模式重构［M］．北京：经济管理出版社，2013：16.

② 马雪松．论国家治理现代化的责任政治逻辑［J］．社会科学战线，2016（7）：178-185.

念出发，以遵循社会整体价值规律和市场规律为基础，[①] 根据治理主体的角色定位、治理主体的参与意愿和社会成员的公共服务需求，并借助公共政策的方式，来全面廓清各治理主体的职责边界，以减少治理过程中越位、缺位等现象的发生。

2. 科学构建政府责任考核体系

其实，责任考核机制已经由来已久，早在明代万历年间，内阁首辅张居正就曾推行过“考成法”，主要目的就是通过绩效考核来治理当时官员存在的懒政、怠政、能力不足等问题。[②] 然而，当前市域社会治理现代化的建设进程中，我国仍然存在着一定程度的政府治理责任落实不到位的情况，这与明代推行“考成法”时期所处的背景有某种程度上的契合之处。因此，面对长期存在的政府治理责任落实不到位的问题，最行之有效的方法是科学构建政府责任考核体系。一是注重责任考核体系的顶层设计。顶层设计最明显的体现是高权威性和高执行力。加强政府责任考核体系的顶层设计，能够有效弥补地方设计存在的理论基础薄弱、执行效力差的问题，这是因为中央层面制定的政府责任考核体系，各级政府部门首先在思想上就已高度重视，对其的畏惧感能够立即反映到实际行动上。其次，中央层面的理论研究更深入、扎实，且所组成的智囊团的理论深度更高，因而更能够体现责任考核的科学性和完善性，从而准确、全面地考核市域各级政府部门的责任落实情况，以加强对市域社会治理现代化的责任分担。二是强化责任考核体系的创新性。新时代背景下，现代社会的科技发展相当迅猛，随之给社会带来的治理难度也不断加大，因而也同样增加了政府的责任考核难度，为此，应当积极为绩效考核体系增添创新性因素，以适应现代社会的变化发展，也就是说，利用现代技术工具，如云计算、大数据、物联网等，创新政府责任考核的方式，这不但能提高责任考核体系的公信力，还能有助于科学、便利、快速地测评各级政府部门详细的责任落实情况，甚至未来还可以落实实时观测。

3. 积极提高公民责任主体意识

引导公民参与市域社会治理事务是与我国社会治理现代化的建设目标相契合的。然而，在当前我国市域社会治理现代化建设过程中，公民参与意识不足，导致真正

---

① 马雪松，王慧．现代国家治理视域下压力型体制的责任政治逻辑［J］．云南社会科学，2019（3）：134-140+147+188.

② 杜金银，梁军．提升治理水平的历史与实践反思：从“考成法”到目标绩效考核［J］．科学社会主义，2017（4）：101-107.

参与社会治理事务的公民相当少，而且他们的参与积极性还不高。面对当前我国治理领域的公众参与问题，首先，应当做的是培养公民的主体意识，只有让他们充分认识到自身的主人翁地位，才能使他们逐渐关心政治、经济、社会等各项事务，认识到自身所肩负的责任和使命，最终让他们主动参与国家各项事务。而要积极提高公民责任主体意识，应当从两个方面加以着手：一是树立现代政治观。一直以来我国公民都深受传统思想的禁锢，这当然也包括政治参与观念，这与几千年以来形成的“官本位”思想息息相关。为此，现代社会当中，公民应当进行思想的再解放，通过引导公民主动学习、自觉接受教育的方式，让他们自觉认识到政治参与的重要性及其意义，并以此树立超越意识，使他们能够具有思维上的突破、理念上的理性追求，进而树立平等观念、增强权利意识和义务观念。① 由此，公民在思想上从传统政治观走向现代化政治观，认识到自身是国家的主人，增强他们政治参与的自信心。二是优化政治参与的环境。良好的政治参与环境是提高公民政治参与积极性的重要方面，同样地，营造良好的社会治理参与环境也是强化公民积极参与社会治理事务的基础条件。因此，国家应当首先优化政策环境，制定全面完善的公民参与机制，从而为公民参与社会事务提供制度保证。换言之，通过制度建设实现社会的自由、平等和正义，为公民责任建设营造一个良好的制度环境。② 其次，国家应该利用一定的政策优惠，激励、鼓励和引导公民参与实际社会治理事务，只有从实际事务参与体验出发，才能切实地提高公民责任主体意识。

案例 8-5：

江西省德兴市的“问问室”

关于推进责任分担机制问题，江西省德兴市探索实施的“问问室”纠纷多元化解机制在健全责任分担机制上发挥了明显的作用。它的主要做法是：一是三层联动化纠纷，搭好微信“调解群”。由镇党委政府牵头建立了问问室工作微信群，将各村（社区）干部，司法所、派出所、法庭、各办（站、所）等主要负责人纳入微信群，通过信息共享，及时协调解决矛盾。二是三问三答聚民心，有事你来问。以往

① 吴大兵．国家治理现代化视阈下公民主体意识及其培养初探［J］．理论导刊，2018（12）：44-48.

② 陈道银．公民责任建设与构建社会主义和谐社会［J］．道德与文明，2008（2）：57-60.

群众办事不知道找谁，楼上楼下到处跑。问问室建立后，本着“有问必答”的原则，现场受理群众的信访事项，依法处理信访问题。做到三个100%，即100%接待，100%受理，100%答复。三是三大机制保运行，建立联勤防范机制。以镇、村两级综治中心为载体，通过综治信息化的运用，实现信息共享，工作联勤。线上以上饶公众App（公众版）、问问室微信群、“古韵海口”公众号为依托，线下以镇村综治中心、问问室为载体广泛收集民情民意，重视源头预防。建立联动化解机制和联控共治机制。自从实施该机制以来，干部责任感大幅度提升。问问室每周安排1名镇领导值班，具体负责接待群众来信来访，解答群众疑惑，化解矛盾。周末、节假日和重点会议召开期间，均安排2~3名人员值班备勤，以“大事快报、无事零报、逐级上报”的工作原则，从根本上解决群众诉求。镇纪委对问问室工作进行督查，对未按时办结的，查明原因，限时办理。问问室设置了工作人员考勤板和意见箱，公开举报电话，方便群众对工作进行监督、投诉、反馈。并把群众满意度作为一项重要的考核指标，主要从工作质量、服务态度、办结情况等方面对工作人员进行考核。